AF358705

Europa frente a EE.UU. y China.
Prevenir el declive en la era de la inteligencia artificial.

LUIS MORENO
ANDRÉS PEDREÑO

EUROPA FRENTE A EEUU Y CHINA

PREVENIR EL DECLIVE

EN LA ERA DE LA

INTELIGENCIA ARTIFICIAL

Europa frente a Estados Unidos y China.
Prevenir el declive en la era de la inteligencia artificial
Autores: Luis Moreno Izquierdo y Andrés Pedreño Muñoz

Revisión y edición: Laura Cárdena
Diseño de portada: Trini Mora

Primera edición: mayo de 2020
ISBN: 978-84-09-21211-8

Para cualquier asunto relacionado con esta obra
pueden dirigirse a los autores a través de la web:
www.prevenireldeclive.com

A todos nuestros familiares, amigos y compañeros.

Con la compra de este libro estás ayudando a la lucha contra el desempleo: parte de los beneficios de la obra serán destinados a la financiación a fondo perdido de proyectos de emprendimiento social en áreas con altas tasas de paro juvenil.

Más información en www.prevenireldeclive.com

ÍNDICE

Prólogo a la 1ª edición, por José Carlos Díez 13

Prólogo a la 3ª revisión, por Vinton Cerf 17

Por qué leer este libro 21

Estructura y contenido 25

INTRODUCCIÓN

Conceptos básicos 31

La disrupción en la economía: factores clave 37

PARTE I: DIAGNÓSTICO

Capítulo 1: ¿Por qué Europa no es una potencia en la economía digital? 45

1. Europa, EE.UU. y China: ¿una transición anunciada? 47

2. Por qué Europa se resiste a la revolución tecnológica 51

3. Estancamiento europeo desde los años 60 55

4. Un mercado digital fragmentado y el peso de las telecomunicaciones 63

5. La crisis puntocom y la debilidad de la web 2.0 71

6. De la web 2.0 a la lucha por el liderazgo en la IA 77

Capítulo 2: Sectores tradicionales y la tormenta perfecta del sur de Europa 83

1. El síndrome argentino de Europa 85

2. Deterioro de la competitividad de los sectores tradicionales .. 89

3. Una pinza entre EE.UU. y las economías asiáticas emergentes 91

4. Destrucción de empleo y brecha salarial 93

5. La tormenta perfecta: envejecimiento y deuda pública 95

6. El coste de no traducir a software el sistema económico 97

Capítulo 3: I+D europeo: ¿Insuficiencia o ineficiencia?.............. 99

1. La situación europea en materia de I+D.................................101

2. Innovación y productividad en Europa y EE.UU. 105

3. Incumplimiento de la paradoja de Solow: I+D y productividad 109

4. La batalla del I+D trasnochado: algunas reflexiones..............113

Capítulo 4: La regulación como cultura 119

1. Regulación y economía...121

2. La trampa europea del liderazgo normativo 127

3. La privacidad sobredimensionada en la era digital.................141

4. La tentación de la regulación. El caso de España 149

5. La espiral regulacionista..157

6. Proponiendo una tasa para garantizar la libertad de prensa .. 161

7. Privacidad y coronavirus 167

PARTE II: POLÍTICAS Y PROPUESTAS DE ACTUACIÓN

Capítulo 5: Una fuerte apuesta por la IA en europa.....................179

1. ¿Por qué el desarrollo de la IA no puede ser 'solo' una opción? 181

2. La apuesta europea en materia de inteligencia artificial..........185

3. Midiendo el impacto de la IA en la economía global 189

4. Impactos sectoriales de la IA..201

5. No habrá inteligencia artificial sin datos.................................209

6. Algunas propuestas concretas: datos y privacidad. 215

Capítulo 6: Perspectivas de creación y destrucción de empleo ..217

1. Pesimismo europeo en materia de empleo en la economía digital 219

2. Hacia una estrategia de talento STEM en europa 225

3. Europa ante la guerra mundial por el talento 229

4. Las mujeres en el mundo STEM 233

5. Sin transformación digital de nada sirve la apuesta STEM....235

6. Algunas propuestas concretas: empleo digital 237

Capítulo 7: La revolución de la educación y el talento en el marco de las tecnologías disruptivas 239

1. La educación como eje central de la política económica 241

2. Personalización frente al fracaso escolar: IA y la privacidad.245

3. Pensamiento computacional en la educación primaria y secundaria 247

4. Retos de las universidades europeas y estadounidenses.........251

5. Formación abierta frente a la burocracia universitaria 263

6. Un modelo universitario centrado en la empleabilidad..........269

7. Algunas propuestas concretas: educación y empleo 273

Capítulo 8: Emprendimiento y problemas de escalabilidad de las startups 277

1. La irrelevancia europea en la industria tecnológica.................279

2. El diamante de la escalabilidad en la economía digital 287

3. El círculo completo del emprendimiento para superar la falta de escalabilidad 303

4. Qué nos falta para escalar al estilo norteamericano 307

5. Éxitos y debilidades del emprendimiento europeo 313

6. Algunas propuestas concretas: emprendimiento y escalabilidad 321

Capítulo 9: Ecosistemas digitales. En búsqueda del modelo europeo.. 325

1. Los 28 Silicon Valleys 327

2. El talento y la disrupción como base de un nuevo modelo...329

3. Una oportunidad para las economías del sur 333

4. Un modelo europeo: el minifundismo digital 337

5. Enfoques *top-down* y *botton-up* para el desarrollo de ecosistemas digitales. 345

6. Algunas propuestas concretas: ecosistemas digitales 353

Capítulo 10: Las Administraciones Públicas en la era digital 355

1. Datos abiertos para la eficiencia y el bienestar 357

2. Inteligencia artificial y la revolución de la atención ciudadana
....361

3. Las Administraciones locales y las "ciudades inteligentes" ...367

4. La verdadera Administración electrónica en la era de Blockchain 369

5. Conclusiones a partir de los casos de España y Estonia 373

6. Algunas propuestas concretas: eficiencia en las Administraciones 379

PARTE III: DIOSES INSATISFECHOS Y UNA NUEVA TEORÍA ECONÓMICA

Capítulo 11: Europa en la encrucijada. Metiendo en vereda a unos dioses insatisfechos e irresponsables 383

1. Un contexto de incertidumbre política y económica..............385

2. Dependencia tecnológica 401

3. "De animales a dioses". La Europa humanista y jurídica ante el fuego de la IA 397

4. China y Europa: las lecciones del coronavirus y la IA............401

Capítulo 12: planteando nuevas aproximaciones teóricas para la economía digital 407

1. ¿Por qué desde la economía tradicional es difícil explicar la revolución digital? 409

2. Crecimiento económico y disrupción 411

3. Cambios de liderazgo tecnológico 417

4. Oferta y demanda ante la disrupción 423

5. La formación de los precios en el mundo digital 429

6. La economía colaborativa y el exceso de oferta 435

7. Automatización, empleo y productividad 437

8. Otras cuestiones teóricas 445

9. La variable "t" y la prospectiva en la economía 449

SINERGIAS Y CULTURA EMPRENDEDORA

Sobre los autores, por Ana B. Ramón 455

Nuestro entorno: de la Aldea Gala a Pink Floyd 458

Agradecimientos 463

PRÓLOGO A LA 1ª EDICIÓN, POR JOSÉ CARLOS DÍEZ

Encontrar a autores con un *background* académico y fuertemente emprendedor como el de Andrés Pedreño y Luis Moreno no es fácil.

Requiere un esfuerzo mayúsculo compaginar investigaciones y clases universitarias con proyectos que hibridan economía y tecnología en el sector privado. También visión transversal para conseguir que la innovación académica termine convirtiéndose en un programa de formación abierto para más de medio millón de estudiantes de todo el mundo. Y una sensibilidad muy especial para catalizar el emprendimiento en las aulas, o reinventarse al borde de la jubilación para fundar tu propia *startup* de éxito, algo al alcance de muy pocos.

Quizá por esta extrañeza el libro que tiene entre manos supone un verdadero soplo de aire fresco. Un nuevo enfoque de las consecuencias del retraso digital de Europa, con un tono crítico de quien sufre la ausencia del impulso a las empresas digitales, y la exhaustividad impuesta por la investigación universitaria. Una imprescindible visión de la debilidad de la Unión Europea frente a EE.UU. y China, que fortalecen sus posiciones, sobre todo esta última, en los albores de la Revolución Industrial impulsada por la inteligencia artificial.

Un libro de estas características era muy necesario.

La Unión Europea es, en la actualidad, víctima de sus políticas y dudas por abandonar su zona de confort y transformar su tradicional sistema productivo. Pero los economistas durante décadas no han hecho apenas caso a cuestiones en materia de regulación, casi ignorando el impacto de sus medidas sobre el crecimiento de un país, o los costes de oportunidad que pueden suponer para sus empresas.

La crisis del coronavirus ha vuelto a reflejar este atraso europeo, así como la necesidad de profundos análisis de sus consecuencias y políticas para impulsar el desarrollo económico. La pandemia originada por la COVID-19 ha mostrado cómo gran parte de nuestras empresas no estaban preparadas para el teletrabajo, los maestros de las escuelas públicas apenas tenían medios para dar sesiones en línea, y continuamente nuestro derecho de privacidad generaba conflictos con potenciales soluciones tecnológicas para contener los contagios. Una situación parecida a la ocurrida en Estados Unidos, y completamente contraria a la experiencia de China, Taiwán o Corea del Sur.

Asia, ya consolidada como líder de la economía digital, ha salido airosa de esta nueva crisis mundial, y leyendo este libro comprenderán el porqué.

Pero si algo tiene de especial esta obra es que sus autores, Andrés y Luis, se han atrevido a dibujar más allá de la crítica una hoja de ruta a modo de recomendaciones para cerrar la brecha digital. De forma sólida exponen por qué la formación de talento, la creación de ecosistemas digitales, una regulación que pondere sus efectos sobre el desarrollo de las tecnologías de vanguardia y una Administración inteligente son temas que deberían convertirse en "asunto de Estado" para una Unión Europea que se aproxima de forma acelerada a su declive económico.

La IA, y en conjunto la economía del *software*, se está configurando como la tecnología de propósito general de nuestro tiempo, el epicentro de otras muchas innovaciones que transformarán para siempre cualquier sector que el lector tenga en mente. La medicina, el turismo, los transportes o la agricultura están siendo objeto de una profunda disrupción que eclosionará en poco tiempo, generando una revolución similar a la que supuso la electricidad en el siglo XX.

Por ello inciden constantemente los autores en que de forma urgente todos los dirigentes, académicos, empresarios y profesionales europeos deberían tomar conciencia absoluta de la disrupción que nos abraza, habilitar fondos suficientes, establecer una política inteligente de datos abiertos, especializarse en nuevas ramas de conocimiento y facilitar, cuando no impulsar, la transformación de los sectores productivos.

Europa, si no potencia estrategias para aprovechar las ventajas de las tecnologías de vanguardia, quedará relegada a un papel secundario en un mercado que generará decenas de miles de millones de euros. Pero antes deberá salir de la encrucijada en la que se encuentra, más preocupada políticamente por vigilar a sus "dioses insatisfechos" que por contener la tormenta perfecta que supone el envejecimiento poblacional, el Brexit, la deuda pública y hasta el nuevo escenario económico abierto tras el coronavirus, advierten.

Por último, los autores han querido llamar la atención de Facultades, profesores y estudiantes de economía con un ejercicio de reflexión y debate sobre las nuevas exigencias de una ciencia muy renovada en su funcionamiento y en sus fundamentos.

A partir de su propia experiencia y estudios previos, plantean una adaptación teórica de algunos de los aspectos expuestos durante el libro, preguntándose de forma práctica y con ejemplos concretos si los modelos clásicos pueden explicar los efectos y alteraciones provocados por el aprendizaje autónomo sobre la fijación de precios, la automatización en el empleo, la economía colaborativa sobre la oferta, o las criptomonedas y Blockchain sobre la teoría monetaria.

El cambio al que nos enfrentamos generará miedos que habrá que gestionar, y potenciales damnificados que deberán ser protegidos y acompañados por políticas sociales para minimizar las externalidades negativas de la transformación tecnológica. Pero si Europa no inicia el camino del cambio hacia una economía eminentemente digital se verá irremediablemente arrollada por la "destrucción creativa". Las tecnologías de vanguardia se generarán fuera de nuestras fronteras, y nuestra irrelevancia y dependencia tecnológica hará insostenible el modelo de economía social de mercado que nos caracteriza. Una pérdida del bienestar para millones de europeos a la que los autores tratan de adelantarse proponiendo una inteligente adaptación y transformación progresiva y profunda hacia la nueva era de la inteligencia artificial.

Por todo ello, después de leer este libro el lector tendrá más claro que nunca que estamos en ese estado que en la Grecia clásica llamaban Kairós, el momento oportuno para hacer algo importante. Porque, como nos enseñó Heráclito de Éfeso, maestro de Platón, "todo fluye, nada permanece", a lo que añadió: "nada es permanente a excepción del cambio".

José Carlos Díez

Economista. Profesor de la Universidad de Alcalá.

Madrid, abril de 2020.

PRÓLOGO A LA 3ª REVISIÓN, POR VINTON CERF

La inteligencia artificial ha sido fuente de curiosidad durante más de sesenta años. Incluso los primeros ordenadores fabricados como ENIAC, EDVAC, UNIVAC y WHIRLWIND, fueron caracterizados como cerebros gigantes, y existía una especulación recurrente de que estas máquinas superarían las capacidades humanas y de alguna manera tomarían el control sobre nosotros.

En los años sesenta, pioneros como John McCarthy, Marvin Minsky, Allen Newell y Herbert Simon ya empezaban a explorar distintas maneras de programación cuyo objetivo era intentar solucionar problemas que, hasta entonces, se consideraban competencia exclusiva del ingenio y el razonamiento humano. Los juegos de mesa, por ejemplo, han sido un objetivo siempre en mente: TIC-TAC-TOE apenas se resistió, el ajedrez fue sobrepasado algo más tarde, y GO lo ha hecho muy recientemente.

En 1958 Frank Rosenblatt, trabajando sobre la base de estudios anteriores de los años cuarenta, desarrolló en la Universidad de Cornell una red neuronal de una sola capa que llamó *perceptrón*. Con él pretendía llevar a cabo la clasificación automática de imágenes, mediante un método de entrenamiento que ajustaba los parámetros funcionales para aumentar la probabilidad de éxito. En 1969 Minsky y Seymour Papert escribieron un análisis crítico en su obra "Perceptrones", poniendo en cuestión aquella vía de investigación. Sin embargo, algunos investigadores persistieron en esta rama de trabajo, en particular Paul Werbos, Judea Pearl, Yoshua Bengio, Geoffrey Hinton y Yann LeCun, entre otros.

El éxito de sus redes neuronales multicapa fue en parte una consecuencia de que el hardware se pusiese al día con el concepto original, lo que permitió construir y probar redes con cientos de capas de profundidad.

Hoy en día estos sistemas se aplican a la traducción de lenguaje natural, el reconocimiento y la síntesis de voz, el análisis de imágenes médicas, la estabilización de plasma de fusión, los vehículos autónomos, el descubrimiento de exoplanetas y otras innumerables aplicaciones. Como era de esperar, tales avances han generado cierto grado de entusiasmo hiperbólico, además de una determinación a nivel internacional para ser los primeros en el campo de la IA. Pero es importante no confundir el esfuerzo con el progreso.

Estados Unidos, China y la Unión Europea, entre otros, están invirtiendo mucho en estas tecnologías, y es probable que se materialicen algunos resultados importantes y beneficiosos. Pero al mismo tiempo, es importante reconocer las limitaciones de las redes neuronales multicapa, ya que pueden ser muy frágiles, fallando de forma inesperada cuando se les presentan entradas desconocidas.

Un ejemplo son las llamadas Redes Generativas Antagónicas (Generative Adversarial Networks) que intentan engañar a una red neuronal de reconocimiento de imágenes para obtener la respuesta incorrecta. Cuando un sistema de reconocimiento de imágenes concluye que una imagen de un gato es, por ejemplo, un camión de bomberos, uno se da cuenta que nuestra dependencia absoluta de estas tecnologías podría ser prematura.

Los autores de este libro nos llaman la atención sobre la reacción europea a estas tecnologías digitales, con una regulación derivada de la preocupación por temas de la privacidad, el abuso ético y quizás también la pérdida de puestos de trabajo como la consecuencia de la automatización. Ponen de manifiesto su preocupación de que, por el afán de los reguladores por proteger a sus ciudadanos de daños reales o imaginarios, también han impuesto obstáculos al desarrollo de nuevas aplicaciones que hacen posibles la IA y otras tecnologías digitales. Junto con la escasez de transferencia de tecnología desde la investigación hacia distintas aplicaciones, el resultado de estos ingredientes es un "soufflé" que se hunde y la solución requiere una respuesta radical. ¡Hay que añadir más huevos!

En absoluto supone un llamamiento hacia una aplicación imprudente de la inteligencia artificial, el aprendizaje automático u otras tecnologías digitales sin tener en cuenta la protección de los ciudadanos. Sin embargo, el declive económico es en sí mismo un daño potencial tan significativo, que sólo puede combatirse con una exploración rigurosa de estas nuevas tecnologías.

Desde la informática del siglo pasado, no ha habido herramientas más poderosas en cuanto al empoderamiento de la innovación. La aplicación de la computación a cualquier disciplina o rama de conocimiento (*computational-X*), así como a la investigación, los negocios e incluso en la vida diaria ya está completamente asumida. El *big data* y la IA se consideran más como tecnologías facilitadoras que como amenazas, y ya es posible apreciar su desempeño en el aumento de la capacidad humana, central en la visión de Douglas Engelbart[1] de que las comunidades mejoren para mejorar.

Aunque la expresión "actuar rápido y romper cosas"[2] ha sido desacreditada con razón, hay un núcleo de verdad en la parte de "actuar rápido". Un entorno competitivo a nivel global exige una investigación rápida y amplia para identificar las oportunidades.

Es posible que algunas vías no lleven a ninguna parte y fallen estrepitosamente. Pero es imprescindible descubrir vías productivas y compartir de forma abierta los éxitos y fracasos, al menos en el ámbito de la investigación. La transparencia ha sido clave para obtener tantos avances en el mundo digital. Los estándares abiertos de Internet y de la World Wide Web son prueba del valor de compartir conocimiento en el ámbito de las tecnologías fundamentales. El software de código abierto ha proporcionado una aceleración similar. Sin embargo, es aconsejable estudiar con cuidado al "caballo regalado". El término código abierto no quiere decir que esté exento de fallos y vulnerabilidades.

Se asocia cierta predisposición para asumir riesgos con el éxito digital experimentado en los Estados Unidos y China. Pero últimamente las prácticas europeas han optado por favorecer la precaución, regulación y mínimo riesgo en cuanto a los nuevos desarrollos.

Cabría recordar sin embargo que las propias raíces de la revolución industrial del siglo XIX se encuentran en Europa. Por eso tal vez ha llegado el momento de que tome nota de su propia historia. De infundir en los sectores empresariales y académicos/científicos libertades y apoyos para explorar las nuevas oportunidades. En vez

---

1. https://es.wikipedia.org/wiki/Douglas_Engelbart
2. Se corresponde con el título del libro Move Fast and Break Things, de Jonathan Taplin.

de asfixiar la libre circulación de información entre fronteras regionales y nacionales, quizás se deban incentivar los movimientos y acelerar la velocidad en pos de nuevos descubrimientos e innovaciones.

Existen amplias pruebas que demuestran que la colaboración e intercambio de conocimiento pueden llegar a obtener resultados que parecerían magia desde los ojos de un ciudadano del siglo XIX o incluso el siglo XX.

Como mínimo, los motores europeos del progreso tienen que fusionarse y no chocar para que la región pueda prosperar.

Vinton G. Cerf

Vicepresidente y Chief Internet Evangelist en Google

Octubre 2020

POR QUÉ LEER ESTE LIBRO

«Cuanto mayor es el obstáculo, mayor gloria en superarlo.»
MOLIÈRE.

«Creo que todos lo adivinaron, aunque no hicieron preguntas. Cuando no se puede tener la realidad, bastan los sueños.»
RAY BRADBURY. *Crónicas Marcianas*

Tiene entre sus manos la cuarta edición de "Europa frente a EE.UU. y China: prevenir el declive en la era de la inteligencia artificial". En su momento los autores dudamos de si nuestra heterodoxa y crítica visión de la realidad económica sería bien recibida, pero tras dos años de trabajo combinando dosis de humildad y osadía nos sentimos preparados para contar las "verdades del barquero"[3]. Y el tiempo nos ha dado la razón.

Pronto llegaron comentarios muy positivos en masa, que ayudaron a corregir algunos errores y descubrir nueva bibliografía. Tres meses después de su publicación ya encabezábamos la lista de libros más vendidos de Amazon en secciones como inteligencia artificial, tecnología, o macroeconomía, y seguimos en posiciones muy destacadas mientras se escribe este nuevo prólogo (marzo de 2021). Se ha cumplido así nuestro objetivo: suscitamos interés y debate sobre un declive anunciado de la economía europea, al tiempo que los acontecimientos demostraban que nuestras hipótesis eran ciertas.

¿Por qué seguir entonces animándole a que lea las cerca de 450 páginas que tiene por delante? Estos fueron nuestros argumentos en la primera edición:

---

3. De principio a fin, si se anima a leer este libro, se encontrarán con una serie de **verdades incómodas** para el *establishment* europeo, reciclando -nunca mejor dicho- la advertencia que Al Gore hiciera sobre el cambio climático.
Nuestra intención no es aspirar a monopolizar ninguna de estas verdades. Buscamos únicamente suscitar el debate y la reflexión, aunque ello pueda estar reñido con contentar a una masa crítica mayoritaria o a gobernantes.

- El peso sobre el PIB global de la UE ha pasado del 25,6% en 2008, al 18,6% en 2018. Europa está perdiendo su posicionamiento económico mundial, poniendo en riesgo su bienestar y sus libertades.

- Vivimos en la Europa de las leyes digitales, pero apenas contamos con empresas líderes en innovación, y cada vez somos tecnológicamente más dependientes.

- El retraso tecnológico y la falta de foco en las habilidades digitales (STEM) pone en peligro el futuro laboral de áreas como la Europa del sur, con una especialización en sectores demasiado maduros.

- El papel de los economistas[4] no está siendo proactivo a la hora de identificar el coste de oportunidad que supone la dependencia en tecnologías que cambiarán el mundo.

- Algunos expertos afirman que por primera vez desde la II Guerra Mundial la siguiente generación de europeos vivirán peor que sus padres y abuelos[5].

- Nuestros dirigentes políticos se pierden en la crítica a los modelos económicos estadounidense y chino, sin prestar la suficiente importancia a la pérdida competitiva de Europa.[6]

Desgraciadamente para esta nueva edición las razones no han cambiado. El coronavirus sigue poniendo en relieve nuestras limitaciones y desventajas. Nos hemos topado de frente con la necesidad de teletrabajar, de educar y formar en línea, de vender por internet o de desarrollar una Administración electrónica, y las carencias han

---

4. Es importante que no solo economistas, sino también los ingenieros, juristas, políticos, educadores... salgan, salgamos, de nuestra zona de confort y trabajemos conjuntamente para proporcionar soluciones sólidas y efectivas.

5. Gill, I. S., & Raiser, M. (2012). *Golden growth: Restoring the lustre of the European economic model*. World Bank Publications.

6. Desde Europa se ha reprochado tanto al gigante asiático como a EE.UU. su falta de políticas de integración social o en la lucha contra el cambio climático. Pero en esta autosatisfacción y crítica los europeos -incluso cargados de razón- hemos olvidado que sin tecnologías de futuro, sin crecimiento económico y sin empleos de calidad para la retención del talento será imposible sostener todos nuestros logros y compromisos sociales alcanzados.

sido notables. Hemos sido presa de debates y ambigüedades en materia de privacidad, llevándonos a un estado de inacción cuando lo más necesario era *garantizar* el empleo, el bienestar y la salud.

Europa sigue por tanto necesitando recobrar la ilusión, y para ello deberá reinventarse sobre el talento digital y ecosistemas donde la creatividad y el liderazgo logren escalabilidad y frenen el desempleo juvenil y la diáspora del conocimiento. Debemos dar esperanzas sólidas y fundadas para que mujeres y jóvenes abracen la tecnología y sean protagonistas en la consecución de nuevos hitos para la humanidad como curar el cáncer, detener el cambio climático, fulminar las bolsas de pobreza o llegar a Marte.

El único camino posible para ello será apostar con ambición por el futuro, y abandonar sus discursos contradictorios, en los que se aplauden los avances que la IA hace en el plano médico, al tiempo que se endurecen las normativas para la explotación de datos; o se invierten millones en campañas para prevenir los accidentes de tráfico, pero se pone en duda la conducción autónoma; e incluso se apunta fiscalmente a los gigantes tecnológicos mientras la UE cuenta con paraísos fiscales en su territorio.

La vieja Europa no puede ser un freno para el futuro de sus jóvenes. Debemos cambiar el discurso y ser más valientes: regular para liderar, no para ser liderados. Cada nueva tecnología lleva asociada riesgos y peligros, pero igual que el ser humano dominó el fuego hace miles de años y aprendió a no quemarse[7], nuestra generación deberá enfrentarse a los retos de la IA con decisión, sabiendo que de ella depende el nuevo salto evolutivo de nuestra especie.

Los autores de este libro representamos dos generaciones muy diferentes: la que ha debido reinventarse digitalmente después de una vida en el escenario analógico, incluso tras padecer la posguerra y la cruda realidad del franquismo, y la que se ha asomado a un mercado laboral volátil, muy distinto al que se enseña en las universidades, azotados por un cúmulo de crisis económicas.

---

7. El símil entre el *fuego* y la *disrupción*, especialmente la provocada por la IA, será utilizado en reiteradas ocasiones. La idea está sacada de la obra de Yuval Noah Harari "Sapiens: De animales a dioses".

Pero a pesar de una diferencia de edad de 33 años, compartimos la visión de futuro y de necesidad de cambio. Ambos procedemos de zonas de España rurales y deshabitadas, muy retrasadas con respecto a las grandes ciudades. Tras muchísimo esfuerzo ambos hemos conseguido vivir nuestro tiempo: alcanzar una democracia, ser universitarios, integrarnos en el proyecto europeos, ser digitales, ser emprendedores… Europa nos ha hecho más fuertes, y nos ha ayudado a superar complejos. Por ello queremos que tenga el liderazgo y el futuro del que es acreedora.

Requerimos unir todas las fuerzas, no más *brexits* ni gobiernos que pongan en duda el futuro de la UE. Debemos contagiarnos de la inteligencia colectiva europea, de las buenas prácticas de la educación de Finlandia o de la eficiencia en la administración de Estonia. Ilusionar y poner en valor a nuestras *startups* y a los emprendedores. Utilizar tecnologías propias para afrontar los procesos de transformación digital y la digitalización.

En esta nueva edición de "Prevenir el declive…" le seguimos invitando a participar en un debate y una reflexión que ojalá logre sacar a Europa de su zona de confort para posicionarnos nuevamente como motor de la economía mundial.

ESTRUCTURA Y CONTENIDO

Este libro se ha estructurado en tres apartados y doce capítulos que, aunque tienen relación entre sí, pueden leerse de forma independiente, con recomendaciones y conclusiones diferenciadas.

Aunque se ha establecido un orden lógico comenzando con los conceptos básicos, siguiendo con el diagnóstico y problemas de la falta de liderazgo digital en Europa, después con políticas y soluciones propuestas, y terminando con una reformulación de postulados teóricos para provocar el debate entre profesores y estudiantes, el lector puede sentirse libre para empezar por la parte que más le pueda interesar.

En concreto, esta es la estructura de la obra:

Parte I. Diagnóstico: Razones del declive digital, una crónica anunciada del síndrome del coronavirus

Cap. 1. ¿Por qué Europa no es una potencia de la economía digital?
Cap. 2. Sectores tradicionales y la tormenta perfecta del sur de Europa
Cap. 3. I+D europeo: ¿insuficiencia o ineficiencia?

Se muestran datos e indicadores que deberían hacer saltar las alarmas en una UE que se aproxima a una tormenta perfecta provocada por el envejecimiento, el desempleo juvenil en los países del sur, la debilidad del tejido productivo y sus ecosistemas tecnológicos, y la fragilidad de su I+D. Problemas que tienen raíces históricas y cuya falta de soluciones va camino de provocar un coste sobre nuestro bienestar demasiado elevado.

Cap. 4. La regulación como cultura

Argumentamos por qué la regulación europea no es eficiente, planteando un debate respecto al llamado *Efecto Bruselas*.

El liderazgo normativo europeo no comprende la naturaleza digital, generando costes relevantes a las empresas y siendo altamente ineficiente. La prueba está en la falta de empresas y unicornios digitales de referencia.

Planteamos además una propuesta para financiar la libertad de prensa, el talón de Aquiles de la disrupción digital, y por qué la privacidad sobredimensionada ha impedido una respuesta rápida y efectiva ante la crisis de la COVID-19.

Parte II. Políticas y propuestas de actuación

Cap. 5. Una fuerte apuesta por la IA en Europa

¿Será la IA la electricidad del futuro? En este capítulo identificamos el potencial de la IA en el crecimiento económico y sus enormes impactos sectoriales, con algunas industrias enfrentándose ya a transformaciones absolutamente radicales.

Contrastamos finalmente la pasividad y debilidad de la apuesta de Europa por el liderazgo en IA frente a China y Estados Unidos.

Cap.6. Perspectivas de creación y destrucción de empleo en la era digital
Cap. 7. La revolución de la educación y el talento en el marco de las tecnologías disruptivas

¿Es la automatización y la IA una amenaza al empleo? ¿Cómo es posible que no logremos generar desde el sistema educativo las habilidades que demandan los empleos del futuro?

En nuestras recomendaciones se plantea dotar de protagonismo absoluto a una nueva política educativa que apueste por el pensamiento computacional en la educación primaria y secundaria, la empleabilidad universitaria y la educación digital de la sociedad.

Cap. 8. Emprendimiento y problemas de escalabilidad de las startups
Cap. 9. Ecosistemas digitales. En búsqueda del modelo europeo

¿Por qué es tan limitada la escalabilidad de las empresas digitales europeas? ¿Qué ingredientes se necesitan para generar ecosistemas emprendedores? ¿Cómo desarrollar y retener el talento?

Estos capítulos servirán para abordar qué características tiene nuestro emprendimiento digital y cómo desarrollar entornos digitales propios tras analizar algunas experiencias y casos de éxito internacionales.

También hablaremos de la idiosincrasia de lo que denominamos *minifundismo digital*, un nuevo concepto que pretende abordar cómo explotar las ventajas del emprendimiento existente en Europa.

Cap. 10. *Las Administraciones Públicas en la era digital*

¿En qué medida Blockchain puede revolucionar la eficiencia y transparencia de las AA.PP.? ¿Cómo la IA y la era de los datos pueden revolucionar la atención a la ciudadanía?

La experiencia nos demuestra que los planes públicos de digitalización son imposibles sin una la concienciación política, del personal de las Administraciones y de la propia ciudadanía.

Y mientras en muchos países denominados "avanzados" seguimos haciendo largas colas por resolver los trámites burocráticos más absurdos, en la India se registran propiedades a golpe de *click,* y en Estonia cualquier ciudadano puede hacer de todo, excepto casarse, desde la pantalla de su ordenador.

Parte III. Dioses insatisfechos y una nueva teoría económica

Cap. 11. *Europa en la encrucijada*

¿Qué perspectivas de futuro le esperan a Europa? ¿Cómo le afectarán los cambios en el contexto geopolítico como el Brexit o el auge de los populismos, o la brecha digital?

Utilizando algunas referencias del libro "De animales a dioses" de Y. N. Harari reflexionamos sobre si la Europa actual debe seguir tratando de doblegar a "los dioses insatisfechos" con cruzadas regulatorias, o asumir que el "fuego" de la tecnología nos quema, pero que como hicieran las tribus primitivas, "dominarlo" es la única forma de seguir evolucionando.

Cap. 12. *Planteando nuevas aproximaciones teóricas para la economía digital*

¿Explican nuestros manuales de economía todo lo que está aconteciendo en la economía digital? ¿En qué medida debemos prestar atención a la variable tiempo y a la prospectiva? ¿Qué implicaciones tiene la formación de los precios en sectores digitales para la asignación de recursos?

A partir del concepto de los *cisnes negros* en este capítulo sugerimos la necesidad de plantear nuevas herramientas teóricas y conceptuales que nos permitan un análisis económico más preciso para interpretar la nueva economía digital.

Invitamos a los comentarios críticos

En el tiempo de redacción de este libro numerosos especialistas ligados a la educación, el derecho, la economía y el emprendimiento nos han ayudado proponiendo cambios muy valiosos y sugerencias notables que han mejorado las versiones originales. Todos son referenciados en el apartado de agradecimientos al final de este libro.

Aun así, los autores somos absolutamente conscientes de que no estamos en posesión de la verdad.

Seguro que un tratamiento ambicioso y multidisciplinar como el que proponemos está lleno de muchas lagunas y quizás puntos débiles. Esperamos que entiendan también que algunos apartados y conceptos teóricos han debido ser sintetizados dada la amplitud de temas abordados, aunque encontrarán en todo momento las referencias a las obras originales a las que haremos mención.

Para enmendar esta situación proponemos que el libro que tiene entre manos sea interactivo. Nuestra intención es provocar debate, compartir ideas e incorporar valor y conocimiento de forma duradera, para lo cual se introducirán cambios y actualizaciones constantes en función de las observaciones de aquellos lectores críticos, incisivos y generosos quieran hacernos llegar.

Así lo hemos hecho hasta ahora, habiendo introducido más de 200 sugerencias de algunos expertos y de nuestros lectores.

Para contribuir, puede visitar la web www.prevenireldeclive.com o comunicarte con nosotros en redes sociales.

INTRODUCCIÓN

CONCEPTOS BÁSICOS

«La confusión es la alfombra de bienvenida en la puerta de la
creatividad».
MICHAEL J. GELB

El objetivo de este apartado introductorio es diferenciar y precisar el significado, al menos en lo que respecta al uso que hacemos en
este libro, de términos utilizados en el ámbito de la economía digital
entre los que abunda la confusión o una falta de delimitación.

Son los siguientes:

1. Economía digital.

Lo que entendemos hoy en día por economía digital poco tiene
que ver con el concepto de hace apenas unas décadas. Si a principios
del milenio la economía digital se asimilaba a una "economía de internet", la aparición de tecnologías disruptivas como el aprendizaje
profundo (*deep learning*), Blockchain, el internet de las cosas (IoT) o
la computación cuántica nos han proporcionado un enfoque totalmente distinto.

La economía digital se observa ahora con una capacidad impre-
visible de concatenar nuevos avances. Por ello resulta más inteligente
hablar de las singularidades y diferencias con respecto a la economía
tradicional que precisar de forma rígida una descripción cerrada.

Don Tapscott[8] a finales de los 90, asoció conceptos como "conocimiento, desintermediación, innovación, inmediatez,
globalización o discordancia" a la nueva economía que emanaba. Estos atributos, incluso a pesar de las continuas revisiones a los que se
ven sometidos, son los que mejor caracterizan a la economía digital.

---

8. Tapscott, Don (1997). The digital economy: promise and peril in the age
of networked intelligence. New York: McGraw-Hill.

2. Transformación digital y digitalización.

Aunque puedan plantearse en momentos puntuales como sinónimos, debemos diferenciar entre la "transformación digital" y la "digitalización".

El primero de los términos servirá para referirnos a los procesos de innovación que integran nuevas tecnologías en productos, empresas o mercados, pero sin alterar su naturaleza. Por ejemplo, una Administración Pública que apueste por un canal de comunicación *online* o incluso incorporar un *chip* a los DNI para agilizar algunos trámites.

Por "digitalización" entendemos el proceso general que lleva a una economía o sector convencional a ser completamente digital, aprovechando la tecnología para reinventarse y no solo para transformarse. Continuando con la Administración Pública, un buen ejemplo de digitalización consiste en el uso de tecnología de contabilidad distribuida para convertir cualquier proceso en telemático, desde presentar documentación hasta votar en las elecciones.

La digitalización cambia las reglas del juego, pudiendo amenazar la supervivencia de las prácticas tradicionales a medio y largo plazo. Un proceso de transformación similar -o incluso superior- al ocasionado por la industrialización y la terciarización en las revoluciones tecnológicas anteriores.

3. Innovación y disrupción.

Comprender la diferencia entre *innovación* y *disrupción* es fundamental para seguir gran parte de los argumentos de este libro. Estos conceptos han sido de una forma u otra discutidos en la literatura económica por autores tan influyentes como Joseph Schumpeter, Jürgen Hauschildt, Peter Drucker o Clayton Christensen, siendo quizá la relación establecida por este último la más precisa: las "tecnologías disruptivas" son innovaciones que dan lugar a nuevos productos más baratos y mejores, provocando al auge y caída de las potencias económicas[9].

---

9. Christensen, C., Craig, T., & Hart, S. (2001). The great disruption. Foreign Affairs, 80-95.

Sin embargo, esta afirmación debe ser matizada en el actual contexto tecnológico[10], ya que vivimos en una era de tantos cambios que desde una perspectiva tradicional muchas *innovaciones* podrían ser entendidas como *disrupción*.

En este libro por innovación nos referiremos a los procesos de cambio lineales, derivados de la aplicación de tecnologías ya existentes, o de nuevos descubrimientos pero que tienen un potencial de crecimiento limitado. Estos límites pueden estar establecidos por la dependencia de terceras tecnologías, por la imposibilidad de escalar, o incluso por cuestiones normativas.

El concepto de disrupción lo asociamos a cambios de mucha entidad y de alta velocidad. Se tata de una innovación concatenada y exponencial, permitiendo una alteración relevante y continuada de los productos o procesos. Una idea que nos acerca a una "destrucción creativa" schumpeteriana radical, transformándose la naturaleza competitiva de los productos o servicios.

Pongamos un ejemplo aclaratorio: un banco podría invertir una gran cantidad de sus fondos en una innovación constante que mejore su productividad (aplicaciones móviles, cajeros inteligentes, big data...). Pero son las fintech, las criptomonedas e incluso las grandes tecnológicas las que están reinventando el sistema financiero y convirtiendo a "empresas de software" en sus nuevos referentes.

En pocos años el sector se parecerá muy poco a lo que hoy conocemos, y solo sobrevivirán las que sean partícipes de esta revolución. Algo que también ocurrirá con la sanidad, la agricultura, la educación y el resto de los sectores. Todos se "reinventarán" de arriba abajo, y con ellos comenzará una nueva reorganización económica sobre la base de la especialización productiva internacional.

Este planteamiento nos llevará a lo largo de este libro a identificar tres grupos de países: quienes adoptan una posición tecnológica pasiva, quienes presentan una alta capacidad innovadora y de transformación digital, y quienes apuestan por la reinvención y la disrupción. Los dos primeros son seguidores (en distinta escala) y los terceros serán los líderes.

---

10. El concepto *innovación disruptiva* de Clayton Christensen está principalmente ligado a interpelar a nuevos mercados o nuevos clientes.

La diferencia entre innovación y disrupción nos llevará a plantearnos la utilidad de indicadores como la inversión en I+D, las patentes o el número de artículos publicados. Como veremos en los capítulos siguientes, las políticas enfocadas en la innovación y no en la disrupción son responsables directas de la pérdida de liderazgo económico de Europa.

4. Olas históricas de Kondratieff y las actuales olas disruptivas.

Desde principios del siglo XX los economistas han formalizado la evolución de los paradigmas tecnológicos bajo las llamadas *olas de Kondratieff* (1935)[11]. Unas olas que en su origen se usaron para dibujar el recorrido de los ciclos económicos (expansión, estancamiento y recesión), y que Schumpeter (1939)[12] popularizó en su demostración del efecto de la innovación sobre el desarrollo de los países[13].

Aunque este modelo podría adaptarse a cualquier época y transformación socioeconómica vivida por el ser humano desde la revolución agrícola, las olas de Kondratieff se han usado para el análisis de los últimos doscientos años, coincidiendo con la aceleración tecnológica provocada por las tres grandes revoluciones industriales.

De acuerdo con las observaciones de Schumpeter y las posteriores revisiones, cada paradigma tecnológico se desarrolla durante 40 y 60 años, dándose el conocimiento que da lugar a cada nuevo salto varias décadas antes. Este razonamiento se ha sostenido extraordinariamente bien con tecnologías de transformación lineal, ¿pero soportan las olas tradicionales la concatenación exponencial de las nuevas tecnologías?

Una de las soluciones propuestas desde la ortodoxia económica ha sido acortar las olas tecnológicas (**figura 1**), con la revolución de la IA, el internet de las cosas (IoT) o el 5G tomando una forma más

---

11. Kondratieff, N. D., & Stolper, W. F. (1935). The Long Waves in Economic Life. *The Review of Economics and Statistics*, *17*(6), 105-115.

12. Schumpeter, J. A. (1934). *The Theory of Economic Development*. Cambridge, MA: Harvard University Press.

13. Aunque la aportación de Schumpeter es determinante para explicar el uso de estas olas, manteniendo su nombre original se hace un reconocimiento a Nikolai D. Kondratieff, condenado a muerte por orden de Stalin por mostrarse crítico con la industrialización estatal masiva y la concentración agrícola.

pronunciada, corta e intensa. Y el resultado obtenido es, al menos de momento, plausible.

Figura 1: Olas tecnológicas de Kondratieff

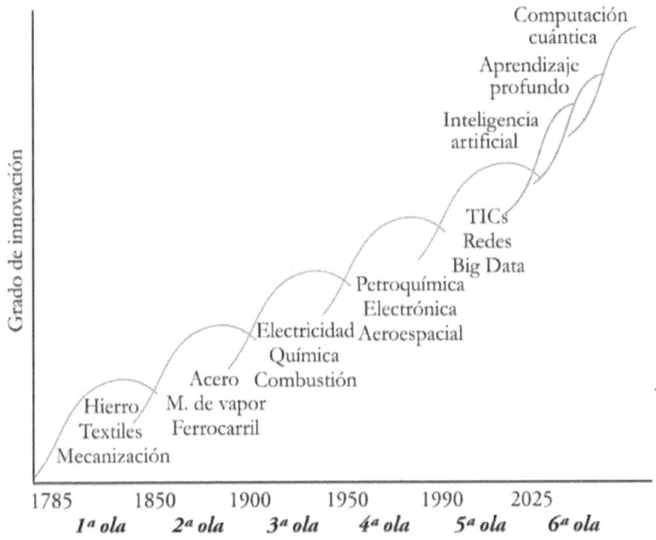

Fuente: elaboración propia

Sin embargo, con esta forma de dibujar las nuevas olas se pierden los matices de retroalimentación que ocurren en estas tecnologías. La inteligencia artificial y Blockchain, por ejemplo, son dos olas de alta intensidad que ocurren al mismo tiempo y con una fuerte relación entre sí. Y lo mismo ocurre con el internet de las cosas, la conexión 5G e incluso la computación cuántica.

Por otro lado, según las nuevas olas se concatenen, el tamaño de las olas anteriores se irá reduciendo en comparación al grado de innovación aportado. En un modelo como el de las olas de Kondratieff esto quiere decir que, por comparación, los avances tecnológicos ocurridos hace más de medio siglo apenas tendrán visibilidad.

Comprender cómo afectará la era de la IA a nuestra economía solo puede hacerse abandonando nuestra habitual zona de confort teórica. Si no lo hacemos, perderemos capacidad de análisis e interpretación de los acontecimientos del nuevo paradigma tecnológico. Debemos entender el estrés al que se someterán variables como el empleo y la riqueza ante el avance de las nuevas tecnologías. Porque es probable que ningún sector, ni siquiera nuestro propio estilo de vida, sea reconocible en unas pocas décadas.

Ray Kurzweil, directivo de Google y experto en IA, declaró que los avances tecnológicos que se van a realizar en los próximos cien años serán tan acelerados que equivaldrán a prosperar más de 20.000 en comparación con la historia pasada del ser humano[14]. Plasmar este salto en los modelos tradicionales, como las olas de Kondratieff, resultará tremendamente complicado.

---

14. www.kurzweilai.net/understanding-the-accelerating-rate-of-change

LA DISRUPCIÓN EN LA ECONOMÍA: FACTORES CLAVE

«El camino para que una nación se proyecte mejor en el futuro es que asuma que sólo innovando podrá alcanzar a los países más prósperos.»
JOSEPH A. SCHUMPETER.

«Si ya todos lo están haciendo, tú no lo hagas.»
ROBERT KIYOSAKI. Padre rico, padre pobre.

Antes de comenzar la lectura de este libro, creemos conveniente adelantar algunas cuestiones teóricas fundamentales en relación con la economía digital que sitúen al lector. Todas ellas serán analizadas con más detalle a lo largo de los siguientes capítulos.

1. Brechas entre países en el corto plazo y proteccionismo.

El objetivo principal de esta obra es identificar cómo la hegemonía de China y EEUU en IA y en otras tecnologías de vanguardia afectan al desarrollo económico de Europa, que queda en una posición débil y rezagada. La intensidad de los cambios disruptivos genera una brecha competitiva tanto entre empresas como entre países, ocasionando a su vez fricciones geopolíticas que amenazan el orden económico conformado durante décadas.

Lo curioso es que estas tensiones afloran a modo de políticas proteccionistas y conservadoras, denostadas a lo largo de la historia, y que amenazan tanto las previsiones de crecimiento como la estabilidad mundial. Las normativas europeas que penalizan a los gigantes digitales norteamericanos, o la guerra comercial tecnológica entre Administración Trump y China son claros ejemplos de ello.

La nueva era de la IA pide a gritos reglas globales muy bien definidas, y aunque la UE ha tratado de definirse como una líder normativa digital, jamás podrá imponer una regulación global siendo tecnológicamente dependiente de China y de EE.UU.

Europa debe dejar de hacer la guerra por su cuenta, y buscar pactos globales en los que conformar reglas de juego de adopción internacional. Otra alternativa tendrá uno coste de oportunidad demasiado elevado.

2. Prospectiva para la toma de decisiones.

En una era de cambios concatenados, rápidos y complejos, la toma de decisiones de los agentes económicos dependerá más de la anticipación que de las tendencias. Las empresas líderes devoran y encargan informes predictivos a las consultoras, sabedoras que las expectativas formadas a partir de un periodo anterior pueden introducir más sesgos que orientación.

La variable t (tiempo) está cambiando para la ciencia económica, y los economistas del siglo XXI deberemos emplear menos econometría basada en los modelos que entendemos, y más algoritmos de predicción aunque no conozcamos lo que ocurre dentro de ellos y sus resultados nos sorprendan.

3. Una nueva formación de precios y los "*animal spirits*".

El concepto de "*animal spirits*" (J.M. Keynes, 1936)[15] describe cómo las emociones y sentimientos que influyen en el comportamiento humano también lo hacen sobre sus decisiones económicas. Una idea que tiempo después tomó especial relevancia para la teoría económica moderna gracias a la revisión de Shiller y Arkeloff[16].

Porque a nadie se le escapa que la comprensión del comportamiento de los consumidores ha alcanzado su máxima expresión en el nuevo paradigma tecnológico, el de los datos y la información.En este sentido las empresas que adoptan algoritmos de IA para individualizar y personalizar sus precios a partir de segmentar patrones de

---

15. En la obra: *Teoría general de la ocupación, el interés y el dinero.*
16. Akerlof, G. A., & Shiller, R. J. (2010). *Animal spirits: How human psychology drives the economy, and why it matters for global capitalism.* Princeton University Press.

conducta o perfiles de usuario están llamadas a maximizar la fidelización y los beneficios. El resultado es una distancia competitiva ya evidente, ocasionando incluso monopolios que tienden a ser naturales por la diferencia de acceso a datos.

4. Desintermediación y la perspectiva digital del valor.

Las economías basan gran parte de su riqueza en el valor añadido generado por la intermediación. Cualquier sector suma profesionales y actividades en extensas cadenas de producción, servicios y logística hasta que los alimentos llegan a nuestras cocinas, los vehículos a los concesionarios, o los créditos bancarios son concedidos.

La economía digital, y en especial la unión entre automatización y desintermediación gracias a Blockchain -conocida como el "internet del valor", está llamada a validar todos estos procesos en un futuro cercano, con el fin de desenmascarar estructuras ineficientes. De esta forma podríamos incluso medir el coste que supone para las empresas y la sociedad la burocratización analógica, la departamentalización excesiva, o las reuniones de grupo dedicadas a cubrir el expediente.

David Graeber definió como *trabajos de mierda* a "una forma de empleo remunerado que es tan completamente inútil, innecesaria o perniciosa que ni siquiera el empleado puede justificar su existencia aunque, como parte de las condiciones de empleo, se sienta obligado a fingir que no es así."[17] Blockchain puede ser la clave para identificarlos.

5. La eficiencia de los procesos regulatorios.

Especial atención merece la Administración Pública, que generalmente se concibe como un aparato farragoso cuya ineficacia, aceptada y odiada a partes iguales, conlleva costes económicos relevantes sufragados por todos los ciudadanos y empresas.

La economía del sector público necesita evaluar el coste de oportunidad de su inadecuación a nuevos entornos digitales, tanto a nivel normativo como administrativo. Porque la realidad digital necesita

---

17. Graeber, D. (2018). *Trabajos de mierda: Una teoría.* Editorial Ariel.

de una regulación flexible, rápida y adaptada a la deslocalización, que no aparte de las tareas diarias a emprendedores e investigadores para quienes el talento y la creatividad son los activos más importantes.

6. El *input* fundamental: el talento

La aparición de la *economía del conocimiento*[18] asentó la idea de que el capital humano es el *input* más valioso para el desarrollo de una región. Referentes como Silicon Valley se construyeron gracias a la especialización de sus universidades en nuevas tecnologías y la captación de jóvenes brillantes, y en las últimas décadas asistimos a una potenciación global del talento.

En las próximas décadas la combinación de tecnologías como la IA, el IoT, Blockchain y la computación cuántica prometen una fase de crecimiento exponencial que llevará a otras disciplinas como la biotecnología, la medicina o la física a niveles desconocidos. La cura de enfermedades, la lucha contra el cambio climático, la protección de especies o la comprensión del universo, van a depender del impulso de la economía digital y sus tecnologías.

Ante esta perspectiva, sería un error quedarse fuera de la prometedora era de aceleración del conocimiento global, que requiere de una apuesta decidida en formación computacional, pero también de economías ágiles con capacidad de asimilar y afrontar los cambios, así como de impulsar prácticas como la inteligencia colaborativa.

7. Criptomonedas, autoridad y política monetarias.

Lejos de desaparecer, las criptomonedas están viviendo un repunte, incluso con dudas jurídicas en Europa. Mientras en España el Alto Tribunal se pronunció contrario a su consideración como "moneda" de uso ordinario, en Francia sí han sido aceptadas[19].

¿En qué medida una economía digital y sus vertientes como el comercio online global podrían negarse al pago con criptomonedas? ¿Y cómo deberán reinventarse la autoridad monetaria y la política

---

18. Drucker, P.F. (1994). *Post-capitalist Society*. Routledge.
19.   lesechos.fr/finance-marches/banque-assurances/la-justice-francaise-assimile-le-bitcoin-a-de-la-monnaie-1182460

monetaria de cada país ante el dinero descentralizado? Aunque estas preguntas son de difícil respuesta, China ya se ha anticipado al resto de países, apostando por una criptomoneda regulada y de carácter nacional.

8. Eficiencia y efectividad de los ecosistemas digitales

Los ecosistemas digitales son piezas fundamentales para la economía de un país que se atreva a declararse innovador. Pero ¿es fácil crearlos? ¿Por qué las innovaciones disruptivas y las empresas que las lideran surgen en unas áreas y no en otras?

La política económica europea debe hacer una profunda reflexión sobre por qué en el viejo continente no existen *laboratorios* donde interactúan de forma frenética el emprendimiento, las redes profesionales, las universidades y sus centros de investigación, y sobre todo fondos de capital riesgo.

Sirvan los ocho puntos anteriores para señalar cómo nuestra economía, su ciencia y los propios economistas estamos siendo objeto de disrupción gracias a nuevos conceptos, hipótesis y herramientas de trabajo. Aunque tratemos de estirar ideas brillantes como la "innovación disruptiva", la "destrucción creativa" o incluso el alcance de las olas de Kondratieff, debemos ser conscientes de la entidad y complejidad de los cambios ligados a la economía digital.

A lo largo de los capítulos que siguen abordaremos estas y otras cuestiones para dar a entender la gravedad del declive económico y tecnológico en el que puede caer Europa, la urgencia de políticas para prevenirlo, y la necesidad de pensar en positivo para devolverle el protagonismo geoestratégico que merece.

PARTE I: DIAGNÓSTICO

Razones del declive digital. Una crónica anunciada del síndrome del coronavirus

CAPÍTULO 1: ¿POR QUÉ EUROPA NO ES UNA POTENCIA DE LA ECONOMÍA DIGITAL?

«Ya que no podemos cambiar la realidad, cambiemos los ojos con que la vemos».
NIKOS KAZANTZAKIS

En los siguientes capítulos van a encontrar las primeras de las *verdades incómodas*. Quizá las más devastadoras: las que demuestran, a partir de un análisis de la historia económica y tecnológica europea más reciente cómo y por qué el viejo continente pierde fuerza e influencia global, alejándose de ser una potencia de la economía del futuro.

Esta conclusión es fruto de preguntas del tipo ¿puede ser un país referente en el sector tecnológico sin empresas disruptivas? ¿Pueden compañías centenarias construir el liderazgo digital? ¿Es sostenible el bienestar europeo sin potenciar una transformación industrial?

Pero no queremos que lo que van a leer se entienda como un dogma. Algunos datos darán lugar a segundas y terceras interpretaciones, algo que sería muy positivo y que esperamos que ocurra. Pero incluso aunque el lector también concluya que la situación de partida europea ante la digitalización es muy preocupante, le invitamos a que mantenga con nosotros un tono positivo.

Decía Amartya Sen[20] que el futuro no es una línea única y continua, sino que es tan plural como los grados de libertad que tiene el ser humano para decidir. Prevenir el declive tecnológico y económico al que se acerca Europa es posible, y requerirá de acciones políticas, empresariales y sociales.

---

20. Premio Nobel en Economía por su estudio del bienestar.

1. EUROPA, EE.UU. Y CHINA: ¿UNA TRANSICIÓN ANUNCIADA?

Europa y EE.UU. han dominado los cambios de cada nuevo paradigma tecnológico desde la I Revolución Industrial. Ambos, afianzados especialmente en el último medio siglo como líderes económicos indiscutibles -sin olvidar a Japón-, veían desde la lejanía cómo los países emergentes carecían del potencial suficiente para hacerles frente.

Hasta ahora.

China ha roto en pocas décadas todos los esquemas de crecimiento, superando distancias culturales y restricciones económicas. Aunque en niveles per cápita aún está lejos de EE.UU. y la UE, la lucha de poder que marcará el siglo XXI es evidente. En la actualidad las tres potencias aportan el 60% de la riqueza mundial, el 55% del valor de todas las exportaciones y más de la mitad de la inversión en I+D. Los tres grandes motores económicos y financieros del mundo cuya influencia traspasa sus inmensas fronteras. Pero en este nuevo equilibrio geopolítico que se está formando existe una gran perjudicada, Europa, y un motivo fundamental: su retraso tecnológico.

Europa y Estados Unidos: evolución industrial y tecnológica

A lo largo del siglo XVIII en Europa tuvo lugar una etapa de innovación industrial sin precedentes hasta ese momento. De manera continuada y en un cinturón que recorre Países Bajos, Inglaterra, el sur de Alemania, el norte de Italia y algunas regiones de Francia, España y Portugal, se dieron numerosos avances tecnológicos que se retroalimentaron y canalizaron de forma excepcional[21]. Reino Unido se convirtió en el gran catalizador tecnológico. Lideró la I Revolución Industrial y los ratios de crecimiento, convirtiéndose en la primera potencia económica de la era contemporánea.

---

21. Grinin, L., & Korotayev, A. (2015). *Great Divergence and Great Convergence. A Global Perspective.* Springer International Publishing, Suiza.

Décadas más tarde EE.UU. encabezaría los sectores que dieron lugar a la II Revolución Industrial y con ello se posicionó como nuevo referente económico. Los países europeos mantenían sus políticas de innovación, pero Norteamérica apuntó decididamente hacia las entonces industrias punteras (eléctricas, químicas, petroquímicas...), más tarde adoptadas en el resto del planeta.

La hegemonía estadounidense se consolidó aún más en el siguiente salto tecnológico, el de las telecomunicaciones y la informática. Con ello pudo mantener su posición privilegiada pese a la pérdida de influencia política tras la Guerra Fría, el despertar japonés, y a sufrir crisis económicas como la del petróleo (años 70), la de las *puntocom* (años 90) o la financiera de principios del milenio.

En este tiempo, especialmente en el último medio siglo, Europa se reestructuró como con la conformación de la Unión Europea y la Eurozona. Pero la escasa especialización en los sectores de vanguardia de cada ola tecnológica ha acrecentado día a día su dependencia, hipotecando nuestro futuro y nuestro bienestar.

China, de fábrica a cerebro del mundo

Durante gran parte de esta era de revoluciones y transformaciones profundas en Occidente, China padeció los terribles efectos de una política de aislamiento comenzada varios siglos antes. La invasión japonesa, una guerra civil y los levantamientos populares formaron el resto de los ingredientes de un cóctel de estancamiento.

Si a finales del siglo XIV, en la era preindustrial, el gigante asiático se consideraba una economía más avanzada que Europa, a mediados del siglo XX conservaba aún vivas estructuras feudales, y su riqueza por habitante era inferior a la media del África subsahariana[22].

El potencial humano y de recursos con el que cuenta el vasto territorio chino hacían prever el despertar del *dragón dormido*, pero su ímpetu ha sorprendido a propios y extraños. En tan solo medio siglo

---

22. Maddison, A. (2001). The World Economy: A Millenial Perspective. Development Centre Studies. OECD.

ha pasado de ser un país eminentemente agrícola, a equiparar la inversión de EE.UU. en empresas digitales[23], de ser una economía olvidada a convertirse la segunda potencia del planeta en producto interior bruto (PIB). China exhibe un crecimiento económico que supera el despegue de la Europa del siglo XVIII o el "milagro económico" de Alemania y Japón en la segunda mitad del siglo XX.

China se sumó así a otras economías dinámicas de la región Asia-Pacífico como Corea del Sur, Hong Kong, Singapur o Taiwán (los *tigres asiáticos*) que impulsaron su transformación económica y tecnológica para alcanzar niveles record de riqueza y bienestar. Pero la mayor potencia de Asia no descansa para recrearse en los avances logrados. China sabe que la IA y el conjunto de las tecnologías disruptivas actuales son claves para confirmar la transición del liderazgo de Occidente a Oriente. Necesitan abandonar el papel de fábrica del mundo para convertirse en el cerebro del mundo, y el plan *Made in China 2025* (MIC 2025) de modernización industrial impulsado desde Pekín es el mejor reflejo.

Hablaremos de ello más adelante.

En este escenario EE.UU. y China han comenzado una Guerra Fría 2.0 por la hegemonía tecnológica con inversiones milmillonarias, sanciones y aranceles[24]. Europa tristemente apenas presenta batalla: sin empresas digitales de relevancia global, sin el liderazgo de sus gobiernos y con normativas enfocadas a reactivar sus sectores tradicionales, las brechas tecnológica y competitiva se abren cada vez más rápido, mostrando un abismo de desaceleración económica, desempleo y deuda pública.

---

23. Cuando se funda Google en 1998, solo el 0,2% de la población china estaba conectada a internet frente al 30% de la estadounidense. Ver: elmundo.es/papel/lideres/2020/02/17/5e4ae1cd21efa01d 5b8b45a5.html

24. "The Trump Administration Blacklisted Chinese A.I. Startups. But That Might Not Slow Them Down". Publicada en Forbes en octubre de 2019. fortune.com/2019/10/10/trump-china-entity-list-ai-blacklist/

2. POR QUÉ EUROPA SE RESISTE A LA REVOLUCIÓN TECNOLÓGICA

2.1. Iniciativa estadounidense, planificación asiática, letargo europeo

La era digital ha supuesto una transformación del entorno económico desde dos perspectivas complementarias:

- Una vertical mediante la creación de industrias que son producto directo de nuevas tecnologías como la IA,

- y una horizontal, que consiste en la adaptación de estas tecnologías en su cadena de valor[25] (producción, logística, marketing, ventas, comunicación, etcétera).

Aunque ambas transformaciones se alimentan de las mismas tecnologías, el impacto sobre la capacidad de innovación o disrupción de las regiones es bien diferenciada. Apostar de forma predominante por la especialización en una u otra rama ha marcado el crecimiento económico y la capacidad de liderazgo de EE.UU., Asia y Europa en las últimas décadas.

El impulso gubernamental en Estados Unidos y Asia

EE.UU. debe su liderazgo en la era de internet a la proactividad de una sucesión de gobiernos volcados con la innovación desde mediados del siglo XX. En plena Guerra Fría la industria militar norteamericana se convirtió en el principal comprador mundial de microchips y de avances informáticos, pagando incluso precios por encima de mercado por productos experimentales.

Avances que hoy usamos como internet, los satélites de telecomunicaciones o los drones son fruto de este tipo de relación, que hoy continúa con acuerdos como los alcanzados entre SpaceX y la

---

25. Porter, M. E. (2001). *The value chain and competitive advantage.* Understanding Business Processes, 50-66.

NASA[26] o con la Alianza Tecnológica de Colaboración en Robótica (R-CTA) y que China e Israel replican en sus estrategias de inversión en IA. A este impulso público debemos sumar una cultura empresarial que potencia ecosistemas como Silicon Valley, la movilidad constante de los trabajadores y unas universidades verdaderamente comprometidas con el emprendimiento.

Al otro lado del Pacífico el papel jugado por las Administraciones asiáticas también ha sido esencial para su modernización económica. Japón se convirtió en el caso más paradigmático en el amanecer de la III Revolución Industrial. Con una inversión militar inexistente tras la II Guerra Mundial, basó su reconversión industrial en los planes ideados por el Ministerio de Comercio Internacional e Industria, que incluían: favorecer la importación tecnológica, la inversión en I+D empresarial y la producción de innovación nacional, financiar a coste cero las nuevas empresas tecnológicas, incentivar fiscalmente por valor de miles de millones de dólares la adquisición de maquinaria y productos informáticos, o implementar planes educativos para fomentar las carreras de ciencias e ingenierías, entre otras.

En solo 30 años la planificación orquestada en Japón llevó a una especialización productiva centrada en la tecnología que le permitió pugnar por el liderazgo global con EE.UU. en la década de los 90. La reinvención de un símbolo como Toyota sobre la base de la idea de "mejora continua" y la robótica es un claro ejemplo de este proceso de transformación. Japón incluso lideró industrias entonces tan relevantes como la de los microchips **(figura 1.1)**.

Aunque hoy en día Japón ha perdido fuerza como disruptor tecnológico, otros países de la región Asia Pacífico han tomado su relevo gracias también a un sistema de planificación basado en la alta tecnología. Corea del Sur, Singapur, Taiwan o China son ejemplo de un modelo de impulso de innovación y disrupción que parece adaptarse bien a la idiosincrasia socioeconómica asiática.

---

26. futurism.com/nasa-spacex-partnership-saved-nasa-hundreds-millions

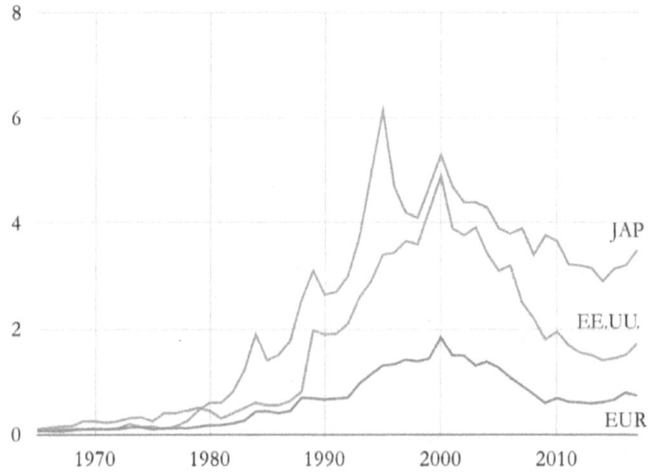

Fuente: UN Comtrade Database (SITC Rev. 2)

Ley de Cardwell y sectores tradicionales en Europa

Los movimientos de transformación industrial europeos no han sido ambiciosos por liderar los avances tecnológicos. Ni las políticas nacionales ni las comunitarias, como los planes *eEurope*, han generado un flujo de ecosistemas y empresas digitales capaces de competir a escala global. En resumen, y salvo excepciones como Irlanda, Estonia o Suecia, desde Europa se ha apostado generacionalmente por la adaptación tecnológica, y no por la transformación vertical de sus industrias.

Hace más de medio siglo el historiador Servan-Schreiber identificó un *miedo* europeo al progreso tecnológico[27], caracterizado por la hostilidad desde su tradición industrial hacia la computación. Incluso detectó una beligerancia respecto a "empresas invasoras" como IBM. Décadas después ni el empuje de los países emergentes, ni el coste de oportunidad que supone la subordinación tecnológica ha

---

27. Servan-Schreiber, J. J. (1967). Le défi américain (The American challenge). *Paris: Denoel.*

53

provocado un cambio de conducta necesaria. Europa parece haberse instalado una especie de "ludismo"[28] institucionalizado. Una defensa de los sectores tradicionales impulsada muchas veces por los gobiernos que limita la capacidad de explorar nuevos modelos de negocio o mercados. Google, Facebook, las *fintech*, Uber o Airbnb entre otras han visto menoscabadas sus actividades por ser una amenaza para la prensa, la banca o el sector turístico en sus múltiples ramas.

La actitud europea encaja en lo que se conoce como la "**Ley de Cardwell**"[29], o una preferencia de los países por mantener la posición ventajosa y la experiencia en sus sectores tradicionales aunque vaya en detrimento del desarrollo en los sectores de futuro. El caso contrario ocurre en los países que han tenido que redefinir sus estructuras económicas en las últimas décadas. China, Estonia, India o Kenia han impulsado transformaciones mucho más radicales en la Administración Pública o en sus sectores económicos que los países europeos más innovadores.

La falta de músculo de la economía digital europea frente a los sectores tradicionales podría ser el principal motivo de esta política defensiva. Mientras las Bolsas europeas están lideradas por empresas bancarias, energéticas o de sectores tradicionales, en EE.UU. y China son las digitales de reciente creación las que mayor capacidad de maniobra y capitalización poseen. Una realidad inimaginable para el tejido tecnológico europeo, que tiene todavía hoy como mayores referentes a sus "telecos" privatizadas, algunas con más de un siglo de historia.

---

28. El movimiento ludita se refiere a los levantamientos y protestas en el siglo XIX contra la modernización industrial comenzados en Inglaterra y extendidos al resto de Europa. Se recomienda: Juma, C. (2016). *Innovation and its enemies: Why people resist new technologies*. Oxford University Press.

29. Cardwell, D.S.L. (1972). *Turning Points in Western Technology*, Neale Watson, New York.

3. ESTANCAMIENTO EUROPEO DESDE LOS AÑOS 60

3.1. Convergencia asiática y divergencia europea

Desde la segunda mitad del siglo XX y hasta la crisis económica de 2007 asistimos a una mejora del bienestar global incuestionable - medido como desarrollo humano- **(figura 1.2)**, resultado de los procesos de apertura e integración, las mejoras en los sistemas educativos y sanitarios, y el incremento de la productividad gracias a los saltos tecnológicos, entre otros.

En esta etapa de progreso, China y los emergentes asiáticos han llegado a triplicar las ratios de crecimiento de las economías más desarrolladas durante las últimas décadas. Su modernización industrial y su inclusión en la cadena de valor del comercio global han sido claves[30].

Figura 1.2. Valores del índice de desarrollo humano (1990-2017).

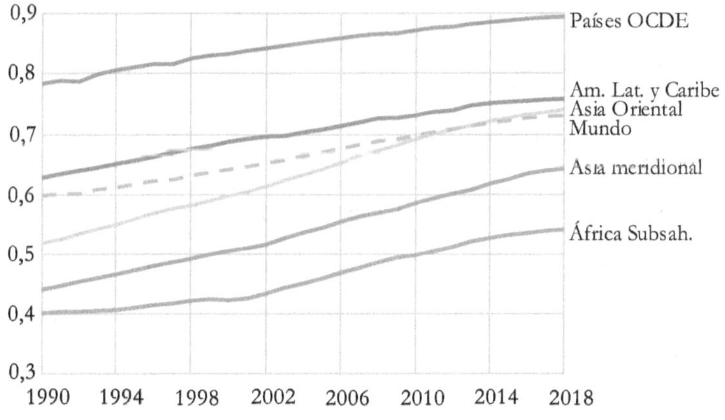

Fuente: Oficina del Informe sobre Desarrollo Humano, PNUD

---

30. Algo que ha permitido a China sacar a setecientos millones de ciudadanos de las regiones rurales de la trampa de la pobreza. Ver: Ang, Y. Y. (2016). *How China escaped the poverty trap.* Cornell University Press.

Por su parte, Europa ha visto cómo se alejaban sus niveles de riqueza respecto a la economía norteamericana desde finales del siglo XX **(figura 1.3)**, incluso a pesar de vivir una etapa de esplendor económico con la construcción de un mercado europeo único, una moneda común y la coexistencia de varios "milagros económicos" en el arco mediterráneo.

En el año 2008 el peso sobre el PIB global de la UE era del 25%, más que el de EE.UU. (23%). China apenas llegaba al 7,5%, medido en valores corrientes. Una década más tarde, en 2018, el peso de la UE ha caído más de siete puntos, hasta el 18,5%. La participación estadounidense ha aumentado y roza el 24%, y China ha duplicado su aportación al PIB mundial, superando el 16%.

Figura 1.3: Comparativa de crecimiento económico entre la UE, EE.UU y China (PIB per cápita, US$ a precios constantes 2010)

	1960-1990	1990-2000	2000-2018	1960-2018
EE.UU.	3,6%	3,8%	2,1%	3,1%
UE	3,7%	2,5%	1,5%	2,7%
Eurozona	4,1%	2,5%	1,3%	2,8%
China	6,6%	11,6%	9,7%	8,1%

Fuente: Banco Mundial

¿Por qué esta debilidad estructural europea? ¿Cómo explicamos que la UE haya crecido menos que la economía estadounidense y las asiáticas a pesar de encontrarse en una etapa de bonanza[31]?

Estado estacionario tradicional y disruptivo

Las teorías de crecimiento y convergencia económica tratan de dar respuesta a preguntas como las anteriores. Sin adentrarnos en

---

31. En De la Dehesa, G. (2004). *Quo vadis Europa?: por qué la Unión Europea sigue creciendo más lentamente que Estados Unidos*. Anaya-Spain, el lector encontrará respuestas interesantes a la etapa inmediatamente anterior a la crisis económica.

desarrollar sus fundamentos[32], diremos que cada economía cuenta con una renta potencial máxima en el largo plazo dadas sus características (*inputs*) y su capacidad de ahorro. Es el conocido como "estado estacionario"[33], y que marca el punto en que los países estabilizan su crecimiento.

A mayor distancia de la renta de un país respecto a su punto de equilibrio estacionario, mayor ritmo de crecimiento, dándose los llamados *rendimientos decrecientes* según nos acercamos al óptimo. ¿Por qué ocurre esto? Sencillamente por el potencial productivo de cada *input*. Para explicarlo mejor, imaginemos que un país líder "A" y otro país en desarrollo, "B", ambos de iguales dimensiones y población, cuentan con 100 millones de euros para invertir en educación.

Mientras que el país "A", con una tasa de escolarización absoluta, podría destinar la inversión a becas o equipamiento, el país "B" podría duplicar la ratio de escolarización en zonas agrícolas para que miles de familias escapen de la trampa de la pobreza, provocando un impacto notorio sobre el bienestar de su población.

Pero esta relación de convergencia entre países de diferente renta no siempre ocurre. En el periodo anterior a la crisis de 2007 China y Senegal crecían a tasas del PIB muy parecidas (6,6%), también lo hacían Estonia y Togo (4,8%), Israel y Mozambique (3,4%), o Corea del Sur y Afganistán (2,7%). El motivo se debe a que los países cambian constantemente sus estados estacionarios (mejoran su planificación económica, incorporan nuevas tecnologías, renuevan sus tejidos productivos…). Esto podría provocar, como en el caso de EE.UU. y Europa, que una economía líder crezca a mayor ritmo que sus perseguidoras, con una proyección económica futura más alejada de su momento actual.

Entre los años 1970 y 1990 países como España, Irlanda, Austria, Finlandia, Portugal o Alemania convergieron con respecto a la economía norteamericana (**figura 1.4**). Europa partía de una renta per cápita inferior, y su crecimiento agregado superó al estadounidense.

---

32. Si el lector está interesado, le recomendamos la obra actualizada: Solow, R. M. (2018). *La teoría del crecimiento: una exposición*. Fondo de Cultura Económica.
33. Solow, R. (1956): "A Contribution to the Theory of Economic Growth", *Quarterly Journal of Economics*, 70 (1), 65-94

El impulso de sectores como el del automóvil, el químico, el energético o el turismo, que en EE.UU. ya daban síntomas de estancamiento, fueron el motor de la UE.

Figura 1.4: Renta per cápita (1970) y crecimiento medio anual acumulado hasta 1990

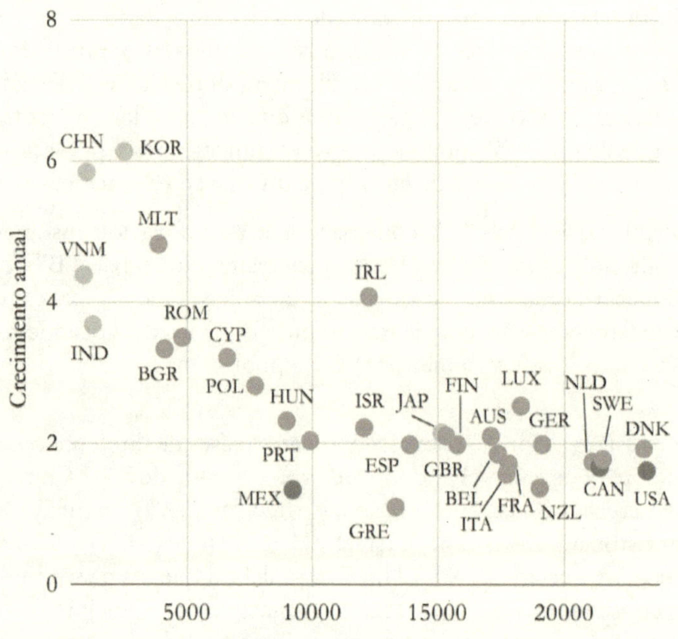

Fuente: elaboración propia a partir de datos de Penn World 9.1

Desde los años 90 sin embargo, y con la explosión de la "economía de internet" el proceso se invierte: EE.UU. vuelve a imponer su papel de líder tecnológico, renueva y crea sectores, y eleva el potencial de riqueza de su economía. Europa por su parte no aprovechó la oportunidad del cambio tecnológico. Sin una especialización en los sectores disruptivos elevó en menor medida su estado estacionario, dándose un proceso de divergencia. Las diferencias entre EE.UU. y países como España, Italia, Grecia, Portugal, Austria, Alemania, Francia o Finlandia (**figura 1.5**) comenzaron a abrirse, especialmente tras la crisis económica de 2008.

Las economías asiáticas por el contrario han mantenido un ritmo altísimo de convergencia, impulsando su crecimiento gracias a una especialización muy ambiciosa en sectores de futuro. China atraviesa una etapa de modernización económica que a EE.UU. y a Europa les llevó más de un siglo, priorizando en la mejora de la renta media de sus habitantes y en cerrar el gap tecnológico con Occidente[34].

Figura 1.5: PIB per cápita (1990) y crecimiento medio anual acumulado hasta 2017

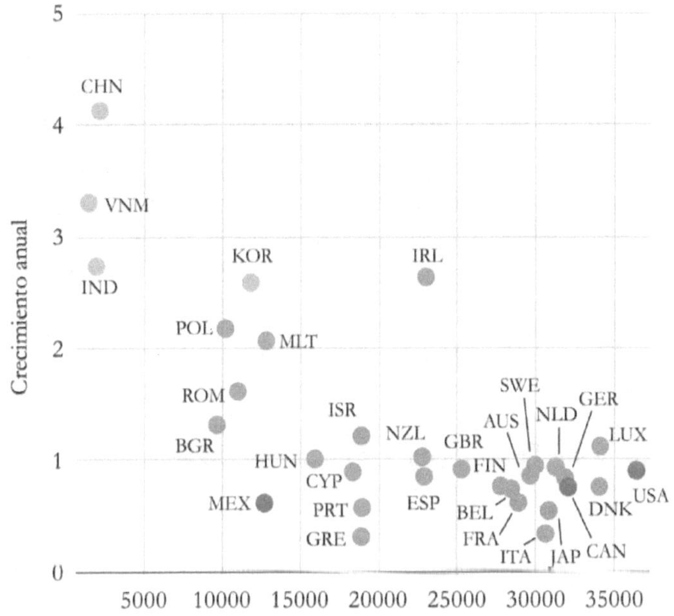

Fuente: elaboración propia a partir de datos de Penn World 9.1

Observando estos tres casos, los economistas deberíamos empezar a diferenciar entre el crecimiento tradicional europeo y el crecimiento disruptivo, soportado por la vanguardia tecnológica y

---

34. La convergencia asiática muestra que existe gran cantidad de sus activos alejados de su óptimo, pero al mismo tiempo utiliza parte de la riqueza para especializarse en sectores de futuro que siguen elevando su estado estacionario.

que provoca la convergencia asiática y la divergencia con EE.UU. A pesar de las actuales diferencias de renta con respecto a Europa, es muy posible que el estado estacionario de países como Corea del Sur, Singapur, China o Israel ya sea superior. Esto quiere decir que con décadas de antelación se han proyectado como economías líderes. Ahora solo les queda recorrer el camino marcado.

3.2. Falsos milagros económicos

La obra del Premio Nobel de economía Robert E. Lucas[35] puede ayudar a entender mejor estas diferencias de crecimiento a partir del estudio de los milagros económicos. Para el autor, estos solo ocurren cuando el crecimiento de la renta se acompaña de una transformación productiva, algo que no ha ocurrido en Europa y sí en Asia.

Desde finales de los años 80 y hasta principios del siglo XXI las economías periféricas de Europa impulsaron una renovación de sus tejidos productivos que les permitió una etapa de esplendor. España llegó a crecer al 5%, Grecia al 5,6%, Italia al 3,7% y Portugal al 4,8%.

Sin embargo, este crecimiento se ancló a industrias de escaso valor añadido, sin una introducción efectiva de los nuevos sectores tecnológicos. Modernizaron sus estructuras económicas, pero mantuvieron su especialización casi exclusiva en sectores como la construcción, el turismo o las manufacturas básicas.

Salvo en el caso de Irlanda, que llegó a alcanzar un crecimiento del 11%, la Europa en mayor auge marcó un sendero de crecimiento tremendamente inestable y de corto recorrido, que se vino abajo con la crisis financiera. De forma ingenua o deliberada, nuestros dirigentes confundieron efectos coyunturales con estructurales. Dejaron que el viento de cola del mercado único, las privatizaciones estratégicas y la falta de competitividad de los países emergentes diera alas a la economía europea, mientras se apuntaban el tanto de haber propiciado unos milagros económicos que resultaron ser falsos.

Corea del Sur, Taiwán, Singapur o China sí trabajaron en la transformación industrial completa, y sus milagros siguen dando frutos. Primero se hicieron competitivos en los sectores menos innovadores

---

35. Lucas Jr, R.E. (1993). Making a miracle. Econometrica: Journal of the Econometric Society, 251-272.

(textil, juguetes, calzado, etcétera), después en las manufacturas de alto valor añadido (ensamblaje tecnológico, microchips, tecnologías de consumo doméstico, etcétera), y ahora despuntan en las tecnologías más disruptivas como la IA, apuntando al liderazgo global.

4. UN MERCADO DIGITAL FRAGMENTADO Y EL PESO DE LAS TELECOMUNICACIONES

4.1. Los planes europeos y su incapacidad para cerrar la brecha tecnológica

La brecha tecnológica entre EE.UU. y Europa en la década de los 70 era ya demasiado evidente como para quedarse de brazos cruzados. Así que la Unión Europea impulsó a finales del siglo XX diferentes compromisos para una política común, con medidas para fomentar economías de escala o incentivar una demanda interna demasiado débil. Los sucesivos planes *eEurope* (1999, 2002, 2005), la estrategia de Lisboa, o los programas de cooperación como "Europa +30" o el ESPRIT son parte de esta estrategia.

¿Se han alcanzado los objetivos propuestos?

Digamos que parcialmente. Los distintos planes han encontrado barreras en la fragmentación europea, en la escasa capacidad presupuestaria y en la falta de interés por trazar líneas de acción conjunta. Cada Estado miembro mantiene sus políticas de transformación tecnológicas bien diferenciadas, que dibujan una Europa de distintas velocidades, objetivos y especializaciones **(figura 1.6)**.

En primer lugar, los países del norte como Finlandia, Suecia o Irlanda han entendido mejor la necesidad de impulsar el cambio digital. Tampoco podemos dejar fuera de este grupo a Estonia, ni a Reino Unido -aunque ya no pertenezca a la UE-, nuestro referente tecnológico más próximo en IA y en áreas como las *fintech*.

Un escalón por debajo encontraríamos a países como Alemania o Francia, con industrias tradicionales para las que las tecnologías de vanguardia son clave en sus estrategias de liderazgo. El empuje asiático añade una presión extra a este grupo de países, que resulta en un extraordinario esfuerzo realizado en empresas como por ejemplo Renault, Audi, Mercedes o incluso Porsche para adaptarse a la tendencia autónoma y eléctrica.

Figura 1.6: Indicadores de innovación europeos[36]

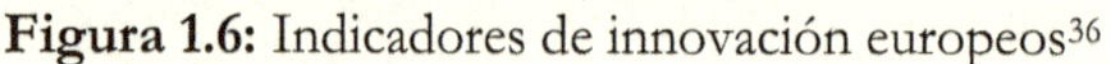

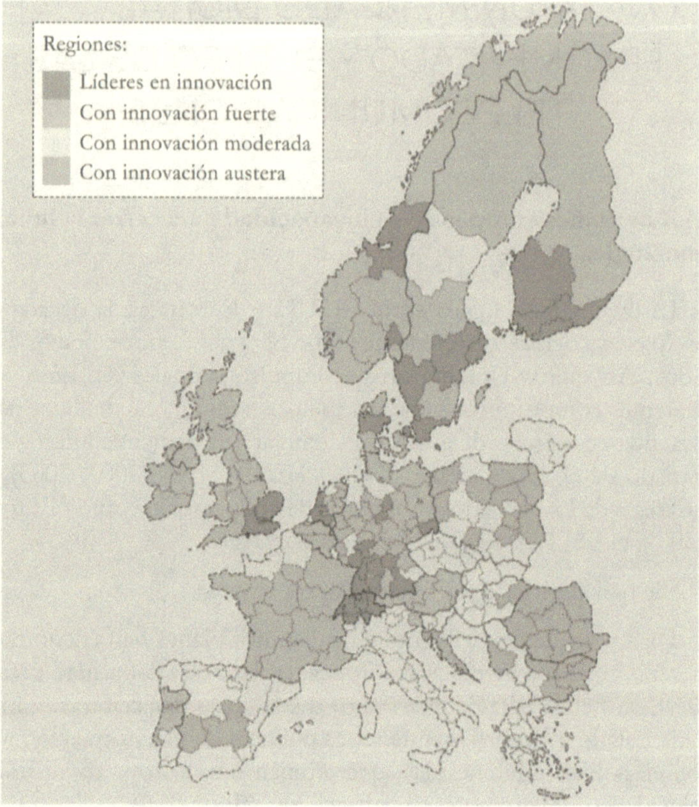

Fuente: Eurostats

El tercer peldaño queda para el sur de Europa, cuya especialización en sectores maduros y de escasa inversión en I+D ralentizan las posibilidades de digitalización, aunque el endeudamiento público y el elevado paro juvenil pidan a gritos un cambio radical del modelo productivo.

36. El índice se obtiene a partir de variables como la inversión en I+D pública y privada, la población con educación superior, el empleo en sectores de alta innovación o las patentes, entre otras.

4.2. La liberalización del mercado de las telecomunicaciones

Estas diferencias, que provocan una paradójica "política común fragmentada" impiden que la UE pueda competir con las dos potencias tecnológicas globales[37], que presentan mercados únicos para cientos de millones de personas.

Un ejemplo de la fragmentación europea en el plano tecnológico pudo verse con la liberalización de las telecomunicaciones en los 90. Un proceso que, aunque contó con éxitos notables, quedó muy condicionado a salvaguardar los intereses individuales de cada país, y en concreto de sus compañías recién privatizadas.

El mercado de las telecomunicaciones (1): *sorpasso* a EE.UU.

En los años 80 la existencia de ocho sistemas digitales de comunicación en una Comunidad Europea de doce miembros obligó a un trabajo conjunto de todos los países[38]. Tantos sistemas suponían un sobrecoste para los gobiernos y excesivas tarifas para quienes viajaban por Europa. Resultaba incoherente hablar de unión entre países cuando sus ciudadanos ni siquiera podían comunicarse entre ellos.

La Comisión Europea se puso al frente de un proceso tan revolucionario como necesario. Los informes '*Growth, competitiveness, employment*' (1993)[39], y '*Europe and the global information society*' (1993)[40], fueron claves para impulsar la conectividad en toda la Comunidad. Y los resultados no se hicieron esperar, con los países del centro y norte de Europa superando rápidamente a EE.UU. en población conectada a la red **(figura 1.7)**.

---

37. Ver: Jacques Delors (1985): *Completing the Internal Market: White Paper from the Commission to the European Council* (Milan, 28-29 June 1985) COM(85) 310, June 1985 (CE), y Ungerer y Costello (1988): *Telecommunications in Europe*, Publicado el 19/04/1990, registrado como CB-PP-88-009-EN-C. (CE).

38. En ese momento en EE.UU. se contaban tres sistemas, y dos en Japón.

39. Growth, competitiveness, employment: The challenges and ways forward into the 21st century: White paper. Publicado el 09/03/1994.

40. Report on Europe and the Global Information Society: Recommendations of the High-level Group on the Information Society to the Corfu European Council. Bulletin of the European Union, Supplement No. 2/94.

Figura 1.7. Porcentaje de población con conexión activa a internet.

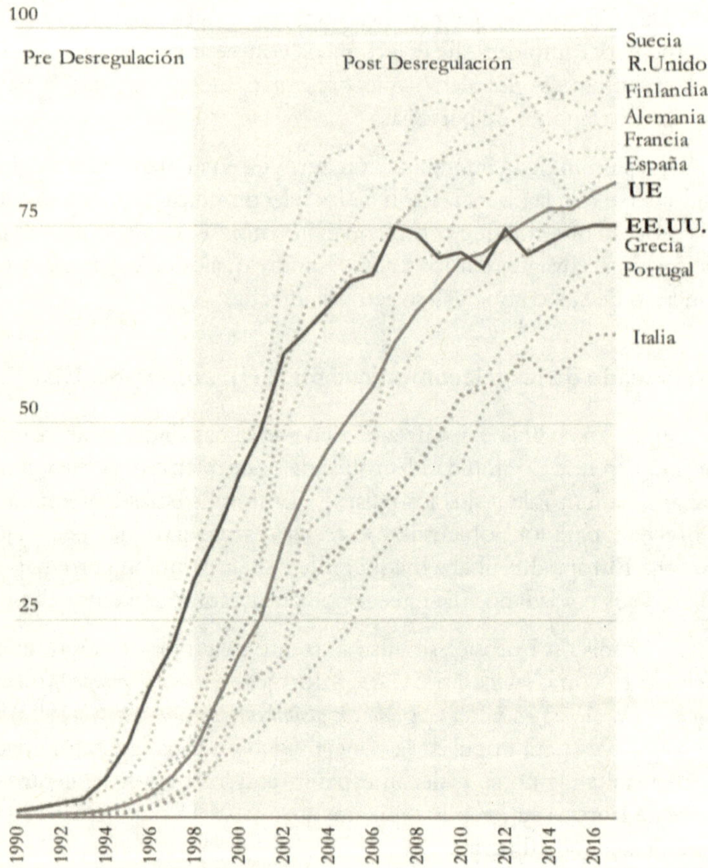

Fuente: International Telecommunication Union

Es cierto que este *sorpasso* se produjo una vez que el país norte-americano había alcanzado prácticamente su techo de conectividad dadas sus características geográficas y demográficas[41]. Su extensión y la menor densidad de población condiciona de forma negativa su servicio de conexión a internet. Incluso hoy en día es difícil que en una ciudad estadounidense existan más de tres operadores. Pero ello

---

41. Wu, T. (2010). *The master switch: The rise and fall of information empires*. Vintage.

no resta mérito a políticas acertadas en Europa como la implantación de la red GSM, el roaming entre países sin cambiar la tarjeta móvil (aunque por aquel entonces pagando precios desorbitados y abusivos) y la garantía de varios competidores en el mercado.

Incluso en esta época se consolidaron empresas tecnológicas europeas de primer nivel como Ericsson, Siemens y Nokia.

El mercado de las telecomunicaciones (2): el fracaso europeo en la economía de internet

El extraordinario esfuerzo por conectar a la población europea tuvo escaso reflejo en su industria tecnológica. La UE fue perdiendo protagonismo tanto en los nuevos protocolos de comunicación (3G, 4G y especialmente 5G), como en la fabricación de dispositivos. El gigante Nokia se derrumbó ante Apple, Google, Xiaomi y Huawei, reduciendo a la mínima expresión la participación europea en la tecnología móvil[42].

Y tras Nokia, el desierto.

Años después podemos decir que el fracaso de la economía de internet en Europa se explica en gran parte por su apuesta aislada de conectividad. La Agenda de Lisboa se preocupó de que pudiéramos conectarnos unos con otros alcanzando un complejo marco común[43], pero no se contemplaron medidas concretas para potenciar la creación de empresas digitales con las que proveer servicios a una sociedad en red, ni ecosistemas en los que escalar.

En este marco en el que la comunicación era lo único importante, el sector de las telecomunicaciones resultó ser el gran beneficiado. Pero mientras que el proceso estadounidense ponía fin al monopolio de AT&T[44], la liberalización del sector en Europa protegió a las *telecos*

---

42. Simon, J.P. (2016), "How Europe missed the mobile wave", *info*, Vol. 18(4).

43. Se buscaban logros como *"llevar la era digital y a la comunicación en línea a cada ciudadano, hogar y escuela y a cada empresa y administración"* (Plan eEurope 2000), *"aumentar el número de conexiones a Internet en Europa"* (Plan eEurope 2002), o la *"accesibilidad de los servicios en favor del conjunto de los ciudadanos europeos"* (Plan *eEurope* 2005).

44. Mueller, M. (1997). *Universal service: Competition, interconnection, and monopoly in the making of the American telephone system*. American Enterprise Institute.

privatizadas, que mantuvieron el liderazgo de sus respectivos mercados a veces mediante el uso de flagrantes prácticas anticompetitivas.
Por ejemplo, en España, Grecia, Portugal, Hungría o Italia las compañías "de bandera" se apropiaron de redes financiadas con dinero
público durante décadas, para aplicar cánones a las nuevas competidoras, dando como resultado que las tarifas de algunos de estos
países sean de las más caras del mundo **(figura 1.8)**.

Figura 1.8. Precio de servicios de telecomunicaciones (USD, PPA)

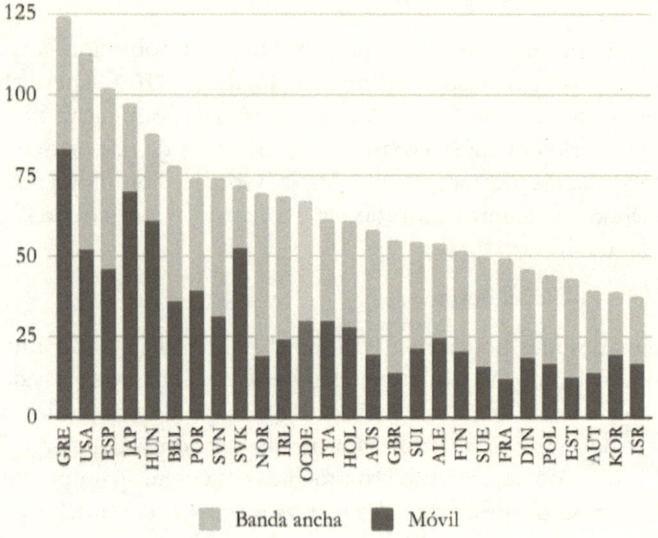

Fuente: OCDE[45]

Los resultados de todo este proceso, caracterizado por la fragmentación, han sido absolutamente demoledores para Europa.
Mientras en los mercados estadounidense y asiático una ola de empresas jóvenes surgidas en los últimos 25 años (Google, Amazon,
Tencent, Huawei...) tomaban el pulso de la disrupción y el liderazgo
del crecimiento económico mundial, el viejo continente mantiene
como referentes tecnológicos a centenarias empresas privatizadas
como Telefónica, France Telecom/Orange, o Deutsche Telekom.

---

45. Estimación realizada a partir de conexiones de banda ancha de 200GB
y 25 Mbps, y contratos móviles de 300 llamadas y 1GB de datos en 2017.

Compañías que, pese a laboriosos y voluntariosos intentos, han demostrado en la mayoría de los casos estar muy lejos de comprender las nuevas posibilidades digitales. Sus estructuras y modelos de negocio condujeron a estas empresas a estrepitosos fracasos con las *puntocom* hace veinte años (hablaremos de ello más adelante), y posteriormente a un desprecio por la web 2.0 que es el germen de su retraso en algunas de las nuevas tecnologías disruptivas.

5. LA CRISIS PUNTOCOM Y LA DEBILIDAD DE LA WEB 2.0

5.1. Sin noticias de la web 2.0 en Europa

Durante los años 90 y la primera década de los 2000 surgieron planes estratégicos en casi todas las economías avanzadas para explotar las ventajas de internet. En EE.UU. fueron las "autopistas de información"[46] de la Administración Clinton-Gore, en la UE los planes *eEurope*, y documentos similares los encontramos en Japón, Corea del Sur, Canadá, Australia, Francia, Reino Unido o Suecia.

Pero no todos dedicaron el mismo esfuerzo a profundizar en las TICs. EE.UU. marcó tempranas diferencias con respecto al núcleo duro de la UE, cuya apuesta e inversión se mostró tardía y menos solvente en activos digitales **(figura 1.9).** Solo Reino Unido y Suecia se acercan a los datos estadounidenses.

Estas primeras diferencias se tornaron en una brecha insalvable en el momento en el que el internet de primera generación se transformó en un sistema colaborativo con crecimiento exponencial. Este "internet 2.0" estaba sostenido sobre las redes sociales, las wikis, las plataformas de video, de comunicación entre empresas,... y requería de una sociedad, una Administración y un tejido empresarial plenamente participativos. Una cultura digital que no se construye de la noche a la mañana.

En este salto los ecosistemas estadounidenses terminaron por erigirse como los protagonistas de la tercera Revolución Industrial. En 2006, en plena vorágine de inversiones en webs 2.0, las compañías norteamericanas fueron regadas con más de 700 millones de dólares de financiación de fondos privados. En Europa apenas se alcanzaron los 100 millones de dólares. Para ese año el 40% de todas las webs colaborativas que se creaban en el mundo eran propiedad de empresas con sede en California.

---

46. The National Information Infrastructure: an Agenda for Action, Septiembre de 1993.

Figura 1.9: Inversión en TICs (% formación bruta de capital fijo no residencial)[47]

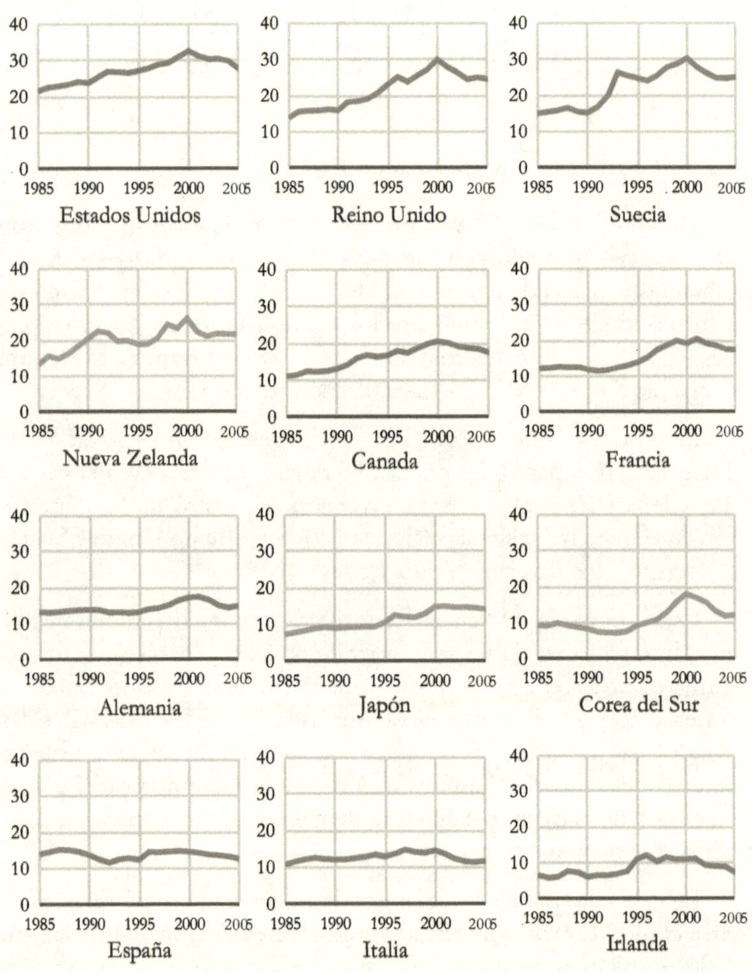

Fuente: OCDE

---

47. La formación bruta de capital fijo no residencial se refiere a la inversión y adquisición de bienes duraderos tangibles o intangibles realizados por empresas, organizaciones sin ánimo de lucro y administraciones.

5.2. La burbuja *puntocom*, o cómo la vieja economía contamina la economía digital

El desarrollo de la crisis de las *puntocom* merece ser estudiado con detenimiento, ya que sintetiza el comportamiento de EE.UU. y Europa en materia digital. Una crisis que de forma equivocada y oportunista ha sido usada como una advertencia de los "límites" de la economía del conocimiento, pero que fue resultado de la especulación de los inversores y el desconocimiento del sector en los 90.

En el año 2000, y tras una revalorización constante de las empresas del sector tecnológico, el Nasdaq superó los 4.500 puntos. Multiplicaba así un 400% su valor en solo 5 años, con miles de accionistas que se dejaban llevar por las promesas de la innovación.

Pero la caída fue más rápida que la subida. La falta de beneficios y un evidente sobredimensionamiento del sector provocaron una pérdida del 75% de la cotización del selectivo en un año y medio **(figura 1.10).** Un desplome de billones de euros que sacudió a empresas como 3com, Yahoo!, Digital Insight, Infoseek, Lastminute, Cisco, Intel o Radvision. Se tardaron catorce años en volver a los valores del Nasdaq de antes de comenzar la crisis. También Europa sufrió los efectos de la burbuja, con el Neuer Markt alemán abocado al cierre tras perder el 98% de su valoración entre 2000 y 2003 (más de 200.000 millones de euros).

Figura 1.10. Cotización del índice Nasdaq (1990-2002)

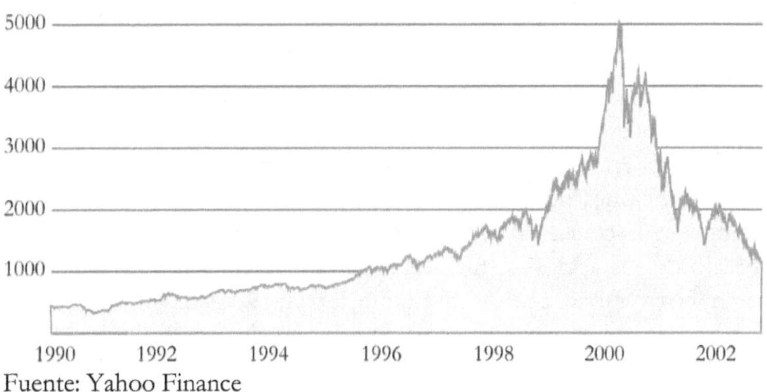

Fuente: Yahoo Finance

El internet de los sectores tradicionales

La burbuja de las *puntocom* no tiene "demasiado" misterio. Ocurrió como resultado de un mal entendimiento de los mecanismos de una economía de internet que apenas despertaba. Los gigantes tradicionales custodiaron la primera era de las TIC, aplicando una extensión de la economía analógica sobre las nuevas empresas.

Teleoperadoras, bancos, eléctricas y relevantes grupos de entretenimiento y comunicación buscaron en la red un medio para expandir sus negocios, incluso con ganancias especulativas en el corto plazo. Era un internet de "portales" con una comunicación unidireccional. Casi un *teletexto* a todo color que daba información al usuario, pero ignoraba sus verdaderas necesidades y el propio potencial de esta nueva tecnología. El apoyo de grandes grupos empresariales de renombre a los nuevos negocios de internet daba respaldo y confianza a los inversores, que respondían de forma decidida a las salidas a bolsa de nuevas tecnológicas sin comprender el mercado.

En esta corriente de nuevas oportunidades Telefónica fundó el portal "Terra" (1999) y la reforzó con adquisiciones millonarias (ZAZ, Infovía, Infosel...). Un año después era la cuarta empresa por capitalización bursátil en España, y el principal referente de las webs europeas. Pero poco más tarde llegó la debacle: su valor de mercado se redujo en más de un 90% con unas pérdidas que superaban los 5.500 millones de euros en 2001. El buscador Lycos correría la misma suerte: adquirida por 12.500 millones de euros por Terra (Telefónica) en el 2000, fue vendida cuatro años más tarde por solo 100 millones.

También el proveedor británico de servicios online Freeserve vivió un proceso similar. En 1999 se convirtió en la primera empresa de internet en salir a bolsa. Alcanzó un valor récord de mercado de 10.000 millones de libras esterlinas, superior a la capitalización del Banco de Escocia. En el año 2.000, y tras una caída del 70% en el precio de sus acciones, fue adquirida por la entonces France-Telecom, hoy Orange, por un montante cercano a los 2.000 millones de euros, una quinta parte de su valor máximo alcanzado.

Mientras tanto, pequeños proyectos como Napster, sin apenas financiación, hacían tambalear sectores completos con la idea de que internet era un canal para compartir y no solo para informar. Más allá de los debates sobre su legalidad, se estaban definiendo con total claridad las tendencias de los usuarios en la red, aunque casi todas las grandes empresas lo ignoraron para mantenerse firmes en ideas que no funcionaban en el mundo digital.

Diferencias sustanciales tras la crisis de las *puntocom*

Tras el pinchazo de la burbuja *puntocom*, en Europa el desinterés de las grandes empresas finiquitó la primera revolución de internet. No solo se abandonaron sus inversiones en el sector tecnológico por el temor a la repetición de un nuevo desplome como el de Terra-Lycos[48], sino que en muchos casos este escepticismo les llevó a retrasar sus propios procesos de digitalización largos años.

Mientras, en Silicon Valley se producía un efecto contrario, con una revolución 2.0 impulsada por empresas emergentes nacidas en garajes, pero con posibilidades infinitas de escalar en un entorno propicio para segundas oportunidades. Decenas de *startups* despegaron impulsadas por nuevos modelos de negocio y millones de usuarios conectados. En apenas unos años algunas pequeñas empresas ya eran referentes de un nuevo internet, absorbiendo talento emprendedor de todo el mundo y creando un ecosistema autosuficiente, ajeno a la vieja economía y sus sectores tradicionales. No había planes de negocio ni proyecciones de crecimiento a largo plazo, reinaba la agilidad y la capacidad de pivotar y reinventarse.

La evolución de una empresa como Google, puesta en marcha por dos jóvenes estudiantes, cotizando en bolsa antes siquiera de tener un modelo de ingresos claro, y con un valor de marca de más de 30.000 millones de dólares en menos de cinco años desde su fundación, hubiera sido impensable en Europa. Tampoco otras como Amazon, Apple o Microsoft hubieran alcanzado en el viejo continente una capitalización varias veces más elevada que sus petroleras, las manufactureras o las empresas del automóvil más representativas. Los casos de éxito se repitieron uno tras otro en EE.UU., con los

---

48. Los historiadores de la economía disfrutarán leyendo cómo cambiaron los discursos de presidentes de las teleoperadoras cada cinco años. Telefónica es un ejemplo paradigmático en la etapa 1997 a 2002. Solo hay que repasar los discursos de Villalonga y Alierta.

ojos siempre atentos de China, que copiaba y mejoraba ideas 100% adaptadas a su territorio, sus limitaciones y a su censura.

Europa, sin darse cuenta, ya era irrelevante. El internet del viejo continente había sido fagocitado por mastodontes sin capacidad de reacción, y las pocas *startups* que sobresalían soñaban con ser adquiridas por algunos millones de euros en el mejor de los casos, y no con plantar cara a los gigantes digitales.

6. DE LA WEB 2.0 A LA LUCHA POR EL LIDERAZGO EN LA IA

La Comisión Europea en su informe *"Web 2.0: where does Europe stand?"*[49] de 2009, reconoció la débil situación empresarial de la UE en el sector TIC y la urgencia de plantear políticas comunes que impulsaran la economía digital. Para llegar a estas conclusiones se sirvió de las patentes relacionadas con las tecnologías 2.0 (social network, blog, wiki, RSS feed, etc.), un interesante enfoque que hemos querido actualizar comparando dos periodos, 2000-2010 y 2010-2020, y añadiendo al ejercicio los casos de China, Japón y Corea del Sur **(figura 1.11)**.

Figura 1.11. Registro de patentes de tecnologías 2.0

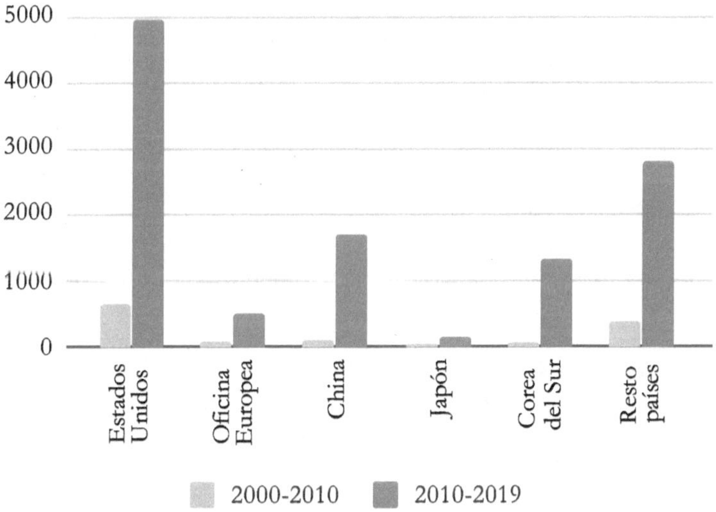

Fuente: World Intellectual Property Organization

---

49. Lindmark, S. (2009). Web 2.0: where does Europe stand? *Joint Research Centre, Institute for Prospective Technological Studies, European Commission,* *http://ftp.jrc.es/EURdoc/JRC53035.pdf.*

Con este ejercicio podemos apreciar cómo la UE ha perdido peso en la economía de internet pese a las advertencias del informe. En el primer periodo observado (2000-2010) EE.UU. contabiliza 655 patentes por las 71 de la UE, una relación de 9 a 1. En el segundo periodo (2010-2020) las cifras son 4.900 patentes frente a 500. Casi 10 a 1. Pero todavía más sangrante es la comparativa con China y Corea del Sur, que muestran un rápido incremento, multiplicando por más de diez su actividad entre períodos (pasan de 91 a 1.700 y de 67 a 1.350 patentes respectivamente).

Aunque la revolución 2.0 comenzó hace dos décadas, su desarrollo sigue marcando diferencias. Es la base del éxito de compañías que dependen de la reputación de sus usuarios, como Airbnb, Uber o Upwork. Pero también es clave para desarrollos en IA como mejorar el lenguaje de las máquinas, predecir comportamientos, u optimizar estrategias de precios. No es casualidad por tanto que Google, Microsoft o IBM destaquen en el registro de patentes de estas tecnologías **(figura 1.12)**.

Figura 1.12: Registro de patentes relacionadas con la web 2.0 por diferentes empresas

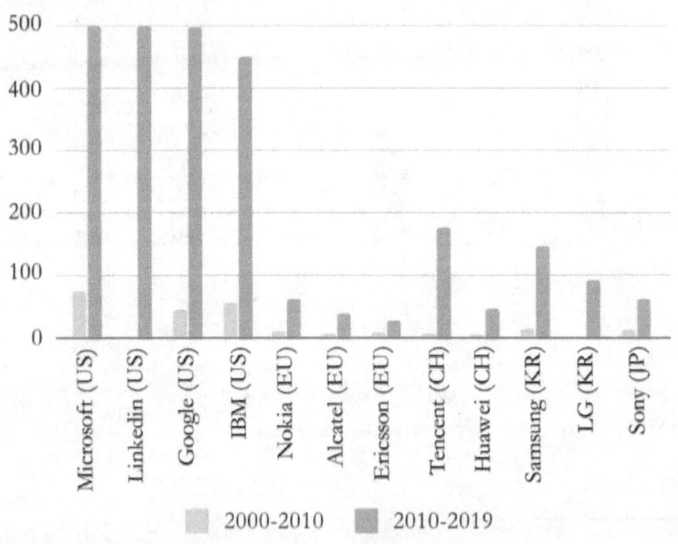

Fuente: World Intellectual Property Organization

A tenor de estos datos de países y empresas, podemos evidenciar, una vez más, cómo Europa vuelve a quedarse al margen de la digitalización. La I+D europea destaca en sectores como el automóvil, con empresas como Renault o Bosch encabezando las patentes en su industria, pero la inexistencia de empresas y ecosistemas digitales están lastrando la capacidad de disrupción en la economía europea.

Una valoración en conjunto

Una década más tarde del informe *"Web 2.0: where does Europe stand?"* y la puesta en marcha de los planes *eEurope* para el impulso de "una sociedad de la información para todos" ha quedado patente que las metas y propuestas planteadas por la CE fueron insuficientes en materia empresarial.

Como vimos en el apartado anterior, la UE se ha convertido en el gran referente de la accesibilidad y conectividad a internet de todo el planeta, con pingües beneficios para las compañías de telecomunicaciones y normativas orientadas a garantizar la seguridad y privacidad de los usuarios en sus conexiones, pero sin apenas empresas punteras en alguna rama del internet 2.0. De hecho, solo la británica Telegram y la danesa Momondo tendrían cabida en un top 25 mundial de empresas 2.0 por volumen de financiación actualizado a 2020 **(figura 1.13)**. Un ranking totalmente dominado por compañías norteamericanas y asiáticas.

Estos datos son el mejor reflejo del fracaso de la política digital europea, cuyo excesivo garantismo condiciona la competitividad de las empresas y, con ello, su capacidad de generar riqueza y empleo, como veremos en el segundo capítulo de este libro. Ninguna región puede auto erigirse como referente en materia de innovación o disrupción sin un ecosistema capaz de sostener sus argumentos.

Figura 1.13: Empresas de internet 2.0 por volumen de financiación[50]

	Aplicación/Web	País (Región)	Visitas (1000/mes)	Financiación - mill $
1	Facebook	US (California)	19.984.072	2.335
2	Telegram Mess	Reino Unido	120.500	1.700
3	Pinterest	US (California)	744.568	1.466
4	Twitter	US (California)	3.929.307	1.460
5	Groupon	US (Illinois)	43.462	1.387
6	Weibo	China (Beijing)	222.456	1.286
7	Douyu TV	China (Hubei)	99-146	1.127
8	Weimob	China (Shanghai)	769	589
9	FriendFinder	US (Florida)	31	551
10	Reddit	US (California)	1.600.000	550
11	Renren	China (Liaoning)	7	478
12	Yimidida	China (Shanghai)	269	403
13	Cornerstone	US (California)	312	344
14	PT Link Net	Indonesia	11	275
15	Hike	India	215	261
16	Quora	US (California)	590.000	226
17	Farmers Buss.	US (California)	47	193
18	Linkedin	US (California)	915.000	154
19	Mail.Ru	Rusia	262	165
20	Momondo	Dinamarca	440	152

---

50. Orden establecido por volumen de financiación, no de adquisición. Youtube no está en la lista ya que Google la adquirió cuando solo había logrado 11 millones de dólares en rondas de financiación.

OTRAS STARTUPS EUROPEAS				
-	Vinted	Lituania	357	119
-	Depop	Reino Unido	5.050	105
-	Culture Trip	Reino Unido	16.400	102
-	JobandTalent	España	426	101
-	Research Gate	Alemania	141.200	87
-	Cinesite	Reino Unido	60	70

Fuente: elaboración propia a partir de crunchbase.com y Alexa

CAPÍTULO 2: SECTORES TRADICIONALES Y LA TORMENTA PERFECTA DEL SUR DE EUROPA

«Cuando hay una tormenta los pajaritos se esconden, pero las águilas vuelan más alto».
MAHATMA GANDHI

«Es mejor viajar con un buen capitán austero, que con un mal capitán sonriente.».
HERMAN MELVILLE. Autor de *Moby Dick*

Los efectos del retraso europeo son notorios en la mayoría de sus sectores, aunque todavía no han alcanzado su punto álgido. La demanda analógica es aun suficiente como para sostener a empresas poco digitales, y más de una década después de la última crisis financiera Europa sigue huérfana de una estrategia de transformación económica adecuada.

Los viejos sectores que nos condujeron al abismo económico siguen siendo los más representativos especialmente en el sur de Europa, y ante la falta de inversión, mercado y decisiones políticas parece más inteligente para los empresarios mantenerse en los sectores tradicionales.

Sin embargo, aunque la estructura económica europea se mantenga enhiesta, hay un nido de termitas carcomiendo los cimientos del desarrollo futuro que quedará en evidencia con el empuje de la IA.

1. EL SÍNDROME ARGENTINO DE EUROPA

Para entender la situación por la que atraviesa la UE en la actualidad utilizaremos el proceso que vivió hace un siglo Argentina a modo de comparación.

A finales del siglo XIX, exactamente entre 1895 y 1896[51], el país andino llegó a ser el más rico del mundo. Argentina no era una potencia tecnológica, pero la demanda de bienes agrícolas de todo el planeta permitió un crecimiento sostenido durante décadas. De hecho, a mediados del siglo XX aún estaba considerada una de las siete economías más desarrolladas, y su situación era tan desahogada que se permitió ayudar muy generosamente a la España hambrienta de la posguerra. Pero en apenas poco más de medio siglo las posiciones se intercambiaron: España llegó a ser la 8ª potencia económica y Argentina se hundió al 60º puesto.

¿A qué se debió el desplome argentino y el ascenso de otras economías como España o Italia?

La respuesta la encontramos en los procesos de industrialización vividos en el sur de Europa a partir de los años cincuenta y sesenta, y el mantenimiento de una estructura económica tradicional en América Latina. Al amparo del mercado único europeo España, Grecia, Italia y Portugal fueron posicionándose como referentes en industrias intensivas en mano de obra, al tiempo que capitalizaron y modernizaron su agricultura. Argentina perdió cualquier ventaja competitiva diferencial, y quedó relegada a una posición marginal en el contexto global incluso en los sectores primarios.

Hoy en día parece que es Europa la que vive un proceso similar al de América Latina en el siglo XX. El anacronismo se resuelve si intercambiamos los términos de industrialización y modernización

---

51. Fuente: Maddison Project Database.

por "digitalización". Las industrias que lideraban el crecimiento europeo a principio del siglo XXI se han vuelto excesivamente volátiles, especialmente en las economías mediterráneas donde muestran síntomas de agotamiento extremo. Comparados con países más innovadores como Israel, Irlanda, Corea del Sur o Nueva Zelanda, la Europa del sur languidece **(figura 2.1).**

Figura 2.1. Evolución del PIB pc PPA (2000-18) (NI: 2000=100)

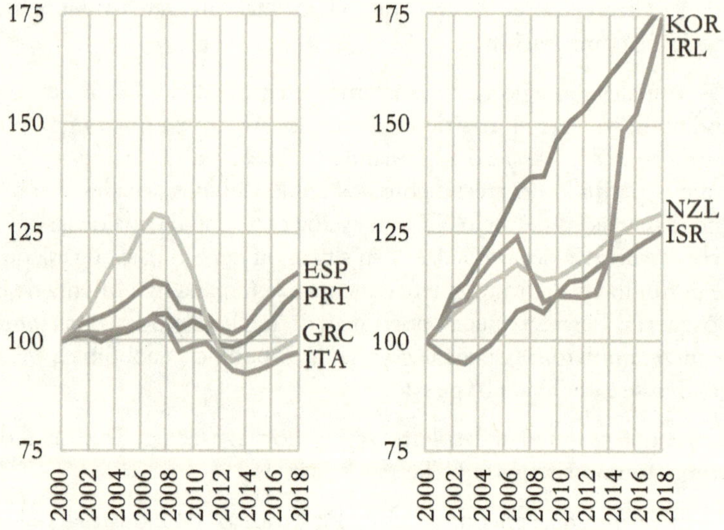

Fuente: Banco Mundial

Quizá hayamos olvidado el dramatismo vivido hace algunos años, cuando los sectores financiero y del ladrillo arrastraron a un estado de casi desesperación a la Europa del sur. Las Administraciones tuvieron que rescatar a los bancos, congelar salarios públicos o recortar servicios sociales. El cierre de empresas se contaba por cientos cada semana, se destruía empleo, aumentaba la deuda pública y caía en picado el poder adquisitivo de las familias. Mientras, los países y sectores más disruptivos salían de la crisis fortalecidos. Solo el famoso *"Whatever it takes"* de Mario Draghi en julio de 2012[52] con el

---

52.   elpais.com/economia/2012/07/26/actualidad/1343298454_662169.

que se confirmaba la compra de deuda por parte del Banco Central Europeo alejó los fantasmas de una ruptura de la moneda única que podía haber mermado todavía más las frágiles economías de Italia, Grecia, España y Portugal.

Los parches, el endeudamiento y las políticas para proteger a los sectores tradicionales ya no dan resultado. La prensa tradicional está en quiebra. Amazon cierra una a una todas las tiendas de barrio. Uber y la conducción colaborativa socaban el negocio del transporte tradicional. Pero en Europa las empresas digitales que puedan generar empleo y riqueza en la era de la inteligencia artificial brillan por su ausencia.

---

html

2. DETERIORO DE LA COMPETITIVIDAD DE LOS SECTORES TRADICIONALES

Los informes de competitividad de los organismos más importantes detectan el deterioro de las economías europeas en detrimento de las emergentes asiáticas, con un crecimiento espectacular de China en cualquier documento analizado (**figura 2.2**). Aunque no seamos especialmente forofos de estos índices, ya que muestran demasiada volatilidad y un sesgo metodológico muy elevados, nos presentan una dinámica de cambio particularmente alarmante para Europa.

Figura 2.2. Índice de competitividad mundial (años 2007 y 2017)

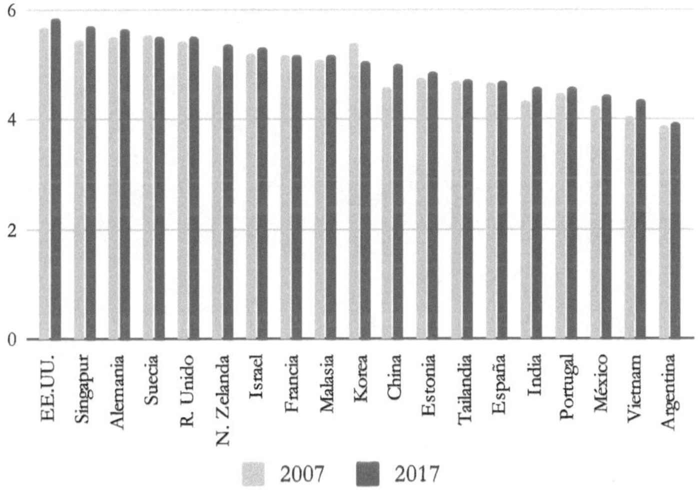

Fuente: Foro Económico Mundial

La UE, conocedora de sus deficiencias, está blandiéndose en tasas Google, aplicando restricciones al desarrollo de la IA, o poniendo coto a las Uber y Airbnb, como veremos en capítulos siguientes y que deben hacernos recordar a la mencionada Ley de Cardwell[53]. Todo para proteger progresivamente a sus sectores más representativos de la amenaza de los países que más innovan y de sus empresas disruptivas, aunque esto nos conduzca directamente a un precipicio.

Por poner un ejemplo, la irrupción de los automóviles eléctricos asiáticos podría provocar una pérdida en exportaciones alemanas por encima de los 20.000 millones de euros[54], con consecuencias directas sobre su tasa de crecimiento, el empleo o la capacidad de endeudamiento. También en España el sector turístico pierde capacidad de compensar la balanza de pagos según intervienen nuevos agentes internacionales en los destinos como Booking, El Tenedor o Airbnb. Y esta situación se repetirá en el resto de los sectores en los que Europa mantenga una dependencia o desventaja tecnológica.

---

53. Capítulo 1.2.

54. wsj.com/articles/rise-of-electric-cars-threatens-to-drain-german-growth-11565861401

3. UNA PINZA ENTRE EE.UU. Y LAS ECONOMÍAS ASIÁTICAS EMERGENTES

Los economistas llevamos décadas estudiando la "división internacional del trabajo", la especialización productiva de los países y la distribución del comercio global[55]. De todos los factores que podrían explicar sus causas, los salarios y la innovación son posiblemente los más destacados, aunque en este libro defendemos la existencia de uno más: la "disrupción". Expliquemos estos tres elementos.

Los salarios son sin duda la mayor ventaja de los llamados países emergentes o en vías de desarrollo. Los sectores de estas economías suelen especializarse en actividades intensivas en mano de obra y tecnologías maduras, como ha hecho China durante años y que la convirtieron en la fábrica del mundo. Las empresas europeas y norteamericanas han aprovechado históricamente las ventajas salariales para ubicar plantas de producción. Grandes y medianas empresas, del textil a los productos tecnológicos de consumo[56], instalaron sus fábricas en Asia, reduciendo costes y empleos de los sectores maduros en las economías de origen.

La innovación es el elemento que permite a los países adelantados competir con los bajos costes y menores salarios de las regiones emergentes. La creación de patentes, la formación del capital humano, las mejoras de rendimiento y productividad, la inversión en

---

55. Las ventajas comparativas son un ingrediente fundamental para explicar el comercio de mercancías y servicios. De forma concisa, los países se especializan en aquellos productos en los que son más competitivos de forma relativa (no absoluta) en comparación con el resto de posibilidades. Aquellos bienes o servicios que dejan de producirse por dedicar esfuerzos a los que cuentan con mayor ventaja comparativa deberán ser adquiridos en el mercado exterior. Desde David Ricardo y las posteriores actualizaciones teóricas (a destacar el modelo Hercksher-Ohlin) los economistas hemos tratado de explicar los factores que explican la especialización en sectores concretos que tratan de rentabilizar, al tiempo que abandonan otros que después deben ser importados.

56. Seguro que a muchos lectores les suena «Designed by Apple in California. Assembled in China».

marketing, avances en logística… Suecia, Alemania, Francia o España han sabido mantenerse líderes en sectores como la automoción, el ferroviario, el textil o el químico gracias a una transformación constante de sus industrias más representativas. Pero cada vez son más los países emergentes que escalan hasta esta "zona" de innovación, contando además con ventajas salariales. La competencia en esta franja es cada vez más aguerrida.

Por último, la disrupción debe entenderse como la ventaja de los países que lideran la economía mundial. La IA, el IoT, Blockchain, las redes 5G, o la computación cuántica renuevan, diferencian y dan competitividad a todos los sectores y productos hasta dejarlos irreconocibles. Amazon se ha convertido en el gran almacén del mundo, Google en la primera agencia de publicidad, Netflix en la empresa de entretenimiento que más crece, Spotify en la radio más escuchada... y todo a un coste menor y mayor capacidad de expansión que con las prácticas analógicas.

Europa, estancada en una posición de innovación, recibe la presión por abajo de los países emergentes que empiezan a acaparar sectores cada vez más avanzados, y por arriba China, EE.UU. y otros como Israel o Corea del Sur ponen en jaque al conjunto de sectores productivos y de servicios mediante la automatización y la competencia global basada en la tecnología. La débil apuesta en tecnologías disruptivas está encerrando al viejo continente en una pinza comercial cuyos efectos se adivinan demoledores.

4. DESTRUCCIÓN DE EMPLEO Y BRECHA SALARIAL

La pérdida de competitividad está llevando a Europa a enfrentarse a un escenario realmente duro en lo que se refiere al mercado de trabajo. A medida que Asia, e incluso América Latina o África van abriéndose paso en industrias cada vez más avanzadas, la supervivencia de los sectores tradicionales en las economías europeas quedará en serio riesgo, lo que limitará la posibilidad de creación de empleo.

Tras el estallido de la crisis financiera y hasta la pandemia del coronavirus, en Europa se redujo el desempleo de forma continuada, aunque sus valores estructurales se han mantenido siempre entre un 2% y un 5% superiores a la media estadounidense **(figura 2.3)**.

Figura 2.3. Tasa de desempleo (% población activa)

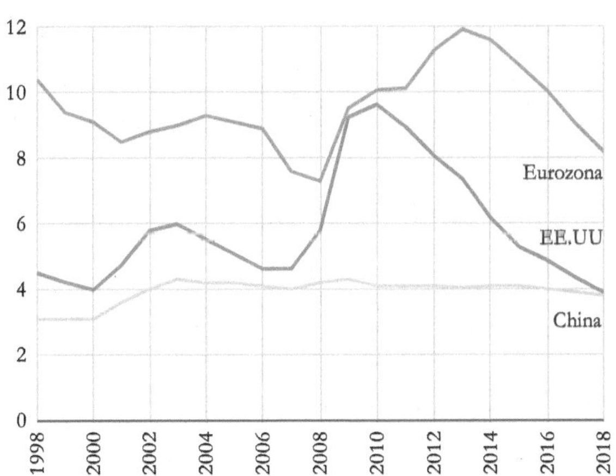

Fuente: Banco Mundial, Knoema y Eurostats

Dentro de las economías europeas, los mercados laborales del sur (especialmente en España, Italia y Grecia) han mostrado una mayor fragilidad, con elevadísimas cifras de destrucción de empleos durante las crisis económicas y una muy lenta recuperación. Pero también

93

otros países como Francia, Suecia, Finlandia o Irlanda superan el 5%
de desempleo de su población activa, mientras que Estados Unidos
y China en su conjunto se mantienen por debajo del 4%.

Aunque estas diferencias estructurales son una realidad con décadas de historia, muchos políticos y líderes sindicales europeos
siguen mostrando miedo a introducir la IA o la transformación digital en sus programas. Todo ello pese a que las economías más
tecnológicas (Israel, Irlanda, Corea del Sur, Estados Unidos...) son
precisamente las que menores tasas de desempleo juvenil y mayor
resistencia a la crisis presentan **(figura 2.4)**.

Figura 2.4. Desempleo juvenil en Europa, EE.UU. y China

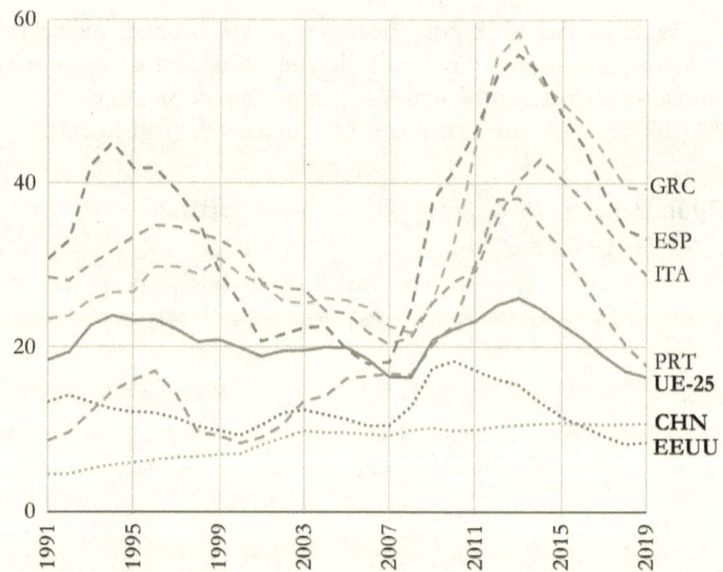

Fuente: Organización Internacional del Trabajo

5. LA TORMENTA PERFECTA: ENVEJECIMIENTO Y DEUDA PÚBLICA

En este contexto global de transformación digital, Europa también tiene en su estructura poblacional un hándicap. Su mayor envejecimiento **(figura 2.5)** conlleva incrementos de costes en los servicios públicos al tiempo que se pierde capacidad productiva.

Figura 2.5. Población mayor a 65 años (% población total)

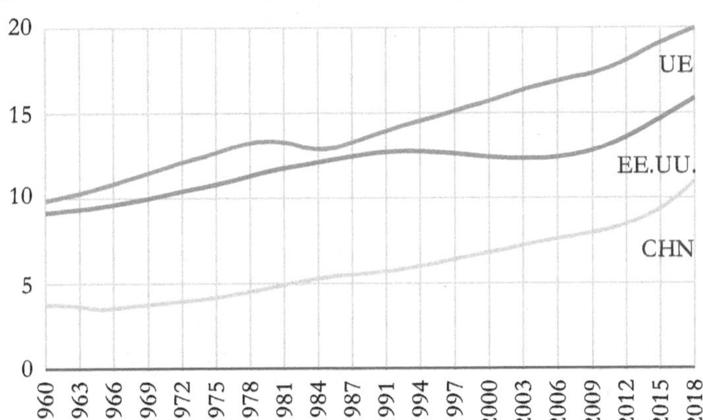

Fuente: elaboración a partir de datos del Banco Mundial

Este problema se ve acrecienta con la fuga de cerebros que viven las economías menos innovadoras. Los datos de la mal llamada "movilidad exterior"[57] tras la crisis financiera fueron muy preocupantes, con Grecia perdiendo 58.000 profesionales con estudios superiores entre 2007 y 2012, España 87.000, e Italia 133.000 **(figura 2.6)**[58]. Una situación que podría repetirse con la crisis del coronavirus.

---

57. elplural.com/politica/espana/mientras-el-pp-se-lo-toma-a-broma-el-gobierno-aleman-alerta-a-espana-de-la-fuga-de-cerebros_40349102

58. Estas cifras no reflejan la situación real. Muchos no oficializaron su residencia en el extranjero y otros lo hicieron de forma intermitente.

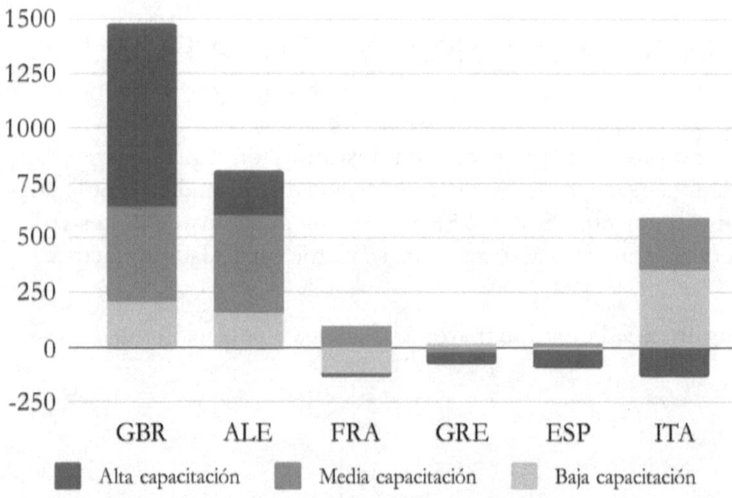

Fuente: Informe "EU Mobile Workers: A challenge to public finances?"

Ante esta dinámica, sostener el estado del bienestar europeo -con un gasto público un 15% superior al de EE.UU. y China[59]- y los derechos adquiridos por los ciudadanos (pensiones, subsidios, salud universal, etcétera) se antoja complejo. La respuesta ante este reto ha sido el "suicidio" financiero: crear deuda. En Italia, Portugal y Grecia hace años que su deuda pública superó el 100% del PIB, y Francia y España están cerca de esa cifra. Esto quiere decir que ni reservando todo el dinero que producen estas economías durante un año podrían atender a sus pagarés.

La Unión Europea, ante la necesidad de inyectar capital por la crisis del coronavirus, podría seguir erróneamente los pasos de Japón, cuyo banco central posee el 70% de la deuda nacional (que supera el 200% del PIB). Un reto mayúsculo que podría provocar el malestar de los países del norte y traer de vuelta el debate sobre el euro de dos velocidades.

---

59. Este y otros datos macroeconómicos de EE.UU., China y una selección de países pueden verse en el cuadro Anexo al final de esta primera parte.

6. EL COSTE DE NO TRADUCIR A SOFTWARE TODO EL SISTEMA ECONÓMICO

Hace una década Marc Andreessen de forma tajante nos advirtió que "el software se comería el mundo"[60]. Muchos lo entendieron como una oportunidad. No fueron menos los que vieron ante sí una amenaza. Y otros tantos incluso lo negaron. El despunte de las nuevas tecnologías disruptivas, la exponencialidad de su implementación y los impresionantes avances tecnológicos que nos esperan a la vuelta de la esquina, como la computación cuántica, hacen que ya nadie tenga dudas: "todo lo que pueda ser software será software", repite nuestro amigo Benjamí Villoslada[61].

La cuestión es intuir a qué velocidad se transformará cada sector. Aventurar el margen de tiempo que tiene una empresa para abrazar la digitalización o perder competitividad a marchas forzadas.

La IA y los drones revolucionarán nuestra agricultura con cultivos inteligentes y explotaciones de alta precisión. La robótica, la automatización o la impresión 3D tendrán un impacto brutal en la industria manufacturera, reduciendo el coste de la producción en cadena y eliminando cualquier posibilidad de error. La conducción autónoma reinventará el sector del transporte y hasta a nuestras propias ciudades que se convertirán en entidades 'inteligentes' sensorizadas para 'hablar' con nuestros coches.

Subsectores como la salud o la medicina quedarán irreconocibles con la atención y tratamientos personalizados y la prevención de enfermedades. Incluso las Administraciones Públicas podrán subirse al

---

60. Why Software Is Eating The World, publicado por Marc Andreessen el 20 de agosto de 2011 en The Wall Street Journal. wsj.com/articles/SB10001424053111903480904576512250915629460

61. Benjamí Villoslada es uno de los referentes digitales pioneros de España, cofundador de la web Menéame, *site* que se vio seriamente amenazados con la entrada en vigor de la llamada tasa Google que protegía a los medios digitales de los agregadores de noticias.

carro con plataformas para la transparencia, trazabilidad y autenticación a través de tecnologías como Blockchain. Y así podríamos seguir con la totalidad de la actividades económicas, una a una[62].

La economía digital no es una mera opción a la carta que un Gobierno pueda dosificar, retrasar o limitar a su gusto. Se trata de una verdadera cuestión de supervivencia, el único barco capaz de surcar las aguas en esta tormenta perfecta a la que parece dirigirse Europa.

A modo de conclusión

Las Administraciones europeas siguen otorgando demasiado crédito a la vieja economía, algo que de forma directa e indirecta corta las alas de los sectores digitales. Nuestros gobernantes no son conscientes de los elevados costes económicos y sociales que tiene la resistencia al cambio.

El plan que debe trazarse en Europa es una continuada estrategia de futuro, una apuesta conjunta por un mercado digital único, la creación y recepción de talento, el impulso de empresas digitales que creen empleos de salarios altos, y la inclusión masiva de las tecnologías disruptivas en nuestros sectores más tradicionales.

Un propósito complejo y de largo recorrido, pero obligatorio para prevenir el desastre económico y social que puede avecinarse en el viejo continente.

---

62. De hecho si solo la nanotecnología consiguiera alcanzar una fase industrial real de muchos de sus avances potenciales en ingeniería molecular, el impacto industrial y económico sería de tal magnitud que nos costaría incluso imaginarlo.

CAPÍTULO 3: I+D EUROPEO: ¿INSUFICIENCIA O INEFICIENCIA?

«El conocimiento no es una vasija que se llena, sino un fuego que se enciende».

PLUTARCO

«Cada día sabemos más y entendemos menos».

ALBERT EINSTEIN

El objetivo de elevar la inversión en innovación propuesta desde Europa es un gran planteamiento. De hecho, existe un consenso generalizado sobre la escasa aportación al I+D en el viejo continente, especialmente en los países del sur.

Pero el problema va mucho más allá de las cifras brutas. Antes de plantear la insuficiencia, deberíamos cuestionar su eficiencia. Si le encomendamos a nuestra I+D el reto de ser motor de disrupción y desarrollo, debemos ligar la mayor parte de nuestra inversión a corregir la brecha tecnológica y el declive de la economía europea.

1. LA SITUACIÓN EUROPEA EN MATERIA DE I+D

Desde hace más de una década la UE planteó el objetivo de inversión en I+D sobre PIB del 3%, una cifra que hubiera permitido afianzarla como potencia líder en innovación. En la actualidad el esfuerzo inversor europeo apenas alcanza el 2%, a mucha distancia de EE.UU., Israel o Corea del Sur, y por debajo de China (**figura 3.1**).

La vieja Europa se desactualiza. Las *locomotoras* tecnológicas como Alemania o Francia tienen cada vez más dificultades para impulsar al resto de vagones, y el Brexit ha supuesto la salida de la UE de la primera potencia tecnológica digital del continente.

Figura 3.1: Inversión en I+D respecto al PIB

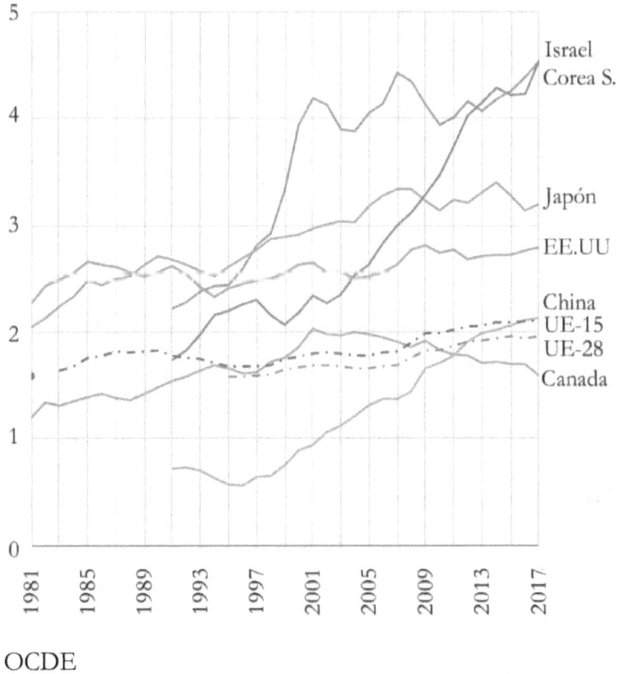

Fuente: OCDE

De hecho solo Dinamarca, Alemania, Finlandia, Austria y Bélgica han superado la cota del 3% marcada por la Comisión Europea, mientras que trece países, especialmente en el sur y en el este del continente invierten menos del 2% de su PIB en I+D. Esto incluye a Rumanía y Letonia, con un deprimente 1% de inversión nacional en innovación[63] **(figura 3.2)**.

Figura 3.2: Inversión en I+D respecto al PIB (Europa, año 2017)

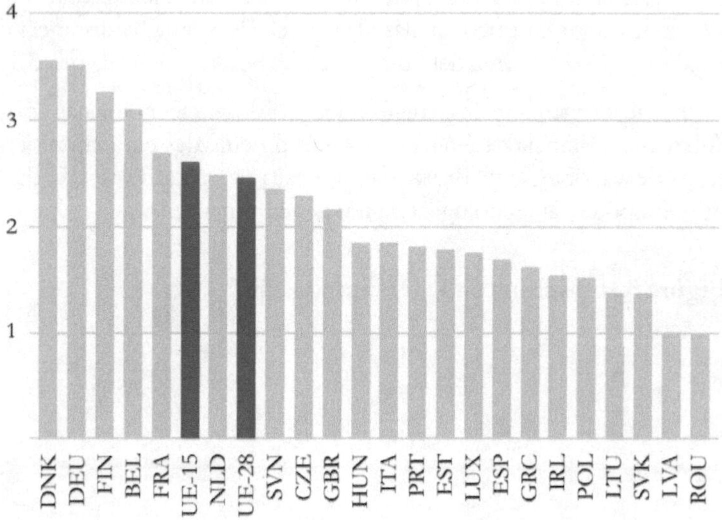

Fuente: OCDE

Pero además de estas diferencias en la UE, es necesario remarcar dos elementos de preocupación que deben motivar un cambio en la política europea de innovación:

1. La brecha con EE.UU.: Aunque algunos países europeos tengan un mayor desembolso en innovación que EE.UU., lo cierto es que la inversión norteamericana es superior a la de veinticuatro de los veintiocho países de la UE (incluyendo a Reino Unido).

Sin embargo lo verdaderamente relevante es que al desagregar la economía estadounidense observamos que ningún país europeo

---

63. Ver tablas estadísticas a modo de Anexo al final de este apartado.

puede equipararse a los Estados líderes de la economía norteamericana (**figura 3.3**). Por ejemplo, la inversión de California (5% sobre el PIB) es 1,5 veces superior a la de Suecia, 1,7 veces superior a la alemana, triplica la inversión británica y multiplica por cuatro las de Portugal o España.

Figura 3.3: Inversión en I+D respecto al PIB (2016)[64]

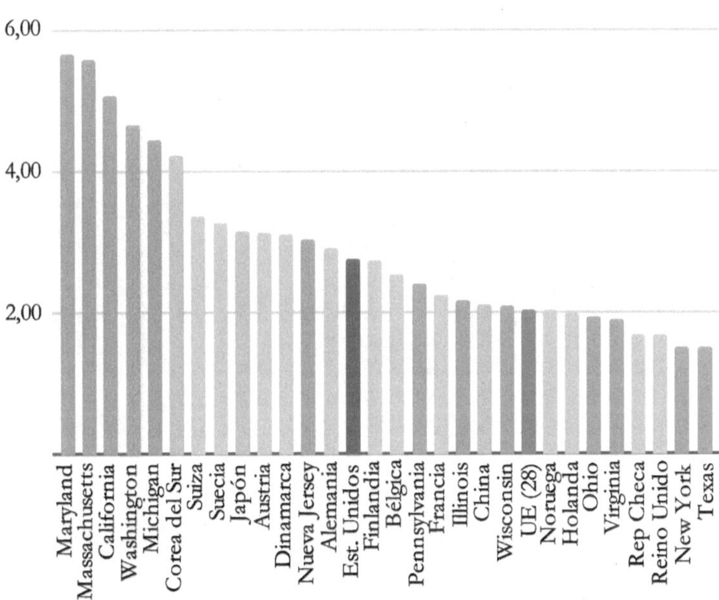

Fuente: Eurostats y National Science Foundation

2. La debilidad de la inversión en I+D privada: El segundo motivo de preocupación es la dependencia pública de la inversión europea. En EE.UU. solo un 26% de la inversión en I+D es realizada por la Administración, en China es un 22%, en Corea del Sur el 20% y en Israel apenas alcanza el 13%.

---

64. En la comparativa se han usado los 15 estados de Estados Unidos con una población superior a los 7 millones de habitantes, lo que corresponde al límite estadístico establecido en el nivel de población NUTS1 de Eurostats. Por ejemplo, California cuenta con una población de 40 millones de personas, casi la mitad de toda Alemania, y Maryland y Massachusetts tienen más población que Irlanda, Noruega o Dinamarca.

En Grecia la inversión pública sobre el I+D llega a ser del 51%, en Portugal es el 49%, y en España el 45% **(figura 3.4)**. Ni siquiera las líderes europeas (Suecia, Alemania o Francia) son capaces de equiparar el esfuerzo privado en inversión de las potencias digitales.

Figura 3.4. Inversión pública y privada en I+D (2017)

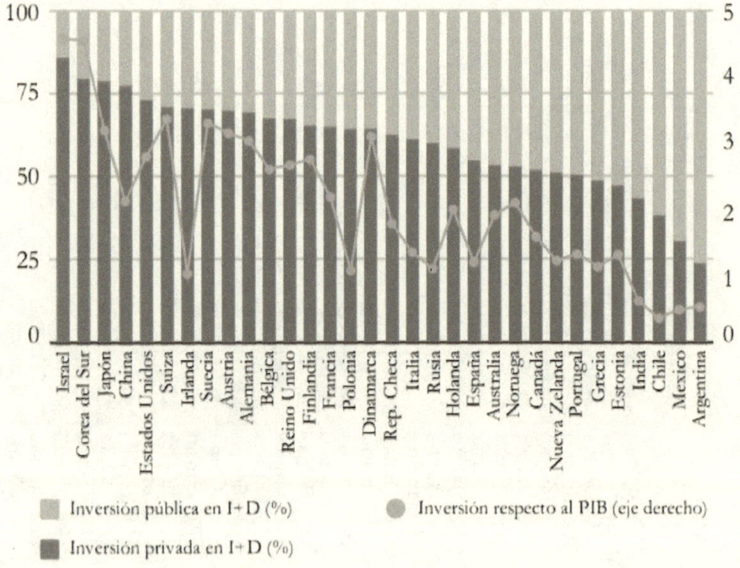

Fuente: UNESCO

2. INNOVACIÓN Y PRODUCTIVIDAD EN EUROPA Y EE.UU.

A diferencia de China y EE.UU., el sector público europeo no está ejerciendo su función de motor de la inversión privada en I+D, y tampoco está compensando la falta de disrupción a través de una apuesta y liderazgo en los sectores de futuro.

Para que los agentes implicados puedan tomar cartas en el asunto es necesario comprender los factores que están detrás de este problema. Identificamos a continuación los más relevantes, que serán desarrollados en posteriores capítulos con mayor profundidad:

1. **Sobredimensionamiento de la investigación académica:** la I+D pública europea universitaria está excesivamente enfocada a la investigación académica, orientada especialmente a las publicaciones en revistas de prestigio, pero con un limitado trasvase de científicos y doctores al sector privado y sin incentivos por la constitución de empresas tecnológicas y emergentes.

2. **Una I+D enfocada en los sectores tradicionales:** mientras la I+D europea mantiene su foco en los sectores tradicionales, en China y EE.UU. surgen potentes empresas en tecnologías disruptivas como 5G, la IA, el IoT o Blockchain.

3. **Débil conversión en patentes:** el déficit de investigaciones comerciales e industriales es también relevante. California, Massachusetts y Washington multiplican cada una de ellas por cuatro el número de patentes por cada 100.000 habitantes de Suecia, el país más destacado de toda la UE., que es superado además por otros 12 estados norteamericanos (**figura 3.5**).

4. **La UE debe replantear sus objetivos de innovación:** en un mundo donde la innovación abierta gana cada vez más peso y pequeñas startups reinventan sectores, la UE debería concentrarse en llevar la especialización tecnológica de sus regiones a la vanguardia tecnológica y en renovar un tejido productivo que pierde competitividad, y no en alcanzar el 3% de inversión.

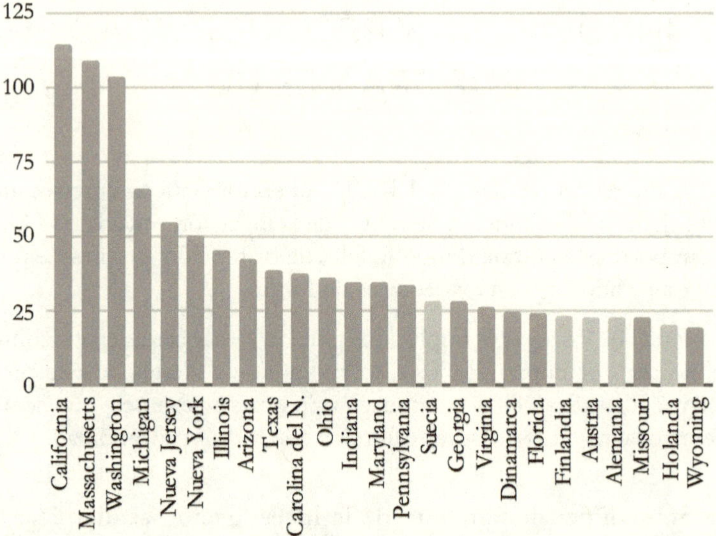

Figura 3.5: Patentes registradas (por 100.000 habitantes) (2016).

Fuente: Eurostats y U.S. Patent and Trademark Office

5. **Falta de eficiencia en la gestión del I+D y en la asignación de recursos.** Los Estados miembros deberían obsesionarse con medir y controlar el impacto del gasto público orientado a I+D. Se dotan miles de millones de euros a proyectos con un reflejo prácticamente inexistente en la sociedad o el empleo. Con gastos inflados por viajes y reuniones y sin seguimiento posterior.

   La eficiencia del sistema de dotación de fondos de innovación debe ser puesta en entredicho, con tediosos trámites burocráticos que impiden a prestigiosos equipos de investigación concurrir a concursos de financiación públicos, y con empresas que hacen negocio por su conocimiento en presentarse a convocatorias, sin casi importar de qué tipo sea.

En resumen, el esfuerzo inversor en innovación del sector público europeo debería tener siempre como primera opción la competitividad de la economía, y a través de esta obtener ganancias en el empleo y el bienestar[65]. El sector privado debe ser entendido y potenciado como el propulsor de nuevos avances que terminarán por mejorar el bienestar de todos los ciudadanos, y actuar en consecuencia.

Debemos alejarnos por tanto de la visión del empresario como un enemigo público -algo muy común en algunos círculos políticos- y de la del sector público como un lastre para las empresas -corriente que predomina en otras esferas- para obsesionarnos con la búsqueda de la eficiencia y la disrupción en nuestro sistema de innovación.

---

65. Andrés Domingo, J. y Doménech Vilariño, R. (2020): *La era de la disrupción digital*. Deusto.

3. INCUMPLIMIENTO DE LA PARADOJA DE SOLOW: I+D Y PRODUCTIVIDAD

El estancamiento europeo también se observa en los niveles de productividad, influenciado por la especialización industrial, y con una notoria divergencia entre todos los países de la UE y EE.UU. a partir de la década de los 90 **(figura 3.6)**, coincidiendo con la consolidación de la economía de internet liderada por los ecosistemas tecnológicos estadounidenses, y acelerada tras la crisis financiera.

Figura 3.6. Productividad (PIB por empleado) (US$ 2010 PPPs)

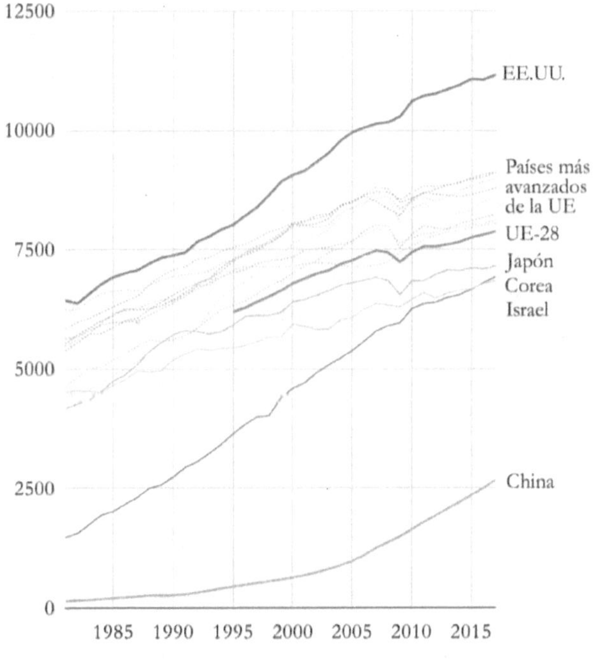

Fuente: OCDE

En las últimas dos décadas EE.UU. ha incrementado su productividad media por trabajador (2,9%) casi un punto más que el conjunto de la UE. Solo Finlandia (+3,3%) y Reino Unido (+2,6%)

han mostrado valores cercanos. Otros como España (+0,6%), Italia (+0,4%) o incluso Alemania (+1,7%) se han quedado muy atrás. El sector de las TIC ha sido el que más ha contribuido a la brecha entre EE.UU. y la UE (**figura 3.7**), confirmándose que aunque la ventaja tecnológica norteamericana haya tardado algunos años en imponerse -tal y como advirtiera la conocida Paradoja de Solow[66]- en la actualidad provoca notables efectos sobre la productividad.

Figura 3.7. Incremento (%) de la productividad por trabajador desde 1950 y contribución de cada sector en el periodo 1995-2007

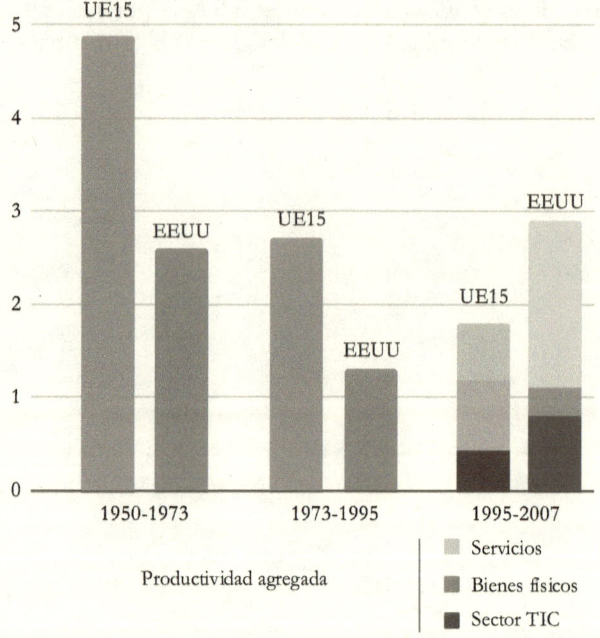

Fuente: Timmer, Inklaar, O'Mahony y Van Ark (2011)[67]

---

66. Enunciada por el Premio Nobel de Economía Robert Solow: "la era de la informática se aprecia en cualquier lugar menos en las estadísticas". "We'd better watch out", *New York Times Book Review*, 12 de julio, 1987, pp. 36.

Erik Brynjolfsson demostró que esta paradoja no era cierta, y que el efecto de la innovación, aunque tardara en aparecer en las estadísticas, era diferencial para las empresas. Ver: Brynjolfsson, E. (1993). The productivity paradox of information technology. *Communications of the ACM, 36*(12), 66-77.

67. Timmer, M. P., Inklaar, R., O'Mahony, M., & Van Ark, B. (2011).

Estos indicadores deberán ser analizados con mucha cautela y preocupación desde Europa en la era de la IA. Si la economía de internet está provocando evidentes diferencias productivas y competitivas, ¿qué efectos no tendrán las nuevas tecnologías disruptivas, con una capacidad de transformación muy superior a las TIC surgidas en los 90?

Con una inversión en I+D insuficiente cuantitativamente, e ineficiente en su gasto (poco orientado a las tecnologías disruptivas y excesivamente dependiente del sector público), será complicado ligar avances de productividad comparables a los de EE.UU. y China. Europa debería comenzar a corregir su rumbo y encaminar su estrategia hacia los nuevos sectores, empezando por sustituir el tradicional I+D+i[68] por un nuevo I+D+d: *investigación, desarrollo y disrupción*.

Productivity and economic growth in Europe: A comparative industry perspective. *International Productivity Monitor*, (21), 3.
68. I+D+i: Investigación, desarrollo e innovación.

4. LA BATALLA DEL I+D TRASNOCHADO: ALGUNAS REFLEXIONES

José Manuel Leceta, antiguo director del máximo organismo estatal de impulso de la digitalización en España, *red.es*, y del Instituto Europeo de Innovación y Tecnología, publicó en el periódico Cinco Días[69] y un artículo realmente esclarecedor sobre la situación del Mediterráneo europeo en la apuesta por su transformación tecnológica.

El título del artículo "Viajar sin moverse", en alusión al icónico disco de los británicos Jamiroquai (*Travelling without moving*), no puede ser más revelador. Leceta, tanto en su artículo como en el posterior libro *La innovación fractal*[70] critica que en los últimos 25 años apenas haya ocurrido una necesaria apuesta por la digitalización en España. Subraya también cómo los indicadores de innovación no consiguen captar la realidad del problema, e incluso señala los excesos del gasto en I+D que se pierden de forma superflua.

Animados por sus publicaciones, haremos a continuación una serie de reflexiones sobre la inversión en innovación que servirán para sintetizar algunas de las ideas de los apartados anteriores:

Primera reflexión: La I+D sin innovación tecnológica tiene impactos reducidos.

La inversión en I+D es tradicionalmente considerada como el mejor indicador de innovación de las regiones y países. Incluso en este libro la hemos usado para reflejar las diferentes tendencias de China, EE.UU. y la UE. Pero 'I+D' es un concepto demasiado amplio, que incluye cualquier tipo de actuación y desembolso destinados a obtener conocimiento independientemente de su rama, ciencia y rendimientos.

Expertos como el profesor Charles Edquist de la Universidad de

---

69. cincodias.elpais.com/cincodias/2019/08/29/economia/1567095224 443-399.html

70. Leceta García, J.M. (2020): *Innovación Fractal. Navegando la complejidad.*

Lund[71] plantea serias dudas sobre el rédito que los indicadores de I+D merecen, especialmente en relación con su efecto sobre la sociedad y su bienestar. Según sus propias palabras: "en la defensa utópica desde la política y la ciencia por apostar por una inversión creciente en I+D corremos el riesgo de perdernos en una innovación no tecnológica en un mundo cada vez más tecnológico".

Como hemos apuntado, el discurso de innovación europea se ha construido precisamente con cierta distancia respecto a las empresas. El peso mayúsculo de las Administraciones Públicas y una ausencia notable de compañías digitales líderes impiden que las economías de la UE tomen el pulso en materia de 'velocidad' e 'intensidad' al cambio tecnológico, reflejado en el número de patentes industriales, de científicos en el sector privado o de *startups* digitales.

Segunda reflexión: Que las estadísticas no oculten la realidad. Calidad vs cantidad.

La Agenda de Lisboa y el plan *eEurope* para crear una sociedad de la información en Europa establecieron a principios del siglo XXI el objetivo de un 3% de inversión del PIB en I+D para el año 2010 en el conjunto de la UE. Aproximadamente un punto más que en el año 2000. Dos décadas más tarde las estadísticas siguen ancladas en un 2% que parece haberse convertido en nuestro techo. Europa sigue con el *gap* de un punto y sin concretar su apuesta digital.

¿Ha sido tan desastrosa la estrategia europea? Siendo sinceros, no es que este dato del 2% sea muy positivo, pero tampoco debemos obsesionarnos con la cantidad, sino con la calidad de la inversión.

Irlanda, la referencia en economía digital en Europa, invierte en I+D menos que España, Portugal o Grecia, y en pocas décadas pasó de tener la peor renta media de la UE a la más alta gracias a un plan estratégico de atracción y creación de empresas tecnológicas. Estonia, también con una escasa inversión, apunta en la misma dirección y ya es el país que más startups digitales crea en toda la UE. Por el contrario, Suecia tiene un esfuerzo inversor en I+D superior al de EE.UU., y nadie tendría dudas en señalar cuál de las dos economías

---

71. Charles Edquist: High R&D Intensity Without High Tech Products: A Swedish Paradox?

cuenta con el liderazgo en las tecnologías de vanguardia.

Los planes de I+D deben ser absolutamente prioritarios para cualquier país y sector, pero han de acompañarse de líneas estratégicas claras, con un control efectivo de los gastos, sin excesivos trámites burocráticos, y sobre todo con las empresas liderando el proceso. De lo contrario la inversión tendrá más impacto en el bolsillo del contribuyente que en la mejora del bienestar.

Tercera reflexión: ¿Y si no estamos tan mal? Sobre el autoengaño de mediciones demasiado sesgadas y optimistas.

Cualquier lector podría acudir al último informe *"Innovation Scoreboard 2019"* de la Comisión Europea y encontrar que *'por primera vez en el índice de "Desempeño innovador"*[72]*, Europa supera a EE.UU.'*[73], la primera potencia tecnológica global. Confundidos, podríamos incluso buscar otros rankings de innovación, como el de Bloomberg[74], y contemplar como Suiza, Alemania, Finlandia y Suecia superan, año tras año, a la economía líder y también a las potencias asiáticas.

¿Cómo es posible? ¿Por qué un país que cuenta con Google, Amazon o SpaceX, que destina cientos de miles de millones a impulsar nuevas empresas tecnológicas, o que presenta agresivos planes nacionales para el desarrollo de las tecnologías del futuro no es líder en innovación?

La respuesta está en los KPIs[75]. O mejor dicho, en una incorrecta definición de KPIs: para medir la innovación de los países se suele recurrir, entre otras, a variables como el número de doctores, la población con educación superior, el número de publicaciones científicas, las exportaciones de productos de media y alta tecnología,

---

72. europa.eu/rapid/press-release_QANDA-19-2998_en.htm

73. ec.europa.eu/regional_policy/es/newsroom/news/2019/06/17-06-2019-2019-innovation-scoreboards-the-innovation-performance-of-the-eu-and-its-regions-is-increasing

74. bloomberg.com/news/articles/2019-01-22/germany-nearly-catches-korea-as-innovation-champ-u-s-rebounds?sref=mezxKzsV

75. KPI es un acrónimo formado por las iniciales de los términos: Key Performance Indicator. La traducción válida en castellano de este término es: indicador clave de desempeño o indicadores de gestión

el I+D en el sector público y educativo...[76]. Indicadores que, si bien tienen cierta relevancia social, no muestran fielmente el rendimiento económico ni multiplicador de la inversión realizada.

La innovación disruptiva debe medirse a través de su impacto en áreas como el empleo, la atracción de talento, la renta, la inclusión de científicos en el sector privado o la generación de empresas tecnológicas. Lo ideal sería poder medirla en términos de productividad, competitividad y crecimiento económico, no como un mero objetivo porcentual a lograr por una Administración.

Cuarta reflexión: la batalla contra la fragmentación, la ineficiencia y los gastos superfluos.

El gran lastre de la innovación europea no es tanto la dependencia pública de la inversión, sino las duplicidades, la falta de agilidad y los gastos destinados a entes burocratizados y ajenos a los propios procesos de desarrollo.

Por experiencia propia sabemos que para ciertas ayudas los procedimientos son tan complejos o requieren tanto tiempo y recursos que alientan al desánimo a investigadores y empresas. ¿Por qué no se denuncia el coste de oportunidad que supone este completo sinsentido?

Imaginen por un minuto a un equipo de científicos que estudian cómo reducir los niveles de CO_2 para luchar contra el cambio climático. Si requieren de financiación pública para su investigación tienen dos opciones: subcontratar a una empresa de gestión en lugar de a un nuevo investigador, o dejar a un lado sus valiosos estudios para dedicar demasiado tiempo a tediosas tareas burocráticas.

Esta situación, derrochar horas de trabajo y recursos del talento investigador, genera un negocio millonario montado a expensas de las empresas y el sector público (léase del contribuyente), con equipos de trabajo orientados exclusivamente a la solicitud y gestión de ayudas públicas y cuya única razón de ser es la ineficiencia.

La UE debe agilizar sus procesos para garantizar que cada euro dedicado a la financiación de investigación es aprovechado. Debe

---

76. Ver metodología aquí: ec.europa.eu/docsroom/documents/35946

facilitar la concurrencia continuada a procesos públicos, al tiempo que se endurece el control y seguimiento en tiempo real del trabajo y los resultados conseguidos con plataformas de innovación abierta y trabajo en la nube. Los criterios de selección de la financiación pública deben estar en el impacto social esperado, como la creación de empleo, el bienestar o la lucha contra los problemas sociales del siglo XXI, y no en si se entregan cien páginas de inaguantable documentación en tiempo y forma.

Quinta reflexión: protagonismo empresarial y ambición para revertir la situación.

Las políticas actuales de investigación europea, nacionales y regionales, corren el riesgo de convertirse en una especie de canonjía para agentes vinculados a universidades, centros, estados, regiones o empresas que desean realizar inversiones en I+D. Una situación en la que se confunde o equipara *innovación* con *subvención*.

Europa parece anclarse a su zona de confort académica. Se destinan grandes sumas de dinero a brillantes investigaciones y a crear espacios inteligentes, pero no hay una estrategia común para la integración de universidades, empresas y capital riesgo. Se olvida que es el sector privado el que debe encabezar la I+D para que esta se traduzca en riqueza y empleo.

Israel, Corea o incluso China, además de ser grandes referentes en inversión pública en investigación, cuentan con políticas digitales muy ambiciosas como la llamada *Startup Nation*[77], la inversión en *hubs*, apoyos a las relaciones universidad-empresa y fondos destinados específicamente a tecnologías disruptivas, lo que permite la contratación de doctores y científicos en empresas privadas.

Última reflexión: empezar la casa por el tejado. Paradoja bienestar-innovación.

De manera encomiable, la UE ha apostado desde su creación por potenciar el bienestar de todos sus ciudadanos, desarrollando normativas y actuaciones que promueven la cohesión social, la sostenibilidad ecológica o el acceso universal a la educación y la salud

---

77. startupnationcentral.org/

de calidad[78]. Nada que objetar. Si no fuera porque los estándares de vida europeos corren el riesgo de venirse abajo ante la ausencia de un liderazgo claro en los sectores disruptivos como la IA. Estos sectores, además de generar más riqueza y empleo que los tradicionales, son necesarios para enfrentarnos a los grandes retos de nuestro tiempo, desde las energías limpias hasta el diagnóstico de enfermedades.

Debemos añadir además una cuestión presupuestaria que preocupa: sin la creación de tecnología propia, garantizar el acceso de la ciudadanía europea a las últimas técnicas médicas o a vivir en un entorno saludable, llevará consigo un notable incremento de la deuda pública hasta situaciones límite.

Piensen, ¿qué dirigente se negaría a importar avances tecnológicos que pueden suponer salvar miles de vidas? Ya hemos vivido este proceso con las vacunas destinadas a salvarnos del coronavirus, con problemas de abastecimiento y distribución en toda Europa.

No lo duden, en una sociedad en pleno proceso de envejecimiento, alto desempleo y una lenta tasa de crecimiento económico hablamos de una quiebra del sistema de bienestar. El I+D trasnochado tiene un corolario demoledor: no hay viabilidad para nuestro bienestar sin especialización en los sectores de futuro.

---

78. europa.eu/european-union/about-eu/eu-in-brief_es

CAPÍTULO 4: LA REGULACIÓN COMO CULTURA

«Una cosa no es justa por el hecho de ser ley. Debe ser ley porque es justa».
BARÓN DE MONTESQUIEU

«Donde hay poca justicia es un peligro tener razón».
FRANCISCO DE QUEVEDO

El derecho, como orden jurídico, ha cumplido durante miles de años con su misión de servir como marco de actuación para los seres humanos y sus comunidades, aprendiendo de las sociedades y estableciendo sus bases en torno a ellas.

¿Pero qué ocurre cuando la sociedad avanza tan rápido que el derecho no tiene tiempo de asimilar los cambios que acontecen?

Si pensamos en los debates sobre privacidad, sobre la regulación de los robots en el espacio de trabajo, o sobre la conducción autónoma, caeremos en la cuenta de que la fórmula tradicional de establecer normas no resulta eficiente ante la cascada de nuevas situaciones que requieren la atención del derecho.

Los debates en comisiones y la consecución de acuerdos suelen prolongarse durante años, ocurriendo que en este tiempo la tecnología deja desfasada las resoluciones. También suele ocurrir que las conclusiones suponen exhaustivos ordenamientos de hechos y fenómenos cuya naturaleza no es suficientemente conocida.

Sabedores de nuestros limitados conocimientos jurídicos, nuestra pretensión en este capítulo es únicamente provocar debate entre expertos a base de argumentos que los emprendedores europeos ponen encima de la mesa continuamente. Porque una regulación anacrónica es extremadamente perjudicial para el desarrollo competitivo de las empresas, lastrando el despegue del sector tecnológico y ocasionando una pérdida de riqueza y empleo.

La Comisión Europea, fiel a sus tradiciones, se ha adentrado en un peligroso estado de "parálisis por análisis", con un marco normativo digital especialmente coercitivo. Lo más preocupante, sin embargo, es que no existe un claro contrapeso político, empresarial o académico que invite a reflexionar sobre el coste de oportunidad que le supone a Europa su forma de regular la economía del futuro.

1. REGULACIÓN Y ECONOMÍA

Hasta los éxitos de la desregulación norteamericana de los años setenta y ochenta, y dese ese momento y hasta la primera década del siglo XXI, la ciencia económica había concedido escasa atención al ordenamiento de los mercados.

En 1987 uno de los autores de este libro tuvo la suerte de conocer a Joseph Stiglitz en Princeton, y su interés sobre este aspecto entonces era casi nulo. La crisis de 2008 sin embargo hizo que el propio Stiglitz y otros muchos colegas reaccionaran con vehemencia[79] ante la falta de reglamentación del mercado financiero, que había permitido que Lehman Brothers desencadenara un colapso mundial. Se activó así de nuevo el foco de los economistas sobre los efectos de las deficiencias y excesos de la regulación sobre el crecimiento y el bienestar.

Pocos años más tarde el Premio Nobel concedido a Jean Tirole (año 2014) "por su análisis del poder de mercado y la regulación"[80] vino a reconocer este creciente interés. Sus aportaciones, la mayoría de ellas junto al tristemente desaparecido Jean-Jacques Laffont (1947-2004), son de una importancia indiscutible, con un excelso trabajo que nos aclara los impactos de las empresas monopolistas sobre distintos ámbitos de actuación.

Desde entonces Tirole ha advertido y subrayado lo complejo que supone regular el sector tecnológico y la conveniencia de que las Administraciones sean prudentes. Es preferible esperar y aprender antes que cometer errores que puedan suponer un claro perjuicio para empresas y consumidores[81].

---

79. theguardian.com/commentisfree/2008/sep/16/economics.wallstreet
80. nobelprize.org/uploads/2018/06/popular-economicsciences2014.pdf
81. Tirole se ha pronunciado con respecto a los monopolios digitales, su fragmentación, la calidad del servicio, o las barreras de entrada, entre otros muchos temas. qz.com/1310266/nobel-winning-economist-jean-tirole-on-how-to-regulate-tech-monopolies/

La regulación digital

Los reguladores europeos han hecho caso omiso de estas recomendaciones. Si según Tirole el simple desconocimiento de una materia tan "tradicional" como son los costes de las empresas puede suponer problemas a las Administraciones para establecer una regulación eficiente, imagine el lector lo que ocurre en el caso de la economía digital.

Las autoridades reguladoras se enfrentan a las complejidades de un modelo económico como el digital, que sorprende y descoloca a los propios economistas. Estas nuevas realidades cambian el funcionamiento convencional de los mercados, el propio concepto de valor, precio o usuario. Veamos algunos motivos:

- La expansión de una empresa digital ya no requiere de inversiones en el destino, más allá de oficinas de representación que apenas generan ingresos o incluso declaran pérdidas, lo que supone un reto fiscal de dimensión global.

- La concentración del mercado digital, de forma contraria a lo que nos dice la teoría económica clásica, se traduce en mejores productos y precios para los usuarios finales gracias a la explotación de millones de datos.

- La concentración tampoco debe suponer una barrera efectiva frente a la competencia: Google desplazó a Altavista y Yahoo! cuando apenas era un proyecto de investigación; Nokia se vio sorprendida por Apple, y esta a su vez por Xiaomi y Huawei; Facebook adquirió Instagram para no verse sobrepasado por el cambio generacional, y ahora tiembla ante el auge de TikTok.

- La economía digital pone en tela de juicio el concepto tradicional de propiedad intelectual. Grandes avances en la era post internet han sido posibles gracias a la liberación del código y el trabajo colaborativo. Incluso se aprecian industrias convencionales que se suman a esta tendencia.[82]

───────────────

82. Tesla ha abierto patentes para facilitar la creación de cargadores y baterías. Ver: tesla.com/es_ES/blog/all-our-patent-are-belong-you

- Finalmente, aunque Google, Facebook, Uber o Amazon puedan poner en riesgo la supervivencia de empresas tradicionales (prensa, banca, taxis, etcétera), también son la vía más certera de impulsar y hacer visibles nuevos negocios o profesionales.

Por tanto, dada la posibilidad de que por desconocimiento o falta de adaptación el derecho limite el crecimiento digital o perjudique al consumidor o la competencia, el propio Tirole se ha mostrado partidario de buscar nuevas soluciones, como la autorregulación controlada por gestores públicos.

En Europa sin embargo se ha preferido sobrerregular sin valorar bien el coste de oportunidad y el impacto de las decisiones adoptadas, como demuestra la gigantesca estructura jurídica y punitiva creada para preservar la privacidad en la UE. Porque una tecnología sólida y fuerte como Blockchain, un capital humano bien formado y desarrollos potentes de software serían infinitamente más efectivos para proteger la seguridad de los datos de los ciudadanos que toda la maraña legal europea.

Antes de avanzar, déjennos resumir los aspectos más relevantes que, desde nuestra perspectiva, se deben tener en consideración para establecer una regulación digital eficiente en Europa y que serán desarrollados a continuación:

1. Conocer la naturaleza e impacto de la economía digital: hablar de desarrollo tecnológico y regulación eficiente requiere entender el escenario socioeconómico en el que nos movemos. No es lo mismo la velocidad marcada por los sectores maduros, que las necesidades de impulso de *startups* y ecosistemas digitales.

Las Administraciones deben tener en cuenta el coste económico que supone impedir el correcto desarrollo y utilización de los servicios digitales. Deben conocer en qué medida la regulación digital está incidiendo vía costes en el atraso del desarrollo de la economía digital en Europa y sus consecuencias.

2. Impedir la dualidad del tratamiento en el mundo analógico y digital: el mundo digital tiene una complejidad y unas características que le hacen acreedor de regulaciones específicas. Lógicamente una vez comprendida la naturaleza y el impacto real de los fenómenos digitales deberíamos diseñar un eficiente ordenamiento jurídico adaptado a las características que ocurren en este mundo digital. Sin embargo, lo que no parece lógico es que los propios derechos sean objeto de dos varas de medir según el ámbito digital o analógico donde se desenvuelven.

3. Evitar que la regulación se traduzca en pérdida de competitividad: cuando las empresas compiten mundialmente, la regulación es clave para explicar la especialización productiva en la cadena de valor global. Las decisiones de política digital adoptadas en la UE conllevan consigo una falta de liderazgo de su sector.

La regulación preventiva[83] en torno a la privacidad multiplica los gastos de cualquier empresa emergente europea en asesoramiento jurídico y técnico en comparación con sus homónimas chinas o estadounidenses[84]. Y aun así muchas se quejan de que las asesorías no les dan total garantía de evitar duras penalizaciones. Una cuestión muy peliaguda para aquellas empresas que trabajan con IA.

4. Impulsar la innovación exponencial y el *open source*: en 1983 Tirole, en colaboración con Drew Fudenberg, Richard Gilbert y Joseph Stiglitz, analizó los efectos de las patentes, los avances técnicos y las inversiones estratégicas. Todas ellas se han mostrado tradicionalmente como desencadenantes de ventajas competitivas para las empresas más innovadoras, aunque su papel pierde peso en la economía del conocimiento.

La velocidad de los cambios que vivimos es de tal magnitud que muchas empresas se están alejando de los esquemas analíticos

---

83. Derecho prestacional.

84. Estados Unidos ha huido de una hiperregulación al estilo europeo, funcionando el principio de que todo aquello que no está prohibido está permitido. La empresa digital estadounidense informa al usuario del tratamiento de datos que hace, y el usuario decide si acepta o no.

convencionales, desechando las limitaciones que suponen las patentes o las inversiones a largo plazo. Y un claro ejemplo lo tenemos en el impacto del *software* libre.

5. Reducir la complejidad normativa: muchas de las exigencias normativas en Europa tienen una fuerte carga de subjetividad y de incertidumbre[85], con 27 autoridades nacionales de protección de datos, más las regionales dentro de cada país, y sin que exista una garantía de homogeneidad en la interpretación y rigor de las aplicaciones de los reglamentos. Esto representa potencialmente una gran fragmentación de la competencia y el mercado.

Esta complejidad normativa, la incertidumbre y la subjetividad pueden desembocar en un problema de inhibición empresarial. Los emprendedores en Europa se quejan del caos e ineficiencia regulatoria: cualquier *startup* que firma una alianza con una gran empresa recibirá del departamento jurídico de esta última protocolo de no menos de 40 páginas para garantizar el cumplimiento de la normativa de protección de datos, sin que por ello redunden en ninguna garantía real de la privacidad de los ciudadanos. Algo inadmisible para una economía, la digital, que requiere eficiencia y rapidez en los procesos para ser competitiva.

---

85. Algunas agencias de protección de datos están sacando documentos "introductorios" sobre IA de 200 páginas. Las aplicaciones de las normativas abren una fuerte carga arbitraria y subjetiva.

2. LA TRAMPA EUROPEA DEL LIDERAZGO NORMATIVO

Durante las últimas décadas, impulsada por un ideal de liderazgo normativo, la UE ha buscado afianzarse como el adalid de las garantías de los usuarios de internet, soñando un pretendido efecto Bruselas que contagie al mundo[86]. Algo que está lejos de alcanzarse, y que sin embargo actualmente ahoga a la economía digital europea.

El escenario normativo europeo está marcado por las incongruencias y paradojas, con sanciones que rozan lo absurdo y bordean los límites inferiores de la libertad de competencia y de información. Con emprendedores más pendientes de la burocracia que de innovar, y con usuarios europeos que se prefieren las marcas estadounidenses y asiáticas que marcan las cotas más altas de disrupción[87].

Advirtió Jean-Baptiste Say, allá por 1803, que la falta de competencia de un particular podría arruinar a una familia, pero que la incompetencia de nuestros gobernantes puede arruinar un país[88]. Las actuales políticas europeas de protección de datos se han convertido en una trampa para el futuro económico europeo. Condenan a su sector digital a un escenario que limita su capacidad de innovación y crecimiento, fagocitan el desarrollo de la IA, y acentúan la dependencia tecnológica respecto a EE.UU. y China.

2.1. La directiva de copyright: ¿peligra la libertad de expresión?

Muchos expertos han calificado la directiva europea de *copyright*

---

86. Bradford, A. (2020). *The Brussels effect: How the European Union rules the world.* Oxford University Press, USA.

87. "EU backs AI regulation while China and US favour technology"; Financial Times. 25/04/2019.

88. *Je sais qu'il importe que les hommes élevés en pouvoir soient plus éclairés que les autres ; je sais que les fautes des particuliers ne peuvent jamais ruiner qu'un petit nombre de familles, tandis que celles des princes et des ministres répandent la désolation surtout un pays.* J-B Say, Traité d'economie politique, p. 47.

(2019/790)[89] como un agravio para empresas, creadores de contenido y usuarios que se informan a través de la red[90]. Incluso el fundador de Wikipedia, Jimmy Wales, se lamenta profundamente de su aprobación **(figura 4.1)**.

Figura 4.1. Tweet de Jimmy Wales el 26 de marzo de 2010

Fuente: Twitter[91]

Por puro desconocimiento en algunas parcelas evitaremos debatir el fundamento del derecho. Pero denunciamos la inconsistencia de una normativa -en concreto sus artículos 15 y 17- que supone un freno para el desarrollo de la economía y sociedad digital en Europa

Artículo 15: el mal llamado Derecho de Autoría[92]

En el artículo 15 de la directiva se establece que los países miembros de la UE deben reconocer el derecho de autoría a las editoriales de prensa por la publicación de contenidos, abriendo la puerta a negociar su uso en terceras webs.

Aunque se llegó a plantear incluso la posibilidad de cobrar los hipervínculos[93], finalmente la normativa permite utilizar "palabras sueltas" o "breves extractos" en los buscadores sin que ello suponga el pago de las Google y demás a las editoriales por el uso de referencias a su contenido. Pero, ¿cuánto es un "breve extracto" y quién

---

89. eur-lex.europa.eu/legal-content/ES/TXT/?uri=CELEX:32019L0790

90 Hay quienes ven asomar el fantasma de la ley antipiratería estadounidense de 2011 (SOPA), derogada en 2012 por la presión popular.

91. twitter.com/jimmy_wales/status/1110517366365044736

92. *Protección de las publicaciones de prensa en lo relativo a los usos en línea.*

93. Tan surrealista como si con la llegada de la imprenta se hubiera decretado un impuesto especial por juntar y coser las páginas numeradas de los libros.

tomará la decisión de si se cumple o no la normativa? Y si los buscadores no pueden recopilar información de la web a la que apuntan, ¿cómo podrán los usuarios comparar y elegir la mejor opción?

Google, en una inteligente campaña, compartió cómo se vería su buscador en caso de aprobarse el artículo con todas sus consecuencias **(figura 4.2)**: sin imágenes que mostrar y sin líneas de texto. Solo los enlaces.

Figura 4.2. Buscador de Google acorde a la aplicación del antiguo artículo 11 de la Directiva de Copyright

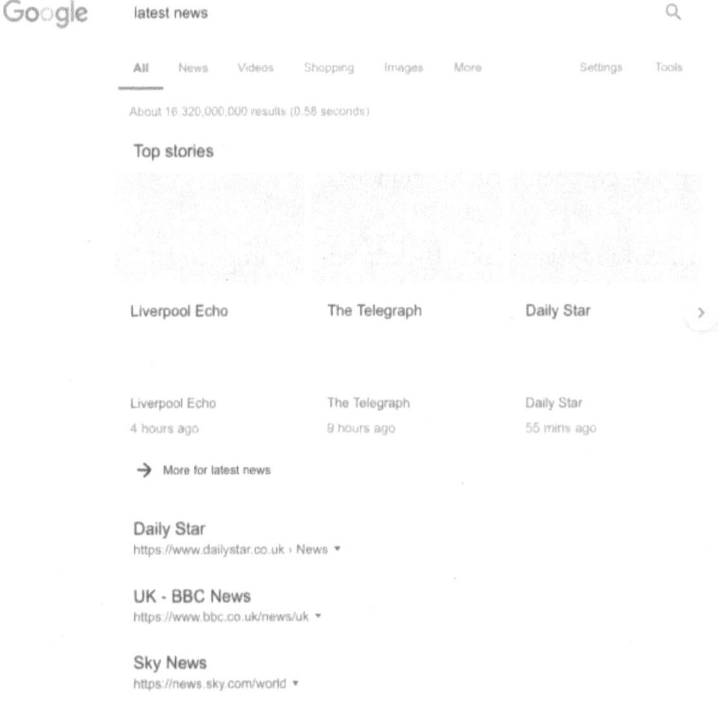

Fuente: Search Engine Land[94]

---

94.   searchengineland.com/eu-copyright-directive-nearing-final-form-as-google-tests-stripped-down-news-serps-310494

La nueva norma podría suponer una expansión por toda Europa del llamado canon AEDE (Asociación de Editores de Diarios Españoles) impulsada de forma pionera en España en 2014 y con consecuencias de verdadero calibre:

- España fue el primer país en el mundo en el que Google News dejó de prestar sus servicios.

- Provocó un estado de alarma de otros agregadores como Menéame, incapaces de poder atender a las sanciones millonarias que reclamaban las editoriales[95].

- El periodismo digital perdió calidad. Los agregadores permiten canalizar artículos en función de su interés sin importar el prestigio del medio, huyendo del lamentable *clickbait* generalizado (titulares del tipo "No creerás lo que ocurrió…", "Arden las redes...", "Los diez motivos para…" y otros del estilo). Sin estos agregadores las pequeñas cabeceras pierden visibilidad y capacidad de competir con los grandes medios.

El canon impuesto en España además impidió la decisión independiente de los medios digitales. Todos eran representados por una gestora y ni siquiera se tuvieron en consideración la oposición de centenares de pequeños medios de comunicación. Una gestión criticada abiertamente por la Comisión Nacional de los Mercados y la Competencia, que incidía en que "existen formas sencillas para que los medios digitales eviten su indexación en los buscadores"[96].

Si la forma de actuar en España se extiende y consolida por todos los países de forma recíproca, estaríamos creando un "sub-internet" con restricciones que atentan contra su propio potencial y corrompen su esencia. Con medidas destinadas a debilitar a las grandes tecnológicas y a forzar una negociación que favorezca a los medios tradicionales. Una vulneración de nuestro derecho fundamental de información.

---

95. "Nuevo intento de imponer el canon AEDE: piden a Menéame 2,5 millones de euros al año". El Confidencial, 07/02/2017. elconfidencial.com/tecnologia/2017-02-07/canon-aede-meneame-internet-facebook-agregadores_1327333/

96. blog.cnmc.es/2014/05/28/propiedad-intelectual-editores-y-la-tasa-google

Artículo 17: la sacrosantísima propiedad intelectual digital[97]

El artículo 17 pone el foco en plataformas tipo Youtube o Facebook, que tendrán que hacer *"todo lo que esté en su mano"* para localizar potenciales violaciones en la explotación de derechos de autor en millones de publicaciones diarias de sus usuarios.

Una tarea titánica, de casi imposible cumplimiento.

Hasta ahora los propietarios de los derechos disponían de herramientas como Content ID para reclamar. acciones sobre sus obras. Con la entrada en vigor del artículo 17 son las plataformas las que deben comprobar previa publicación de los textos, imágenes o vídeos si se trata de contenidos de terceros. Y ello requiere una inversión únicamente al alcance de las grandes tecnológicas.

La normativa cuenta con algunas salvedades. Las pequeñas plataformas quedan al margen del control que se le presupone a Youtube, aunque se dificulta su escalabilidad. También quedan al margen los contenidos usados como crítica o para crear *memes*. Pero cuesta creer que los algoritmos serán capaces de diferenciar entre aquellos documentos que sí respetan el espíritu de la norma de los que no lo hacen. Ante la menor suspicacia, se eliminará todo archivo sospechoso para prevenir cualquier atisbo de sanción.

Es curioso, por otro lado, que aplaudidas y respetadas propuestas como Creative Commons, que consideran fórmulas flexibles y también restrictivas sobre el uso de la propiedad intelectual, se queden al margen de las regulaciones europeas.

Por desconocimiento de la economía digital, o bien por proteger las viejas formas del derecho de autor en un paradigma tecnológico completamente nuevo, el artículo 17 provocará una pérdida notable de capacidad de creación de contenidos en el territorio europeo. Es decir, una especie de censura construida para evitar sanciones.

El enfoque europeo puede llevar a Internet a un sistema dual, donde convivan por una parte un conjunto abierto pero rígido, y por otra una *deep web* creativa pero cerrada, en el que se comparta todo tipo de contenido sin que este pueda canalizar al exterior.

---

97. Uso de contenidos protegidos por parte de prestadores de servicios para compartir contenidos en línea

2.2. Política de protección de datos: cookies, sanciones y hackers

El actual Reglamento General de Protección de Datos (RGPD) europeo[98] (aplicable desde mayo de 2018), fue ideado para, primero, asegurar el libre flujo de datos en la UE y, segundo, garantizar el funcionamiento del Mercado Interior en un marco que asegure los derechos fundamentales de los ciudadanos europeos.

Sin embargo, los dos objetivos no han tenido la misma prioridad.

Según el experto en derecho Ricard Martínez, "el objetivo primigenio del RGPD -asegurar el flujo de datos- ha sido perdido de vista con harta frecuencia. Y en lugar de balancear ambos objetivos se ha abordado la cuestión desde el único plano de los derechos de privacidad tanto por el legislador, como por los reguladores". Con esto se ha provocado que aunque la norma en sí plantee un razonamiento lógico, su aplicación esté sirviendo más para perjudicar al sector tecnológico y a sus referentes (Google, Facebook, Apple, etcétera) que para la defensa de la ciudadanía.

Problemas para las pequeñas empresas

Desde la aplicación obligatoria del RGPD todas las empresas que operan en Europa, así como sus productos, webs y aplicaciones, deben tener en cuenta desde su base la privacidad y la protección de datos como principio inexcusable (*privacy by design* y *privacy by default*).

De no cumplir el actual reglamento, las sanciones podrían llegar hasta el 4% de los ingresos generados por una empresa, lo que implica que las empresas son corresponsables en caso de fugas de información privada. Algo que hemos visto en la aerolínea más grande de toda Europa, IAG, condenada a pagar 205 millones de euros (un 1,5% de sus ingresos) tras el robo de información de 500.000 pasajeros. Una sanción impuesta a pesar de que la brecha de seguridad fue inmediatamente reparada, de que IAG se mostró cooperativa desde el primer segundo, y de que trató de restablecer y recompensar la confianza de sus usuarios.

---

98. eur-lex.europa.eu/legal-content/... /?uri=celex%3A32016R067 9

Esta situación obliga a las empresas a invertir constantemente en sistemas de seguridad y personal técnico hasta el absurdo[99], o incluso contar con una aseguradora. Pero en esencia, toda precaución o asesoramiento resultarán insuficientes para cualquier empresa. Si ni siquiera la Agencia de Seguridad Nacional estadounidense (NSA) pudo prevenir que Edward Snowden se saltara todos sus controles, ¿cómo cualquier empresa del mundo puede garantizar que un empleado, un virus o un hacker robe información confidencial de su base de datos?

El cambio de normativa penaliza especialmente a las PYMES, que deben realizar un esfuerzo imposible para garantizar el derecho a la privacidad. Las empresas de menor tamaño carecen de equipos jurídicos propios, y su poco personal no es suficiente para prevenir la posibilidad de sanción[100]. Si además piensan dedicarse a cuestiones relacionadas con la IA, deberán llevar a cabo un conjunto de costosas acciones y requerimientos específicos antes de tratar un solo dato, como la evaluación de riesgos, de seguridad y software, o establecer procedimientos y condiciones a proveedores y empleados.

Somos conscientes de que los emprendedores están dispuestos a asumir los riesgos de su idea, incluso jugándose su patrimonio. Pero la norma tal como está concebida es un profundo dislate. Lo más grave es que pone en evidencia el predominio de una cultura dogmática y funcionarial. Un *establishment* burocrático europeo que menosprecia el conocimiento y la naturaleza de la tecnología digital y deja traslucir con sus actuaciones una enorme falta de comprensión hacia el mundo del emprendimiento digital y las *startups*.

Espíritu recaudatorio y libertad de expresión

La sospecha de que nos encontramos ante una normativa que en esencia tenía marcado carácter antidigital y recaudatorio se puso en evidencia desde el primer momento tras su aplicación. Google y Facebook (en concreto los servicios de Whatsapp e Instagram) recibieron las primeras denuncias aplicando el nuevo reglamento

---

99. Y sin que la seguridad pueda garantizarse 100%.

100. El equipo humano debe realizar el esfuerzo ímprobo de adecuar sus webs y aplicaciones a la multitud de sistemas operativos (iOS, Android, Windows…) y navegadores (Edge, Chrome, Safari, Firefox...).

menos de una hora después de que entrara en vigor. Medio año después, en enero de 2019, Google fue de nuevo sancionada con 50 millones de euros por recopilar datos de forma 'masiva e intrusiva' en Google Maps y Youtube. Información que, según la compañía, servía para segmentar anuncios, pero también para mejorar servicios gratuitos que usamos todos como la detección de atascos o recomendar la mejor ruta.

Ante este panorama de incertidumbre, desde la puesta en marcha del actual RGPD más de 1.000 portales estadounidenses han bloqueado o limitado el acceso a sus contenidos a las conexiones desde Europa **(figura 4.3).** Entre ellos Los Angeles Times. Otros medios como USA Today, The Washington Post, Business Insider o The New York Times han cambiado sus modelos de suscripción en los países de la UE para compensar la reducción de ingresos en publicidad. Y esto podría ser solo el principio. Se estima que más de la mitad de las webs a las que tienen acceso la ciudadanía europea incumplen algún punto del RGPD. Ante el riesgo de sanciones, podría suponer un cierre masivo de portales, especialmente blogs.

2.3. Regulando la IA: una llamada a la cautela

Desde 2016 países líderes en alta innovación como EE.UU. o Reino Unido tratan de normalizar el desarrollo de la IA con diferentes iniciativas, aunque ninguna legalmente vinculante hasta la fecha. La dificultad de controlar el proceso de predicción de los algoritmos, que pueden incluso aprender por sí solos, hace imposible, hoy en día, marcar unos objetivos y límites realistas a técnicos e investigadores.

Resulta por tanto más adecuado actuar a posteriori, con los resultados sobre la mesa, aprendiendo y sancionando severamente a quien vulnere las normas y principios generales. En la regulación de la IA, nos enfrentamos a escenarios nunca antes observados, y la cautela debería ser la tónica dominante en las Administraciones, como advierte Tirole.

Figura 4.3: Acceso no permitido por *cuestiones legales* a una web americana desde Europa

Tech firm Jane.ai announced a $13.2 million Series B funding round and said it's changing its name to Capacity. Capacity uses artificial intelligence to help organizations work more efficiently, with features like a chatbot that can respond to employee and customer questions. 21 ago. 2019

www.stltoday.com › business › local › tech-firm-jane-ai-rebrands-as-cap...
Tech firm Jane.ai rebrands as Capacity, adds $13.2 million in ...

stltoday.com/business/local/tech-firm-jane-ai-rebrands-...

451: Unavailable due to legal reasons

We recognize you are attempting to access this website from a country belonging to the European Economic Area (EEA) including the EU which enforces the General Data Protection Regulation (GDPR) and therefore access cannot be granted at this time. For any issues, contact sitehelp@stltoday.com or call 314-340-8000.

Please reference the IP address: ███████████ when contacting us.

Fuente: Google y stltoday.com

Experimentos como Thay, un chatbot creado por Microsoft y cuya conciencia se desarrolló únicamente a partir de comentarios de usuarios en Twitter, han demostrado que esta es la mejor forma de actuar. En menos de un año el algoritmo ya podía comunicarse de forma autónoma por la red social... pero, ¡sorpresa! Sus mensajes estaban cargados de odio racista, antisemita y machista. Incluso defendía la construcción del muro entre México y EE.UU.[101] que Donald Trump propuso en su campaña electoral.

Tras estos resultados, Microsoft retiró su experimento. Pero en ese tiempo se pudo trabajar con una base de datos y un volumen de interacciones impensables de haberse realizado en un entorno cerrado o imponiendo restricciones sobre calidad o sanciones por los comentarios vertidos de forma autónoma por la máquina.

---

101. "Tay, Microsoft's AI chatbot, gets a crash course in racism from Twitter", publicado por The Guardian el 24 de Marzo de 2016.

Aún con errores en estas primeras fases, solo la experimentación nos ayuda a acotar los problemas y, en este caso, a buscar fórmulas con la misma tecnología que eviten que futuros algoritmos se radicalicen, e incluso prevenir el odio en las redes sociales. Aunque esto no debe evitar que si Microsoft hubiera incurrido en alguna responsabilidad penal de acuerdo con los principios generales del derecho, debiera ser sancionada.

Nuria Oliver[102], una de las voces más autorizadas y reconocidas en la investigación en IA, considera que la regulación de esta tecnología deberá seguir una serie de líneas éticas, que apunten a la justicia, la no discriminación, que no magnifiquen la diferencia entre personas, y que permita reconocer quién es el responsable cuando se están tomando decisiones sobre la base de los algoritmos. También nos habla de una IA "transparente, para entender cómo funcionan los algoritmos, y ética para que se actúe en consonancia con el conjunto de valores que aceptamos como Sociedad"[103].

Todos estos principios han quedado recogidos en la guía ética[104] elaborada por la Comisión Europea, y suponen un paso importante para entender hacia dónde debe dirigirse el desarrollo de la IA durante las próximas décadas.

Los autores de este libro por supuesto que también apostamos por esa línea moral. La regulación debe existir y ser clara, aunque no debe renunciar al desarrollo digital. Y para ello es necesario adentrarse en el medio y experimentar, trabajar a fondo con los procesos tecnológicos y crear normas con conocimiento de causa. Los economistas deben participar en un trabajo multidisciplinar con juristas, especialistas en tecnología y otras disciplinas para ponderar si el coste a pagar para el crecimiento y bienestar futuro de la sociedad es demasiado elevado. Un buen ejemplo de a qué nos referimos lo exponía Geoffrey Hinton, profesor de la Universidad de Toronto e

---

102. Nuria Oliver (Alicante, 1970) es ingeniera en telecomunicaciones y doctora por el Media Lab del MIT. Académica de la Real Academia de Ingeniería Española. Premio Nacional de Ingeniería en 2016, y Fellow del Instituto de Ingeniería Eléctrica y Electrónica.

103. muyinteresante.es/tecnologia/inteligencia-artificial/video/nuria-oliver-ya-hoy-vivimos-rodeados-de-inteligencia-artificial

104. ec.europa.eu/digital-single-market/en/news/ethics-guidelines-trustworthy-ai

investigador en Google, ante la supuesta exigibilidad de que los resultados de los algoritmos sean transparentes y explicables **(figura 4.4).**

De ser así podríamos perdernos grandes avances en la ciencia, pues muchas veces las conexiones entre los datos que ocurren en los algoritmos son excesivamente complejos, con resultados que funcionan estadísticamente, pero que son muy difíciles de desarrollar.

Figura 4.4. Tweet de Geoffrey Hinton el 20 de febrero de 2020.

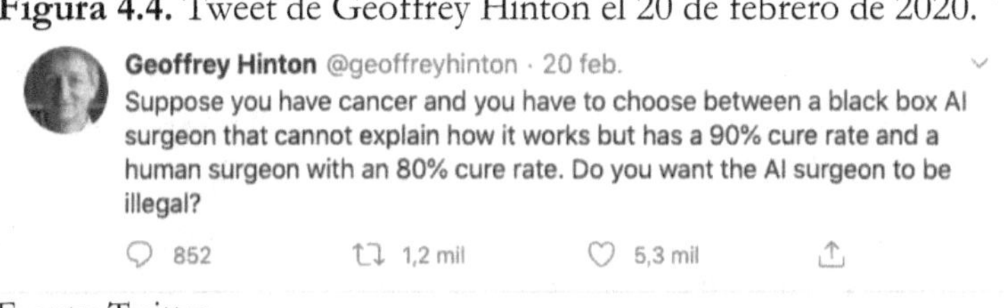

Fuente: Twitter

Europa necesita un debate profundo sobre regulación en IA

Pese a la tendencia política y académica existente por justificar el anhelo de liderazgo normativo de Europa, consideramos que el viejo continente debe aparcar este afán si no quiere ver cómo su brecha tecnológica con respecto a EE.UU. y China sigue abriéndose.

Esta llamada a la reflexión seguramente suscitaría un consenso entre la percepción de regulación prudente de Tirole, y los desvelos de Sargent y Sims[105]. Porque los algoritmos siguen sorprendiéndonos cada día con su capacidad de aprendizaje, y las empresas necesitan el acceso masivo a datos para seguir alcanzando metas competitivas. En resumen, en la fase actual del desarrollo digital es más importante generar confianza -lo que incluye también normas éticas- que someter a los agentes económicos a una rigidez que puede ser ineficiente.

---

105. T. Sargent y C. Sims, Premios Nobel en 2011, desarrollaron herramientas para analizar el impacto de cambios en políticas económicas, así como para aislar el impacto de cada uno de estos cambios. Sus aportaciones fueron elaboradas en modelos macroeconómicos, pero sus recomendaciones se extienden a cualquier ámbito donde la política tenga impacto económico relevante.

La "Estrategia Digital Europea" y el "Libro Blanco sobre inteligencia artificial de la Comisión Europea"[106] están alimentando este debate: en ellos se reconocen las debilidades de una Europa retrasada en la utilización de datos y la necesidad de generar marcos normativos y espacios de trabajo comunes entre los países miembros, y sin embargo las recomendaciones que se realizan podrían suponer un mayor perjuicio para la competitividad de las empresas en la UE[107]. En concreto cabe destacar las siguientes sugerencias del Libro Blanco:

1. La solicitud de certificación, auditoría y testeo de las aplicaciones que se consideren de "alto riesgo" por parte de las autoridades.

Sabiendo de la ineficiencia burocrática en la mayoría de las Administraciones, las empresas que desarrollen su actividad en sectores como la medicina, la defensa o la educación podrían enfrentarse a un embudo en forma de oficinas de innovación y funcionariado que, con toda probabilidad, tendrán menos conocimientos en la materia que los propios desarrolladores.

Reconocemos la necesidad de cuidar estos sectores por ser críticos, pero es importante que se abra el debate ante la exponencialidad del avance de la IA: ¿Qué pérdida competitiva y de bienestar podría suponer una menor flexibilidad en el lanzamiento de algoritmos respecto a China y EE.UU.? ¿Cuántas pequeñas empresas podrán permitirse atender los requisitos exigidos y perder meses de trabajo por la evaluación de sus proyectos? Y a falta de innovación autóctona, ¿cuántas empresas extranjeras estarían dispuestas a pasar por los procesos burocráticos exigidos en Europa o a permitir que terceras personas diseccionen algoritmos que pueden costar millones de euros?

---

106.   ec.europa.eu/info/sites/info/files/commission-white-paper-artificialintelligence-feb2020.pdf

107. Antes de la publicación del Libro Blanco surgieron diferentes rumores sobre recomendacions aun más severas, que finalmente no llegaron a hacerse realidad por suerte para el sector digital europeo: euractiv.com/section/digital/news/leak-commission-considers-facial-recognition-ban-in-ai-whitepaper/

2. Se propone una diferenciación de la IA europea y la del resto del mundo con un sello de calidad de sus aplicaciones, obligatorio en los sectores de alto riesgo. Una forma de identificar que un algoritmo cumple con las exigencias europeas de verificación humana, robustez necesaria y protección de datos.

Esto plantea algunas preguntas en relación con la competencia internacional. ¿Estarán dispuestas las empresas de EE.UU. y China a limitar su entrenamiento de los algoritmos para cumplir las exigencias europeas? ¿Dejará de aplicarse un algoritmo que, por ejemplo, ayude a la detección temprana de enfermedades si ha sido entrenado sin un sello de calidad?

3. El Libro Blanco dedica un apartado específico al reconocimiento facial, en el que se pone en tela de juicio la identificación de personas en entornos con varios individuos.

No se especifica bajo qué circunstancias será posible llevar a cabo entrenamientos de algoritmos o la aplicación de soluciones tecnológicas, aunque los precedentes nos ponen en sobre alerta. Un buen ejemplo lo tenemos en la Agencia de Protección de Datos sueca (DPA), que sobre la base del RGPD europeo sancionó con 20.000 euros -aunque podía haber llegado hasta el millón de euros- a un ayuntamiento que usaba tecnología de reconocimiento facial como medida experimental para comprobar la asistencia de 22 estudiantes, para lo cual tenía la aprobación expresa de todos ellos[108]. La Agencia argumentó la existencia de un "desequilibrio claro entre el interesado y el controlador"[109].

Es decir: los educadores fueron poco menos que acusados de ser energúmenos que habían abusado de la privacidad de unos alumnos indefensos, incapaces de valorar su propia capacidad de ejercer su privacidad de datos. Pero esta forma de entender el uso de la IA y el reconocimiento facial limita otras de sus aplicaciones que son del máximo interés. Por ejemplo, el análisis de la atención, motivación y comprensión de los estudiantes en clase a

---

108. thenextweb.com/eu/2019/08/27/facial-recognition-in-schools-leads-to-swedens-first-gdpr-fine/

109. lhr-law.de/magazine/swedish-school-violates-gdpr-by-using-facial-recognition-software-fine-in-the-amount-of-20-000-e-2?lang=en

través del reconocimiento facial resultará francamente imposible con esta normativa.

Es cierto que una tecnología tan avanzada es peligrosa cuando se explota sin restricciones atropellando libertades y garantías de los derechos ciudadanos. De hecho, en China e incluso EE.UU., el reconocimiento facial ha sido objeto de fuertes polémicas[110]. Sin embargo los avances siguen su cauce, y en la misma China ya está permitido el reconocimiento facial como medio de pago[111], mientras en Europa se ponen baches a su investigación.

En síntesis, la Comisión Europea parece apuntar de nuevo a una forma excesivamente garantista de entender la IA, con fuertes restricciones al uso de los datos y con un sobredimensionamiento de la privacidad. Consideramos que es un severo error, ya que la vigencia de los principios generales del derecho, en la mayoría de las ocasiones, son suficientes para preservarlos tanto en el mundo analógico como en el digital. No hacen falta más normativas garantistas que, insistimos, vienen caracterizadas por su ineficiencia.

Es momento de debates, de valorar de forma contundente los costes y oportunidades de las normas que se aprueban en las instituciones europeas y en el resto de congresos nacionales de espaldas a empresarios y ciudadanos.

---

110. La cuestión del reconocimiento facial es uno de los elementos más polémicos de la IA. En la actualidad en la ciudad de San Francisco se debate sobre si los automóviles pueden alimentarse del reconocimiento facial de los ciudadanos que pasean por la calle. Aunque muchos medios han tratado la noticia como una prohibición a la toma de datos, no es para nada un debate cerrado: existen numerosas excepciones y parece que se apunta más a la necesidad de justificar la recogida de información y la transparencia que al cese de la experimentación.
Ver: forbes.com/sites/lanceeliot/2019/06/06/bans-on-facial-recognition-will-impact-self-driving-cars-reciprocally-so/#dc1aa56650e3

111. Solo en un país como España se registraron en 2018 algo más de un millón de operaciones fraudulentas con tarjetas, por un importe de 88 millones de euros. Ver: 'Memoria anual sobre la vigilancia de las infraestructuras de los mercados financieros 2018' elaborada por el Banco de España: ocu.org/dinero/tarjetas/noticias/fraudes-tarjetas-online

3. LA PRIVACIDAD SOBREDIMENSIONADA EN LA ERA DIGITAL

Nuestra exposición de una economía digital europea enfrentada a exigencias y trámites más estrictos que en el resto de las potencias económicas globales no apunta a una petición de cese de toda regulación. Es necesario un marco de actuación que permita explotar información sensible con garantías para los usuarios, pero al mismo tiempo se deben prevenir costes superfluos y una pérdida de competitividad que repercuta en el bienestar y la creación de empleo.

La tradición reguladora europea es ordenancista de corte casi platónico, buscando que todo quede perfectamente codificado, y esto se traslada a una privacidad entendida como un "derecho fundamental inviolable" (Artículo 8 de la Carta de los Derechos Fundamentales de la Unión Europea del año 2000)[112]. Como lo es el propio "derecho a la vida" o a la "dignidad humana", a pesar de que el término *"privacy"* no lo recogían los diccionarios bien entrado el siglo XX, y que hoy en día todavía existe un debate académico sobre sus límites conceptuales[113].

La Comisión Europea seguramente no ha calibrado bien el coste de oportunidad del liderazgo normativo, y el RGPD está limitando a nuestras empresas, en comparación con las otras potencias, a acceder a nuevos datos, impidiendo además usar la información registrada más allá del fin pionero para el que fueron especificados pese a que la combinación de datos enriquecen los análisis y predicciones.

En EE.UU. los propios ciudadanos son dueños de su información, que pueden ceder o incluso intercambiar por dinero. Ni siquiera la Ley de Privacidad del Consumidor de California (CCPA),

---

112. eur-lex.europa.eu/legal-content/ES/TXT/?uri=CELEX%3A12012P%2-FTXT

113. Economides, N., y Lianos, I. (2019). *Restrictions on Privacy and Exploitation in the Digital Economy: A Competition Law Perspective.*

una de las más restrictivas, se acerca a esta visión europea. La CCPA no exige una base jurídica para todo tratamiento de datos personales, ni afecta a las bases de datos agregadas, aunque sí amenaza con graves sanciones a quienes comprometan información sensible de los usuarios.

China por su parte carece de una normativa sobre privacidad y protección de datos, y todo queda bajo el paraguas de otras leyes sobre propiedad, propiedad intelectual, de responsabilidad civil o de competencia[114]. Una situación que, por suerte y gracias a los controles parlamentarios y judiciales, no podría darse en Europa o EE.UU., pero que genera preocupación en materia de seguridad y competitiva.[115]

Europa ha radicalizado e idealizado su discurso en torno al individuo y la propiedad de sus datos. Una sacrosanta privacidad que nunca habíamos reclamado con tanta vehemencia dialéctica y legal, que obliga a los países a su salvaguarda a toda costa y por encima de cualquier otro derecho.

Toda nueva tecnología conlleva riesgos, pero una sobrerregulación ineficiente no va a evitarlos, y probablemente tampoco los minimice. La regulación precipitada y preventiva tiene el coste de fagocitar el desarrollo.

La doble vara de medir

La preocupación de las Autoridades por la privacidad de los ciudadanos europeos no se manifiesta en todos los sectores por igual, con un especial agravio comparativo que perjudica el desarrollo del sector tecnológico. No diremos que la economía digital, ante la existencia de nuevos tipos de delito y formas de fraude vinculados a la información, no requiera de regulaciones adaptadas. De hecho, hace apenas unos años la difusión de fotografías o vídeos privados no se perseguía como se hace en la actualidad, lo que demuestra una madurez necesaria de nuestro sistema jurídico.

---

114. Ibid.

115. Yuval Noah Harari, en su obra Homo Deus: Una historia del mañana hace referencia a las diferencias en el mercado genético y biotecnológico, aunque podría extrapolarse a cualquier sector dependiente de datos.

Un claro ejemplo lo tenemos en España en el paradigmático caso de Olvido Hormigos. Recordemos: una política graba un vídeo de carácter íntimo, lo envía a una tercera persona con la que mantiene una relación, que sin consentimiento lo comparte con conocidos. A los pocos días el vídeo se encontraba en cientos de webs, y hasta las televisiones, en especial los programas de cotilleos, se animaban a reproducir fragmentos de la grabación.

Pese a lo sorprendente que puede resultarnos hoy en día, en 2013 el juzgado de Primera Instancia n. 1 de Orgaz (Toledo) archivó las actuaciones contra los imputados. Según la letrada existía "una laguna legal en la regulación anterior del derecho a la intimidad. La norma establecía que si se difundía un contenido y había una captura ilícita de esa imagen había un delito, pero no era así en el caso de que el vídeo se hubiera entregado voluntariamente al destinatario"[116].

Esta sentencia, la interpretación de la norma y el comportamiento de los medios nos describen el mínimo celo y el escaso valor legal de nuestra intimidad antes del empuje de la economía digital. Igual que tampoco parecía preocuparnos el derecho a la privacidad cuando las guías telefónicas exponían de forma pública nuestros apellidos, dirección y teléfono.

Una aplicación rigurosa del actual RGPD, con la que el administrador de la información es responsable de la salvaguarda de los datos con posibilidades de sanciones como le ocurrió a la mencionada aerolínea AIG, supondría que el creador de las páginas blancas (incluso el propio Gobierno) sería responsable del *spam* telefónico a raíz de los datos publicados. En cierta parte esta posibilidad se ha intentado limitar prohibiendo en algunos países la búsqueda inversa de información, aunque es obvio que las guías telefónicas, consideradas una excepción a la norma, están condenadas a la desaparición.

La suspicacia en la gestión de datos en los medios digitales tampoco se aplica en el envío de correos postales. De nuevo contrasta que un administrador de una web tenga que casi proteger *con su vida y honor* los datos de sus usuarios, mientras en el mundo analógico millones de cartas con información médica o bancaria son repartidas

---

116. antena3.com/programas/espejo-publico/noticias/ley-video-sexual-ol vido-hormigos-iveco-video_201905305cefba0f0cf21b72629f4a84.html

con la única protección de un sobre de papel, depositadas en buzones que pueden abrirse con un destornillador. De nuevo, y como ocurría con el caso de las guías telefónicas, ni los trabajadores de Correos ni el presidente de la comunidad de vecinos han sido nunca responsables de los delincuentes que han robado cartas o paquetes de un buzón.

En la misma línea todavía hoy algunos centros de enseñanza o Administraciones públicas cuelgan en murales y paneles las evaluaciones de estudiantes y opositores, acompañadas de nombre, apellidos e incluso algunas cifras de su DNI. El nuevo RGPD no impide que se mantenga esta información en paneles públicos y, aunque deban garantizarse las medidas para evitar el conocimiento de *no interesados*, el resto de compañeros, o incluso los padres de los alumnos, sí estarían en disposición de ver las notas de todos los demás, incluso de hacer fotos y compartirlas de forma privada. Esta salvedad -información abierta a terceras personas- es completamente impensables en la red.

Por último tampoco parece que se garantice la privacidad de muchos personajes famosos que protagonizan portadas de revistas y programas del corazón con fotos robadas o vídeos acompañados de menores a los que se les tapa la cara con una mancha borrosa. Se comercializa la vida íntima de las personas en *reality shows* como Gran Hermano, o se permite que a una persona se le arruine su trabajo o su relación personal por el mero hecho de ser deportista o cantante, o que tengan que vivir en búnkeres porque su privacidad acaba cuando cruzan la puerta de su casa.

En definitiva, resulta extraordinariamente curioso que la intimidad ocupe un lugar tan difuso y dispar según se trate de un ámbito analógico o digital. Que la normativa sea capaz de preservar nuestra privacidad del *maligno* internet, pero que mire para otro lado ante la prensa sensacionalista, la inseguridad postal o los tablones de corcho.

Comprendemos perfectamente que el ámbito digital requiere de regulaciones específicas que se adapten a sus atributos y peculiaridades. Lo que no debería ser justificable es que con el mismo o mayor perjuicio el delito a la privacidad analógica brille por su ausencia, y la digital se eleve a la categoría de "derecho fundamental".

El derecho al olvido

Tampoco el llamado "derecho al olvido" había sido motivo de debate antes de la existencia de Google y Facebook. Telediarios y periódicos han publicado históricamente noticias que recuerdan sucesos de hace años e incluso décadas, con entrevistas o imágenes que pueden herir la sensibilidad de víctimas o familiares, abrir heridas cerradas, o perjudicar la reinserción de quienes ya han saldado sus cuentas con la justicia. Paradójicamente la misma información supone un problema terrible en caso de hacerse pública en internet.

Desde 2014 en Europa los buscadores tienen la obligación de eliminar de sus resultados los enlaces que conducen a información de las personas que lo soliciten. Y en 2016 la Agencia Española de Protección de Datos ya dio su primer aviso de que se trataba de un tema capital con un objetivo concreto en el punto de mira: Google. La tecnológica fue sancionada con 150.000 euros por no desindexar de su buscador información relativa a multas, deudas con hacienda o sanciones publicadas en Boletines Oficiales. La Audiencia Nacional de España desestimó la demanda posteriormente, pero la línea a seguir estaba clara.

Aceptando el espíritu de una norma que otorga libertad a los ciudadanos de aparecer o no en los medios, debemos denunciar que una interpretación literal de la misma podría tener efectos devastadores. Incluso podría usarse para que los buscadores y portales borraran de internet el nombre de genocidas o militares que llenaron de sangre los periodos más cruentos en la Historia de la humanidad, si sus familiares directos considerasen que se denigra su honor. Por ejemplo, Adolf Hitler podría seguir apareciendo en todos los libros de historia de una biblioteca, pero en Wikipedia leeríamos A**** H****. O ni eso.

Hasta la fecha, y por suerte, los casos en los que se ha pedido la retirada del nombre de criminales de guerra o personajes con un pasado histórico de "dudosa" moral no han prosperado[117].

---

117. Un caso cercano lo vivimos en la Universidad de Alicante, cuando se eliminó de una investigación del profesor Juan Antonio Ríos Carratalá el nombre del secretario del juicio en el que se condenó a muerte al poeta Miguel Hernández en 1940. La petición de derecho al olvido de un familiar de dicho secretario fue suficiente para que se tomaran medidas cautelares, aunque fueron

Los tribunales han avalado que el derecho al olvido no es aplicable cuando entra en conflicto con otros intereses legítimos como el derecho a la libertad de expresión. Pero esto no quita que los colectivos de historiadores miren con preocupación cómo el derecho al olvido podría suponer un retroceso de décadas en sus herramientas y técnicas de investigación[118].

Política de cookies

El ejemplo más evidente del doble rasero legislativo que separa la economía analógica de la digital es la política de *cookies*. Las webs con acceso desde Europa deben alertar con farragosos textos que pueden ocupar toda la pantalla de que la huella e información que dejan los usuarios podrá ser usada con diferentes fines como la publicidad, realizar análisis o compartir estadísticas con terceros **(figura 4.5)**. Algo tan obvio que ha provocado que muchos portales se tomen "a broma" el aviso **(figura 4.6)[119]**.

Figura 4.5. Mensaje de aceptación de Cookies.

PRISA y sus socios almacenan información no sensible en tu dispositivo, como cookies o identificadores únicos de tu dispositivo, y acceden a esta información para realizar tratamientos de datos, como medir y analizar las preferencias de nuestros usuarios, mostrar publicidad o contenidos personalizados a través del análisis de tu navegación, para lo cual es necesario compartir datos y perfiles no vinculados directamente a tu identidad con anunciantes, operadores publicitarios y otros intermediarios. Para aceptar y dar tu consentimiento a todas las finalidades y funcionalidades indicadas, puedes continuar navegando. En caso contrario, puedes configurar o rechazar dichas finalidades clicando en el apartado de Configuración. Para obtener más información sobre el uso de cookies y tus derechos, o para cambiar en cualquier momento tus preferencias, accede a nuestra Política de Cookies. Ver nuestros socios

Fuente: Elpais.com

Pero la explotación de datos es habitual también en el mundo analógico. Los bancos, las empresas telefónicas, las grandes superficies o las energéticas conocen más nuestras pautas de comportamiento y consumo que incluso Google o Facebook. Estas

---

levantadas en poco tiempo. Acceso: jstor.org/stable/24431934?seq=1

118. "El derecho al olvido puede borrar (también) la Historia". El Diario, noticia publicada el 12 de octubre de 2019. eldiario.es/hojaderouter/internet/derecho-olvido-Google-historia-milagros_del_corral_0_302369795.html

119. Algo que están usando algunas webs para colarnos anuncios y alertas. E incluso, podría ser usado por webs maliciosas para confundir a los usuarios para habilitar la descarga de un software con virus, o facilitar el control de información crítica de los sistemas.

empresas de toda la vida han utilizado la información que generamos como usuarios e incluso la han vendido a terceros o usado para múltiples objetivos sin que durante décadas haya saltado ninguna alarma.

¿Por qué no existe el mismo debate respecto a la explotación de datos más allá del entorno digital? ¿Por qué un usuario no puede oponerse a que un banco utilice el balance contable, o una compañía energética nuestro consumo medio, para ofrecernos servicios?

Figura 4.6. Mensajes 'alternativos' de aceptación de cookies.

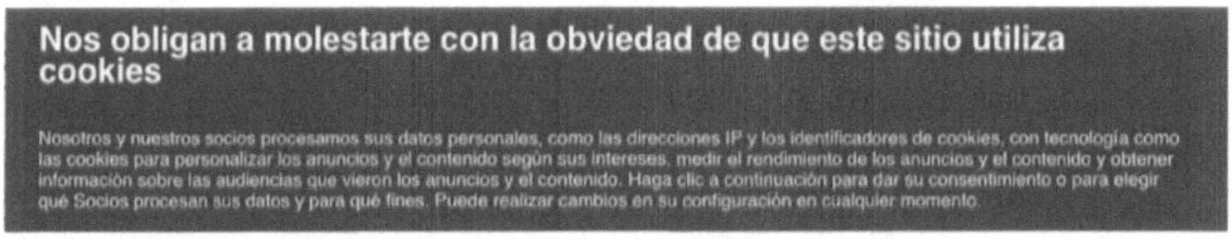

Fuente: meneame.net

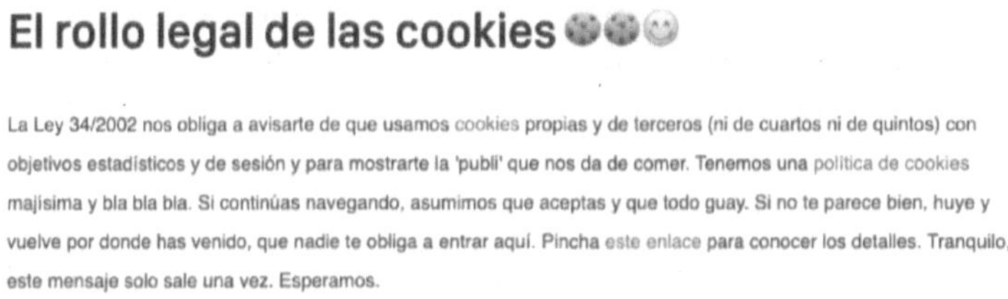

Fuente: Yorokobu.es

Fuente: thedailymash.co.uk

Más tecnología, más educación

Sería absurdo dudar de la necesidad de leyes y normativas que nos protejan de empresas que vulneren intencionadamente nuestros derechos o roben nuestra información. ¡Que se impongan las sanciones tan altas como se desee! Milmillonarias si es necesario. Pero no permitamos un doble rasero según la actividad ocurra en el mundo digital o en el analógico.

En la sobredimensión de la privacidad surgen interesantes paradojas jurídicas que podrían darse en caso de una lectura estricta de las normativas. Por ejemplo ¿puede un ciudadano con deficiencia visual ser grabado por un circuito cerrado de cámaras si el cartel de aviso no está en *braille*? ¿Puede usarse como prueba de un delito? ¿No es un menoscabo del derecho a la privacidad de miles de personas que son grabadas sin su conocimiento?[120].

Si Europa quiere dar ejemplo al resto del mundo en el uso responsable del medio digital debería centrarse en la educación, no en la sanción. Formando a la ciudadanía sobre qué son las *cookies*, por qué son importantes para los negocios en internet y qué implicaciones reales tienen para su privacidad. Enseñando cómo proteger las cuentas personales y los riesgos de tener perfiles públicos en Instagram o Facebook. Enfatizando en los criterios a seguir a la hora de confiar en un comercio de venta en línea.

Europa también podría ser un modelo a seguir si aumenta el uso de tecnologías como la IA, el reconocimiento facial o Blockchain para luchar contra el *spam* e incluso garantizar la seguridad de los usuarios en redes sociales. Estas medidas son mucho más eficientes que normativas que cualquier *hacker* puede saltarse. Todo lo demás debe quedar en manos de una justicia que persiga y castigue severamente a quienes se aprovechan de los usuarios, pero que no penalice a los emprendedores digitales con cambios continuos de reglamentos.

---

120. Ejemplo utilizado por el experto en derecho Ricard Martinez.

4. LA TENTACIÓN DE LA REGULACIÓN. EL CASO DE ESPAÑA

La regulación que aplica Europa en el marco de la economía digital no es fruto de la casualidad. Se debe en gran medida a la existencia de un tejido productivo demasiado tradicional, que trabaja a marchas forzadas en adaptarse a los cambios y retrasando un salto que debería ser inmediato, mientras las grandes disrupciones se crean en otras regiones del planeta.

En la UE existen posturas variopintas incluso dentro de este marco común. Y desde nuestra perspectiva, España podría ser considerada como la campeona de la 'regulación digital'. Desde un punto de vista jurídico, cuenta con un gran número de expertos que han profundizado como en ningún otro país en la privacidad.

Seguramente tiene mucho que ver que España posee letrados extraordinariamente brillantes, cotizados a nivel mundial. Se trata de un colectivo que crea opinión y marca tendencias políticas y sociales. Su peso profesional es además muy importante en nuestro país: un abogado por cada 284 habitantes según el Censo del Consejo General de la Abogacía. Solo en Madrid trabajan el doble de abogados que en toda Francia[121].

La excelencia y criterio profesional del colectivo, especialmente de quienes lideran las grandes corporaciones jurídicas, la abogacía general del estado y el poder judicial en nuestro país, despierta nuestra más profunda admiración, y su opinión y criterio se dejan sentir en la mayor parte de los estamentos y grandes empresas del mundo, ocupando destacados puestos en empresas como Facebook, Apple o Google, especialmente en materia de protección de datos. Hoy por hoy constituyen el lobby más importante en España.

En nuestros frecuentes debates con expertos juristas y abogados sobre el tema, muchos -no todos- se entusiasman notablemente por

---

121. periodistadigital.com/ciencia/educacion/20131204/madrid-hay-doble-abogados-francia-noticia-689400013653

el liderazgo de Europa y España en materia de regulación digital. "¡Incluso la UE está sirviendo de modelo a Japón!" -se argumenta proclamando el citado *Efecto Bruselas*. Además, dicen acertadamente algunos de nuestros colegas, la iniciativa normativa está generando "nuevos empleos" (abogados, asesores, técnicos que adaptan los cambios a las normativas, etcétera).

Inteligentemente los abogados han prestado en la última década más atención a la economía y a la sociedad digital que los propios economistas. Internet ha sido un campo muy atractivo desde su origen en el ámbito del derecho, y recientemente otras tecnologías como Blockchain, la impresión 3D, la robótica o la IA se han convertido en un tema de estudio y opinión muy recurrente. Pero en este debate se ha minimizado el peligro que supone para el sector privado que una regulación tan pionera sea ineficiente.

Existe una evidente falta de comunicación entre los juristas y especialistas en otras ramas del conocimiento (economistas, filósofos, expertos en computación...), puesta de manifiesto en la última publicación de la Agencia Española de Protección de Datos (AEPD). En esta guía para adaptar los productos y servicios que utilicen IA[122] no se ha tenido en cuenta a ningún investigador relevante que pudiera tener una voz crítica para dar lugar al debate.

Los legisladores, lejos de contrastar posturas de diferentes sectores, actúan con autosuficiencia y dogmatismo, ignorando la voz de muchos de los agentes implicados. Incluso juristas como Manuel Desantes, catedrático de Derecho Internacional Privado y exvicepresidente de la Oficina Europea de Patentes en Múnich alerta de que "si el sistema continental no espabila, Europa será el parque jurásico del Derecho"[123]. Es decir: o el Derecho, y especialmente los legisladores, comprenden la naturaleza de lo digital y la ajustan a sus principios generales, o moriremos de "éxito" jurídico, cargados de normas, pero sin empresas ni empleo.

Si el documento referido de la AEPD, o cualquier otro reglamento como la Ley Orgánica de Protección de Datos (LOPD)

---

122. fundacionareces.es/fundacionareces/es/cargarAplicacionMediateca.do?identificador=6040

123. fundacionareces.es/fundacionareces/es/comunicacion/noticias/manuel-desantes-estamos-en-los-albores-de-la-quinta-revolucion-industrial.html

hubiera tenido en cuenta el coste de oportunidad que representan las posiciones excesivamente garantistas, seguramente serían muy distintos. Aunque en esto debemos compartir culpa los economistas, que quizás no hemos sabido hacer valer nuestra voz cuando más falta hacía.

4.1. Esto viene de lejos: la regulación española de los dominios de Internet '.es'

Una de las primeras cuestiones objeto de regulación digital en España fueron los dominios de Internet "punto es", que como cualquier otro de carácter nacional (.de, uk., .it, etcétera, denominados *country code top-level* domain, o ccTLD) son estandarizados técnicamente desde la *Internet Corporation for Assigned Names and Numbers* (ICANN) -anteriormente por la *Internet Assigned Numbers Authority* (IANA).

A pesar de tratarse de un mismo protocolo, cada país establece sus procedimientos de registro y acreditación de registradores, y ahí es donde nacen las diferencias. En los años 90 y principios de los 2000, todos los países agilizaron la adquisición de este tipo de dominios de nivel superior que podían hacerse de forma online y en cuestión de minutos. Solo España y Bolivia mantuvieron desde el principio la farragosa regulación analógica para su contratación, que incluso exigía acreditar documentos en papel según qué dominio.

¿La intención de estas medidas? "Preservar cuestiones de propiedad intelectual y derechos de marca", e incluso, dotar de confianza a un público que no conocía muy bien entonces qué era internet, poniendo la venda antes que la herida. Los resultados fueron nefastos. Era impensable que España, un país moderno y miembro destacado de la UE, tuviera dicha tarjeta de presentación en el marco digital. Un desconocimiento absoluto desde la Administración que quedó patente cuando se puso fin a este sinsentido en 2005: en solo un mes con el sistema liberado se registraron más dominios que durante los tres años y medio anteriores.

4.2. La regulación de los drones en España

Una década más tarde, fueron los drones los que sufrieron una normativa poco acertada. Mediante la Ley 18/2014 de 15 de octubre (artículos 50 y 51), se obligaba a los usuarios de drones a superar una serie de evaluaciones y exámenes para su uso a nivel profesional.

Paco Nadal, periodista del diario El País, los describió como "un farragoso examen teórico lleno de materias que no te ayudarán en nada a pilotar mejor un dron, otro examen práctico que sirve para bien poco aparte de para que te saquen unos cientos de euros por ello, y a obtener un certificado médico de tipo LAPL pensado para pilotos de aviones ligeros aunque en realidad vayas a manejar un cacharro de plástico que pesa 750 gramos"[124].

Los autores de este libro nos preguntamos si no hubiera sido más coherente decretar de *facto* y con claridad la prohibición de los drones en España, y no liarse en cuestiones administrativas tan complejas. No discutimos la necesidad de preservar la privacidad y el respeto a la intimidad de las personas, además de no volar en espacios aéreos protegidos (aeropuertos, bases militares, etcétera). Pero es obligatorio encontrar un equilibrio que permita la experimentación con aparatos que están teniendo usos de incalculable valor en el control de la caza furtiva en África, el envío de medicinas tras desastres naturales, la búsqueda de personas desaparecidas, el control de plagas, el análisis de polución, la lucha contra el narcotráfico, la gestión del tráfico, o la detección de incendios.

Aun así, la tecnología española de drones una vez suavizada la normativa ha demostrado su valía, rompiendo moldes internacionales[125]. ¿Acaso no hubiera sido más inteligente facilitar su empleo y experimentación desde el principio?

4.3. La renovación del canon digital

Otro ejemplo polémico en la regulación digital en España es el "sistema de compensación por copia privada" aprobado en 2017. La historia de este canon empieza allá por 2006, cuando se establece que, como es imposible saber quién copia o descarga contenido digital de manera ilegal (películas, música, libros, etcétera), todos los

---

124. elpais.com/elpais/2017/03/09/paco_nadal/1489060374317707.html

125. Dron español inspirado en los vehículos híbridos rompe todos los récords de tiempo de vuelo. https://www.xataka.com/drones/hybrix-2-1-dron-espanol-hibrido-muy-especial-capaz-volar-durante-2-horas-cargar-10-kg-peso

usuarios deben compensar de forma indiscriminada a autores, artistas, productores y editores.

Por Real Decreto se estableció el "canon por copia privada" o "canon digital" en España. Cuando alguien compraba cualquier aparato que pudiera almacenar o grabar archivos digitales (como una grabadora de CDs o un *smartphone*) pagaba una tasa extra de hasta 6 euros por la posibilidad de su uso con fines delictivos[126].

Una especie de *Minority Report*[127] masivo, con Tom Cruise en modo multitarea asumiendo que todos somos culpables antes de que ocurra el delito. El canon digital aplicado al mundo analógico supondría, por ejemplo, que cualquier ciudadano debe abonar a la Dirección General de Tráfico una multa por exceso de velocidad en el mismo en el que compras un vehículo[128].

Ante la controversia suscitada, el canon fue derogado por el Tribunal Supremo en 2010, y posteriormente en 2016 el alto tribunal volvió a anular la nueva normativa que trasladaba la compensación de las pérdidas derivadas de la piratería con cargo a los presupuestos generales del Estado (en la práctica era lo mismo: el contribuyente pagaba por un delito que no tenía por qué cometer). En una nueva y sorprendente vuelta de tuerca en 2017 el Gobierno español aprobó un nuevo Real Decreto Ley por el cual esta vez serían los fabricantes y distribuidores los que paguen el canon y que, por supuesto, (que nadie lo dude) volverá a recaer en los usuarios con una subida de los precios finales de sus productos.

Paradójicamente todas estas iniciativas, sus idas y venidas y las sanciones asociadas han tenido un impacto minúsculo contra la piratería en comparación con la aparición de modelos de negocio como Spotify y Netflix. De hecho cabe preguntarse cuántos usuarios se vieron condicionados realmente por el canon digital, y cuántos han dejado de descargar películas y canciones gracias al acceso casi ilimitado de contenido audiovisual que ofrecen este tipo de plataformas.

---

126. Alemania, Francia, Holanda, Italia, Suiza, Finlandia, Portugal, Bélgica o incluso Canadá entre otros también han establecido cánones similares.

127. "Minority Report" (2002). Dirigida por Steven Spielberg.

128. En España los vehículos pagan una tasa local de circulación basada en la cilindrada del motor, y no exclusivamente en su potencia o velocidad..

4.4. Tasa Google

El caso más reciente de todos es la aprobación de la conocida popularmente como *Tasa Google*, que bien podría denominarse "Tasa de la impotencia digital". Basándose en un planteamiento de la Comisión Europea para gravar los ingresos de las multinacionales de la economía digital, el Gobierno de España presentó de forma pionera un anteproyecto de ley en octubre de 2018 bajo el nombre de Impuesto sobre Determinados Servicios Digitales, que afectaría a empresas con una cifra de negocio por encima de los 750 millones de euros a nivel mundial y por encima de tres millones de euros en España.

El impuesto, aprobado de forma definitiva en febrero de 2020, repercute especialmente a empresas tecnológicas norteamericanas y asiáticas, y ya ha tenido como resultado una respuesta proteccionista de la Administración norteamericana a productos de países europeos que apliquen dicha tasa. La división entre socios en Europa es manifiesta: Francia ha aplazado la aplicación del canon, y otros países como Irlanda, Dinamarca o Suecia se han mostrado contrarios a la implantación del impuesto.

Pero ¿puede España liderar una revolución fiscal contra las grandes tecnológicas cuando los países de su entorno no dan los pasos adecuados?

Algunas asociaciones de empresas digitales han visto en la aplicación unilateral del impuesto un foco de problemas que puede derivar en una pérdida competitiva de las empresas europeas. Las multas, impuestos, tasas y resto de regulaciones *antidigitales* no hacen sino retrasar el crecimiento tecnológico de nuestros sectores, y con ello limitar la competitividad de las economías europeas al tiempo que se perjudica a los usuarios con servicios más caros.

Sin duda con la Tasa Google se reconoce un problema a escala global como es la existencia de paraísos fiscales y las prácticas permitidas internacionalmente para ahorrar el pago de impuestos. Pero no son las tecnológicas las únicas que lo hacen. Según un reciente informe de la Agencia Tributaria española[129], de 134 empresas españolas con una cifra de negocios consolidada superior a los 750

---

129. *Informe País por País para multinacionales con matriz española*. Disponible en

millones de euros, 27 abonan menos de un 0,3% en impuestos y 16 por debajo de un 6%. Además, según el World Inquality Lab[130] el dinero sin declarar que los españoles poseen en paraísos fiscales supone un 15% del PIB nacional.

España y el conjunto de países de la UE deberían afrontar unidos este problema, y no camuflarlo como un conflicto de intereses entre gigantes digitales y los países. Aunque resultará complicado. El dopaje financiero es una práctica habitual en el corazón de Europa: Holanda, Bélgica, Irlanda, Gibraltar / Reino Unido y muy especialmente Luxemburgo han sido investigados por la Comisión Europea por ventajas fiscales a empresas como McDonalds, Starbucks, Apple o Fiat, entre otras decenas.

Sin pretender justificar unas prácticas que detraen miles de millones de euros a las arcas de los estados, es incomprensible que se admitan este tipo de anacronismos. La economía digital está pagando los platos rotos de la pérdida de competitividad de los sectores tradicionales europeos y de las actuaciones abusivas de las grandes compañías.

Ya decía Tirole que "debemos insistir en la igualdad de condiciones y no imponer diferentes regulaciones a los distintos competidores sobre la base de una clasificación arbitraria y regulaciones específicas"[131]. Exteriorizar la frustración europea a través de una "revolución fiscal" en la economía digital, tributando sobre ingresos y castigando al sector de futuro que más competitividad y riqueza puede generar debería ser considerada una torpe estrategia.

www.agenciatributaria.es

130. Alvaredo, F., Chancel, L., Piketty, T., Saez, E., & Zucman, G. (Eds.). (2018). *World inequality report 2018*. Belknap Press.

131. Ver: qz.com/1310266/nobel-winning-economist-jean-tirole-on-how-to-regulate-tech-monopolies/

5. LA ESPIRAL REGULACIONISTA

5.1. Necesitamos una regulación digital eficiente

Los autores de este libro defendemos el impulso digital y tecnológico como una parte esencial del desarrollo de una economía competitiva y de futuro, sin la cual se pondría en cuestión la viabilidad del estado del bienestar y la consecución de otros muchos logros sociales. Pero esta postura no va en contra de la regulación. De hecho, esperamos que en ningún momento el lector saque como conclusión que mantenemos una posición anti-regulatoria. Lo diremos muy claro: rotundamente no.

El mundo digital es acreedor de regulaciones eficientes e inteligentes, de juristas que conozcan sus mecanismos, de facultades que impartan materias para que los futuros legisladores entiendan el medio en el que se desarrolla la actividad empresarial, de asesores que puedan tender puentes entre el derecho a la privacidad y la explotación de los datos.

¿Pero avanzamos en esa dirección? ¿Está Europa garantizando una nueva generación de profesionales del derecho capaces de comprender el desafío al que nos enfrentamos como sociedad en la era de la IA? Si no es así, tengan por seguro que el potencial alcance de las nuevas tecnologías disruptivas quedará severamente restringido.

Con todo lo expuesto los autores únicamente queremos subrayar los riesgos y costes de una regulación digital ineficiente que no resuelve los fines que la motivan, que además perjudican la concurrencia de las *startups* digitales en igualdad de condiciones entre países en un mundo global donde la tecnología se ha convertido en el elemento diferencial clave. Una regulación que parece estar más por la labor de proteger a los sectores analógicos afectados por la competencia digital que por ocuparse del desarrollo de nuestras economías, con dobles raseros o cargas burocráticas desfasadas o excesivas.

Existe una multitud de herramientas y fórmulas para salvaguardar el anonimato de una muestra poblacional. El obstáculo está en entender el derecho de una forma restrictiva y sobredimensionada que genera costes para las empresas y las hace económicamente responsables del ataque de *hackers* y *malware*. Y mientras, los informes y denuncias se acumulan en las agencias nacionales de protección de datos ante el último cambio de normativa sin que haya personal suficiente para atender todas las demandas.

5.2. La espiral regulacionista y la debilidad del sector digital europeo

Volvamos por última vez al "derecho al olvido". Lo que muchos juristas consideran como "creatividad" reguladora, debiera considerarse como un menoscabo del derecho a la libertad de expresión e información, que nunca se habría permitido en caso de haber afectado a la prensa tradicional. Hubieran corrido ríos de tinta en toda Europa hasta que la normativa quedara desechada.

Pero en este caso la prueba de carga recae sobre el mundo digital, y sus empresas europeas no tienen fuerza ni repercusión como para imponer su criterio[132].

Debemos ser conscientes de que, si no actuamos, se aproxima una espiral *regulacionista* asentadas sobre bases muy poco sólidas en lo que a internet y el mundo digital se refiere, con una visión sensacionalista o ausente de entendimiento desde muchos medios. Como si eso de la *inteligencia artificial* fuera ya poco menos que una amenaza ineludible para nuestra especie. Cayendo en otros errores como entender que los "cacharros inteligentes" son por definición un ataque a nuestra privacidad. ¡Cuidado con Alexa! ¡Que nos espía!

¿Por qué cuesta tanto entender estas oportunidades desde una perspectiva positiva? Que Alexa o Google Home nos escuche puede salvarnos la vida gracias a las aplicaciones para detectar apneas de sueño. Que un reloj parametrice nuestro pulso puede prevenirnos de un ataque al corazón. O que los sistemas de reconocimiento facial pueden avisar sobre nuestro estado de atención al volante.

---

132. El caso contrario ocurrió en Estados Unidos con la ya mencionada Ley SOPA, donde la fuerza y empuje de sus tecnológicas sí pudo detener su aprobación.

5.3. La demonización de las redes sociales

Más preocupante es la actitud con respecto a la influencia "nefasta" de las redes sociales, especialmente en los procesos electorales. Situaciones controvertidas como el Brexit, el juego sucio en la campaña de Donald Trump, o la aplicación *Tsunami Democràtic* del independentismo catalán han dado alas a muchos políticos y editorialistas, que aprovechando la coyuntura han desplegado un ataque frontal especialmente sobre Facebook, advirtiendo del papel de estas redes para potenciar actos de crímenes contra la humanidad[133].

¡Las redes sociales por descontado que influyen en la sociedad! Pero una parte del rechazo digital reside en cómo restan poder de influencia a los medios tradicionales. Esto se vio claramente con la victoria de Donald Trump, y en el posterior análisis centrado casi en exclusiva en la estrategia de desinformación[134] o la gestión de anuncios[135] en las redes sociales.

La "guerra al *like*" podría entenderse como una forma de prevenir el odio generado en Twitter, las *fake news*, la radicalización… ¿Pero acaso las redes sociales no son una continuación de nosotros mismos? ¿No son los partidos políticos los que alientan el desencuentro entre ciudadanos? ¿No estamos siendo en cierta parte manipulados cuando nos guiamos por la línea editorial de periódicos o radios? Solo hay que ir a las hemerotecas y analizar históricamente algunos titulares para darnos cuenta de cómo la cifra de desempleo o deuda pública es considerada buena o mala según la línea editorial del medio y el partido en el Gobierno. O la ligereza con la que se abordan las tramas de corrupción.

¿Quiere decir esto que no debemos actuar ante las noticias falsas vertidas en campañas electorales, prevenir la intromisión de países

---

133. elpais.com/internacional/2018/04/12/actualidad/1523553344_423934.html

134. theatlantic.com/magazine/archive/2020/03/the-2020-disinformation-war/605530/

135. El equipo de Hilary Clinton suscribió 66 mil anuncios en Facebook por unos 28 millones de dólares. El de los republicanos, dirigido por Brad Parscale, alcanzó los 5,9 millones de anuncios optimizados con 44 millones de dólares: noventa veces más de impresiones con solo el doble de inversión. Ver: bloomberg.com/news/articles/2018-04-03/trump-s-campaign-said-it-was-better-at-facebook-facebook-agrees?sref=mezxKzsV

como Rusia, o el uso fraudulento de datos[136]? Por supuesto que no. Estas actuaciones deben ser penadas con rotundidad. Las prácticas que predisponen a la sociedad a actuar de una forma concreta adulteran el entorno digital, y hasta la propia democracia, cuya base para poder elegir libremente es la libertad de una información veraz. Pero acusar a las redes sociales en masa de las prácticas ilegales que ocurren en ellas es como tratar de juzgar al fuego y no al pirómano cuando hay un incendio.

Es educación, no regulación.

La manipulación, digital o analógica, se lleva a cabo con alevosía ante la falta de conocimientos de una población, porque la debilidad de una democracia es proporcional a la falta de educación de sus ciudadanos.

Formemos digitalmente a la población y dejemos de esconder intereses espurios que se maquillan detrás de ciertas regulaciones. Aunque será imposible prevenir todos los casos, una población educada será menos vulnerable a las *fake news* y a los algoritmos que hacen mensajes a medida, y aprenderá a moverse por el ámbito digital ejerciendo sus derechos en la dirección que considere oportuna.

No es regulación, es educación. Los paternalismos regulatorios nunca se han llevado bien con el derecho a la libertad.

---

136. elpais.com/internacional/2018/02/24/estados_unidos/1519484655_450950.html

6. PROPONIENDO UNA TASA EUROPEA PARA GARANTIZAR LA LIBERTAD DE PRENSA

Ante los desvelos normativos de Europa, con normas, sanciones y tasas inducidas por motivos recaudatorios y un proteccionismo encubierto, los autores queremos argumentar otras formas de defensa de nuestros sectores clave, y en especial el de la prensa. En los últimos años han saltado señales de alarma que podrían poner en entredicho la libertad de los medios de comunicación, y que nos debemos tomar muy en serio. Casi todos los grupos editoriales, desde grandes cabeceras internacionales (*The New York Times, The Washington Post, The Guardian…*) hasta periódicos locales sufren una situación financiera crítica o problemas muy difíciles de superar. La prensa ha sido objeto de una de las mayores disrupciones, que podemos resumir en:

a) La entidad de la recesión de ventas en formato papel. El modelo de negocio de la prensa generaba sólidos ingresos con la propia venta del diario y la publicidad. Este modelo entra en crisis en parte por la gratuidad de los medios en Internet, con infinidad de formatos. Desde el *microblogging* de Twitter, los videoblogs de Youtube o iniciativas como *The Huffington Post*[137].

b) La disrupción de la nueva publicidad digital y su impacto en el modelo de negocio. Internet, en toda su extensión, se convierte en una gran plataforma para una publicidad absolutamente disruptiva por las métricas para medir su efectividad y coste. En esta revolución la prensa tradicional apenas es capaz de acaparar un ínfimo porcentaje tanto del tráfico global de la red como de estos ingresos publicitarios.

Ambos impactos -merma de ventas **(figura 4.7)** y de publicidad **(figura 4.8)**- se ha intentado paliar con un continuo cambio de

---

137. Citamos este medio en particular para recordar la disrupción que supuso hace años que su fundadora Arianna Huffington hiciera un blog periodístico desde casa que llegó a superar en tráfico web a *The New York Times*.

modelo de negocio. Se han desarrollado quioscos virtuales, se ha potenciado la suscripción, y se inunda de tanto *content marketing* las páginas que incluso los lectores no llegan a apreciar con claridad dónde acaba la información y empieza la publicidad.

Figura 4.7. Venta de periódicos en EEUU (mill. de unidades)

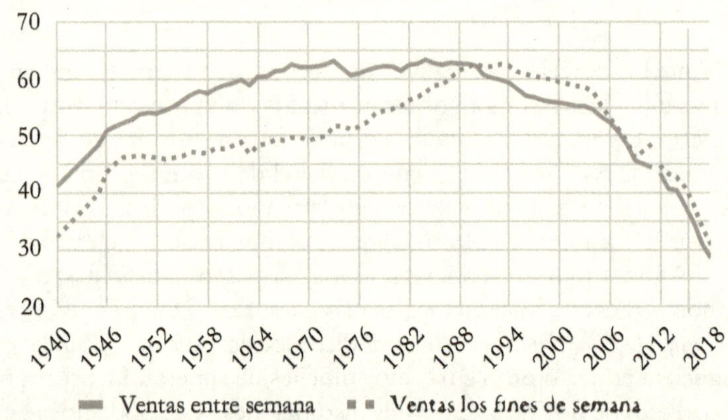

Fuente: Pew Research Center analysis of Alliance for Audited Media data

Figura 4.8. Ingresos publicitarios en la prensa española (mill. de €).

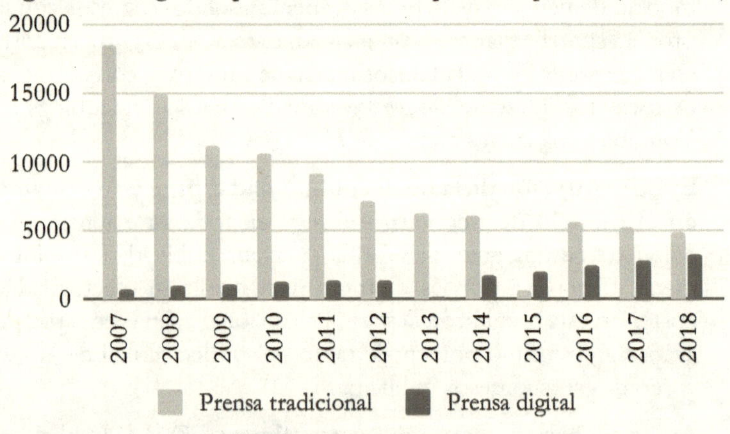

Fuente: Asociación Medios de Información

Aun así, los ingresos se derrumban, y en los últimos doce años todos los grupos han debido realizar drásticas reducciones de costes y plantilla. Los gobiernos a través de compras institucionales de espacio en los periódicos han acudido al rescate, pero finalmente los medios de referencia están siendo adquiridos por terceras empresas, como Amazon que se hizo con el control de *The Washington Post*, o por fondos internacionales y grandes empresas corporativas, perdiendo su accionariado visibilidad y transparencia.

La coyuntura no puede ser más inoportuna y peligrosa para las democracias, envueltas en cambios radicales de primer orden, de exaltación de ideologías ultra, de procesos políticos disgregadores, y la carencia de educación digital de la población frente a las *fake news*.

¿Cómo afrontar este problema vital para las democracias?

En los últimos años uno de los autores de este libro, como Eisenhower Fellow, ha tenido la oportunidad de contrastar con algunos profesionales y editores la difícil situación de la prensa en Europa y en particular en España. Con una crisis de ventas y de ingresos publicitarios que no parece tocar fondo[138], a corto y medio plazo es difícil vislumbrar una solución.

Los medios están concibiendo algunas esperanzas a través de la toma de concienciación de sus lectores más fieles, que pagan suscripciones. Algunos de reputación global como *Wall Street Journal*, *The New York Times* o *The Guardian* han presentado resultados prometedores en cuanto a la generación de ingresos[139]. Pero bajo nuestro punto de vista esta solución limita y empobrece el acceso a la información de calidad. La información de mayor calidad e interés queda oculta al gran público, y la desinformación es un pasto excelente para los medios que viven de las *fake news* y los intereses encubiertos.

Por otra parte, el modelo de pago es una vía lenta, si es que se alcanza un número suficiente de suscriptores como para permitir la

---

138. Agradecemos a Javier Cremades, presidente de los Eisenhower españoles la creación del premio periodístico que reconoce a editores y a los mejores profesionales de los medios.

139. The New York Times (NYT) lanzó el modelo de suscripción en marzo de 2011. El periódico ahora tiene más de cuatro millones de suscriptores digitales, y apunta a conseguir 10 millones para 2025. De 2017 a 2018, los ingresos de su suscripción digital aumentaron un 18% año tras año, hasta 401 millones de dólares según el último informe anual de NYT. Los ingresos por publicidad ya se dividen aproximadamente a la mitad entre sus plataformas digitales y la impresión en papel, según el último informe trimestral.

supervivencia del medio, condenando a la búsqueda de financiación externa, a veces con mecanismos opacos o partidistas, que pueden debilitar la calidad del periodismo.

En esta situación Europa sí podría liderar un modelo normativo que permitiera resolver el problema. Porque el derecho a la información veraz, sin limitaciones ni coacciones es vital para nuestras democracias, y no debemos tener reparos en defenderlo, cueste lo que cueste.

Los cánones digitales aplicados desde hace años en un buen número de países europeos han servido, según sus defensores, para garantizar la supervivencia de la industria cultural y la aparición de nuevos talentos en la música o el cine. Preservar la cultura de una región o país es extraordinariamente importante y, aunque puedan existir reticencias en las formas del canon, si este sirve para su cometido y se hace de una forma transparente bienvenido sea.

Nuestra propuesta, en esta misma línea, es que los países arbitren un impuesto que tenga la suficiente entidad recaudatoria para financiar la libertad de prensa en las mayores y mejores condiciones de solvencia, transparencia y compromiso constitucional. Este impuesto debería:

a) Ajustarse en su volumen recaudatorio a las necesidades financieras de los medios para asegurar su total solvencia y viabilidad sin recurrir a medios cuestionables. La norma debería prohibir cualquier fondo opaco e incluso la participación de partidos políticos. Debería establecerse un plazo de al menos 10 años que permitiera llevar a cabo una transición hacia un modelo digital sólido y sostenible en la prensa.

b) Las ayudas financieras deberían otorgarse en función de indicadores absolutamente objetivos que identifiquen las buenas prácticas periodísticas y la gestión eficiente, como el número de usuarios recurrentes, la sostenibilidad del medio, o el tráfico que genera el cuerpo de informaciones estrictamente relacionadas con la libertad de prensa y de opinión[140].

---

140. Evitar por ejemplo la generación de tráfico fácil, demagógico y populista. O agregar tráfico de secciones que aun siendo parte de los periódicos tradicionales quizás tengan poco que ver con la libertad de prensa. Desde las

Estas ayudas no deben ser incompatibles con la generación de ingresos mediante la fidelización, el respaldo y el compromiso de los lectores. De hecho, el objetivo final debe ser la transformación digital del sector, evitando convertirse en una industria subvencionada.

c) Para la materialización de esta propuesta se requeriría una elevada dotación de fondos, que deben ser repartidos entre el conjunto de sectores de la economía con una aportación mínima, o bien elevar tasas sobre prácticas perjudiciales como el consumo de tabaco o de azúcar, las apuestas deportivas, o las prácticas con elevado impacto ambiental. Sería una forma de corregir las deseconomías que generan.

Un impuesto de estas características debe servir ademas para alejarnos de la acusación sobre la economía digital como el gran mal de la prensa tradicional. Pretender que las empresas tecnológicas subsidien la débil situación financiera de la prensa, como ocurre con la Tasa Google, es absolutamente contraproducente para los sectores de futuro y las startups europeas.

Por supuesto lo esbozado aquí es solo una primera idea para debatir y madurar dada la situación poco saludable que podrían atravesar nuestras libertades y democracias sin prensa libre. Además, este modelo de financiación podría abrir otras vías para industrias y servicios críticos para cualquier país que se enfrentan a una acelerada disrupción y transición digital. Desde las universidades hasta la sanidad, pasando por cualquier sector vertebrador de las economías europeas.

---

notas de sociedad, los deportes o los crucigramas.

7. PRIVACIDAD Y CORONAVIRUS

«.. la civilización del siglo XIX es de índole tal que permite al hombre medio instalarse en un mundo sobrado, del cual solo percibe la superabundancia de medios, pero no las angustias. Se encuentra rodeado de instrumentos prodigiosos, de medicinas benéficas, de Estados previsores, de derechos cómodos. Ignora en cambio lo difícil que es inventar estas medicinas e instrumentos y asegurar para el futuro su producción, no advierte lo inestable que es la organización del Estado, y apenas si siente dentro de sí obligaciones. Este desequilibrio le falsifica, le vicia en su raíz de ser viviente, haciéndole perder contacto con la sustancia misma de la vida, que es absoluto peligro, radical problematismo. La forma más contradictoria de la vida humana que puede aparecer es el "señorito satisfecho"».

JOSÉ ORTEGA Y GASSET (1930): *La rebelión de las masas.*

A punto de cerrar la primera edición de este libro[141], durante el confinamiento generado por la COVID-19, se ha suscitado un intenso debate que resume muy bien el artículo de Cabrol, Baeza-Yates, González-Alarcón y Pombo (2020)[142]: *¿Es la privacidad de los datos el precio que debemos pagar para sobrevivir a una pandemia?*

Sorprendentemente en plena crisis del coronavirus con los contagios y muertes de los colectivos sociales más vulnerables, con una población mundial confinada en sus casas y privada de derechos fun damentales (sin libertad de movimientos, sin posibilidad de ejercer

---

141. Este apartado fue el último en redactarse de la primera edición de este libro, entre los días 19 y 20 de abril de 2020, en pleno confinamiento. Algunos de los argumentos pueden resultar limitados por la información disponible hasta ese momento, aunque se ha tratado de actualizar algunas informaciones en esta tercera edición.

142. Marcelo Cabrol (BID), Ricardo Baeza-Yates (Universidad del Nordeste), Natalia González Alarcón (BID) y Cristina Pombo (BID) (2020): publications.iadb.org/publications/spanish/document/Es_la_privacidad_de_los_datos_el_precio_que_debemos_pagar_para_sobrevivir_a_una_pandemia.pdf

su trabajo, con una sanidad mermada por la saturación de urgencias,…), y con peligro de generar una de los peores crisis económicas conocidas, se alzan apasionadas voces de políticos, periodistas, escritores y profesionales de diversas disciplinas que defienden la invulnerabilidad de la privacidad incluso a costa de buscar soluciones eficientes para combatir la pandemia.

La COVID-19 ha venido a demostrar que la idea de la privacidad como derecho fundamental e inviolable ha calado hondamente en la población europea. Sin embargo, las consecuencias que han acarreado en todo este tiempo para Europa suponen un evidente debilitamiento de su fundamentación, lógica y justificación, como veremos en el Capítulo 11.

Algunos países asiáticos como China, Corea del Sur o Taiwán han utilizado en mayor o menor medida la geolocalización de las personas para controlar la trazabilidad de movimientos y el control de contagios. Estos métodos, unidos a la capacidad de hacer tests y otras medidas, han permitido controlar la pandemia pese a enfrentarse a unos riesgos potencialmente mayores que en Europa (desconocimiento absoluto del virus, sistemas sanitarios menos avanzados, densidad poblacional…).

Por el contrario, en la Unión Europea se ha hecho un uso muy acotado de los recursos digitales. En Italia, Francia y España los impactos en número de muertes y coste económico y social han superado a China hace tiempo, pero el uso de una tecnología que puede acelerar la salida de la crisis ha quedado limitada por las restricciones legales del derecho de la privacidad. El impacto en las economías del viejo continente se prevé tan desolador que ya se proyectan escenarios de rescate económico y financiero, pero seguimos recelosos de "líneas rojas" por miedo a perder hipotéticas libertades.

Dado que este tema es de suma relevancia y afecta al hilo argumental de lo que hemos escrito hasta aquí, nos gustaría hacer las siguientes reflexiones antes de avanzar a las soluciones propuestas para prevenir el declive europeo en la era de la IA:

a) ¿Por qué hay una interpretación rígida de la regulación sobre la privacidad?

Hay que aceptar que existe un estado de opinión y una sensibilidad sobre la privacidad que hace que cualquier Gobierno europeo, incluso aunque pudiera plantear alguna fórmula interpretativa permisiva, termina por inhibirse en el uso de cualquier medio digital que atente contra la privacidad. Las agencias públicas y los especialistas del derecho han adoptado una excesiva rigidez en la interpretación de la regulación sobre privacidad, aunque sorprendentemente, por utilizar argumentación jurídica, incluso en derecho penal se establecen figuras como la del "estado de necesidad"[143], siendo causa de exención de la responsabilidad penal.

En los primeros días de la pandemia pudimos leer en medios de prestigio españoles artículos de opinión donde se aludía a la "degradación de la carta constitucional" por el uso de ciertas medidas tecnológicas. En concreto se apuntaba: "*La geolocalización de toda la población, dirigida a la identificación de la afectada por el virus, por ejemplo, o la reclusión obligada en último término, supondría una degradación alarmante de la calidad de nuestra Constitución*", motivando "*un rechazo instintivo a partir de una moderada sensibilidad constitucional*"[144].

Y en otra noticia pudimos leer que trescientos investigadores de todo el mundo "*alertan sobre el peligro de los sistemas que países como Alemania o Francia están desarrollando para rastrear posibles nuevos infectados por coronavirus. (…) Las soluciones que permiten reconstruir información invasiva sobre la población deben ser rechazadas sin ningún tipo de debate*"[145].

Lamentablemente esta postura es la que impera a la hora de tomar decisiones políticas, tratando de dibujar una línea que separe el modelo "intervencionista" asiático de la "Europa de las libertades", aunque ello suponga una crisis de históricas dimensiones y miles de muertes a nuestras espaldas.

---

143. El estado de necesidad se da cuando los intereses legítimos de un sujeto se encuentran en un estado de peligro, y solo pueden ser salvados mediante la lesión de los intereses legítimos de otra persona

144. La Constitución bajo el estado de alarma, Diario El País: elpais.com/elpais/2020/04/16/opinion/1587025782_733659.html

145. Cientos de investigadores alertan del peligro de espionaje de algunas 'apps' de rastreo.

El Confindencial: elconfidencial.com/tecnologia/2020-04-20/apps-rastreo-contactos-pepp-pt-dp3t-nkt-protocol-ios-android_2556627/

b) ¿Quién está gestionando y protegiendo nuestros datos sensibles y personales? ¿Defenderán mi derecho "constitucional"?

Los grupos de opinión que defienden la privacidad como un derecho irrevocable e inviolable han cuestionado el posible empleo partidista de nuestros datos si estos acaban en manos de los gobiernos, o incluso que puedan ser empleados una vez terminada la pandemia. A pesar de la existencia de un Parlamento Europeo, Congresos nacionales y un poder judicial de solvencia en cada país de la UE.

En algún medio se escuchó durante los días de confinamiento que los ciudadanos europeos de buena fe temen nuevos totalitarismos, dada nuestra reciente historia marcada por las dictaduras, por el fascismo o el despotismo soviético. Pero curiosamente, nos estamos encontrando "actitudes *yihadistas*" en defensa de la privacidad, que bien por tecnofobia, bien por intereses espurios, están provocando un efecto contrario al interés que pretenden suscitar con sus debates, y devalúan la defensa de valores que nos definen como europeos.

De hecho, apenas preocupa que sean empresas privadas con ánimo de lucro, que hacen negocio de la explotación de datos, las que tengan acceso a esta información. Pero solo como ejercicio intelectual, háganse las siguientes preguntas: ¿cómo puede permitirse a empresas privadas que sean las únicas responsables de proteger un derecho de "sensibilidad constitucional"? ¿Por qué no se duda de los intereses existentes entre estas compañías y las Administraciones, que regulan su actividad, fijan sus precios y hasta conceden cuantiosas licitaciones? ¿Qué garantía tenemos como ciudadanos de que nuestras compañías están a la altura de los ciberataques que pudieran violar nuestro derecho constitucional?

Es cierto que existe una regulación que sanciona fuertemente a quienes incumplen (incluso de forma involuntaria o son víctimas de ciberataques) con su obligación de salvaguardar los datos. Pero la existencia de sanciones no quiere decir que no exista vulnerabilidad, y ni siquiera los propios jefes de Estado tienen garantizada su privacidad, por mucha Constitución que la guarde. Recordemos como

EE.UU., un país "aliado", pinchó los teléfonos de 35 líderes mundiales tal y como desveló The Guardian[146]. Y no fue un hecho puntual: el gobierno alemán sospechó que el móvil de su presidenta Angela Merkel fue espiado desde 1999 hasta finales de 2013. Y como a ella otros 200 altos cargos europeos[147].

Asumamos que ni la red móvil ni los protocolos de internet se han diseñado para preservar el anonimato o la privacidad. Formular un derecho que se vulnera por la propia naturaleza y esencia de la tecnología y las reglas que la definen constituye poco menos que un brindis al sol.

Si de verdad los ciudadanos quisiéramos preservar nuestra privacidad por encima de todas las cosas. Si valoráramos tanto este derecho que no quisiéramos asumir ningún riesgo. Si la sociedad lo entendiera verdaderamente como algo inviolable e irrenunciable, todos hubiéramos prescindido desde hace tiempo de nuestros relojes inteligentes, de nuestros navegadores del coche, de nuestros terminales móviles… ¿Y cuántos lo hemos hecho?

La economía digital y una interpretación absoluta, dogmática y radical de la privacidad están muy reñidas[148].

c) Europa recoge la siembra de su cosecha.

Mientras nuestros mayores morían en hospitales y gestábamos una crisis económica casi sin precedentes, muchos especialistas se centraban en debates y preguntas del tipo: ¿pueden ser lo datos individuales un bien público? ¿Tienen los ciudadanos el derecho a decidir libremente si son controlados sus movimientos?

A la hora de cerrar la primera edición de este libro estuvimos expectantes del desenlace de toda la situación provocada por la

---

146. theguardian.com/us-news/2015/jul/08/nsa-tapped-german-chancellery-decades-wikileaks-claims-merkel

147. elperiodico.com/es/internacional/20131024/eeuu-pincho-los-telefonos-de-35-lideres-mundiales-2780858

148. ¿Hay tecnologías que permiten preservar la privacidad o la seguridad? Sí. Una es la red de comunicaciones TOR (The Onion Router), que aparte de usos legítimos se utiliza para acceder a la *dark web*. La otra alternativa es la tecnología Blockchain cuyo exponente más conocido es *bitcoin*. Ya hemos mencionado que muchos de los desvelos europeos se hubieran visto coronados con éxito si se hubiera prestado atención a esta tecnología

COVID-19, que nos tuvo confinados varios meses. Pero ya podemos afirmar que la Europa de las grandes leyes y del letargo digital reaccionó tarde y mal.

Cuando lea usted esto seguro que cuenta con más elementos de juicio. Pero es evidente que pese a disponer de servicios sanitarios más desarrollados y la ventaja de la experiencia previa asiática, el número de contagios y muertes en Italia, Francia, Reino Unido y España han superado con creces a China, un país cuyo estado de bienestar está lejos del europeo[149].

En estas diferencias la privacidad fue un elemento clave. Europa, como Asia, contaba con tecnología adecuada, con iniciativas como la alianza de Google y Apple para usar sus sistemas operativos a modo de rastreador de contagios[150], o las muchas *apps* propuestas por empresas tecnológicas europeas a sus gobiernos.[151] Sin embargo las soluciones tecnológicas europeas debían plegarse a las restricciones ya comentadas, dando lugar a sistemas absolutamente ineficientes.

Un buen ejemplo lo tenemos en la propuesta del "Consorcio de Rastreo Paneuropeo de Proximidad para Preservar la Privacidad" (PEPP-PT)[152], compuesto por siete países europeos, cuyo objetivo es impulsar una solución de rastreo digital contra la COVID-19 que cumpla con la normativa de protección de datos. Esto quiere decir que la aplicación debe cumplir un protocolo similar al siguiente:

---

149. Cuando escribimos estas líneas, antes de considerar cualquier enseñanza tecnológica asiática, estamos asistiendo a un despliegue mediático y gubernamental que acusa desde la falsedad de los datos al origen maquiavélico en un laboratorio chino del propio virus. El tiempo y la historia dirán.

150. apple.com/es/newsroom/2020/04/apple-and-google-partner-on-covid-19-contact-tracing-technology/

151. Se han hecho excelentes propuestas de un enorme valor, competitivas a nivel mundial, que además conocemos a fondo. Andrés Torrubia, Aurelia Bustos, Antonio Parraga y Elad Rodríguez desarrollaron con una diligencia enorme «Open Coronavirus» que ofrece una solución digital de monitorización, diagnóstico y contención de los contagios con código abierto.

152. esmartcity.es/2020/04/17/espana-suma-iniciativa-paneuropea-pepp-pt-impulsar-solucion-digital-rastreo-contra-covid-19

Ahora piense: con tantas restricciones de moderación y la obligada voluntariedad de los ciudadanos para preservar la privacidad, ¿tendrá algún efecto esta medida? China y Corea del Sur nos han mostrado la potencia real de la tecnología para actuar contra pandemias. Podemos rastrear el movimiento de personas infectadas, saber quienes estuvieron cerca y si son potenciales contagiados, alertar a sus contactos, dar soporte tele-asistido a quienes están enfermos y no pueden salir de casa, publicar mapas de zonas con mayor riesgo, o simplemente hacer cumplir las medidas para contener el contagio.

Europa lo fía todo a un acto de extrema generosidad sin precedentes. Ha renunciado al factor tecnológico por abrazar un "modelo *light*" a todas luces insuficiente. Pero podemos estar tranquilos: nuestra privacidad la guardan nuestros operadores y nunca se lo entregarán a nuestros Gobiernos, porque la ley que hacen nuestros propios Gobiernos así lo impide. Sin duda hemos llegado a un estado intelectualmente surrealista, contradictorio y kafkiano.

Cerrando el círculo

Todos estos debates, esta permisividad o ataque en función de quien guarde nuestros datos, la idea de la vuelta a los totalitarismos, o dibujar a las sociedades asiáticas como poco menos que rehenes de sus Gobiernos, no hace sino alejar el foco de otra de esas verdades incómodas: la existencia de un proteccionismo encubierto fruto de nuestra impotencia digital.

Mediáticamente se presta más atención a las críticas a la privacidad porque sirve para atizar a los gigantes tecnológicos, que a cerrar un debate incoherente. Mantener una postura de defensa tan exagerada de la privacidad no parece razonable cuando nos jugamos miles de vidas humanas y cientos de miles de puestos de trabajo.

¿Será necesario recordar que el derecho a la intimidad es objeto de cotilleo y "comercio" en programas de TV? ¿Confiamos ciegamente en nuestros operadores y no en nuestros gobiernos para controlar temporalmente la trazabilidad de una infección? ¿Acaso hemos convertido a *Netflix* y su ficción *Black Mirror* en nuestra inspiración y referente de futuro para preservar la privacidad? Sin duda, padecemos un falso empoderamiento intelectual dogmático fatuo y vacío, pleno de *tuits* ocurrentes que nos aproximan a la caricatura del "señorito satisfecho" de Ortega y Gasset.

Mientras tanto, observamos cómo semana tras semana de confinamiento el declive europeo que da título al libro se hacía realidad, y nos preguntamos: ¿cómo será la sociedad europea a diez años vista? ¿Qué quedará de nuestra UE? ¿Y cómo resurgirán sus países de una de las mayores convulsiones económicas y sociales de nuestro tiempo? ¿Deberíamos haber hablado de privacidad o de supervivencia? ¿De restricciones o de soluciones? ¿Deberíamos haber puesto el foco en preservar unos supuestos "valores" europeos con los que parece que solo se identifican los políticos, o en corregir un declive anunciado de la economía y el bienestar de los ciudadanos?

Tabla Anexo Parte 1. Estadísticas macroeconómicas

	Pobl. (mills)	PIB nominal (2017) (miles de mills)	PIB pc (2017)	Deuda pública (%GDP) (2018)	Gasto Público (%PIB) (2018)
U. Europea	510,4	17.338,8	33.971 €	-	44,0%*
Eurozona	341,4	12.628,0	36.989 €	-	49,8%
R. Unido	66,02	2.637,8	39.956 €	87,00%	40,8%
Alemania	82,68	3.693,2	44.669 €	64,10%	43,9%
Francia	67,10	2.582,5	38.487 €	97,00%	56,0%
Italia	60,53	1.943,8	32.114 €	131,50%	48,6%
España	46,59	1.314,3	28.210 €	98,40%	41,3%
Grecia	10,75	203,1	18.892 €	181,90%	46,7%
Suecia	10,05	535,6	53.294 €	40,90%	49,9%
Estonia	1,31	26,6	20.314 €	8,80%	39,5%
EE.UU.	325,3	19.485,4	59.900 €	82,30%	34,8%**
China	1.339,4	12.237,7	9.137 €	47,80%	34,0%
Israel	8,712	353,2	40.559 €	61,00%	38,7%**
México	129,16	1.150,9	8.911 €	54,20%	25,7%
Corea del S.	51,46	1.530,7	29.746 €	39,80%	20,8%**
Japón	126,78	4.872,4	38.432 €	236,40%	37,4%**

* Cálculo realizado sobre 23 de los 28 países de la UE
** Datos referidos al año 2017 (último año disponible)

	Gasto en I+D (%PIB)	Esper. de vida (2017)	Tasa de paro (2017)	Población urbana (% total) (2017)	CO2 (k.toneladas/million de personas) (2014)	Energía renovable (% del consumo total) (2015)
U. Europea	1,96%	80,99	7,60%	75,45%	6,35	16,56%
Eurozona	2,10%	81,95	9,00%	76,77%	6,41	16,08%
Reino Unido	1,66%	81,15	4,30%	83,14%	6,35	8,71%
Alemania	3,02%	80,99	3,70%	77,26%	8,7	14,20%
Francia	2,19%	82,52	9,40%	80,18%	4,51	13,49%
Italia	1,35%	83,24	11,20%	70,14%	5,29	16,51%
España	1,21%	83,32	17,20%	80,08%	5,02	16,25%
Grecia	1,13%	81,38	21,50%	78,72%	6,26	17,17%
Suecia	3,33%	82,3	6,70%	87,15%	4,32	53,24%
Estonia	1,29%	77,64	5,80%	68,72%	14,9	27,47%
EE.UU.	2,79%	78,5	4,40%	82,06%	16,15	8,71%
China	2,13%	76,41	3,90%	57,96%	7,68	12,41%
Israel	4,55%	82,6	4,20%	92,34%	7,41	3,70%
México	0,50%	77,3	3,40%	79,87%	3,71	9,21%
Corea del Sur	4,55%	82,7	8,10%	81,50%	11,4	2,70%
Japón	3,20%	84,1	2,80%	91,53%	9,57	6,29%

PARTE II: POLÍTICAS Y PROPUESTAS DE ACTUACIÓN

CAPÍTULO 5: UNA FUERTE APUESTA POR LA IA EN EUROPA

«En nuestro negocio hablamos sobre tecnologías emergentes y cómo impactan a la sociedad. La IA es, con mucho, la tecnología más rápida que hemos experimentado en términos de impacto e inmediatez».

PAUL DAUGHERTY. CTO de Accenture y autor de "Human + Machine: Reimagining Work in the Age of AI".

«A la gente le preocupa que las computadoras se vuelvan demasiado inteligentes y se apoderen del mundo, pero el verdadero problema es que son demasiado estúpidas y ya se han apoderado del mundo».

PEDRO DOMINGOS, profesor en la Universidad de Washington.

Si a lo largo de la Parte I hemos abordado por qué Europa no es un líder digital y los motivos que nos han llevado a esta situación de retraso y dependencia tecnológica, en esta Parte II dedicada a las políticas y propuestas de actuación expondremos por qué la apuesta por la IA[153] es la única salida a los futuros problemas de bienestar, riqueza y empleo a los que se enfrenta el viejo continente. Pero no hay desarrollo posible en IA sin datos.

Europa es la región más garantista en protección de datos de todo el mundo según la Comisión Nacional de Informática y Libertades (CNIL), pero eso no quiere decir que sea algo positivo en la práctica para la sociedad, ni que esa protección sea eficiente para la ciudadanía europea. Los países que se encuentran en una situación de

---

153. Para aquellos lectores que deseen familiarizarse con la Inteligencia Artificial les aconsejamos el libro de Lasse Rouhiainen (2019) Artificial Intelligence: 101 Things You Must Know Today About Our Future. Hay versión de la obra de Lasse Rouhiainen en español y en inglés.
Disponible en: amazon.es/Artificial-Intelligence-Things-Future-English-ebook/dp/B079JXCVGS

protección parcial (como Estados Unidos, Canadá o Japón) o sin garantizar un adecuado nivel de protección de datos de sus usuarios (como China o incluso Australia, según la Comisión citada) son los que más empresas y empleos alrededor de las nuevas tecnologías están creando.

La UE en su intento por ser referente digital en el ámbito de la regulación está tratando de resolver debates que llevan encima de la mesa más de 60 años, cuando tuvieron lugar las primeras discusiones sobre el uso de técnicas de aprendizaje automático en conflictos armados[154]. El resultado es que Europa tiene las leyes digitales más garantistas, y China y EE.UU. poseen las grandes empresas y unicornios con más proyección.

En este capítulo analizaremos el impacto de la IA en términos de crecimiento del PIB, los efectos y escenarios esperados en algunos sectores a modo de visualización del potencial de esta tecnología, y cómo la política en materia de datos europea provocará una mayor brecha digital de no ser corregida.

---

154. Wiener, N. (1961). *Cybernetics or Control and Communication in the Animal and the Machine.* MIT press.

1. ¿POR QUÉ EL DESARROLLO DE LA IA NO PUEDE SER 'SOLO' UNA OPCIÓN?

1.1 Más allá de 'la nueva electricidad'

De entre todas las tecnologías con gran poder disruptivo, la IA se ha postulado como la tecnología de propósito o utilidad general de su era (*General Purpose Technologies* -GPTs)[155]. La tecnología que tiene la capacidad de transformarse continuamente a sí misma, diversificarse progresivamente e impulsar tanto la productividad en todos los sectores como el bienestar en los hogares.

Han sido muy pocas las consideradas como tecnologías de utilidad general a lo largo de la historia, como la imprenta, la máquina de vapor, el generador de electricidad, la combustión interna y, recientemente, las tecnologías de la información (TICs)[156]. La IA entra dentro de este exclusivo club por su capacidad de transformación social y económica, los beneficios que se derivarán de ella y su capacidad de hibridación con el resto de tecnologías.

La implantación de energías limpias, el diagnóstico y la prevención de enfermedades, producir en base a expectativas futuras de consumo, la viabilidad de la economía circular[157] y otras muchas mejoras que hace poco hubieran sonado a ciencia ficción hoy son retos realistas para nuestros científicos y empresas gracias a tres atributos de la IA:

a) **La capacidades cognitiva y predictiva:** Los algoritmos de IA tratan de resolver problemas complejos del modo que lo haría un humano, procesando grandes cantidades de datos generados

---

155. Brynjolfsson, E., Rock, D. y Syverson, C. (2017): *Artificial Intelligence and the Modern Productivity Paradox: A Clash of Expectations and Statistics*. NBER Working Paper No. 24001. nber.org/papers/w24001

156. Helpman, E. (Ed.). (1998). *General purpose technologies and economic growth*. MIT press.

157. Geissdoerfer, M. y otros (2017). The Circular Economy–A new sustainability paradigm? *Journal of cleaner production, 143*, 757-768.

por sistemas conectados (por ejemplo sensores), para mejorar las capacidades diagnósticas, predictivas y prescriptivas[158].

b) Capacidad para enseñarse a sí misma y mejorar: El aprendizaje profundo no solo permitirá buscar soluciones de forma eficiente, sino mejorar hasta encontrar el óptimo incluso cuando se planteen situaciones completamente novedosas para los algoritmos[159]. Algo que puede implementarse a cualquier meta empresarial, desde vender más productos hasta producir de forma más eficiente con el menor impacto ambiental posible[160].

c) Capacidad para transmitir lo aprendido. A diferencia de los humanos las máquinas pueden transmitir de forma instantánea todo lo que han aprendido y aplicar sin restricciones y desde la nube las habilidades para hacer o ejecutar tareas. En solo décimas de segundo los algoritmos aprenden de versiones pasadas, mientras que a cualquiera de nosotros nos puede llevar meses o años adquirir conocimientos complejos en idiomas, matemáticas o cualquier otra disciplina.

El debate en torno a la IA

¿Por qué entonces tanto debate de medios y expertos por la IA? ¿Por qué muchos lo tildan de gran evolución, y otros lo aproximan a un estado pre-apocalíptico de la especie humana? ¿Por qué la enorme disparidad en la apuesta de su desarrollo entre los países?

Para todas estas preguntas tiene la respuesta Sundar Pichai, director ejecutivo de Google: "la IA es la cosa más importante en la que ha trabajado nunca la humanidad. La considero un cambio más profundo que la electricidad o el fuego"[161]. Y como con el fuego o la

---

158. La conducción autónoma es un buen ejemplo del potencial de la IA, que permitirá a las máquinas observar, aprender y ofrecer sugerencias o incluso acciones automáticas.

159. AlphaGo demostró el potencial del Deep Learning con un algoritmo aprendiendo de cero, sin intervención humana y en un tiempo récord.

160. technologyreview.es/s/9676/el-aprendizaje-automatico-se-automatiza-si-mismo-para-que-la-ia-llegue-todos-los-publicos

161. Ver: emol.com/noticias/Tecnologia/2018/01/25/892636/CEO-de-Google-sobre-Inteligencia-Artificial-Es-quizas-lo-mas-importante-en-lo-que-la-humanidad-ha-trabajado.html

electricidad cuando eran desconocidas para el ser humano, con la IA está pasando algo parecido: hay quienes deciden verter agua en la hoguera, y quienes actúan con valentía ponderando oportunidades y peligros, buscando sumarse a los avances revolucionarios[162].

La IA ha abierto un nuevo campo de acción y transformación económica de nuestro entorno para el que más nos vale tener nuestra mente abierta. La dimensión del impacto y rapidez de asimilación esperado por la IA y el conjunto de tecnologías disruptivas que la potencian es tal, que su apuesta debe ser contemplada como una cuestión de supervivencia, y no solo de competitividad.

---

162. Brynjolfsson, E., Rock, D., & Syverson, C. (2017). *Artificial intelligence and the modern productivity paradox: A clash of expectations and statistics* (No. w24001). National Bureau of Economic Research.

2. LA APUESTA EUROPEA EN MATERIA DE INTELIGENCIA ARTIFICIAL

El lugar que le debería corresponder a Europa en la era de la IA como superpotencia económica mundial está fuera de toda duda. Pero para cerrar su brecha tecnológica debe diseñar una estrategia pública, sólida y ambiciosa ante el empuje no solo de EE.UU. y China, sino también de otros países que están haciendo muy bien sus deberes como Israel, Canadá o Corea del Sur.

Con este objetivo la Comisión Europea ya ha dispuesto un fondo de inversión de 20.000 millones de euros para potenciar su estrategia en IA. ¿Será suficiente? Comparemos la apuesta europea con la de las dos grandes potencias tecnológicas.

La apuesta estadounidense

Pese al viraje ideológico entre Obama y Trump, la apuesta por la IA se situó como una estrategia fundamental para garantizar el liderazgo económico y político de EE.UU. La Administración Trump mantuvo la llamada '*American AI Initative*'[163] de 2016, que pretendía poner en marcha un plan conjunto desde y para todos los departamentos y agencias nacionales, buscando una mayor colaboración con el resto de países[164], especialmente con Europa.

El plan incluye el gasto en el conjunto de la Administración y el ejército, que quedan estrechamente ligados a la investigación, especialización, capacitación y estandarización de procesos que toman la IA como base de modernización, transformación y disrupción.

---

163. El documento de actualización del plan nacional de inversión en inteligencia artificial puede descargarse en nitrd.gov/Publications/Publication Detail.aspx?pubid=97

164. Información recogida en la web whitehouse.gov/ai y del desglose de inversión en investigación y desarrollo del gobierno federal en el año 2019: whitehouse.gov/wp-content/uploads/2019/03/ap_21_research-fy2020.pdf

Para 2020 EE.UU. previó 1.000 millones de dólares de financiación gubernamental en I+D en IA no militar. Además, cuentan más de 2.000 millones de dólares de inversión en proyectos de IA no-clasificados (lo que deja fuera una parte importante de agencias como la NASA, el Pentágono o la CIA) y previsiblemente al menos 1.000 millones de dólares previstos en investigación en IA[165].

El sector empresarial y algunos especialistas han calificado esta inversión como insuficiente[166], pero en EE.UU. es la inversión privada, y muy especialmente la de los gigantes tecnológicos, el motor del avance en IA. En 2018 desembolsaron más de 8.000 millones de dólares para la financiación de *startups* ligadas a esta tecnología, a lo que debemos sumar los miles de millones de dólares invertidos por las Google, Facebook, Amazon y similares en desarrollos propios.

Y también las universidades norteamericanas se suman a la apuesta. Por citar tres ejemplos de distinta naturaleza, el MIT cuenta con un fondo de 1.000 millones de dólares para impulsar un nuevo modelo de universidad centrada en el aprendizaje automático[167]. La Universidad Carnegie Mellon trabaja con empresas como Bosch o Argo AI para crear laboratorios de investigación, con presupuestos que superan los 10 millones de dólares. Y Google cuenta con un fondo de 25 millones de dólares para financiar investigaciones en universidades sobre nuevos usos de la IA.

La apuesta de China

El gigante asiático ha impulsado su inversión pública en IA con valores impresionantes. Las expectativas de inversión son de 10.000 millones de dólares hasta el año 2030, a los que se suman la iniciativa individual de cada región y la captación de fondos internacionales. En total, se estimaron más de 70.000 millones de dólares solo en el año 2020, enmarcados en el plan "Made in China 2025" para liderar

---

165. techcrunch.com/2020/02/07/white-house-reportedly-aims-to-double-ai-research-budget-to-2b/

166. wsj.com/articles/executives-say-1-billion-for-ai-research-isnt-enough-11568153863

167. technologyreview.com/f/612293/mit-has-just-announced-a-1-billion-plan-to-create-a-new-college-for-ai

la nueva era tecnológica, y que hacieron temblar a expertos estadounidenses en defensa y geopolítica[168].

La construcción del parque tecnológico de Mentougou (Pekín) busca dotar de dinamismo al sector privado, su talón de Aquiles respecto a la industria estadounidense. La creación de ecosistemas digitales de los que surjan nuevos casos como Huawei, Alibaba o Xiaomi, es clave para que China sea la gran vencedera en la era de la IA.

La apuesta europea

La Comisión Europea, dentro del Plan Horizonte 2020, ha dispuesto en un primer momento (2018-2020) cerca de 2.600 millones de euros de inversión en robótica, big data y otra serie de nuevas tecnologías relacionadas con la IA. Una cantidad que previsiblemente se elevará hasta los 20.000 millones en los próximos años[169].

También debemos sumar aquí las iniciativas individuales de cada uno de los países, especialmente las lideradas por Francia, Alemania y Reino Unido: en 2018 el presidente francés Emmanuel Macron anunció una inversión de 1.500 millones de euros en cuatro años en materia de IA; meses más tarde Angela Merkel anunció una inversión valorada en 3.000 millones de euros; por último, desde Londres se ha propuesto la inversión de 200 millones de euros en iniciativas público-privadas, además de actuaciones complementarias en incubadoras y universidades que multiplicarán la apuesta inicial[170].

Pero estas inversiones apuntan a ser insuficientes. En la actualidad la inversión privada en IA europea es casi irrelevante en comparación con la de sus "rivales" **(figura 5.1)**. Cerrar el "gap" de partida respecto a China y EE.UU. va a requerir un mayor esfuerzo.

---

168. military.com/defensetech/2018/07/30/china-leaving-us-behind-artificial-intelligence-air-force-general.html

169. Es importante advertir que el descalabro económico que supondrá a la UE el coronavirus (que podría superar el 30% del PIB según algunas estimacones) puede poner en riesgo este tipo de inversiones.

170. Por ejemplo, la Universidad de Oxford cuenta con 150 millones de libras de inversión para desarrollar lo que pretende ser la universidad del futuro.

Figura 5.1. Inversión privada en IA (2016) (millones de dólares)

Fuente: Mckinsey Global Institute

Además, las debilidades estructurales que hemos venido señalando (inversión privada reducida, debilidad de los ecosistemas digitales, o la segmentación del mercado europeo), limitan los efectos indirectos de las inversiones realizadas en los sectores avanzados.

En tercer lugar, el desembolso que prevé hacer la Comisión Europea no está delimitado a una innovación productiva ni a los sectores de futuro. Sin ecosistemas digitales ni una base que consolide el emprendimiento, Europa corre el riesgo de perderse en un I+D recreado en las hipótesis del debate metodológico, científico y ético de la academia, y no en las herramientas impulsadas por empresas. No negaremos que los dos enfoques son necesarios, pero el primero de ellos no puede paralizar o dejar sin fondos al segundo.

Por último, la sobredimensión que ha tomado la privacidad de datos en la UE podría hacer que la millonaria inversión sea un gasto superfluo, más destinado a contentar y alimentar a sus sectores maduros, que a dar el paso definitivo hacia su digitalización.

Europa debe reaccionar y poner solución a estas cuestiones si quiere que su inversión le permita dejar de ser una economía perdedora.

3. MIDIENDO EL IMPACTO DE LA IA EN LA ECONOMÍA GLOBAL

Estimar el impacto de la IA en nuestras economías es ciertamente complicado por varios motivos. Estamos en una fase inicial en la aplicación de la tecnología, sin saber qué inversiones tendrán continuidad, qué desarrollos terminarán siendo usados masivamente, y si las expectativas de transformación industrial terminarán por cumplirse.

La tecnología suele requerir décadas para dejarse ver en las estadísticas, como bien advierte la *paradoja de Solow* ya comentada, algo que merecería un debate sobre la falta de acceso a datos para la investigación, y sobre cómo la economía estudia la disrupción provocada por los saltos tecnológicos[171].

Además, el hecho de que la IA sea una tecnología completamente transversal complica extrapolar datos de forma precisa. No se trata de contabilizar únicamente el efecto de la inversión empresarial directa, sino también aquellos que, de manera indirecta, generan en la competitividad herramientas del tipo Google Maps, Microsoft To-Do, o IBM Cloud, entre otras miles de aplicaciones que usan la IA para su funcionamiento.

A pesar de estas dificultades, las grandes consultoras ya han arrojado unas primeras predicciones muy interesantes, basadas en datos y entrevistas a empresas que nos sirven a modo de una primera aproximación.

Primeras predicciones

El informe *Why artificial intelligence is the future of growth*[172], de Accenture y Frontier Economics, apuntan a que las economías que no

---

171. Ver: Brynjolfsson, Rock y Syverson (2017) citado anteriormente.

172. accenture.com/t20170524t055435__w__/ca-en/_acnmedia/pdf-52/accenture-why-ai-is-the-future-of-growth.pdf

apuesten por la IA en los próximos quince años podrán ver recorta-
das hasta en un 50% sus perspectivas de crecimiento. Este efecto es
especialmente significativo en los países más innovadores (EE.UU.,
Reino Unido, Finlandia o Suecia), mientras que aquellos especializados en sectores más tradicionales, como España o Italia, verán un
menor incremento en la productividad por trabajador **(figura 5.2)**.

En números aproximados, la inversión en IA puede significar un
incremento de 8,3 billones de dólares en la economía norteamericana, y cerca de un billón de dólares en el caso de Alemania y Reino
Unido, duplicando sus tasas de crecimiento actuales.

Figura 5.2. Previsión de crecimiento del PIB anual en 2035, con y
sin inversión en IA

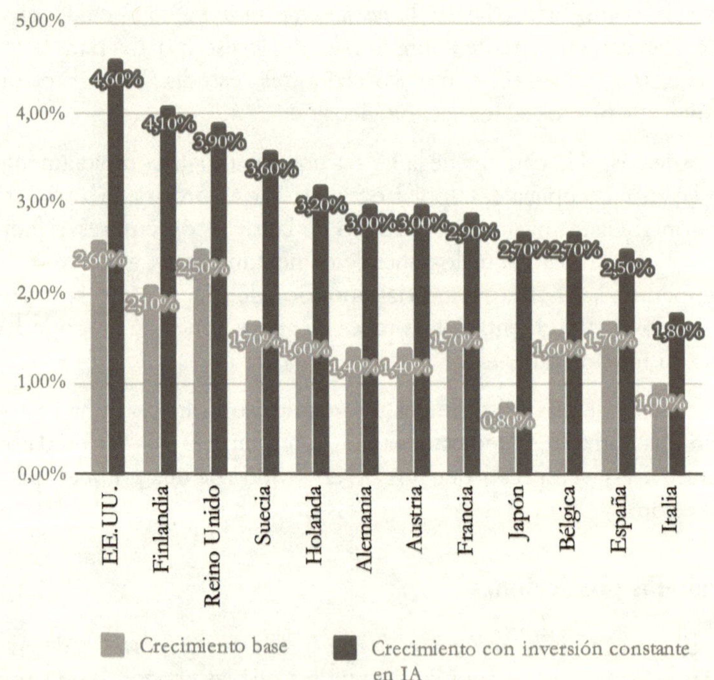

Fuente: Accenture y Frontier Economics

190

PwC en su informe *Sizing the price*[173] estima en un 14% el incremento de la riqueza global imputables directamente a la IA para el año 2030 derivado de un aumento de la productividad (6,6 billones de dólares) y del consumo (9,1 billones de dólares).

Las mayores beneficiadas de este impulso serán aquellas que están llevando a cabo el mayor esfuerzo por dominar la tecnología: China incrementará un 26% su PIB, lo que equivale a 7 billones de dólares imputables a su apuesta por la IA; en EE.UU. un 14,5%, es decir, casi 4 billones de dólares; por último en Europa se prevé un incremento del 10% de su riqueza, 2,5 billones de dólares. Según la consultora, EE.UU. y China se repartirán el 70% del excedente total generado por la IA **(figura 5.3)**.

Figura 5.3: Previsión del impacto de la IA sobre el PIB en 2030

Fuente: PwC

Por último, el informe *Artificial Intelligence Market Forecasts*[174] de Tractica apunta a que serán los países asiáticos quienes más se aprovechen del desarrollo de la IA. Se estima que en el próximo lustro el rendimiento empresarial asiático derivado de la tecnología superará los 11 mil millones de dólares. Más del doble de lo estimado para el conjunto de Europa **(figura 5.4)**.

---

173. pwc.com/gx/en/issues/analytics/assets/pwc-ai-analysis-sizing-the-prize-report.pdf

174. tractica.com/research/artificial-intelligence-market-forecasts/

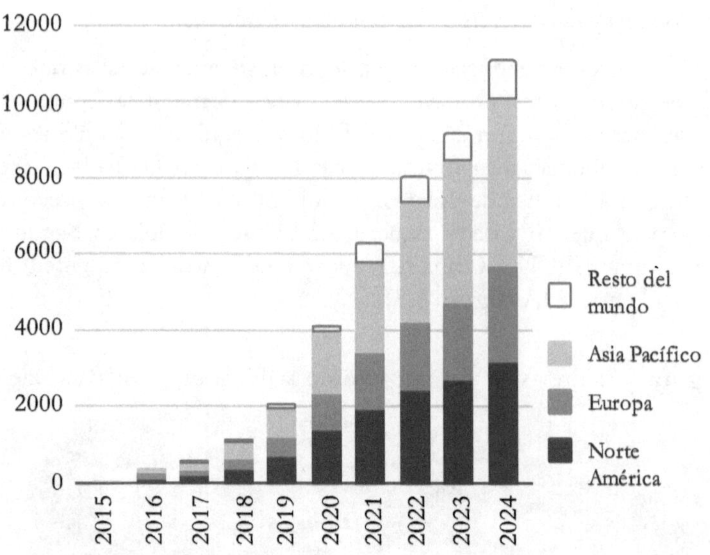

Fuente: Tractica

En resumen, todos los resultados conducen a que el área Asia-Pacífico será la nueva líder tecnológica, y China ganará a EE.UU. la llamada "guerra por la IA" [175]. La UE, cada vez más descolgada, se verá relegada a un papel completamente secundario.

---

175. forbes.com/sites/cognitiveworld/2020/01/14/china-artificial-intelligence-superpower/

4. IMPACTOS SECTORIALES DE LA IA

Aunque el fundador del Foro Económico Mundial, Klaus Schwab, ha ligado la IV Revolución Industrial a la IA, no debemos perdernos en el *buzz* y en las interpretaciones "a medida" que cada uno quiera dar a las industrias 4.0[176] o a digitalización.

La nueva Revolución debe entenderse como la confluencia de tecnologías de enorme poder disruptivo como la robótica, Blockchain, la nanotecnología, la computación cuántica, la biotecnología, el IoT, la impresión 3D y por supuesto la IA.

En esta era que comienza se hace difícil visualizar una compañía, grande o pequeña, que pueda sobrevivir si no trabaja en la personalización de los pedidos o en conocer las tendencias de los compradores, tal y como hacen Amazon o Alibaba; o que no aprendan a optimizar precios a partir de la experiencia de sus usuarios, como hacen Uber o Airbnb; o que no afinen en las recomendaciones de productos a sus usuarios, como hacen Spotify o Youtube.

Aprovechar las mejoras transversales que ofrece la IA y el resto de las tecnologías disruptivas requerirá de transformaciones profundas en materia de conocimientos, modelos de negocio, capital humano y, por supuesto, de inversión. Un proceso de cambio más radical que el vivido a partir de los años 90 con la aparición de internet.

Ritmos de adaptación sectorial

No todas las industrias están sabiendo o pudiendo adaptar la tecnología al mismo ritmo. Los sectores financiero y tecnológico, por una cuestión competitiva y de capacidad de financiación, son los que más empeño están realizando en esta adaptación al nuevo paradigma tecnológico **(figura 5.5)**. A modo de ejemplo podríamos citar la reciente adquisición de Xnor.ai por 200 millones de dólares por parte

---

176. Schwab, K. (2017). *The fourth industrial revolution.* Currency.

de Apple, o el anuncio de BBVA de poner en marcha una 'AI Factory' dotada con 150 profesionales para mejorar todos los productos donde la IA sea un elemento diferencial.

Figura 5.5: Adopción de la inteligencia artificial por sectores

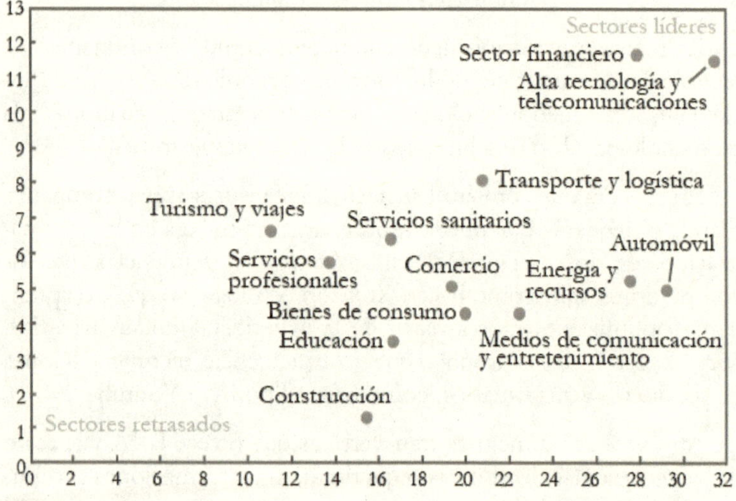

Fuente: Mckinsey Global Institute

Otros sectores como el automovilístico, el del transporte o de la energía también están realizando un importante esfuerzo, sabedores de que la transformación impulsada por la IA será completamente radical. Solo hemos de vislumbrar la hibridación de la IA con el internet de las cosas o las impresoras 3D para hacernos una idea de una revolución que será imparable.

Por último, las industrias más maduras como el turismo, los servicios profesionales o la construcción, están teniendo una adaptación más tardía que el resto, pero debido más a la base empresarial

194

(PYMES, empresas familiares, etcétera) que a la falta de oportunidades. Pensemos en Airbnb, en el desarrollo de ciudades y destinos inteligentes, o en la cantidad de herramientas profesionales que usan ya la IA para darnos cuenta de su capacidad para ser reinventados.

Entendiendo por tanto que de las nuevas tecnologías disruptivas no se librará ninguna actividad económica, en las siguientes páginas hemos tratado de sintetizar un escenario futuro de cambio en algunas industrias concretas. Cambios que hace apenas diez años sonaban imposibles, que hoy nos parecen una realidad cercana, y que en unas décadas las nuevas generaciones probablemente preguntarán cómo nosotros, hombres y mujeres del siglo XX y principios del XXI, pudimos vivir gran parte de nuestras vidas sin tales mejoras.

i. Agricultura y el medio ambiente

La agricultura es actualmente uno de los sectores más capitalizados y tecnológicos, y la IA tendrá un impacto en multitud de vertientes a partir de la robotización, la monitorización, el seguimiento y control de los cultivos, o la optimización del riego, del uso de pesticidas y de la recolección[177].

En la ganadería también se aprecian ya los cambios generados por la IA que permiten una gestión cada vez más eficiente con la visión artificial para el control de animales, el control optimizado del peso, o los sistemas de alimentación automatizados, entre otros[178].

Con ello se conseguirá cubrir las necesidades alimenticias de todo el planeta, la regeneración natural de terrenos y la preservación medioambiental, con explotaciones en menor espacio, maximizando la calidad del producto, o adaptando la producción al cambio climático.

Los prototipos de visión computarizada de John Deere que permitirán identificar malas hierbas y problemas de crecimiento en cada planta de manera individual nos demuestran que las soluciones vendrán más pronto que tarde. En este caso concreto hablamos de una reducción por contaminación por pesticidas de hasta un 90%[179].

---

177. news.mit.edu/2019/algorithm-growing-agriculture-0403
178. medium.com/neuromation-blog/ai-in-agriculture-49c0ea0e2b48
179. forbes.com/sites/bernardmarr/2019/03/15/the-amazing-ways-john-

195

Las empresas japonesas Sony y Cookpad han llegado a un acuerdo para adaptar los cultivos de cada zona del planeta a sus ecosistemas biológicos[180]. El proyecto piloto se está llevando a cabo en Alicante[181], una de las zonas con menos precipitaciones de lluvia por año, buscando regenerar una tierra agredida y con riesgos de desertificación. Los primeros resultados son sorprendentes, y en un plazo de 5 años se espera conseguir explotaciones mantenidas solo con agua de lluvia y sin ningún tipo de pesticida o contaminante.

En esta línea el proyecto Farm 45[182] pretende crear una comunidad internacional de agricultores, expertos universitarios y emprendedores para cambiar la agricultura agresiva con el medio natural hacia cultivos sostenibles y que potencie la biodiversidad y la regeneración de la tierra. La IA será una parte importante a la hora de estudiar la viabilidad y eficiencia de estos nuevos ecosistemas.

También IBM Watson trabaja con tecnologías de IA e IoT para ayudar a los agricultores en sus labores de planificación, arado, siembra, pulverización y cosecha. El reto es elevar la producción agraria para abastecer a toda la población mundial en 2050 sin incrementar el espacio de cultivo[183], especialmente en las zonas más pobres[184].

Más allá de la IA, Blockchain puede ser usada para mejorar la gestión del agua[185], e incluso solucionaría los problemas de autenticación y trazabilidad de los productos agrícolas. En Ecuador Blockchain ya está siendo usado para conocer la procedencia del cacao, la remuneración obtenida por los agricultores sobre el precio final, y hasta para destinar una parte de la compra del producto a

---

deere-uses-ai-and-machine-vision-to-help-feed-10-billion-people/

180. Esto incluye el estudio de los cultivos, y también de bacterias y hongos que pueden ayudar a las plantaciones y al suelo, por ejemplo, fijando el nitrógeno del aire en nitratos solubles que actúan como fertilizante natural.

181. Las pruebas de concepto se han realizado también en África y Asia.

182. farm45.io/

183. newsroom.ibm.com/2019-05-22-IBM-AI-and-Cloud-Technology-Helps-Agriculture-Industry-Improve-the-Worlds-Food-and-Crop-Supply

184. news.mit.edu/2019/empowering-african-farmers-with-data-0530

185. Lin, Y-P., Petway, J.R., Lien, W-Y. y Settele, J. (2018): Blockchain with Artificial Intelligence to Efficiently Manage Water Use under Climate Change. *Environments*, 5, 34.

proyectos ecológicos[186]. Una solución que podría ser también utilizada por el sector agrícola europeo, ante los problemas que generan el excesivo número de intermediarios y la venta por debajo de costes a la que se ven sometidos los agricultores.

En definitiva, la sofisticación tecnológica de una agricultura basada en las tecnologías disruptivas será uno de los pilares para acometer los grandes retos de la humanidad en las próximas décadas. La UE, que aboga más que ninguna otra región del planeta por la sostenibilidad medioambiental, tiene en la agricultura un importante acicate para desarrollar sus políticas verdes y de innovación.

ii. Industria del automóvil

La IA en el sector del automóvil supondrá una transformación radical en cuestiones de producción, el mantenimiento predictivo del vehículo, la seguridad de pasajeros y viandantes, el análisis en tiempo real del estado del conductor, o incluso en los sistemas antirrobos.

De todos los cambios esperados será la conducción autónoma la que suponga las mayores transformaciones no solo en la industria del automóvil, sino también en los sectores relacionados. En general los transportes de personas y mercancías, y la logística de millones de empresas experimentarán una revolución en términos de eficiencia organizativa, accidentes y contaminación.

Es cierto que la opción de piloto automático ya casi no resulta tan rara en los vehículos de alta gama. Pero una generalización de la tecnología permitiría a cualquier persona hacer largos trayectos durmiendo o trabajando, al tiempo que se reduce de forma absoluta las muertes en carretera[187].

La apuesta por la conducción autónoma está justificada especialmente en Europa dado el ritmo de envejecimiento altísimo, con más del 24% de la población mayor de 60 años. Sin embargo, su implantación definitiva dependerá de dos cuestiones fundamentales: los

---

186. un.org/es/card/56071

187. Las máquinas no se duermen al volante, no se despistan mirando el móvil, no beben alcohol, están programadas para respetar las señales y tienen capacidad para predecir accidentes sobre la base de la información de su entorno.

desarrollos tecnológicos y su aceptación político-administrativa. En ambos aspectos Estados Unidos y Asia parten ya con ventaja respecto a la Unión Europea, recreada esta última en discusiones sobre la responsabilidad derivada de fallos de las máquinas, la captación de datos de los sistemas de reconocimiento de los vehículos, o el debate ético sobre cómo seleccionan los algoritmos las opciones que llevan inevitablemente al daño de terceros. Paradójicamente cada día que se extiende este debate sobre la vida humana se incrementan los números de muertes en carretera.

Además, la indecisión en este sector clave para Europa puede frenar el necesario desarrollo de tecnologías propias, y en la que invierten miles de millones empresas como Volvo, Mercedes o BMW. Desde la UE y sus Administraciones se debe entender que para que estas y otras compañías puedan competir con China, Google o Tesla, toda ayuda normativa que facilite el desarrollo, testeo y toma de datos será poca.

iii. Transporte y logística

Más allá de la conducción autónoma, la logística de envíos y el transporte sufrirán una gran disrupción especialmente impulsados por la optimización. Todos los ejecutivos de las corporaciones de logística más importantes del planeta tienen conciencia de ello.

Sobre la base de la información recopilada en la cadena de suministros, los clientes y los productos, las empresas podrán incrementar su capacidad de planificación con algoritmos orientados a la reducción de costes operativos en la gestión de rutas, disminuyendo incidencias e incrementando la calidad del servicio. La recepción de envíos podría actualizarse incluso de acuerdo con la ubicación en tiempo real de los destinatarios.

Además, la IA se encuentra presente en las últimas generaciones de robots capaces de evaluar el estado de los paquetes, rastrear, localizar y mover inventario dentro de los almacenes. Los algoritmos de aprendizaje profundo les permiten tomar decisiones autónomas con respecto a los diferentes procesos que realizan, optimizando el almacenaje y la entrega.

iv. Energía y cambio climático

El desarrollo de las energías renovables y la sustitución de fuentes contaminantes también se verán acelerados por la IA, convertida en una aliada para la lucha contra el cambio climático. Esta tecnología está ayudando a maximizar la producción de energías limpias, por ejemplo, con el movimiento de paneles solares, o la ubicación de molinos.

Además, el instituto alemán Borderstep[188] ha desarrollado algoritmos predictivos que permiten el ahorro de hasta un 25% en el calentamiento de los hogares. Y esto es sólo un primer paso: en un futuro próximo los datos generados por nuestros hogares, ciudades o vehículos se utilizarán para automatizar el consumo de forma óptima, mientras los usuarios ni siquiera nos damos cuenta.

v. Banca y sistema financiero

Para analizar con profundidad el impacto del nuevo paradigma tecnológico en el sector bancario necesitaríamos un nuevo libro dedicado completamente al asunto[189]. Como ya se ha mencionado con anterioridad, este sector es referencia en la inversión en IA, con cifras solo superadas por las industrias de alta tecnología y las telecomunicaciones.

¿Por qué requiere la banca realizar este esfuerzo inversor?

-   El sector financiero debe acomodarse a una economía donde los activos intangibles ganan peso. Cada vez habrá menos oficinas físicas y más software.

-   Los algoritmos son necesarios para segmentar el negocio bancario, optimizar la rentabilidad de las inversiones, detectar el riesgo de impagos...

-   La banca afronta sistemas de automatización muy importantes en todos los ámbitos de su gestión al cliente y donde la

---

188. borderstep.org/

189. La mayor parte de las grandes consultoras internacionales han hecho estudios sobre el impacto de la IA en la banca y el sistema financiero. A modo de ejemplo, puede visitarse: accenture.com/_acnmedia/pdf-68/accenture-redefine-banking.pdf

IA potencia los sistemas de seguridad (autenticación biométrica) o la segmentación y personalización a la hora de abordar el servicio al cliente.

-    Y, por último, el sector se enfrenta a la competencia de nuevas *startups* (*fintech*) que, despojadas de gastos superfluos y con la flexibilidad como bandera, no requieren de grandes capitales para ser extraordinariamente competitivos en ramas muy concretas del sector[190].

La IA y especialmente tecnologías como Blockchain prometen sentar unas bases para una banca mucho más eficiente, con nuevos procesos de desintermediación, autentificación, trazabilidad, autonomía e independencia.

Una nueva forma de entender el sector que podría dejar a los grandes jugadores fuera del mercado si no son capaces de adaptarse. No en vano algunos presidentes de los principales bancos del mundo ya han dicho abiertamente que las entidades bancarias se convertirán en empresas de software. Otros incluso apuntan a su desaparición[191].

Finalmente, y aunque la carrera en el uso de la IA en los bancos tiene casi infinitas posibilidades, nos gustaría subrayar las seis que la web *entrepeneur.com* considera como más relevantes[192]:

1. Automatización de servicio al cliente: el mayor ahorro en costes de la banca en la próxima década se dará por la automatización de la asistencia y los servicios. Los chatbots y los asistentes virtuales, online o en cajeros, disponibles 24 horas 365 días al año, unido a una optimizada experiencia de los usuarios, provocarán la

---

190. Por ejemplo el banco suizo UBS se ha asociado con Amazon para incorporar su servicio "Ask UBS " en los dispositivos de altavoces Echo con tecnología Alexa. Y este es solo el primero de muchos movimientos que vendrán en los próximos años.

191. En este escenario de cambio, los países menos bancarizados como Kenia o India están adoptando estrategias avanzadas para realizar pagos con dispositivos móviles o la gestión de propiedades de forma totalmente online. En países más especializados como España y Alemania los avances se prevén lentos y costosos.

192. "5 Ways Artificial Intelligence Is Already Transforming the Banking Industry". Ver: entrepreneur.com/article/319921

reducción de millones de empleos. Solo en EE.UU. representará en 2030 un ahorro de hasta 450 mil millones de dólares para el sector.

2. Optimización de procesos internos: la IA también permitirá la automatización de procesos de alto volumen y bajo valor dentro de las financieras. Por ejemplo, JP Morgan ha comenzado a usar bots para procesar solicitudes internas al departamento tecnológico, como los intentos de los empleados de restablecer sus contraseñas de trabajo[193]. Estos bots multiplican por 40 las gestiones realizadas por cualquier otro empleado.

3. Personalización: la información detallada de clientes con la que cuentan los bancos (ingresos, consumo, movimientos, lugar de residencia, deudas, etcétera) permitirá una personalización de todos sus productos en materia de asesoría, créditos, planes de ahorro o de pensiones con modelos adaptados en precio y características a objetivos y hábitos de cada cliente[194].

4. Seguridad: los datos biométricos, como huellas digitales o la morfología del rostro, son un elemento clave de seguridad en los pagos y accesos a cuentas de los clientes bancarios de miles de millones de usuarios gracias a los *smartphones*. Sin embargo, se trabaja con cualquier tipo de reconocimiento y sensor que pueda registrarlo para autenticar nuestras operaciones, incluso nuestros latidos cardíacos pueden ser la identidad biométrica para tal fin[195].

5. Reconocimiento de patrones y prevención de fraude: la capacidad de la IA para examinar cantidades masivas de datos e identificar patrones de fraude será clave para luchar contra el cibercrimen que cada año le cuesta a la economía global la friolera de 600 mil millones de dólares. Y los primeros resultados ya son

---

193. mckinsey.com/industries/financial-services/our-insights/the-transformative-power-of-automation-in-banking

194. Sirva como ejemplo el reto tecnológico organizado por Banco Santander para la creación de algoritmos que optimicen la personalización de productos, con un premio de 60.000 $.

Ver: kaggle.com/c/santander-product-recommendation

195. theguardian.com/technology/2015/mar/13/halifax-trials-heartbeat-id-technology-for-online-banking

vi. Medicina y sanidad

En una Europa cuyo gasto en salud representa en la actualidad más del 15% del total del gasto público invertido y una sociedad cada vez más envejecida, cualquier iniciativa orientada a mejorar su eficiencia será clave.

Los avances esperados en los próximos años están vinculados con el tratamiento y prevención de enfermedades y lesiones, el desarrollo de nuevos fármacos ligados a la longevidad[197], la computación genética[198], la mejora de la gestión de los pacientes o el autodiagnóstico. Son tantísimos los avances esperados en e-Salud (procesos electrónicos), Tele-Salud (teleasistencia médica) y m-Salud (aplicaciones vía móvil), que de nuevo nos vemos obligados a destacar únicamente algunos de ellos:

---

196. firstpost.com/tech/news-analysis/using-ai-in-financial-fraud-detection-can-help-banks-save-unnecessary-losses-4648611.html

197. El MIT informa que pronto se comercializará. "The anti-aging drug that's just around the corner": technologyreview.com/s/614154/the-anti-aging-drug-thats-just-around-the-corner/

198. Un algoritmo genético es un método de búsqueda heurística utilizado en inteligencia artificial y computación para encontrar soluciones optimizadas, buscando problemas basados en la teoría de la selección natural y la biología evolutiva. Los algoritmos genéticos son excelentes para buscar en conjuntos de datos grandes y complejo.

1. Diagnóstico avanzado de enfermedades: los algoritmos de aprendizaje profundo están permitiendo importantes saltos en los diagnósticos abaratando además sus costes. A partir de la suma de diferentes fuentes de datos (mapeos de sustancias químicas, tests cotidianos, resonancias magnéticas, o incluso información manuscrita) los algoritmos son capaces de diagnosticar en fracciones de segundos enfermedades como el cáncer de piel o de mama. Los algoritmos ayudarán a reducir la posibilidad de error en la toma de decisiones de los facultativos.

2. Detener epidemias y pandemias: la IA será clave para identificar el punto de origen de las pandemias globales que viviremos en el siglo XXI, y permitirá una mejora en la asignación de los recursos, las intervenciones sanitarias y cómo reducir la propagación de las enfermedades. El caso de la COVID-19 y la gestión de China, Corea del Sur o Singapur son una muy buena prueba de ello.

La globalización y el cambio climático deberían ponernos sobre alerta, ya que nuestra generación será especialmente vulnerable a pandemias mundiales. Usemos la tecnología que tenemos a mano para combatirlas de forma inteligente.

3. Desarrollo de medicamentos: muchos de los procesos analíticos involucrados en el desarrollo de medicamentos pueden hacerse más eficientes con técnicas de aprendizaje automático, ahorrando años de trabajo y cientos de millones en inversiones. La IA se ha utilizado con éxito en las cuatro etapas principales del desarrollo de fármacos: identificar objetivos para la intervención, descubrir candidatos a medicamentos, acelerar los ensayos clínicos, y encontrar biomarcadores para diagnosticar la enfermedad.

4. Personalización del tratamiento: los pacientes responden a los fármacos y dosis de forma desigual. La IA está ayudando a descubrir qué características de los pacientes son las que hacen que estos tengan una reacción u otra, pudiendo personalizar cada vez con más detalle y sobre la base de nuestro historial clínico la elección del tratamiento menos agresivo y más eficaz. Especialmente en la lucha contra el cáncer o en los trasplantes de órganos cualquier descubrimiento en esta materia puede significar avances muy importantes en la esperanza de vida.

5. Prevención en tiempo real: la salud de cada paciente será evaluada de forma constante a partir de los datos arrojados por nuestros *wearables* y productos inteligentes. Pulseras que miden el pulso, zapatillas que cuentan los pasos, básculas que almacenan información sobre peso y grasa corporal o colchones sensorizados que miden la calidad del sueño. La IA, trazando patrones y alimentándose de una base de datos de historiales clínicos, podrá prevenir enfermedades que podemos padecer con nuestro estilo de vida.

6. Gestión de los tiempos de espera: los indicadores de salud y la IA también ayudarán a la sanidad a una mejor gestión de los tiempos de espera en los pacientes, pudiendo otorgar prioridad a unos, y derivar a otros a la teleconsulta. Los resultados serán impresionantes.

7. Mejorar la edición genética: nuestro código genético posee tanta información que solo los sistemas de análisis más avanzados podrán gestionar su modificación con costes accesibles. El sistema CRISPR para la edición de genes, descubierto por el candidato al premio Nobel Francis Mojica, representa un gran avance para editar el ADN de manera rentable, habiéndose demostrado que los modelos de aprendizaje automático producen los mejores resultados para incrementar la precisión de esta técnica.

vii. *Turismo y servicios urbanos*

El turismo es un "servicio de múltiples servicios", y va quedando digitalizado en la medida en que lo hacen sus diferentes subsectores: el transporte, el alojamiento, la manutención, el ocio, etcétera. La IA es ya parte del sector turístico cuando elegimos nuestro sitio de vacaciones, nuestro hotel o nuestro vuelo, si seguimos las recomendaciones sobre un restaurante de algunas aplicaciones, en la gestión de habitaciones de los hoteles en los que nos alojamos, y por supuesto cuando usamos Google Maps en el destino.

Durante décadas la digitalización del sector turístico se ha focalizado en los servicios en origen. Tripadvisor, Destinia, Booking o incluso las aerolíneas de bajo coste han impulsado gracias a sus algoritmos la optimización de rutas, precios o recomendaciones, transformando nuestra forma de viajar en las últimas décadas.

Sin embargo, la revolución de la próxima década en el turismo ocurrirá en los destinos. Los hoteles, taxis, restaurantes, museos e incluso las ciudades serán objeto de un profundo cambio impulsado por la IA y el IoT.

Los primeros ejemplos los tenemos en las grandes plataformas como Blablacar, Airbnb y Uber, capaces de tener clientes en medio mundo sin contar con ningún activo en propiedad. La gestión de millones de peticiones por hora en sus aplicaciones, y un sistema automatizado de recomendaciones y fijación de precios son suficientes para convertirse en las mayores empresas turísticas por capitalización y resultados.

En comparación con las empresas tradicionales, estas plataformas elevan la productividad del sector y reducen la necesidad de inversión en infraestructuras. Además, la información generada podría servir para eliminar el fraude fiscal en las actividades de alquiler vacacional, o incluso dotar de seguridad al servicio del transporte urbano, un problema mayúsculo en muchísimas ciudades de todo el planeta.

Aunque mereciera todo un capítulo el debate de la llamada "economía de plataforma", es evidente que en la mayoría de las ciudades Airbnb, Uber, Cabify y similares no han sido del todo bien recibidas. Pero ¿pueden permitirse los destinos europeos prescindir de servicios que se están convirtiendo en estándares en todo el planeta? ¿Existe una mejor alternativa para luchar contra la economía sumergida en el sector turístico? ¿Acaso no es más recomendable para un destino un turista que compra en supermercados y tiendas que quien se recluye en el *todo incluido* de los hoteles? ¿Hay otra solución para que quienes se arruinaron durante la crisis inmobiliaria-financiera puedan obtener rentabilidad de sus bienes inmuebles?

Demonizar a las plataformas colaborativas e impedir su actividad solo será *pan para hoy y hambre para mañana*. Debemos abandonar la guerra sin cuartel contra ellas para buscar una fórmula de integración en los ecosistemas turísticos que extraiga su máximo rendimiento.

*viii. **Otras transformaciones no menos importantes***

Aunque apenas hemos mostrado un pequeño número de transformaciones potenciales, el lector podrá hacerse ya una buena idea de los efectos de la integración de la IA en nuestra economía. Tantos que algunos científicos y expertos ni siquiera se atreven a poner techo. Nosotros tampoco lo haremos.

Más allá de las propias revoluciones industriales, la IA tendrá también un gran impacto sobre nuestra sociedad, nuestro sector público, la organización de nuestras ciudades, o incluso en cómo realizamos cualquier tarea de nuestro día a día. Veamos por último algunos cambios sociales que resultarán de la IA:

Un mundo personalizado y único para cada uno de nosotros: La personalización de los servicios se extenderá desde el comercio hasta la educación. Productos, ya sean camisetas o problemas de matemáticas, diseñados de forma específica para cada usuario en función de sus intereses o necesidades.

Administraciones públicas más eficientes: El papel de la IA será muy relevante en la modernización de ámbitos como la justicia y la burocracia. La IA ya está empezando a utilizarse en la gestión y recaudación de impuestos, en cruzar datos para prevenir el fraude fiscal, o en proveer servicios públicos en las ciudades de manera eficiente.

Creación de ciudades y destinos turísticos inteligentes: Los proyectos de sensorización de nuestras ciudades para la toma de decisiones y control de estados prometen una nueva era de convivencia urbana.

Los cuadros de mando permitirán, de manera automática, optimizar el funcionamiento de las urbes a través de cambios en los tiempos de los semáforos, restringiendo el acceso de los vehículos a zonas con alta polución en tiempo real, estudiando el estado del patrimonio artístico y arquitectónico[199], o incluso gestionando

---

199. La Fundación Santa María La Real, líder en la aplicación de IoT al patrimonio cultural, es capaz de medir con sensores la evolución grietas, el avance de la carcoma en la madera, o la humedad y las temperaturas extremas y sus efectos sobre la conservación de los bienes históricos.

alertas y recomendaciones a turistas para diversificar la masificación de calles o zonas concretas.

El Procesamiento de Lenguaje Natural (Chabots): La aplicación de la IA al Procesamiento del Lenguaje Natural (PLN) permite en la actualidad progresos espectaculares en la Traducción Automática o en la asistencia virtual. Nuestros *Google Home y Amazon Echo* actuales son una primera versión de sistemas que irán incorporando más y más facetas para ayudar a las personas a realizar su trabajo, controlar su salud, el ocio, y cualquier tarea del día a día, desde conducir de forma autónoma, hasta regular la temperatura de la ducha[200].

Una robótica humanoide que aprende por sí misma: Tampoco podíamos olvidar la robótica, con la IA ayudando a que los procesos de automatización rompan límites impuestos por la complejidad. Los robots ya no trabajan con una única tarea asignada; el aprendizaje profundo les permite operar sobre la base de una variedad de situaciones muy diferentes que ni siquiera tienen porqué estar conectadas entre sí, y lo que es más importante, descubrir cómo usar objetos y herramientas para conseguir sus propósitos aprendiendo tanto de sus propios intentos como de la interacción con los seres humanos[201]. Estos avances superan los métodos convencionales del aprendizaje supervisado.

Incluso los límites del arte están siendo redefinidos por la IA. Máquinas capaces de reconocer obras anónimas, rejuvenecer a actores en pantalla, o de imitar con tanta calidad que ni siquiera los expertos son capaces de diferenciarlas de las originales[202].

Tecnología para el bien social: en definitiva, estamos asistiendo a una eclosión de algoritmos para progresos muy diversos de la humanidad[203]. Y aunque no hemos podido reflejar todos,

---

200. observatorio-ia.com/alexa-ahora-tambien-en-tu-ducha

201. Xie, A., Ebert, F., Levine, S., & Finn, C. (2019). *Improvisation through physical understanding: Using novel objects as tools with visual foresight.*

202. "Computer paints 'new Rembrandt' after old works analysis" bbc.com/news/technology-35977315.

203. Hay algoritmos que llevan el camino de convertirse en auténticas celebrities, como GAN (Generative Adversarial Network), Back-propagation algorithm (backprop) o Perceptron. También está siendo clave los avances en hardware de empresas como Google con su unidad de procesamiento de tensor

los ejemplos son infinitos y van desde la detección de terremotos[204], el apoyo a personas discapacitadas[205], la toma de decisiones de alto riesgo[206], el desarrollo de fármacos avanzados[207] o la enseñanza personalizada de un inglés gamificado fácil de aprender.

---

en 2017 (en 2019 siguieron otros procesadores de Alibaba, Cerebras, o Intel). Con ellos, y sin esperar a la computación cuántica, se aceleran los resultados de la IA

204. Investigadores del laboratorio de sismología de Caltech han logrado avanzar décadas en la investigación de los terremotos gracias a la simulación.

205. El equipo de AccessMap, de la Universidad de Washington, está generando mapas interactivos del entorno físico de las vías peatonales.

206. Investigadores como Yan LeCun están dando pasos agigantados en materia de aprendizaje supervisado que permitirá a las máquinas aprender tan rápido como lo hacen los humanos.

207. Kai-Fu Lee es un informático, empresario y escritor estadounidense residente en Beijing. Sus investigaciones y aplicaciones en IA y big data están permitiendo optimizar las cadenas de suministro de medicamentos, reduciendo su escasez para más de 150 millones de personas de zonas rurales de China.

Es autor del libro: Superpotencias de la IA. Silicon Valley, China y el nuevo orden mundial. Deusto.

5. NO HABRÁ INTELIGENCIA ARTIFICIAL SIN DATOS

5.1. Visión europeísta y costes de oportunidad

Una vez planteadas las perspectivas de impacto de la IA sobre nuestros sectores, nuestra riqueza y nuestro bienestar, cabe preguntarse ¿con qué ambición se aproxima Europa a la nueva era tecnológica? Sirvan el siguiente extracto del informe de la Comisión Europea "Artificial Intelligence: A European Perspective" para hacernos una idea:

> *Actualmente, la competencia global en la IA es en gran parte entre EE.UU. y China. Para la UE, no se trata tanto de ganar o perder una carrera, sino de encontrar la manera de aprovechar las oportunidades que ofrece la IA de una forma centrada en el ser humano, ético, seguro y fiel a nuestros valores fundamentales.*
>
> *Tenemos muchas áreas de fuerza, incluyendo una excelente investigación, una diversidad cultural extremadamente rica y liderazgo en algunos sectores industriales, como la automoción y la robótica.* [208]

Los párrafos anteriores dan a entender que Europa no pugna con EE.UU. y China de forma voluntaria, por centrarse en "el ser humano", lo cual nos conduce a un debate que no deja en buen lugar a la Comisión Europea. ¿Quieren decir que son conscientes de la brecha digital y no actúan para remediarlo? ¿O que no han medido el coste de oportunidad y las pérdidas competitivas, de riqueza y empleo que supone la dependencia tecnológica?

No discutimos que la Unión Europea no deba ser fiel a sus valores, porque de hecho uno de sus objetivos fundacionales es "promover el bienestar de sus pueblos". Por tanto es inaceptable

---

208. Comisión Europea: *Artificial Intelligence: A European Perspective* (No. JRC113826), pp. 17.

justificar el retraso tecnológico cuando este va en contra de sus propios principios: no hace falta ser economista para vislumbrar las débiles perspectivas de crecimiento que nos esperan en el medio y largo plazo si se amplía nuestra dependencia tecnológica con respecto a EE.UU., o si Asia-Pacífico sigue ganando competitividad en los sectores más representativos de Europa.

La "burbuja de privacidad" a la que la UE somete a sus empresas tendrá unas consecuencias catastróficas de no corregirse. En primer lugar porque los datos son el input fundamental de la nueva era digital. Su combustible, su oxígeno. Sin datos no hay posibilidad de entrenar algoritmos. Sin algoritmos no existe la IA ni sus tecnologías derivadas. Y sin ellas nuestras economías pierden capacidad para crear empleo y riqueza.

En segundo lugar, porque las medidas reguladoras y el azote mediático sobre privacidad retrasan el proceso de digitalización de los países, con una pérdida progresiva de confianza de las administraciones y los usuarios en los servicios que utilizan. Recordemos como el actual RGPD supuso sanciones a un ayuntamiento sueco por el uso de reconocimiento facial en las escuelas, o los más de 200 millones de euros a los que debió hacer frente la aerolínea IAG.

En definitiva, la óptica de "protección ciudadana" de la Comisión Europea se está volviendo contra su futuro económico y social, algo que ha sido puesto en evidencia con la parálisis europea frente a la crisis de la COVID-19, y la rapidez y agilidad asiática combatiendo el virus apoyados sobre la base tecnológica de la IA y el big data[209]. Hablaremos de ello más adelante.

El caso de DeepMind Technologies

DeepMind Technologies fue una empresa creada en el Reino Unido en 2010. Su primer gran logro fue el desarrollo de una red neuronal que aprendía a jugar videojuegos como los humanos, imitando la memoria a corto plazo del cerebro[210]. En 2014 la compañía

---

209. asiatimes.com/2020/03/china-suppressed-covid-19-with-ai-and-big-data/

210. en.wikipedia.org/wiki/DeepMind#Miscellaneous_contributions_to_Google

fue adquirida por Google, y en 2016 se hizo mundialmente famosa cuando su algoritmo AlphaGo venció al campeón mundial de Go, Lee Sedol, en un partido de cinco juegos.

Hechas las presentaciones, la actividad que nos ocupa en este apartado es la realizada por DeepMind en el área de la salud. Entre otros proyectos, ha colaborado con el Moorfields Eye Hospital para el desarrollo de aplicaciones buscando signos tempranos de enfermedades que conducen a la ceguera. También, junto al University College London Hospital, investigan la creación de un algoritmo que pueda diferenciar automáticamente entre los tejidos sanos y cancerosos en las áreas de la cabeza y el cuello. O, junto al Centro de Investigación del Cáncer del Reino Unido en el Imperial College de Londres, trabajan con el objetivo de mejorar la detección del cáncer de mama mediante la aplicación de aprendizaje automático a la mamografía.

De todos sus desarrollos en el área de la salud nos gustaría centrarnos en el acuerdo de DeepMind con la Royal Free London NHS Foundation Trust y el Imperial College Healthcare NHS Trust. El objetivo era desarrollar nuevas aplicaciones móviles clínicas vinculadas a registros electrónicos de pacientes. Con ellas, tanto los datos de las pruebas médicas como las alertas para gestionar la atención al paciente se enviaban a los teléfonos móviles del personal médico.

La aplicación, llamada *Stream*, fue recibida con gran agrado, ya que los profesionales mejoraban sustancialmente el manejo de pacientes concretos, como los que padecían alguna enfermedad renal aguda. En estos casos los tiempos de actuación son claves para salvar vidas, y *Stream* aceleraba la reacción ante cualquier complicación de los pacientes.

Cuando Google adquirió DeepMind, todos sus desarrollos para la salud pasaron a formar parte de la división Google Health. Y con ello llegó la polémica: el sistema británico de protección de datos anunció que este acuerdo traicionaba la confianza del paciente, considerándose una violación de la legislación europea y nacional en materia de protección de datos.

Se apuntó además que no había ninguna base legal para que la Royal Free London compartiera los registros médicos de sus pacientes con los creadores de la aplicación. Al mismo tiempo se denunciaba que no existían garantías de que la información de los pacientes fuera estudiada únicamente por los profesionales que cuentan con su permiso certero.

Pero cuando hablamos de salvar vidas y como ocurría con el caso de la COVID-19, ¿acaso algún paciente se opondría a que su historial fuera contrastado por más de un médico para tener un mejor diagnóstico? ¿no es un riesgo asumible la posible filtración de datos entre colegas o profesionales cuando la vida de un ser querido está en juego?

De nuevo, en un tema de tanto calado debería ser la ciudadanía la que fuera libre de tomar sus decisiones. Sería fácil preguntar: ¿Quiere usted ceder sus datos para la mejora de la investigación médica? ¿Quiere que su información pueda ser tratada por más de un profesional para mejorar su diagnóstico? ¿Asume el riesgo de que sus datos queden registrados de forma anónima en una nube que cuenta con un sistema de seguridad competente?

Dejemos que los pacientes europeos decidan entre la salvaguarda extrema de su privacidad, o contribuir a mejorar servicios de salud y nuevas investigaciones. Pensemos que somos capaces de donar órganos incluso a completos desconocidos. ¿De verdad creen que nos importa tanto ceder nuestro historial clínico anonimizado para contribuir a la cura de enfermedades?

Sin ánimo de menospreciar el derecho a la privacidad, pareciera que se da más prioridad a velar por nuestros datos que a salvar nuestras vidas. En Europa es más sencillo desde una perspectiva legal donar un órgano vital como es el riñón, que compartir nuestro historial clínico de forma anónima.

5.2. Un nuevo enfoque del RGPD

La UE ha elaborado un discurso y una normativa sobre la privacidad desde una perspectiva restrictiva para el desarrollo tecnológico, que resulta injusta e ineficiente con respecto a los propios fines motivacionales. Como ya expusimos, cualquier guardián de datos es vulnerable al robo de información por mucho celo que ponga. Ni siquiera los dispositivos más avanzados y caros como los iPhone son inexpugnables[211]. Así que amenazar con cierto tipo de sanciones, más que ayudar a la economía digital, comprometen la actividad futura de cualquier empresa que trabaje con datos sensibles ante el miedo a las multas a las que se exponen.

La política europea de protección de datos debe tratar de defender a los ciudadanos en casos de verdadera vulnerabilidad. Como cuando somos objeto de una violación flagrante de nuestra intimidad, o cuando hemos sufrido un fraude online, o actuando contra el mercado negro de cuentas de servicios de pago.

Un buen ejemplo de actuación digital necesaria ocurrió en agosto de 2019, cuando un ciudadano fue detenido en Madrid por subir 555 vídeos a una web porno de cientos de mujeres grabadas con un terminal móvil instalado en la parte alta de una mochila, que dejaba en el suelo junto a las víctimas en vagones de tren o en la cola del supermercado[212]. La actuación de la Policía española fue brillante, y la sanción debería ser tan severa como ejemplarizante.

Pero evitar los ciberdelitos es tan complejo como lo es prevenir los robos en supermercados, los timos, o cualquier otro fraude. Delitos analógicos que nos acompañan desde hace milenios y que solo la educación en las escuelas, la dotación de cuerpos de seguridad especializados y las nuevas tecnologías pueden erradicarlos.

El actual RGPD debería servir como marco penal, no como una herramienta coercitiva y restrictiva al servicio de la economía tradicional. No es de recibo que el derecho a la privacidad condicione el desarrollo de los sectores en Europa, como puede ser la medicina, cuyo potencial sobre la base de la IA requiere de muchos datos o de los historiales médicos anonimizados.

---

211. El grupo de análisis de amenazas de Google (TAG, por sus siglas en inglés), alertó a finales de febrero 2019 de que varias páginas web llevaban cerca de dos años atacando a los usuarios de iPhone explotando 14 vulnerabilidades presentes en el sistema operativo móvil de Apple, iOS. googleprojectzero.blogspot.com/2019/08/a-very-deep-dive-into-ios-exploit.html

212. elpais.com/sociedad/2019/08/21/actualidad/1566377166_355922.html

Creemos por tanto que sería interesante que se abriera un verdadero debate sobre los costes de oportunidad de la sobredimensión del derecho de privacidad, y que pacientes, familiares y la sociedad en general pudieran decidir sobre el valor que se le otorga a la protección de datos cuando está en juego incluso nuestra salud. Por suerte, cada vez con más frecuencia aparecen profesionales del derecho que, como Mikel Recuero[213], cuestionan el "laberinto jurídico que termina por retrasar o incluso frenar importantes avances médicos o nuevas herramientas de diagnóstico"[214].

No se trata de renunciar a nuestro derecho a la privacidad, sino de entender esta última con un nuevo enfoque basado en la libertad de decidir de cada usuario en cuestiones tan esenciales como su futuro económico o su salud.

---

213. Investigador de la Facultad de Derecho de la UPV/EHU, premiado con el Accésit de investigación por la Agencia Española de Protección de Datos (AEPD).

214. elcorreo.com/bizkaia/premiado-investigador-upvehu-202002041301 33-nt.html

6. ALGUNAS PROPUESTAS CONCRETAS: DATOS Y PRIVACIDAD.

Para prevenir el alto coste de oportunidad derivado de la privacidad sobredimensionada, proponemos las siguientes soluciones:

---

1. Trazar un "Plan ambicioso de Desarrollo de la Inteligencia Artificial" en el conjunto de Europa, con un gran fondo de financiación disponible para casos de éxito y nuevas *startups* en sectores estratégicos clave. Un plan centrado en beneficiar sectores clave como la salud, la Administración o la educación, pero también al resto de sectores representativos de los países de la UE, con la IA como motor de competitividad y elemento diferenciador.

La apuesta europea en IA debería superar las asumidas por Estados Unidos y China para recuperar el terreno perdido. El montante de la inversión de la UE no debería situarse por debajo de los **100.000 millones de euros**.

2. Crear un marco legal justo, eficiente y claro que incentive el uso de los datos para el bien público, facilitando e incentivando el acceso a estos datos para la investigación, y estableciendo unas pautas para minimizar riesgos de fuga o cesión de datos.

3. Apoyar la inversión en *open data* y construcción de bases de datos y *datasets* de alto interés para el progreso de la sectores críticos como la medicina, las ciudades inteligentes, los servicios públicos y la atención al ciudadano, donde la IA puede generar enormes beneficios para el conjunto de la sociedad.

4. Educar a la ciudadanía para que decidan libremente entre los beneficios, costes y riesgos que reportan compartir sus datos. Por ejemplo, que sepan ponderar si prefieren no compartir ningún dato (como sus hábitos de consumo), o compartirlos con

---

las empresas que le ofrecen productos personalizados como Netflix, Amazon, El Corte Inglés, las entidades financieras o el supermercado de la esquina, por ejemplo.

5. Propiciar que con total facilidad sean los ciudadanos los que ejerzan su derecho a ceder sus datos médicos o de otros tipo, en entornos bien informados.

6. Facilitar que las *startups* asuman códigos éticos con relación al uso de la IA y los datos, sin que el coste financiero sea una barrera de entrada relevante. Sin duda, el valor económico que tiene la explotación de esos datos puede generar la base de toda una industria y el robustecimiento de la economía digital.

7. Facilitar infraestructuras y acceso a la capacidad de procesamiento computacional para grandes bases de datos y pequeñas empresas.

8. Incentivar y apoyar la ciberseguridad positiva y proactivamente, incluso ayudando a aquellas instituciones, empresas o *startups* que pueden ser más vulnerables.

9. Fomentar en foros globales una dura penalización internacional de los ciberdelitos, armonizando la legislación de los países.

10. Ajustar y consensuar globalmente una tipología internacional para los ciberdelitos y lograr en todas las vertientes que se ajustan a los derechos fundamentales de las personas.

CAPÍTULO 6: PERSPECTIVAS DE CREACIÓN Y DESTRUCCIÓN DE EMPLEO EN LA ERA DIGITAL

«Los países con la mayor densidad de robots tienen también las tasas de desempleo más bajas».

ULRICH SPIESSHOFER, presidente y CEO de ABB.

Nos aproximamos a una época de automatización de gran cantidad tareas, que afectará muy especialmente a aquellos sectores intensivos en mano de obra. Europa y el resto del planeta se enfrentan a una era de cambios exponenciales que nos llevarán a una situación desconocida. ¿Compensarán los nuevos empleos creados por la economía digital la destrucción de trabajo en los sectores maduros? ¿Se alcanzará un consenso de distribución de la riqueza? ¿Llegaremos a necesitar una renta universal de carácter global?

Es difícil de predecir, pero lo que sí sabemos a partir de distintos indicadores es que la demanda de habilidades STEM (siglas de ciencias, tecnología, ingeniería y matemáticas en inglés) y su hibridación con cualquier otra rama del conocimiento se incrementará con los años, dando lugar a una "guerra de talento" para la que los países de la Unión Europea deberán prepararse concienzudamente.

La creación de empleo para un país que quiera mantener su nivel de salarios y retribuciones pasará por la economía digital y por aquellas tecnologías que alimenten la competitividad de los sectores maduros.

1. PESIMISMO EUROPEO EN MATERIA DE EMPLEO EN LA ECONOMÍA DIGITAL

Todas las generaciones pasadas, sin excepción, se han enfrentado al progreso tecnológico y su impacto sobre el empleo. La maquinaria agrícola eliminó trabajos manuales y las tareas de tiro con animales con siglos de tradición, los hidrocarburos cerraron las minas de carbón, los avances en las telecomunicaciones dejaron a millones de teleoperadores sin empleo, y más recientemente la robótica avanzada (industrias 4.0) ha sustituido al capital humano en las fábricas de cualquier sector.

Es lo que conocemos como "desempleo tecnológico", uno de los temas de estudio por excelencia en la teoría económica, abordado desde finales del siglo XVIII. Hasta la fecha, este desempleo tecnológico no ha dado lugar a un apocalipsis laboral ni nada que se le parezca. La revolución agrícola propició un éxodo masivo mundial del campo a la ciudad, de trabajar en el sector primario hacia la construcción y la industria. Posteriormente la transformación industrial dio paso a una revolución en los servicios, adaptándose la formación a los nuevos desempeños.

En el caso de España, por ejemplo, en 1901 la agricultura ocupaba al 66,7% de la población activa. La industrialización y la introducción de tecnologías en el sector han reducido la cifra al 4,7%, pero el proceso de modernización ha multiplicado por 15 el PIB[215].

Con estos datos y el bien común en mente, ¿que credibilidad tendría un Gobierno más preocupado por la destrucción del empleo agrícola que por las posibilidades del trabajo industrial y terciario? ¿O que no impulsara una educación acorde al cambio de paradigma tecnológico?

---

215. Con el cambio de modelo desapareció además la mayor parte del subempleo que escondía el sector agrícola, generando a su vez una diversidad y entidad de empleos públicos y privados impensables hace 100 años.

Los efectos de un cambio disruptivo en el empleo

Antes de la era de la informática, las máquinas consiguieron sustituir "fuerza bruta" humana o animal, acelerando las tareas y eliminando peligrosidad. La aparición de los microchips permitió acabar con millones de tareas rutinarias y repetitivas, además de trabajar a distancia y manejar aparatos en escenarios inseguros.

Hoy la IA apunta a la sustitución de tareas cognitivas de toda índole, como identificar tumores cancerígenos, trazar patrones de inversión en Bolsa o hacer nuevos descubrimientos científicos[216].

Este salto tecnológico cualitativo tendrá consecuencias en el empleo que hace pocas décadas ni podíamos imaginar, como refleja la investigación de la Universidad de Oxford realizada por Carl Frey y Michael Osborne[217]. Según el artículo el 47% de los empleos en EE.UU. están en condiciones de ser automatizados con la tecnología existentes. Y el 90% de los restantes sufrirán cambios tan importantes que se parecerán muy poco a los actuales.

Otros informes como *"What's now and next in analytics, AI and automation"*[218] de Mckinsey Global Institute, o *"The macroeconomic impact of artificial intelligence"*[219] realizado por PwC secundan esta predicción, y ponen sobre alerta a sectores intensivos en mano de obra como la construcción y el transporte. Países como China, Brasil, Rusia, India, México o Italia estarían en riesgo de una automatización masiva de los puestos de trabajo **(figura 6.1)**. En el mejor de los casos, las cifras de destrucción de empleo se rebajarían hasta un 9%[220].

---

216. agenciasinc.es/Noticias/El-algoritmo-que-actua-como-un-cientifico

217. Se trata del trabajo más importante que se ha hecho sobre las posibilidades de automatización del trabajo. Ver: Frey, C. B., & Osborne, M. A. (2017). The future of employment: How susceptible are jobs to computerisation? *Technological forecasting and social change*, 114, 254-280.

218. mckinsey.com/featured-insights/digital-disruption/whats-now-and-next-in-analytics-ai-and-automation

219. pwc.co.uk/economic-services/assets/macroeconomic-impact-of-ai-technical-report-feb-18.pdf

220. Arntz, M, T Gregory and U Zierahn (2016) The risk of automation for jobs in OECD countries: a comparative analysis, OECD social, employment and migration. Working papers, no.189. Paris: OECD.

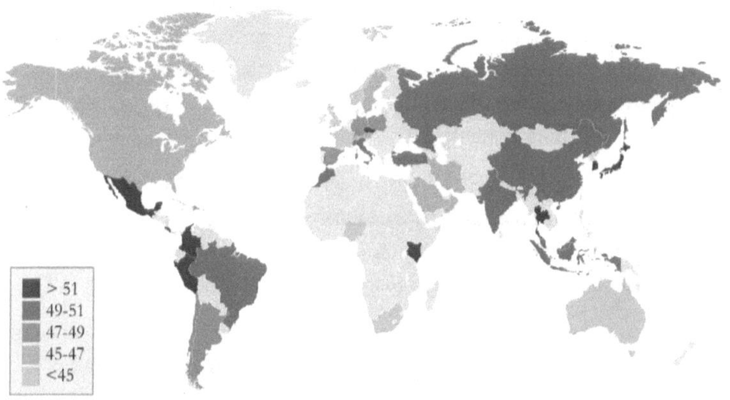

Fuente: Mckinsey Global Institute

Pese a las distintas técnicas empleadas y algunas cuestiones metodológicas que debieran ser apuntadas[221], hay que destacar tres hechos clave en los que coinciden todos los informes:

1) la IA y el resto de las tecnologías disruptivas provocarán una 'convulsión' del empleo global, que afectará especialmente a los sectores intensivos en mano de obra.

2) La transformación será dramática para las economías que no sepan adaptar su tejido productivo a la vanguardia tecnológica.

3) Los nuevos puestos de trabajo estarán especialmente asociados a habilidades STEM[222] y a las tecnologías que alimentan la competitividad de los sectores maduros.

El mensaje político predominante

En España, uno de los países con las tasas de paro juvenil más altas de la UE, las estadísticas oficiales se hacen eco del déficit de talento digital para ocupar la demanda del sector privado. Y también

---

221. Por ejemplo Osborne y Frey derivan resultados para 700 puestos de trabajo a partir del análisis únicamente de 70 actividades laborales. También cabría preguntarse si las tareas automatizadas no darán lugar a nuevas tareas que requieran la supervisión humana incluso en el mismo puesto de trabajo.
222. Recordemos: ciencias, tecnología, ingeniería y matemáticas.

la Comisión Europea ha advertido de la necesidad de cubrir millones de puestos de trabajo en el ámbito de las nuevas tecnologías[223]. Si la economía europea o la española pudieran satisfacer estas demandas e inclinar su especialización productiva hacia las áreas digitales en las que se encuentra más rezagada, a buen seguro que los datos de desempleo se reducirían hasta cifras nunca vistas.

A pesar de ello, en 2017 el hoy Presidente del Gobierno español publicaba un tuit en el Día Internacional del Trabajo (1 de mayo) que decía: "*Animo a la unidad para hacer frente al desempleo, al paro de larga duración, a la pobreza y a la digitalización de la economía*" **(figura 6.2)**.

No queremos con ello hacer una crítica personal o descalificar al partido político: es solo una muestra de opiniones enquistadas y extendidas en la política europea, que transmiten un mensaje muy negativo a la sociedad, advirtiendo del peligro de la economía digital.

Figura 6.2. Tweet de Pedro Sánchez

Fuente: Twitter[224]

___

223. ec.europa.eu/commission/commissioners/2014-2019/ansip/blog/digital-skills-jobs-and-need-get-more-europeans-online_en
224. twitter.com/sanchezcastejon/status/859003484582158336

El discurso de gran parte de la izquierda y la derecha europea, atrincheradas en actitudes proteccionistas, muestra más interés por salvaguardar el presente que en dar respuesta a las demandas laborales del futuro. Este enfoque está llevando a los partidos a distanciarse cada vez más de las nuevas generaciones de trabajadores digitales, que no se sienten protegidos por sus legítimos representantes, con normativas poco flexibles que no tienen en especial consideración la posibilidad de teletrabajar desde cualquier lugar del mundo, o la falta de agilidad normativa.

Necesitamos a todos los partidos políticos, sin distinción ideológica, para crear acuerdos y pactos de Estado en torno al futuro digital. También la opinión pública debe enfatizar en la creación de nuevos puestos de trabajo para compensar la destrucción que ocurrirá de forma inevitable. La digitalización debe ser entendida como la única posibilidad, no como el enemigo a batir.

2. HACIA UNA ESTRATEGIA DE TALENTO STEM EN EUROPA

Todos los expertos y organismos internacionales están de acuerdo en definir las habilidades STEM como la base de las profesiones futuras, aunque hemos de matizar algunos aspectos. Cuando hablamos de profesionales de los sectores del futuro no solo estamos alentando a que nuestros estudiantes se conviertan en científicos, matemáticos o informáticos. Sino también a hibridar conocimiento utilizando las habilidades STEM de forma transversal en cualquier otra especialidad.

La mejor forma de preservar cualquier profesión y sus empleos es la reinvención a partir de las nuevas capacidades y destrezas que nos proporcionan las tecnologías actuales. El trabajo de taxistas, repartidores, profesores, arquitectos, médicos, biólogos, filósofos o abogados perdurará por décadas. Pero estos profesionales deben ser conscientes de que en un plazo de tiempo más corto del que puedan imaginar se encontrarán ejecutando tareas muy diferentes a las que realizan en la actualidad.

Los médicos convivirán con herramientas de IA capaces de hacer diagnósticos en tiempo real para proponer tratamientos eficaces individualizados; los policías podrán servirse del reconocimiento facial y drones automatizados para atajar peligros inminentes; los maestros quizás sean expertos en potenciar la inteligencia emocional de sus alumnos, reformulen sus funciones con más habilidades psicopedagógicas y técnicas de enseñanza donde tenga más peso la gamificación y la personalización; los taxistas quizá deban servir de asistencia al viajero porque los coches conducirán de forma autónoma por nuestras calles.

De esta forma podemos denominar "talento digital" al capital humano capacitado para participar en esta transformación del mercado laboral. Personas con habilidades STEM transversales, que estarán presentes y altamente demandadas en todas las profesiones del tejido productivo.

En solo dos décadas en la UE casi se ha triplicado el número de profesionales con educación superior ligadas a las áreas de ciencia y tecnología, con todos los países del viejo continente (especialmente Finlandia, Bélgica, Noruega, Suecia, Irlanda y Dinamarca) aumentando su contratación **(figura 6.3.)**. En cifras concretas, hemos pasado de menos de 20 millones de empleos generados en áreas tecnológicas en el año 2000 en Europa, a los más de 55 millones actuales. De un 14% de la población activa, a casi un 22%. En Estados Unidos ocurre algo muy parecido, con los profesionales STEM percibiendo un salario, de media, un 26% superior al del resto de empleos.

Figura 6.3. Población activa con educación superior empleadas en áreas de ciencia y tecnología (% total de la población activa)

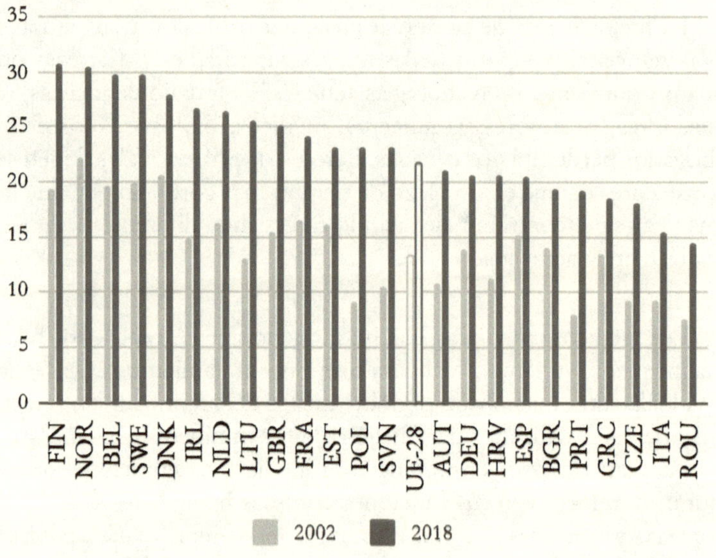

Fuente: Eurostat

Los datos dejan poco margen para la duda, con previsiones que se disparan para los próximos cinco años. En Estados Unidos se prevé un crecimiento de más de un 12% anual en la demanda laboral de ingenieros computacionales, y más de un 30% anual de expertos en estadística y matemáticas[225]. En la UE serán más de 7 millones los nuevos puestos de trabajo que requerirán de habilidades STEM. Una cantidad suficiente como para contratar a todos los desempleados de las economías de la Europa mediterránea.

También España, segundo país con más desempleo juvenil de Europa, necesitará cubrir más de 1.000.000 de puestos de trabajo STEM si asumiera los retos de transformación digital. De hecho, la Encuesta Nacional de Innovación española advierte que más del 20% de las empresas se ven incapaces de innovar por falta de personal capacitado, y más del 50% no tienen pensamiento de impulsar algún proceso de innovación, seguramente por falta de conocimientos de sus directivos de las nuevas posibilidades del mercado[226].

Ante estas inercias de demanda laboral, organismos como el Fondo Monetario Internacional advierten de un déficit de empleos STEM superior a los 40 millones en esta década. También la Comisión Europea ha barajado en discursos la cifra de 825.000 empleos vacantes relacionados con la informática y las telecomunicaciones.

Pero este déficit de profesionales STEM no está afectando a todas las regiones por igual. Finlandia, EE.UU., Israel, Canadá o Alemania cuentan con una amplia disponibilidad de científicos e ingenieros en sus mercados laborales **(figura 6.4)**, haciendo de la atracción de talento una punta de lanza de sus economías. Mientras que otros como Francia, España, Bélgica, Dinamarca o Italia muestran un cierto déficit que deberían tratar de solucionar lo antes posible, tal y como están haciendo China o Corea del Sur mediante la priorización en sus políticas educativas.

El tema no es baladí. Las diferencias en la formación y la disponibilidad de profesionales STEM podría acentuar la brecha digital y económica entre las dos Europas, y también entre Europa y EE.UU. y Asia, con impactos relevantes en la renta y el empleo.

---

225. Informe "STEM Occupations: Past, Present, And Future" de la U.S. Bureau of Labor Statistics.

226. Encuesta Nacional de Innovación, año 2018, realizada por el Instituto Nacional de Estadística. Ver en la sección de Ciencia y Tecnología de la web ine.es.

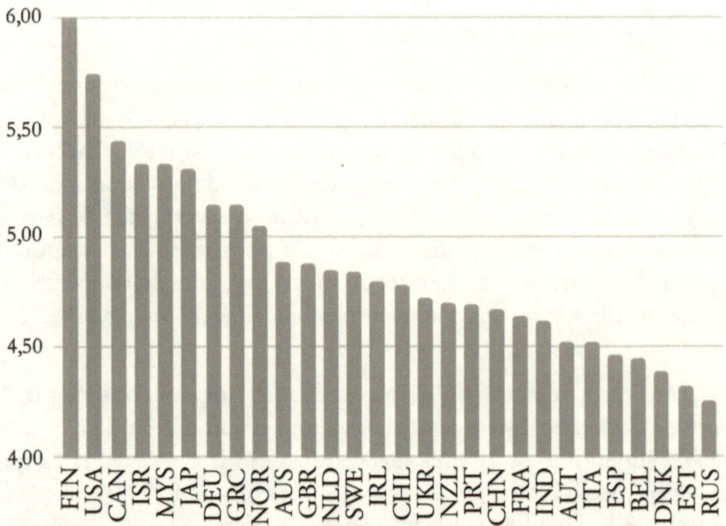

Fuente: Foro Económico Mundial y Banco Mundial

Cabe por tanto preguntarse por qué aquellos países con más desempleo estructural no ponen el foco en la economía digital para impulsar una contratación masiva. Si nos preocupa el desempleo juvenil, deberíamos estimular las habilidades que serán clave en los sectores de futuro, y acompañarlas de medidas para prevenir la fuga de talento a terceros países.

3. EUROPA ANTE LA GUERRA MUNDIAL POR EL TALENTO

3.1 Acercando a la sociedad a las nuevas STEM

La IA ha abierto un escenario de renovación de todas las profesiones, además de crear una gran cantidad de puestos de trabajo para de explotar y potenciar las nuevas herramientas tecnológicas. El impacto de esta tecnología será excepcionalmente visible en las actividades más rutinarias y repetitivas, pero también en aquellas en las que el comportamiento humano pueda ser *imitable* o *mejorado* por las máquinas.

¿Podemos delimitar con precisión los perfiles más demandados para los próximos años? Es evidente que no. Será el mercado el que haga sus propios ajustes en cada momento. Pero dado que son los conocimientos STEM los que sustentan la actual ola tecnológica, podemos asegurar que en la medida que los sistemas educativos capaciten a sus estudiantes con estas habilidades, los datos sobre la creación neta de empleo serán más positivos.

La sociedad debe observar la nueva era tecnológica no como un peligro sino como un reto; no como un ejército de algoritmos dispuestos a robar datos y empleos, sino como la respuesta a los desafíos de la humanidad. Europa necesita enfatizar el discurso sobre la economía digital para darle el reconocimiento y la importancia que se merece.

La respuesta de los jóvenes y la especialización tecnológica

Históricamente en Europa ha existido un elevado interés por la habilitación en materias STEM, con un incremento de matrículas en todas sus áreas de estudio. Solo arquitectura es la nota discordante debido a la crisis inmobiliaria de 2008.

Alemania, Austria o incluso Grecia cuentan con un elevado volumen de estudiantes en ramas científicas, tecnológicas o de ingeniería, con valores relativos incluso superiores a Corea del Sur, Suecia o Estados Unidos **(figura 6.5)**. Y también Portugal, Rumanía,

Suecia o Finlandia están por encima del 25% de graduados STEM en todas las ramas del conocimiento.

Figura 6.5. Egresados en materias STEM (año 2017 y comparativa con 2013)

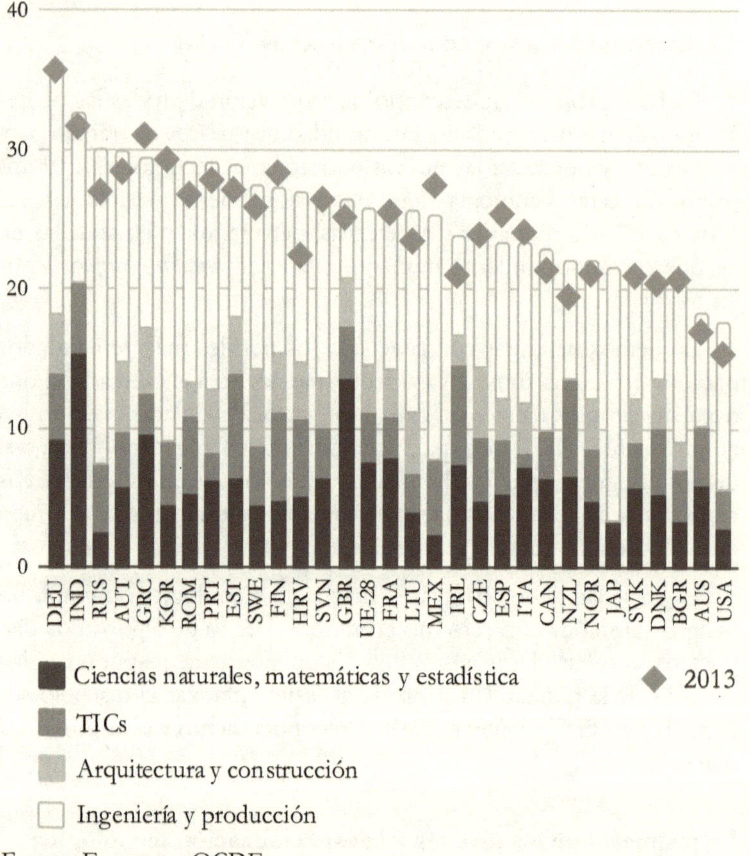

Fuente: Eurostat y OCDE

¿Dónde está entonces el problema de Europa?

La alta dependencia europea por las industrias tradicionales genera que el aporte de científicos, ingenieros y técnicos al tejido laboral sea menos productivo que en otros países. Recuerden la diferencia entre "innovación" y "disrupción" que expusimos: Europa se ha especializado en la innovación, pero no en la disrupción necesaria para dar el salto hacia el liderazgo tecnológico.

Para que lo entendamos mejor, las empresas que están revolucionando los sectores automovilístico (Tesla, Google), turístico (Airbnb), educativo (Coursera), del *retail* (Amazon, Alibaba) o del transporte (Uber, Didi) entre otros muchos han nacido lejos del viejo continente. Es allí donde las habilidades STEM más demandadas están estrechamente ligadas a la digitalización.

En Europa por el contrarió hay una mayor vinculación con prácticas que no conducen a una renovación del tejido empresarial, sino a una mejora constante. La existencia de profesionales STEM es condición imprescindible, pero no suficiente. Los interesantes datos que presentan algunos países en formación STEM, como es el caso de Grecia, pierden fuerza en un contexto no especializado en la economía digital.

3.2. La guerra mundial por el talento

En la actualidad se calcula una escasez de talento STEM en todo el mundo de más de 80 millones[227], lo que dará lugar a una "guerra mundial por el talento" [228] por conseguir a los profesionales mejor cualificados para abordar los retos de la economía digital.

En la era del conocimiento, el capital humano es el factor clave para explicar la competitividad de las economías. De hecho el historiador y autor *best seller* norteamericano Arthur Herman ya ha advertido de una inminente crisis provocada por el déficit de graduados en ciencias e ingeniería en EE.UU. Solo un 14% de sus estudiantes están formándose en áreas STEM, insuficientes para cubrir la demanda de empleo[229]. La respuesta estadounidense a esta crisis es la atracción de talento internacional, gracias a los elevados salarios en las grandes tecnológicas, y las posibilidades de emprendimiento en sus ecosistemas.

---

227. Informe "The global talent crunch", realizado por Korn Ferry.
228. Michaels, E., Handfield-Jones, H., & Axelrod, B. (2001). *The war for talent*. Harvard Business Press.
229. hudson.org/research/14547-america-s-high-tech-stem-crisis

Israel, y especialmente Canadá, representan el caso contrario, con planes pioneros de formación en IA[230] y que ha tenido como resultado que grandes multinacionales trasladen allí sus centros de investigación. Por su parte China, y aunque no hay datos oficiales, parece que también está haciendo sus deberes. Algunas estimaciones apuntan a que entre un 35% y un 40% de sus estudiantes universitarios estarían cursando formación STEM. En términos absolutos hablamos de ¡5 millones de graduados STEM por año![231] Casi el doble que India (2,6 millones), y ¡ocho veces más que EE.UU.! (600.000 estudiantes) según los datos del FMI. Una muestra más del plan "MIC 2025" para alcanzar el liderazgo tecnológico.

Europa, sin embargo, no cuenta con una estrategia común clara para la captación o creación de talento digital, más allá de la financiación de proyectos bajo el paraguas H2020. Como veremos más adelante, las empresas tecnológicas europeas no pueden competir con el poderío asiático y estadounidense, y los planes educativos son menos ambiciosos que en los países que están llamados a liderar el nuevo paradigma tecnológico.

Basta con analizar cómo cada año China, Singapur, Japón, Taiwán o Corea del Sur ocupan las primeras posiciones del informe PISA en matemáticas y ciencias, con los países europeos en un lugar secundario. Ante este panorama la UE corre el riesgo de segmentarse laboral y competitivamente. Y no se trata de una división norte-sur: Holanda, Dinamarca y Bélgica sufren de un déficit de profesionales STEM de tanta magnitud como Italia o España[232].

El esfuerzo por habilitar a nuestros jóvenes y profesionales en materias STEM debe trazarse desde una estrategia correcta. El objetivo no debe ser únicamente transformar los sectores maduros, sino converger con las economías más disruptivas en las tecnologías de vanguardia, dando así respuesta a futuras vacantes laborales que todavía ni han sido inventadas.

---

230. La ciudad de Montreal ostenta la mayor concentración per cápita de investigadores y estudiantes en IA del mundo: 5 por cada 1.000 habitantes.

231. bbc.com/news/business-35776555

232. En España desde el año 2001 la demanda de matrícula universitaria en ingeniería y arquitectura ha caído un 30,5 por ciento La crisis económica de 2008 trastocó la evolución especialmente de la segunda, según un informe de Ivie. Ver: dx.medra.org/10.12842/INFORME_SUE_2018

4. LAS MUJERES EN EL MUNDO STEM

Incentivar el empleo y la formación en IA y el resto de las tecnologías disruptivas debe ser el primer paso en Europa para acercarse a EE.UU. y China. Y en esta promoción del talento y el desempeño STEM las Administraciones europeas y nacionales deben obsesionarse con incorporar a más mujeres a estas áreas de conocimiento.

Según datos de la Comisión Europea, la paridad de hombres y mujeres en la industria digital permitiría elevar el PIB de la UE en unos 9.000 millones de euros anuales. Además, reduciría la brecha salarial entre sexos. Sin embargo, estamos muy lejos de la paridad:

- En los países pertenecientes a la OCDE, solo 1 de cada 5 graduados en informática y telecomunicaciones son mujeres.

- En 107 de las 114 naciones registradas por la UNESCO el número de graduadas en carreras técnicas es inferior al 50%. En la UE ningún país muestra cifras superiores al 45% **(figura 6.6)**.

- En Europa la relación de ingenieras empleadas en los sectores de alta tecnología es de 1 a 4 respecto a sus compañeros hombres **(figura 6.7)**. Y solo una pequeña parte de ellas alcanzan el liderazgo de las empresas y la investigación tecnológicas.

Los países deben diseñar programas y medidas imaginativas y eficaces para superar la barrera cultural de género con la tecnología. Se requiere romper estereotipos, poner en valor a grandes referentes femeninos en áreas STEM, y cambiar la percepción de materias como matemáticas o física desde edades tempranas[233].

Si las mujeres no se suman a la construcción del nuevo mundo que se empieza a dibujar, si no acabamos con las barreras que les impiden crecer profesionalmente, entonces sus intereses, sus deseos y sus necesidades quedarán infrarrepresentados.

---

233. En España solo el 8% de las niñas de 15 años asegura que quiere estudiar alguna carrera relacionada con la tecnología, mientras que casi el 25% de los niños de esa edad afirma querer hacerlo.

Figura 6.6. Porcentaje de mujeres graduadas en carreras STEM (datos de educación superior para el último año disponible)

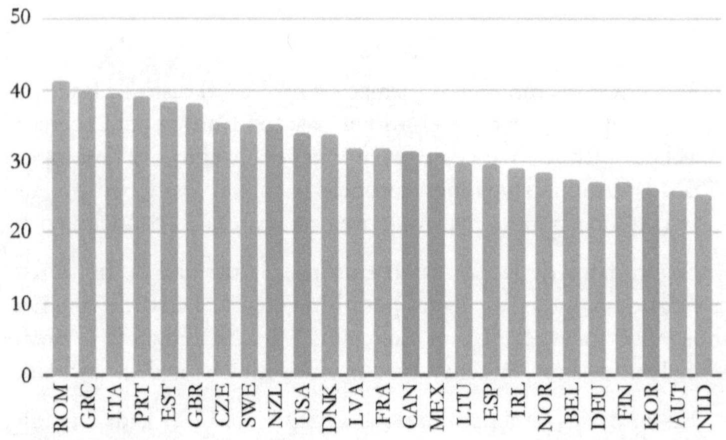

Fuente: UNESCO

Figura 6.7. Porcentaje de ingenieras empleadas sobre el total y en sectores de alta tecnología

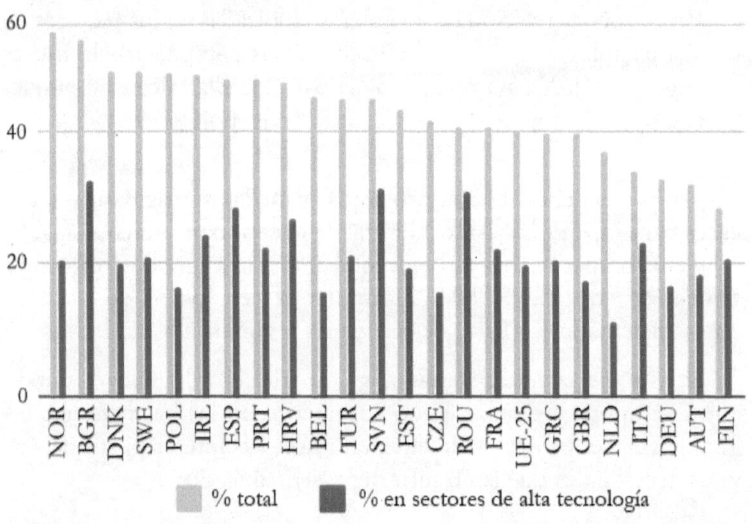

Fuente: Eurostat

5. SIN TRANSFORMACIÓN DIGITAL DE NADA SIRVE LA APUESTA STEM

El estudio de la creación-destrucción de empleo es muy recurrente la historia del pensamiento económico, pudiendo encontrar la visión inicial profundamente negativa de David Ricardo y Malthus ("las máquinas destruyen empleo neto"), la idea excesivamente positivista de John Stuart Mill ("los progresos técnicos ocurren de forma lenta, y por tanto su impacto es mínimo") o la más realista y confirmada del desajuste temporal de McCulloh ("en el medio plazo la creación de máquinas genera más empleo del que destruyen tales máquinas").

De todas, quizá la más acertada sea la visión del primer premio Nobel de Economía, Jan Tinbergen: *"la innovación tiende a elevar la demanda de los trabajadores más cualificados"*. Pero para afrontar la era de la IA y la automatización es absolutamente imprescindible matizar la oración: "la innovación tiende a elevar la demanda de los trabajadores más cualificados… en las disciplinas y sectores que impulsan dicha innovación".

Sin embargo, las medidas para impulsar las habilidades de los empleos del futuro de nada servirán sin un tejido productivo que apueste por la vanguardia tecnológica y el poder de transformación de la disrupción. Este es el caso de España, cuya demanda de informáticos creció un 6% entre 2018 y 2019[234]. Una cantidad insignificante si lo comparamos con el crecimiento experimentado por el colectivo de técnicos de prevención de riesgos laborales (+27%), de operadores de grúas (19,4%) o de transportistas y mensajeros (+16%). Con estos datos en la mano podríamos pensar que puede resultar más inteligente para los españoles dedicarse a completar una formación profesional (FP) analógica que a hibridar conocimientos STEM.

---

234. elpais.com/economia/2020/01/31/actualidad/1580471100_13.html

La Administración debe reaccionar cuanto antes en países como España, en los que se corre un alto riesgo de perder vocacionalmente a toda una generación, que piensa que en las industrias tradicionales encontrará una salida profesional antes que en los llamados sectores de futuro.

Las nuevas tecnologías amplían el horizonte de tareas automatizables cada nuevo día, al tiempo que nos presentan nuevos retos para los que, de no revertir la situación, no estaremos preparados. Volvemos a incidir en la misma idea: a medio plazo, la formación en las ramas más innovadoras serán las que más garantías de éxito laboral presenten.

6. ALGUNAS PROPUESTAS CONCRETAS: EMPLEO DIGITAL

Recapitulamos a actuación propuestas concretas en materia de empleo y mercado de trabajo vistas en este capítulo:

---

1. Debemos maximizar las oportunidades para crear nuevos empleos en la economía digital. El mercado de trabajo estará sometido a tensiones y convulsiones muy relevantes en la creación y destrucción de empleo. **La estrategia STEM parece ser la forma más sólida para apostar por los empleos de futuro y los sectores tecnológicos avanzados.**

2. El balance entre destrucción de puestos de trabajo y creación de empleos digitales está vinculado a la estrategia de país. Una estrategia ideal consistiría en un país que apuesta por ser una potencia en las tecnologías disruptivas, sacando el máximo provecho a sus recursos STEM -previa apuesta educativa.

3. Evitar el síndrome político "contra la digitalización". La vieja Europa ve peligrar su mercado de trabajo ante las perspectivas de destrucción de empleo, la entidad del paro juvenil, y las altas cotas de envejecimiento poblacional. La destrucción de empleos rutinarios le dará competitividad a sus sectores tradicionales y la apuesta por los sectores de futuro generará nuevos empleos más cualificados y mejor remunerados.

---

4. **La política laboral más potente en la era digital es la educación**. Como veremos en el capítulo siguiente son las políticas educativas las que pueden revolucionar el mercado de trabajo y una estrategia sólida de cara a liderar la nueva era de la IA y las tecnologías digitales. Solo una revolución educativa (pensamiento computacional en primaria y secundaria, y la empleabilidad universitaria) permitirá afrontar con garantías los descomunales cambios que se avecinan.

5. **La no digitalización puede conllevar brechas laborales importantes** entre jóvenes y mayores, o entre empleados públicos rígidos e inamovibles y los autónomos dispuestos a reinventarse de forma continua. Pero también conlleva una brecha de género. La no incorporación de la mujer a las ramas tecnológicas supone un alto coste tanto para el potencial del país como para las propias oportunidades de las mujeres para acceder a los puestos de trabajo mejor remunerados y con más recorrido en la vida laboral..

6. **La incorporación de la mujer al mercado tecnológico es un aspecto central y clave para cualquier país es una estrategia de futuro**. Remarcando el punto anterior, difícilmente un país superará el gap de falta de capital STEM sin una incorporación plena de la mujer en el ámbito tecnológico. Aquellos países que no sean eficientes en las políticas de incorporación de la mujer verán mermadas sus posibilidades de crecimiento.

CAPÍTULO 7: LA REVOLUCIÓN DE LA EDUCACIÓN Y EL TALENTO EN EL MARCO DE LAS TECNOLOGÍAS DISRUPTIVAS

«La educación es el arma más poderosa que puedes usar para cambiar el mundo».
NELSON MANDELA.

«El analfabeto del futuro no será la persona que no pueda leer, sino la persona que no sepa cómo aprender».
ALVIN TOFFLER.

Si queremos afrontar con garantías los grandes retos que nos depara el siglo XXI necesitamos preparar a la sociedad del futuro con una educación extremadamente sólida, pensando en los complejos problemas a los que el ser humano debe dar respuesta.

¿Cómo conseguirlo?

El economista estadounidense James Heckman[235] nos da algunas pistas para ello en su libro "Escuelas, capacidades y sinapsis"[236], en el que con modelos econométricos demostró que la inversión educativa en la infancia es la que tiene mayor impacto cognitivo y presenta las mayores tasas de retorno. Una acción "preventiva" que supera a cualquier otra acción social.

La supervivencia del planeta, la gestión del inmenso poder vinculado a la inteligencia artificial y la computación, o la lucha contra las pandemias mundiales son ejemplos de por qué nunca habíamos necesitado tanto de esta "educación preventiva". Evitar el desastre

---

235. Recibió el Premio Nobel de Economía en el año 2000
236. ftp.iza.org/dp3515.pdf

que pueden provocar los "dioses insatisfechos[237]" en los que nos hemos convertido, según la *Breve historia de la humanidad* de Yuval Noah Harari, solo será posible si somos educados de forma consecuente con las necesidades y dificultades de nuestro entorno, partiendo de un principio de sostenibilidad y eficiencia.

En este capítulo vamos a centrarnos en el rumbo que debe tomar la educación en Europa para afrontar con solvencia la digitalización y los grandes desafíos del actual paradigma tecnológico. Y esto pasa por un cambio y mejora de nuestros sistemas educativos, potenciando las habilidades computacionales en la educación primaria, obsesionándonos por la empleabilidad y la eficiencia en las universidades, premiando la creatividad y el talento, y motivando la educación para toda la vida.

Nada de medias tintas.

La educación también necesita una buena dosis de disrupción

---

237. Siguiendo con Yuval Noah Harari, ya citado anteriormente

1. LA EDUCACIÓN COMO EJE CENTRAL DE LA POLÍTICA ECONÓMICA

¿Cuál es el primer paso que deben dar los países para garantizar la competitividad ulterior de sus economías y el bienestar de las personas en la era digital? ¿Cuál debe ser la prioridad sobre la que empezar a construir una sociedad de futuro? ¿Cómo deben abordarse las inciertas amenazas que nos aguardan como especie en las décadas siguientes?

Responder a este tipo de preguntas puede resultar difícil, pero es evidente que cualquier réplica que quisiéramos dar debería pasar, sí o sí, por la educación como uno de sus elementos clave. Apostando por la mejora educativa, incluso cuando el país se equivoca, suele obtener réditos. De hecho, nos resultaría difícil encontrar casos en los que el incremento del gasto en formar al capital humano haya reportado efectos negativos.

Los Premios Nobel de Economía han terminado por rendir el tributo que merece a la educación, junto al emprendimiento y la salud, como un factor fundamental en la lucha contra la pobreza, en su edición de 2019.[238] Es nuestra obligación como economistas enfatizar una y otra vez que la política educativa debe formar parte del eje central de la política económica. La formación de nuestros profesionales es la base de la competitividad, del empleo digno y de la mejora del bienestar de un país.

---

238. Banerjee, Duflo y Kremer fueron los ganadores del premio Nobel de Economía por sus estudios sobre la reducción de la pobreza al haber contribuido a desarrollar políticas e incentivos para ayudar a los hogares más pobres. Banerjee y su esposa Esther Duflo —originarios de la India y Francia, respectivamente, y catedráticos del MIT— tomaron la metodología de Kremer como base fundamental para evaluar otros campos determinantes en el desarrollo y el combate a la pobreza poniendo foco en la educación, los servicios de salud y el emprendimiento.

Nativos digitales

En la UE, y una vez solucionadas hace décadas las necesidades básicas de acceso a la educación, las Administraciones deben mostrarse agresivas y exigentes en sus resultados. Su "educación digital" debe ir mucho más allá de la mera introducción de dispositivos tecnológicos o algunas competencias aisladas en el currículum de los estudiantes. Debe ser tratada como exigencia social.

Una población analógica en el siglo XXI es una sociedad vulnerable a las *fake news* o al *phishing*, fragmentada por la brecha tecnológica, y sin igualdad de oportunidades. Los métodos educativos, casi petrificados durante décadas, deben ser revolucionados para acoplarse a los perfiles que demanda la sociedad digital e impulsan la economía del conocimiento.

Tal vez usted piense que se están dando los pasos adecuados, o que exageramos. Pero la falacia de los "nativos digitales" nos muestra cómo no debe ser una sociedad en la era de la IA: jóvenes que nacen rodeados de herramientas digitales, pero que limitan su tiempo en internet a las redes sociales, a Fortnite y a WhatsApp. Que apenas conocen las posibilidades laborales o de estudio que les ofrece la red, ni soluciones para mejorar su productividad, y que no se detienen a pensar cómo les afecta las normativas sobre el entorno digital a su futuro más inmediato.

1.1. Los países que apuestan por la educación digital

Algunos países europeos ya han iniciado una inmersión decidida en la educación digital que revertirá a medio plazo en tres vertientes:

- Mayor liderazgo en el desarrollo tecnológico y económico.

- Más velocidad y efectividad en la implantación de la economía digital.

- Mayor capacidad de asimilación de la educación digital y eficiencia en la lucha contra las brechas sociales.

Finlandia y Reino Unido, como líderes europeos, ya están inculcando los valores y posibilidades digitales implantando el pensamiento computacional en primaria y secundaria. Una decisión que además de generar reputación en su apuesta por la educación, se convierten en un gran aval para su economía y su desarrollo digital[239]. En el caso de Reino Unido incluso se ha convertido en la mejor respuesta a la incertidumbre tras el Brexit. Japón, Israel o Corea del Sur también han acelerado la introducción del pensamiento computacional en sus centros educativos y ya trabajan decididamente en la formación del futuro, incluyendo materias y competencias específicas sobre programación, diseño de algoritmos o resolución de problemas analíticos[240].

¿En qué ventajas se traducirán estas medidas para los países pioneros en la educación digital? De nuevo, tres elementos concretos:

- Atracción de inversiones tecnológicas y localización de empresas para las que el capital humano es prioritario. Israel y Canadá son un claro ejemplo.

- La mayor cultura digital servirá para superar el déficit del talento STEM. La vocación tecnológica fomentará también la hibridación con los sectores tradicionales. [241]

- Se minimiza el peligro de una brecha digital por sexos o estratos sociales. Los estudiantes adquieren además mayor capacidad para emprender y explotar todo el potencial de las tecnologías avanzadas.

Razones suficientes como para comenzar el debate sobre hacia dónde debe dirigirse la educación en Europa en esta década que recién comienza.

---

239. genbeta.com/actualidad/finlandia-creo-curso-inteligencia-artificial-para-sus-ciudadanos-ahora-esta-disponible-gratis-para-resto-mundo

240. Iyer S. (2019) Teaching-Learning of Computational Thinking in K-12 Schools in India. In: Kong SC., Abelson H. (eds) Computational Thinking Education. Springer, Singapore

241. También familiarizarse con nuevas formas de educación, como la formación continua, necesarias ante disrupciones de tanta velocidad y entidad.

2. PERSONALIZACIÓN FRENTE AL FRACASO ESCOLAR: IA Y LA PRIVACIDAD

Nuestros políticos deberían obsesionarse con el fracaso y el abandono escolar. No hay nada más espinoso para una sociedad que ver cómo su talento se apaga. Cómo quienes deben proteger la jubilación de sus mayores no alcanzan una formación mínima.

¿Pero tiene sentido trazar metas comunes de aprendizaje cuando los estudiantes tienen distinta vocación o facilidad de aprendizaje?

Los estudiantes no son robots. Unos aprenden más rápido que otros. Unos pocos adoran las matemáticas, otros absorben como esponjas las humanidades, y otros solo quieren un balón. Encontramos niños y niñas con déficit de atención, y otros que ni Peppa Pigg[242] entrando por la puerta de clase romperían su concentración.

Ante tantas posibilidades cabe preguntarse: ¿no deberíamos adaptar la educación para que cada estudiante maximice sus posibilidades de aprender? ¿No se merecen nuestros alumnos un sistema que permita conjugar una educación diferente con la no discriminación y la igualdad de oportunidades? Nuestros sistemas educativos deben abordar cómo evitar que los estudiantes abandonen una materia o un curso por falta de motivación, dificultad o pereza.

La IA puede ser la solución a estos problemas, y darle a la UE muchas alegrías si toma la iniciativa y el liderazgo en la personalización de los procesos formativos. El fracaso escolar puede convertirse en una loa al éxito personal de una educación que se

---

242. Serie infantil de dibujos animados británica creada por Neville Astley y Mark Baker.

adapta al individuo, a sus formas diferentes de aprender, a sus capacidades… Por ejemplo, el reconocimiento facial podría ayudar a identificar en qué momento de una explicación los alumnos desconectan, o qué despierta más su atención, un análisis continuado de los resultados obtenidos por los estudiantes ayudaría a desarrollar ejercicios de seguimiento y refuerzo según las distintas habilidades, y una red de datos anonimizados compartidos entre los centros permitiría desarrollar modelos de aprendizaje adaptados a distintas condiciones socioculturales.

China ya ha tomado la delantera mundial en el empleo de IA en su educación, con una inversión de más de 1.000 millones de dólares en 2019 para tal fin. De acuerdo con MIT Technology Review los resultados son tan sorprendentes que ya deberíamos empezar a cuestionar cómo aprenderemos los humanos en este siglo o qué rol desempeñarán los profesores en las aulas[243]. Sin embargo el mismo artículo nos recuerda que un elemento diferencial respecto a Occidente es que "la privacidad de los datos es mucho más laxa", lo que permite entrenar algoritmos de enseñanza personalizados cada vez más sofisticados.

Europa tiene ante sí una gran oportunidad de equilibrar y ponderar su tradición humanista y su sensibilidad por los derechos, con el gran reto de transformar una educación que permita a cada individuo desarrollar al máximo sus propias capacidades. Para ello el derecho a una educación inclusiva y de garantías debe jerarquizarse sobre una exagerada privacidad[244].

---

243. Ver: technologyreview.com/2019/08/02/131198/china-squirrel-has-started-a-grand-experiment-in-ai-education-it-could-reshape-how-the/

244. Agradecemos a Jesús Conill, catedrático de Filosofía Moral y Política en la Universidad de Valencia sus enseñanzas en el debate: "Inteligencia Artificial, privacidad, intimidad. El coste de oportunidad del retraso tecnológico". Conferencia Fundación ÉTNOR en TJ OST: ost.torre-juana.es/inteligencia-artificial-privacidad-intimidad-el-coste-de-oportunidad-del-retraso-tecnologico/

3. PENSAMIENTO COMPUTACIONAL EN LA EDUCACIÓN PRIMARIA Y SECUNDARIA

Ante las previsiones de déficit de profesionales con habilidades STEM, la primera respuesta debe darse de forma urgente sobre la educación primaria, enseñado a nuestros niños y niñas a jugar y a aprender con el lenguaje de la tecnología. Que la conviertan en su aliada para potenciar su creatividad y la eficiencia de las tareas que ejercerán en la sociedad que les rodea.

De forma generalizada y hasta la fecha, los programas educativos han incorporado paulatinamente materias de nuevas tecnología en las escuelas e institutos, pero sin darle la importancia que merecen. Desde los años 90 en los que se incorporaron clases de informática muy básica o simplemente de ofimática (Microsoft Office principalmente), el planteamiento apenas ha cambiado. Hoy un estudiante aprende a trabajar en la nube y a relacionarse con el entorno digital, pero materias sobre robótica o el diseño de algoritmos apenas tienen cabida en tareas extraescolares de centros muy contados.

El pensamiento computacional va mucho más allá de simplemente trabajar con ordenadores o de aprender código, sino que busca desarrollar la capacidad de resolver problemas y diseñar sistemas haciendo uso de conceptos fundamentales de la informática (modelar y descomponer problemas, procesar datos, crear algoritmos y generalizarlos). Una materia pensada para que cualquier persona, y no solo informáticos o ingenieros, aprovechen las ventajas de las tecnologías disruptivas aplicadas a cualquier actividad o empleo.

Veamos qué ventajas aporta la implantación del pensamiento computacional[245]:

---

245. Ver: Seow P., Looi CK., How ML., Wadhwa B., Wu LK. (2019) Educational Policy and Implementation of Computational Thinking and Programming: Case Study of Singapore. In: Kong SC., Abelson H. (eds)

- **Matemáticas y tecnología** *friendly* **para todos:** un aprendizaje desde muy pequeños debilita las barreras culturales y el tradicional "pavor" que despiertan las matemáticas y la formación tecnológica en niños y jóvenes.

- **Incentivar vocaciones** *STEM*: corrige el déficit vocacional de ingenieros, matemáticos, informáticos y científicos.

- **Promueve la inclusión de mujeres en el campo tecnológico:** paliaría el déficit total de profesionales STEM en términos absolutos y ayudaría a reducir la brecha salarial entre hombres y mujeres.

- **Favorece la hibridación disciplinar de la tecnología con cualquier sector:** los médicos, biólogos, arquitectos, abogados o economistas deberán saber aprovechar el infinito potencial de la computación, la explotación de su big data, o de herramientas como el aprendizaje profundo para superar cualquier reto profesional. O, sencillamente, trabajar en equipos multidisciplinares de forma eficiente.

La tarea de implantar el pensamiento computacional es de una urgencia crítica. Si la UE quiere alcanzar a China y EE.UU. en la carrera digital es imprescindible que en sus países se aparquen debates partidistas estériles que provocan espirales de reformas educativas. Se deben dar los pasos adecuados para dotar a los centros de enseñanza de instalaciones y recursos, se instruya a los docentes en nuevas áreas de conocimiento, y se habiliten suficientes horas en el plan de aprendizaje.

Además, nuestros gobiernos deben acompañar esta propuesta de gran cantidad de políticas de choque, que corrija el déficit de habilidades STEM mientras surgen las primeras generaciones de estudiantes formados en habilidades computacionales desde primaria. Hasta que podamos ver los primeros resultados, debemos seguir esforzándonos creando jornadas y congresos en las universidades, ciclos de formación para las empresas con fondos públicos, y muy especialmente creando una oferta educativa abierta, en línea y de calidad en competencias digitales.

Computational Thinking Education. Springer, Singapore.

A ello deberíamos sumarle una homogeneización europea de competencias educativas,[246] con flexibilidad para cada país, pero que impida que por desconocimiento o desconfianza un gobierno pueda quitar fuerza a la educación digital, a la creatividad y al conocimiento científico.

---

246. Aunque esta tarea se ha intentado cubrir con el Plan Bolonia a nivel universitario, no deberíamos obviar los errores cometidos. Por ejemplo el programa del Espacio Europeo de Educación Superior (EEES) en la práctica castiga la capacidad de las universidades para responder a demandas específicas de sus entornos de forma diligente y flexible.

4. RETOS DE LAS UNIVERSIDADES EUROPEAS Y ESTADOUNIDENSES

«Nos gastamos mucho dinero en formar universitarios que luego van directamente al paro».

EDUARDO SERRA. Presidente de Everis España[247].

Nuestra preocupación por los retos y cambios necesarios de la educación superior viene de lejos. Hace más de una década que los autores hablamos de la Universidad 2.0[248], la revolución digital y en general de la "universidad del futuro"[249].

La entidad e intensidad de los cambios en el actual paradigma tecnológico exige afrontar cuál debe ser el papel de las universidades. El sistema universitario se ha convertido en un elefante pesado, con intelecto privilegiado, pero excesivamente departamentalizado y burocratizado. Los tiempos que corren le exigen ser como ágiles gacelas, capaces de pivotar en función de los rápidos cambios que acontecen fuera de la academia.

Las universidades, conocedoras de sus déficits, buscan adaptarse a las transformaciones que requieren la sociedad del conocimiento y las disrupciones en el mercado laboral. Pero el ritmo no es suficiente a tenor de, al menos, tres indicadores: al menos en tres indicadores:

1. El comentado déficit de profesionales STEM, que muestra la falta de ajuste entre la oferta y la demanda laboral.

2. La brecha salarial entre quienes han cursado formación superior y quienes no lo han hecho se está reduciendo, como

---

247. alicanteplaza.es/eduardo-serra-nos-gastamos-mucho-dinero-en-formar-universitarios-que-luego-van-directamente-al-paro

248. Andrés Pedreño: Los retos de la universidad 2.0. Ver en: nuevarevista.net/destacados/los-retos-de-la-universidad-20/

249. Andrés Pedreño: La Universidad del futuro. Ver en: euroresidentes.com/empresa/innovacion/la-universidad-del-futuro-prospectiva-y

se aprecia en EE.UU., Corea, Noruega, Suecia, Reino Unido, Alemania, Japón, Francia o España **(figura 7.1)**. Aunque sigue habiendo diferencias[250], es probable que asistamos a un cambio de tendencia, con la especialización no universitaria ganando terreno a los títulos superiores.

Figura 7.1. Diferencias salariales entre trabajadores graduados y con formación secundaria (NI = 100)

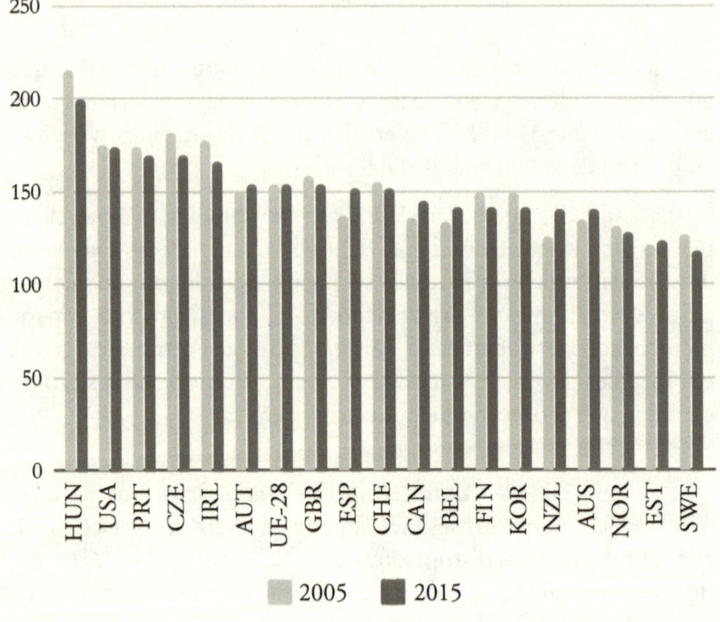

Fuente: OCDE

3. El desajuste entre la formación universitaria y la demanda laboral en países como España, Grecia, Austria, Italia o incluso Alemania **(figura 7.2)**. El resultado es una diferencia entre la actividad desarrollada y el salario acorde a la tituación del trabajador superior al 35% de media tanto en EE.UU. como en Europa.

---

250. Sobre todo en áreas especializadas en sectores maduros y primarios.

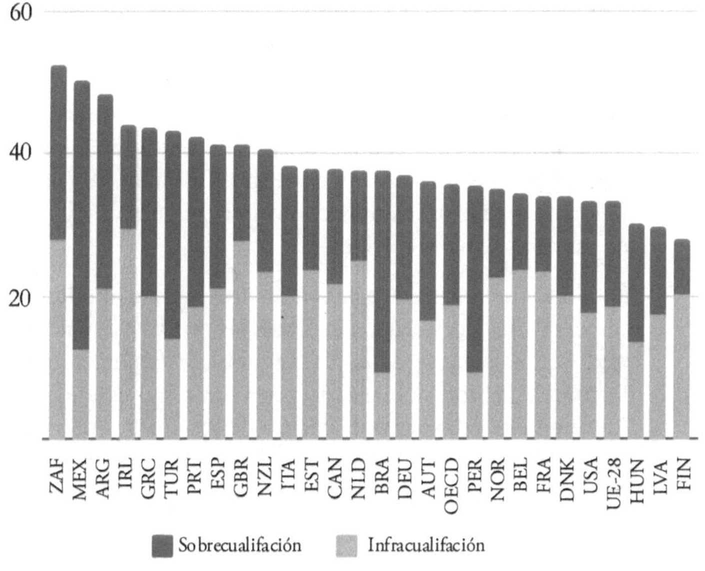

Fuente: OCDE

Por tanto, nos preguntamos: ¿qué cambios debe afrontar el sistema universitario para corregir sus ineficiencias?, ¿qué está fallando en la adaptación universitaria a la era digital?

4.1. Las dudas en el sistema universitario estadounidense

Cuando hablamos del sistema universitario estadounidense no hay duda de que hablamos de la *Champions League* de los sistemas universitarios en el mundo. Un entramado en el que juegan las líderes en innovación como el MIT, Stanford o el Instituto Tecnológico de California (Caltech) y la excelencia de la *Ivy League*[251], además de universidades de menor prestigio y capacidad financiera que configuran un sistema dual.

El poderío del sistema universitario estadounidense puede apreciarse en tres aspectos clave:

---

251. *Brown, Harvard, Cornell, Princeton, Dartmouth, Yale, Columbia y PennU.*

- Una relación muy cercana a las empresas y el emprendimiento digital, sin olvidar el talento académico. Sus grandes universidades son la cuna de Silicon Valley y de las mayores empresas tecnológicas del planeta, y a su vez incorporan a la mayor parte de los Premios Nobel del mundo.

- Una capacidad de financiacón desbordante. Las donaciones y *endowments*[252] de algunas universidades como Harvard (fondo de 38.000 mi-llones de dólares) o Stanford (26.000 millones) serían suficientes como para adquirir algunos de los mayores bancos europeos[253].

- El liderazgo en la investigación en áreas clave. Sin duda las universidades norteamericanas son las que más están aportando a los avances de la IA, seguido de China, como se desprende del índice realizado por Glev Chupilo[254] (**figura 7.3**) o en una reciente publicación de los autores de este libro[255]. Cabe además destacar la estrecha relación en investigación existente entre las empresas y la academia.

---

252. Son una fórmula financiera para administrar, y en muchos casos perpetuar, un conjunto de inversiones para un propósito específico de acuerdo con la voluntad de sus fundadores y donantes. A menudo se estructuran de modo que el valor del principal se mantenga intacto, mientras que los ingresos están disponibles para su uso cada año.

253. Solo cinco bancos de toda Europa tienen una capitalización bursátil superior a los 38.000 millones de euros: Banco Santander, BNP, ING, Intesa San Paolo y BBVA.

254. Índice realizado sobre la base de 2.500 publicaciones presentadas en la Conferencia sobre Sistemas de Procesamiento de Información Neural (NIPS) de 2017 celebrada en California, la más prestigiosa del mundo para la investigación en IA y que concita el interés de 8.000 asistentes.

Ver metodología en: medium.com/@chuvpilo/ai-research-rankings-2019-insights-from-neurips-and-icml-leading-ai-conferences-ee6953152c1a

255. Ver: Peretó-Rovira, A., Moreno-Izquierdo, L., y Pedreño-Muñoz, A. (2020). Un índice para medir la apuesta de los países por la inteligencia artificial: el caso de España y el papel del País Vasco. Ekonomiaz: Revista vasca de economía, (98), 26-53.

Figura 7.3: Las 32 principales organizaciones mundiales líderes en investigación en IA (publicaciones en la Conferencia NIPS)

Pos.	Organización (país) - puntos	Pos.	Organización (país) - puntos
1	*Google* (US) 167.3	17	ETH (Suiza) 27.0
2	U. de Stanford (US) 82.3	18	*IBM (US)* 25.8
3	MIT (US) - 69.8	19	U. de Washington (US) 24.0
4	U. Carnegie Mellon (US) 67.7	20	INRIA (Francia) 23.2
5	UC Berkeley (US) 54.0	21	EPFL (Suiza) - 22.3
6	*Microsoft* (US) 51.9	22	U. de Pekín (China) - 21.6
7	U. de Oxford (GB) 37.7	23	U. de Toronto (Canadá) - 21.4
8	*Facebook* (US) 33.1	24	U. de Harvard (US) - 19.2
9	U. de Princeton (US) 31.5	25	U. de Duke (US) - 18.7
10	U. de Cornell (US) 30.9	26	U. de Nueva York (US) - 17.7
11	Georgia Tech (US) 30.1	27	U. de Cambridge (GB) 15.1
12	UT Austin (US) 29.9	28	KAIST (Corea S.) 14.8
13	U. de Illinois (US) 29.4	29	Technion (Israel) 14.6
14	U. de Columbia (US) 29.2	30	UC San Diego (US) 14.6
15	U. de Tsinghua (China) 28.4	31	U. de Wisconsin (US) 14.4
16	UCLA (US) 27.2	32	**Amazon** (US) 14.3

Fuente: medium.com/@chuvpilo/

Desajustes en el sistema estadounidense

Pese a su liderazgo mundial desde hace más de una década, en EE.UU. una parte de la sociedad y del tejido productivo ligado a la tecnología reclaman cambios en la educación superior. El sistema universitario más avanzado del mundo, en el país que lidera las tecnologías de vanguardia, que propicia Silicon Valley y la gestación de los mayores gigantes tecnológicos, no está sabiendo responder con diligencia a las necesidades de la economía digital.

¿Cómo es posible? La respuesta la encontramos en una tormenta perfecta educativa resumida en tres puntos:

1. La oferta universitaria tradicional estadounidense muestra una adaptación demasiado lenta a las necesidades de la economía.

Cada vez cuesta más adaptar la oferta formativa a las cambiantes exigencias de la demanda laboral digital. Y en este contexto están surgiendo otras formas de aprendizaje más flexibles, como los Massive Open Online Courses (MOOCs), que son capaces de competir con las instituciones educativas más prestigiosas del planeta.

2. Existe una quiebra del sistema estadounidense de préstamos a estudiantes universitarios.

La deuda de los estudiantes ha alcanzado la colosal cifra de 1,6 billones de dólares[256], más que el valor del PIB de Brasil, Canadá, Rusia o España. Esta morosidad estudiantil, más allá del problema estrictamente financiero, indica la dificultad de devolución de los préstamos incluso tras encontrar empleo.

Los títulos universitarios están perdiendo valor, y la formación superior ya no siempre se asocia con salarios elevados. Hace pocos años estudiar un MBA u otro máster era sinónimo de trabajo rápido y bien pagado. Hoy en día muchas empresas confían más en las habilidades de la formación en abierto.

3. Los fundadores y referentes de muchos gigantes digitales no terminaron sus estudios universitarios, como Bill Gates y Paul Allen (Microsoft), Steve Jobs (Apple), Mark Zuckerberg (Facebook), Michael Dell (Dell), Jack Dorsey (Twitter y Square), Arash Ferdowsi (Dropbox), Jan Koum (WhatsApp), Evan Williams (Blogger y Twitter), o Larry Ellison (Oracle).

Algunos empresarios sostienen que la "formación a la carta", la innovación abierta, el networking o la difusión de conocimientos en entornos colaborativos han contribuido más que los campus universitarios en el objetivo de impulsar el emprendimiento, la creatividad y la disrupción.

---

256. theguardian.com/us-news/2019/jun/24/student-debt-us-elections-explained-bernie-sanders

Buscando soluciones a un futuro incierto

¿Cómo están respondiendo las universidades a esta falta de flexibilidad, al desajuste con el mercado laboral y a la competencia de nuevos métodos de aprendizaje? En esta tesitura de cambio las universidades de referencia como Stanford, Harvard o el MIT están consolidando un modelo basado en el conocimiento abierto y masivo contrario a sus tradiciones elitistas. Con su experimentación, que veremos más adelante, más que transformar, buscan reinventar el papel de las universidades en la sociedad.

Aun así, expertos como el profesor Clayton Christensen de la Harvard Business School prevén que hasta la mitad de todas las universidades norteamericanas podrían cerrar o al menos declararse en bancarrota en la próxima década. También Moody's estima que decenas de centros (una de cada cinco pequeñas universidades privadas) se enfrentan a un peligroso escenario en los próximos años[257] motivado por la disminución de ingresos desde la crisis financiera de 2008, el aumento de los gastos, o el descenso en la natalidad de las familias norteamericanas.

Quizá la reinvención educativa en clave digital, como están anticipando las grandes universidades, sea su bote salvavidas.

4.2. La inacción y el envejecimiento del sistema universitario europeo

Es urgente que desde Europa tomemos conciencia de que las preocupaciones y problemas universitarios estadounidenses también nos afectan, incluso en mayor medida. Quizás nuestro retraso digital, el sistema de bienestar y el predominio de universidades públicas enmascaran la percepción de la problemática europea. Pero hay elementos que nos alertan de una situación poco halagüeña. Son los siguientes:

- La situación financiera de los estudiantes europeos, en los casos que es comparable, no es mejor que la estadounidense. El promedio de deuda estudiantil en el sistema

---

257. cnbc.com/2019/12/03/the-other-college-debt-crisis-schools-are-going-broke.html

universitario británico (el que más similitudes tiene con el norteamericano) es de 55.000 dólares, frente a los 37.000 de EE.UU.[258].

También los sistemas públicos y de "gratuidad" presentan deficiencias. Aunque el coste de matrícula sea muy bajo, los graduados universitarios en Suecia acaban su formación superior con un promedio de 20.000 dólares de deuda usados para cubrir sus gastos de vida, y en Noruega de 25.000 dólares[259]. A ello hay que sumarle el gasto público que generan y que es compartido impositivamente por todos los ciudadanos.

- Las tasas de desempleo juvenil en Europa son estructuralmente más elevadas que en EE.UU. y China, especialmente en las economías del sur.

- Una menor relación productiva entre las universidades y las empresas, con las diferencias de patentes tecnológicas ya referidas anteriormente. Tampoco se valora el aporte de investigaciones a la sociedad en términos de riqueza generada o empleos creados, ni se facilita la actividad emprendedora del profesorado.

Los incentivos académicos, especialmente en las economías con poca tradición industrial, vienen dados fundamentalmente por la publicación en revistas científicas, con poco recorrido fuera del ámbito académico. En España la fiebre desmedida por elevar las publicaciones científicas cuesta, solo en la suscripción a revistas, casi 100 millones de euros al año[260]. Diez veces más que en Alemania o Finlandia. Y América Latina está copiando este modelo.

---

258. Fuente: yaleglobal.yale.edu/content/student-debt-rising-worldwide

259. OCDE y Gobierno de España. Panoramas de la Educación 2014: Indicadores de la OCDE. oecd-ilibrary.org/education/panorama-de-la-educacion-2014-indicadores-de-la-ocde_eag-2014-es

260. elconfidencial.com/tecnologia/ciencia/2018-02-16/revistas-cientificas-suscripciones-millonada_1522586/

Un sistema paralizado.

El sistema económico, político y universitario europeo parece haber vivido envuelto en la última década en un ambiente de conformismo, relajados en su "zona de confort". Apenas se ha querido percibir el enorme coste que representa el retraso digital, y el sistema, demasiado conservador, no ha incentivado suficientemente el impulso de la empleabilidad ni el emprendimiento.

Seguramente la evolución positiva de la economía desde la crisis de 2008 ha tenido mucho que ver. Tanto la renta como el mercado de trabajo mostraban una recuperación sólida, infundiéndose un mensaje en la línea de "Europa va bien" **(figura 7.4)**. Pero la crisis de la COVID-19 y los problemas que han tenido muchos países para su adaptación a la educación no presencial, además del descalabro económico, nos han devuelto a la realidad.

Figura 7.4. Evolución económica y de desempleo en la Unión Europea antes de la COVID-19

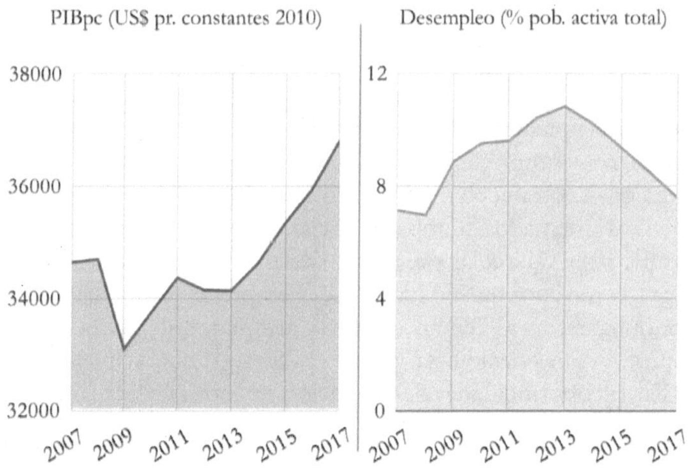

Fuente: Banco Mundial

Parte de los problemas comentados podrían haberse anticipado y resuelto con la entrada de profesores jóvenes a los claustros, que agilizaran la digitalización del sistema. Una apuesta temprana por

259

nuevos modelos educativos basados en la gamificación y las metodologías híbridas, que combinen el trabajo presencial con el no presencial, hubiera eliminado toda inquietud sobre la calidad de la enseñanza y la consecución de los objetivos de aprendizaje durante el confinamiento por el coronavirus[261].

Pero los problemas financieros derivados de la crisis de 2008 impidieron la contratación de nuevos profesionales, y cuando lo han hecho, los nuevos profesores e investigadores han debido soportar bajos salarios y la incertidumbre sobre su futuro incluso después de doctorarse.

Las plantillas de muchas universidades europeas están muy envejecidas. Un alto porcentaje de sus profesores, con una extraordinaria experiencia docente e investigadora, son reacios a explorar nuevos métodos acordes con el mundo digital y sus disrupciones. E igual ocurre en los puestos de decisión, con cargos que no vislumbran que el futuro de la academia sobrepasa su visión analógica de la realidad. Sin embargo, la ciencia nos enseña que solo la experimentación constante nos permite acercarnos a las mejores soluciones.

En esta tesitura (problemas financieros, falta de regeneración, desempleo y endeudamiento) las universidades europeas tendrían que haberse planteado por encima de cualquier otra cosa cuál debería ser su contribución para prevenir o minimizar cualquier futura crisis. Un nuevo modelo universitario flexible y abierto, con objetivos orientados al impacto social, y no solo académico. Que permita responder a las preguntas que inciden sobre nuestro bienestar, como ¿por qué no hay grandes empresas tecnológicas en la economía europea? ¿cómo debemos afrontar la digitalización del empleo? ¿cómo flexibilizar y abrir el acceso al conocimiento para igualar las oportunidades de formación de toda la ciudadanía?

Pero más allá de la obligada lucha contra los recortes y las subida de tasas tras la crisis de 2008, en todo este tiempo apenas

---

261. La llamada "clase invertida", en la que las sesiones teóricas están disponibles en internet y los estudiantes acuden a los centros a realizar debates y actividades prácticas, ha sido defendida por expertos durante más de una década, pero pocos son los que la practican.

se ha planteado un debate serio y profundo sobre la transformación del modelo universitario.

Estancada en su vetusta estructura y con escasa relación con las empresas de su entorno, la academia europea se encuentra en una difícil tesitura, carente del impulso financiero de las principales universidades estadounidenses y de la apuesta pública por la disrupción que predomina en países como China y Corea del Sur.

5. FORMACIÓN ABIERTA FRENTE A LA BUROCRACIA UNIVERSITARIA

«Lo correcto era adaptarse a las circunstancias».
FRANZ KAFKA. *El proceso.*

«En las universidades españolas para comprar un bolígrafo hay un funcionario haciendo papeleos que cuestan 40 veces más que el bolígrafo»[262].
MARCOS MARTÍNEZ. Profesor de la Universidad de Stanford.

5.1. El fin de la burocracia universitaria

Europa va a necesitar a sus universidades para reducir la brecha tecnológica con EE.UU. y China. Ambos cuentan con más capacidad de financiación, más empresas disruptoras, y en algunos casos mayor tradición en el impulso innovador que el viejo continente. Así que la UE deberá centrarse en fomentar una inteligencia ejecutiva única, con más actitud y obsesión por la creación de talento y la empleabilidad de sus jóvenes.

¿Está ocurriendo? Lamentablemente no.

La burocratización es un virus que afecta cada vez a más áreas educativas, y que complica desde tareas administrativas simples como la visita de profesores o el cambio del nombre de una asignatura, hasta otras de mayor calado como los procesos de acreditación o la creación de nuevas asignaturas.

La promoción que desde la Comisión Europea y los Gobiernos se hace para abordar nuevos retos científicos también choca con una maraña de trámites burocráticos que vulneran los propios

---

262. 'Así asfixia la burocracia a al a Universidad española'. Artículo publicado en El Mundo (16/10/2019): elmundo.es/papel/historias/2019/10/16/5da5ddfcfdddffca848b4609.html

principios que motivan las convocatorias. Tanto es así que las universidades europeas cuentan con equipos especializados en la solicitud de fondos y becas para investigadores. Departamentos, organizaciones y profesionales que se ocupan exclusivamente de cumplimentar la documentación y coordinar reuniones, y que acaparan una parte importante de los presupuestos destinados a la investigación.

Como resultado, y ante el desánimo de una gran cantidad de investigadores, una gran parte de los fondos públicos terminan en propuestas de escasa utilidad y viabilidad futura. Proyectos creados para sostener estructuras de profesionales dedicados a solicitar proyectos, en los que es más importante cumplir el expediente curricular que el impacto social de la investigación.

Debido a estas situaciones hay quienes piensan, no sin razón, que las universidades y las agencias de evaluación de la enseñanza necesitan reformas muy profundas, inducidas por las necesidades de una sociedad cada vez más digital[263].

Una solución ágil e inteligente sería, por ejemplo, valorar a los investigadores por un currículum científico completamente trazable con las herramientas digitales existentes. La financiación podría concederse de forma directa y objetiva en función del impacto de los artículos publicados, el dinero recaudado en anteriores proyectos, las tesis dirigidas, las horas de formación o las actividades extracurriculares. La evaluación y el control no se centraría en el proceso de solicitud, sino en la entrega de los resultados de la investigación.

Si el sistema universitario europeo quiere empezar una revolución, debe comenzar por poner fin a un sistema burocrático perverso, que no solo no es garantista, sino que atenta contra el

---

263. Permítannos sugerir que en vez de agencias nacionales para aprobar títulos para todas las universidades, se creara una institución especializada en prospectiva, que ayudara a determinar con anticipación cuáles serán los sectores de futuro y los saltos tecnológicos a los que se enfrentarán los jóvenes.

Con esta capacidad nuestras universidades estarían dando mayor protagonismo a la IA o el aprendizaje profundo desde perspectivas científicas muy diferentes (computación, economía, derecho, neurociencia, marketing, ingenierías, biología, medio ambiente, o medicina en general).

valor de la libre concurrencia, contra nuestro tiempo, nuestra capacidad intelectual y muy especialmente nuestra paciencia.

5.2. La competitividad de los MOOCs

La educación superior, de costumbres tan antiguas como la milenaria Universidad de Bolonia, también debe ser objeto de disrupción. Las universidades necesitan repensar sus modelos de enseñanza tradicionales basados en la presencialidad para potenciar modelos educativos alternativos, que potencien la hibridación entre áreas de conocimiento.

Las plataformas de formación abierta (MOOCs) como Coursera, Edx o Udacity se han adelantado a la respuesta que cabría esperar desde la academia, y han respondido con diligencia y bajo coste a la escasez del capital humano en materias muy demandadas como la ciencia de datos o el marketing digital.

Frente a la burocracia y los tediosos procesos para crear nuevas asignaturas, los fundadores de estas plataformas, que a su vez son o han sido docentes de universidades como Andrew Ng (Coursera - Stanford) o Sebastian Thrun (Udacity - ex Stanford), han propuesto ofertas formativas que no solo son altamente demandadas por las empresas, sino que se adelantan y nos anticipan a esta misma demanda. Quienes se forman en estas nuevas líneas de estudio, algunas de ellas inexistentes en las propias universidades, cuentan con enormes ventajas competitivas. Tanto es así que incluso prometen devolver el dinero de la formación si los estudiantes no encuentran un empleo[264].

Estas plataformas, por volumen de estudiantes y capacidad de alcance, pueden tener un enorme impacto en nuestros sistemas educativos. Solo pensemos que el primer MOOC de la historia - precisamente sobre IA organizado por Sebastian Thrun- contabilizó 160.000 estudiantes de más de 200 países en un solo cuatrimestre. Un profesor universitario en sus aulas presenciales necesitaría ¡más de mil años para llegar a tantos alumnos!

---

264. insidehighered.com/news/2018/03/16/udacity-ends-pledge-students-get-hired-or-get-their-money-back

¿Podría replicarse este modelo educativo alternativo en Europa? Se antoja difícil, la verdad. En EE.UU. han sido las propias universidades las que se han volcado con la educación abierta, alcanzado decenas de millones de dólares en diferentes rondas de financiación para su puesta en marcha. Sabedoras de las posibilidades tecnológicas, son los centros educativos los que no quieren quedarse al margen de las futuras alternativas formativas.

Alejándose del debate estéril sobre si los MOOCs van a sustituir o no a las clases presenciales, Stanford, Harvard y el MIT decidieron investigar y experimentar sobre esta disrupción educativa, aprendiendo y obteniendo datos valiosísimos de las dinámicas de sus estudiantes y el mercado de trabajo. Seguramente los futuros cambios en materias de enseñanza y de administración en las grandes universidades norteamericanas vendrán influidos por esta información.

Este esfuerzo del sistema universitario ha sido finamente completado por las grandes tecnológicas norteamericanas: Microsoft ha impulsado la formación online desde la red de Linkedin, lo que implica un encaje casi perfecto entre currículum, trazabilidad de las habilidades adquiridas, e impacto en el mercado de trabajo; IBM por medio de *cognitive class* imparte materiales gratuitos sobre ciencia de datos e Inteligencia Artificial; y *Grow with Google* ofrece un amplio repertorio de formación abierta que abarca el emprendimiento, la programación o la analítica web.

Firmas digitales de prestigio cuyos cursos son siempre bien recibidos en cualquier entrevista de trabajo.

¿Dónde está Europa en materia de MOOCs?

Solo la británica Future Learn, impulsada por la Open University parece seguir la estela norteamericana, gracias al empuje de otras grandes universidades Oxford, Cambridge o Leeds, que aportan cursos. En el resto del continente la falta de apoyo institucional, de fondos y de comprensión del modelo de negocio han privado a proyectos prometedores de poder competir en el mercado de la formación abierta, y con ello de dotar de una agilidad más que necesaria al sistema educativo.

Las universidades y Administraciones europeas deben entender que las plataformas MOOC, para ser competitivas, no deben nacer de ellas, sino impulsadas por ellas. Dotarles de flexibilidad suficiente como para dar respuesta a la dinamicidad de nuestra sociedad, y fomentar que docentes y estudiantes se alimenten y actualicen con miles de horas de formación disponibles.

Pensemos en la ventaja que tendrían nuestros sistemas educativos de disfrutar de una base de conocimientos ilimitados y con los que poder hibridar. En cómo se enriquecería el sistema con un modelo abierto de universidades aportando contenido. O en la cantidad de recursos formativos que podrían haber tenido los estudiantes durante el confinamiento provocado por el coronavirus si en Europa hubiéramos incentivado la formación MOOC hace años y con los recursos que merece.

Todavía estamos a tiempo.

6. UN MODELO UNIVERSITARIO CENTRADO EN LA EMPLEABILIDAD

La celeridad de los cambios observados en capítulos anteriores, especialmente en el empleo, deben ser suficientes para motivar un cambio necesario en nuestros sistemas educativos.

Con anterioridad a la crisis financiera de 2008 la terciarización económica generó un volumen muy relevante de empleos en la economía europea, dando una rápida salida profesional al cada vez mayor número de graduados universitarios. Los empleos tradicionales intensivos en mano de obra (turismo, construcción y manufacturas poco innovadoras), y la capacidad de colocación de empleos del sector público, superando en países como Francia, Grecia, Reino Unido o España el ratio de un funcionario por cada cuatro asalariados, completaron la mayor parte de la demanda laboral.

Los sistemas educativos norteamericanos y europeos respondieron bastante bien durante décadas a las necesidades sociales y laborales de su época, con cambios que acontecían gradualmente y empresas que podían innovar linealmente y sin abandonar una razonable zona de confort.

Ahora la situación es bien distinta. Esta vez se demandan cambios urgentes, con tecnologías de crecimiento exponencial como la IA, el big data o el internet de las cosas, y los procesos de transformación digital asociados. Así que vamos a necesitar un sistema educativo basado en la flexibilidad, la diligencia y la rapidez para responder a necesidades reales, sin perder excelencia, rigor ni reputación.

Debemos facilitar que todas nuestras titulaciones reciban una buena dosis de ciencia de datos, construcción de algoritmos y otros conocimientos arraigados en el pensamiento computacional. Hay necesidad de reformar titulaciones enteras como periodismo, publicidad, economía o medicina ante los cambios que se avecinan en sus sectores. Los periódicos cierran, las *fintech* reinventan el sistema financiero, o la IA promete acertar en sus diagnósticos mejor que los médicos más reputados, pero los grados y titulaciones, salvo la incorporación o reformulación de algunas asignaturas, siguen impartiendo programas casi idénticos a los de hace décadas.

Ni universidades ni Gobiernos están percibiendo la llamada de auxilio de las empresas[265]. Una grave desconexión que lleva al desengaño a nuestro tejido productivo, incapaz de encontrar talento suficiente, y a la depresión de nuestros *millenials*, con una perspectiva de mileurista casi perpetua. Una preocupación que ya es tendencia en EE.UU., que empieza a tener eco en Reino Unido, el país europeo que posee las mejores universidades, y que pronto se convertirá en una cuestión de Estado para el resto del viejo continente.

Obcecarse con la empleabilidad universitaria

El cambio que queremos para las universidades exige respuestas rápidas y eficientes centradas no tanto en la demanda laboral actual, sino en una adaptación a la empleabilidad del futuro. ¿Pero de qué tipo de empleabilidad estamos hablando?

Como primera medida, sería interesante pasar de un concepto tradicional de empleabilidad basado en "el potencial que tiene un individuo de ser solicitado por las empresas para trabajar en ellas" a otro más afinado, más actual: la empleabilidad como "el valor añadido real y potencial que puede aportar un individuo a la competitividad de las empresas".

Cómo conseguir que el sistema universitario europeo logre grandes avances en la empleabilidad nos llevaría varios capítulos, así que déjennos remitirles al artículo "La Sociedad Digital y la Empleabilidad"[266] donde fue tratado con suficiente extensión. Aun así, a

---

265. Un ejercicio interesante para facultades, directores de programas formativos o incluso profesores de una asignatura puede ser diseccionar una sencilla startup de su entorno. Dialogar y estudiar cómo se comportan y las necesidades que tienen las empresas de futuro, y que serán una posible salida profesional de los jóvenes universitarios.

Nosotros lo hemos hecho. Llama la atención que muchas *startups* reclaman profesionales para puestos específicos que no pueden cubrir.

266. Andrés Pedreño: "La Sociedad Digital y la Empleabilidad" nuevarevista.net/economia/la-sociedad-digital-y-la-empleabilidad/

queremos dar algunas pinceladas sobre cómo las universidades deben articularse a partir de este nuevo concepto de empleabilidad, más centrado en la *competitividad* que en la *incorporación*. En concreto se haría sobre las siguientes bases:

---

1. La **excelencia profesional** y la formación en las habilidades necesarias para competir en la actual economía global.

2. La **hibridación real** -que no superposición- de los conocimientos, especialmente la computación, con cualquier otra disciplina.

3. La **capacidad de emprender**, como motor de proactividad y creatividad.

4. La necesidad de **asimilar** correctamente **innovaciones relevantes y disruptivas**.

5. La **capacidad de anticiparnos**, con estudios universitarios basados en la identificación de conocimientos y habilidades ligadas a los sectores de futuro.

La conclusión es que la instrumentación de políticas que favorezcan la empleabilidad puede parecer compleja. Pero quizás se puedan arbitrar fórmulas sencillas y que respeten al máximo la autonomía universitaria y su capacidad de autogobernarse. Sería el caso de políticas que indexan objetivos de empleabilidad -bien medida- con incentivos de financiación. Una inversión pública en colaboración con las empresas privadas, con seguimiento de la contratación de jóvenes, con un enorme retorno social en términos de mercado de trabajo, riqueza, competitividad y crecimiento potencial.

271

7. ALGUNAS PROPUESTAS CONCRETAS: EDUCACIÓN Y EMPLEO

Recapitulamos a actuación propuestas concretas en materia de empleo y mercado de trabajo vistas en este capítulo:

1. **Introducir en la educación primaria** y secundaria un idioma más, **el pensamiento computacional**, con el claro propósito de familiarizar a nuestros estudiantes con este tipo de lenguaje de nuestro tiempo.

2. **Hibridar todas las ramas de conocimiento** con el pensamiento computacional, de forma que médicos, biólogos, arquitectos, abogados, físicos o economistas aprovechen el potencial de la computación, la explotación de su big data, o de herramientas como machine learning o deep learning.

3. **Medir de una forma clara y efectiva la empleabilidad** universitaria, diferenciando entre sub-empleabilidad y empleabilidad.

4. Premiar, incentivar y apoyar presupuestariamente a las universidades, centros **y docentes que incrementen las mejoras de empleabilidad de los universitarios egresados**, sin que ello suponga pasar por agotadores trámites burocráticos.

5. **Potenciar la incorporación de talento joven a las universidades** y mejorar su estatus económico en la academia con criterios e incentivos renovados.

6. **Flexibilizar la oferta educativa para que las universidades puedan responder libremente a las demandas potenciales del mercado laboral.**

7. **Respetar la autonomía universitaria** y la presumible madurez de las instituciones universitarias, pero **apoyar**

prioritariamente las buenas prácticas e incentivar la mejora de la empleabilidad.

8. Agilizar las Administraciones y eliminar la elevada carga burocrática a la que se enfrentan diariamente profesores e investigadores universitarios, que dedican más tiempo a rellenar documentos que a preparar a los profesionales del futuro. Es un factor irritante y ajeno a la era digital.

9. El mercado de trabajo europeo debería ser un flujo de talento con una amplia movilidad. Si se persigue un mercado único digital europeo, se deberían incentivar programas de movilidad estudiantil y profesionales que permitieran a un europeo estudiar y/o trabajar en al menos 4 o 5 países distintos.

10. Crear una nueva cultura digital y formación entre los altos directivos y empresarios de las grandes empresas europeas y una visión que pondere la capacidad de hacer prospectiva.

Además, a corto plazo, merecería la pena un conjunto de medidas urgentes relacionadas con la necesidad de incrementar la cantidad de recursos STEM. Las concretamos en:

1. Educar para perder el miedo a las matemáticas y a la computación. Los mercados de trabajo necesitarán de especialistas en habilidades STEM, sean juristas, sociólogos, biólogos o maestros de educación infantil.

2. Potenciar una formación profesional -no universitaria- de calidad relacionada con las STEM. Con ciclos más cortos y currícula muy bien definida en función de las necesidades del mercado.

3. Incentivar la incorporación de la mujer a las titulaciones STEM universitarias. Paradójicamente en un país como España las grandes compañías tecnológicas como IBM, Google, Facebook, Futjisu, Siemens, Amazon, Microsoft o HP están dirigidas por mujeres que generan una gran imagen pública. Se necesitaría proyectar mucho más entre las jóvenes actuales estos referentes junto al de emprendedoras tecnológicas de éxito.

4. Apoyo a la formación express siguiendo el modelo de eco-sistemas digitales avanzados como Silicon Valley. Con estos programas se permite formar en las materias básicas más demandadas por una empresa para la incorporación inmediata al puesto de trabajo.

5. Ayudas a la formación online, como son los SPOCs (Small Private Online Courses), unos MOOCs cortos online de bajo coste y plazas ilimitadas que permitan capacitar a muchos jóvenes en cualquier materias. Las universidades deberían colaborar con las empresas privadas y las Administraciones para tal fin. Google ha sido pionera en este campo, y junto a las universidades ha logrado capacitar en los últimos años a más 2,5 millones de estudiantes en toda Europa en materias digitales muy demandadas en el mercado de trabajo actual.

CAPÍTULO 8: EMPRENDIMIENTO Y PROBLEMAS DE ESCALABILIDAD DE LAS STARTUPS

«Donde hay una empresa de éxito, alguien tomó alguna vez una decisión valiente.»
PETER DRUCKER.

«Si tu trabajo puede hacerlo un ordenador, búscate otro. Si tu trabajo puede hacerlo un robot, búscate otro (...) Si tu trabajo no aporta significado, búscate otro. Si tu trabajo puede digitalizarse, búscate otro (...). Y si después de buscarlo no lo encuentras, créalo, invéntalo.»[267]
RAMÓN SAMSÓ.

En Europa las ideas brillantes fluyen al mismo ritmo que en el resto del mundo. Jóvenes y no tan jóvenes talentos de Alemania, Suecia, Francia, Grecia o España están en disposición de imaginar soluciones y aplicaciones tan potentes como Uber, Airbnb o Twitter. Entonces ¿por qué las *startups* europeas no alcanzan el tamaño de las estadounidenses o asiáticas? ¿Por qué existen *Googles y Facebooks* en California y no en Europa?

La clave está en la escalabilidad, en la capacidad de las empresas para madurar, crecer y evolucionar sin perder flexibilidad. Y esto es algo que no depende solo de los empresarios y emprendedores, sino muy especialmente de su entorno. Que la economía digital ha fracasado hasta la fecha en Europa es evidente. La transformación de nuestro modelo productivo y la modernización de una sociedad no debe ser medido en volumen de inversión en I+D, ni siquiera en el número de artículos científicos, sino en empleo y riqueza generados por los sectores de vanguardia.

---

267. Ramón Samsó (2009). *El código dinero.* Ediciones Obelisco.

Es aquí donde las políticas europeas de impulso digital han sido totalmente ineficientes, o incluso contraproducentes. Aunque en Europa surgen cada día más *startups* que en Asia, muy pocas pasan a ser "unicornios" o se convierten en referentes del sector. Las grandes tecnológicas europeas, las empresas a las que se les supone que deben dibujar el futuro de nuestras economías, siguen siendo empresas del siglo XX. Algunas de ellas con más de un siglo de vida.

1. LA IRRELEVANCIA EUROPEA EN LA INDUSTRIA TECNOLÓGICA

Si algo nos ha enseñado la economía digital es que con frecuencia el talento y la tecnología pueden suplir la falta de recursos financieros e incluso de apoyo gubernamental. Con pocos empleados pero con actitud disruptiva, multitud de empresas han sido capaces de alcanzar mercados globales, generar ingresos millonarios, miles de empleos e incluso llegar a reinventar todo un sector.

Pero para que esto ocurra, las *startups* deben integrarse en ecosistemas con unos factores que impulsen su escalabilidad. Factores que nacen de políticas muy ambiciosas, pero que en Europa parecen quedarse en pequeños estímulos para implantar un "espíritu emprendedor" tan necesario como insuficiente.

El fracaso europeo en las industrias de alta innovación puede verse en tres clasificaciones que merece la pena destacar:

- **Empresas tecnológicas por capitalización bursátil:** Solo la alemana SAP entraría como representante de la UE en el selecto club de las veinte compañías tecnológicas con una valoración de mercado de más de 100 mil millones de dólares. El dominio de las multinacionales norteamericanas y asiáticas en las industrias de futuro es absoluto y creciente **(figura 8.1).**

Destaca además la edad media de las grandes tecnológicas europeas, la mayoría superando los 50 años. Algunas de ellas son incluso centenarias, producto de la privatización de sus telecos que ya comentamos[268]. En China y EE.UU. sus líderes tecnológicas son predominantemente jóvenes, casi todas nacidas después de los años 80. Solo casos excepcionales como Samsung o IBM son anteriores a esa fecha, aunque su continua reinvención está fuera de toda duda.

---

268. Deutsche Telekom, Orange, Telefónica (1924) y Swisscom.

Figura 8.1. Empresas por valor de mercado en los sectores de la economía digital (2019)

Empresa (fundación)	Región	Sub-sector principal	Valor (x1000 mill de $)	Financiac. (millones de $)
Microsoft (1981)	US (Was.)	Software	1040,34	1
Apple (1994)	US (CA)	Electrónica	934,05	6.200
Amazon (1996)	US (Was.)	Venta elect.	887,50	108
Google (1998)	US (CA)	Servicios	817,83	36
Facebook (2004)	US (CA)	Mensajería	524,09	2.300
Alibaba G (1999)	CH (Zhejiang)	Venta elect.	454,98	8.900
Tencent . (2000)	CH (Guang.)	Servicios	397,92	76.800
AT&T Inc (1983)	US (TX)	Telecom.	255,75	nd
Samsung E. (1969)	Corea del Sur	Electrónica	241,83	nd
Verizon Com. (2002)	US (NY)	Telecom.	234,49	30.100
Taiwan Semic. (1987)	Taiwan	Electrónica	207,38	nd
Intel Corp. (1968)	US (CA)	Electrónica	206,18	2,5
Cisco Systems (1987)	US (CA)	Telecom.	201,19	2,5
Oracle Corp (1977)	US (CA)	Servicios	178,93	nd
China Mobile (1997)	Hong Kong	Telecom.	172,63	nd
SAP SE (1972)	UE (Ale.)	Servicios	146,53	1.300
Adobe Inc (1982)	US (CA)	Software	139,66	nd
Netflix (1997)	US (CA)	Entretenim.	132,70	3.100
Salesforce (1999)	US (CA)	Servicios	126,05	64,4
Paypal (1999)	US (CA)	FinTech	122,99	217
IBM Corp (1911)	US (NY)	Servicios	118,60	nd
Texas Instr. (1991)	US (TX)	Electrónica	114,77	nd
Broadcom Inc (1993)	US (CA)	Electrónica	109,07	nd

RESTO DE GRANDES TECNOLÓGICAS EUROPEAS					
ASML Holding (1984)	EU (Hol.)	Electrónica	91,99		nd
Deutsche T. (1995)*	EU (Ale.)	Telecom.	79,11		nd
Vodafone (1983)	EU (RU)	Telecom.	48,80		nd
Orange (2013)**	EU (Francia)	Telecom.	40,10		nd
Dassault Syst. (1981)	EU (Francia)	Tecn. 3D	37,36		nd
Telefónica (1924)	EU (España)	Telecom.	35,14		nd

* Deutsche Telekom es fruto de la privatización de la agencia Deutsche Bundespot, creada en 1947.

** Orange es la transformación de Postes, télégraphes et téléphones, agencia pública de comunicaciones francesas creada en 1879, y que posteriormente pasó a llamarse France Telecom.

Fuente: elaboración propia a partir de Financial Times y Crunchbase

- **Empresas emergentes líderes a nivel global:** En la última década solo ocho compañías europeas han logrado posicionarse entre las cien *startups* con mayor capitalización bursátil, en una clasificación de nuevo liderada por EE.UU. y China **(figura 8.2)**.

Aunque existan compañías capaces de sobresalir en los mercados locales e incluso afianzar su modelo de negocio en otros países de Europa, generalmente encontramos alguna *startup* norteamericana que lidera el sector a nivel mundial. Y no es de extrañar que en el largo plazo pueda terminar adquiriendo a sus rivales europeas, algo que se ha repetido en numerosas ocasiones.

Figura 8.2. Principales *startups* que salieron al mercado bursátil desde el año 2010

Empresa (fundación)	Región	Sub-sector principal	Valor salida a bolsa (x1000 mill de $)	Financiac. (millones de $)
Facebook	US (CA)	Mensajería	18,4 (2012)	2.335
Spotify	EU (SW)	Entretenim.	9,2 (2018)	2.755
Uber	US (CA)	Movilidad	8,1 (2019)	24.712
Xiaomi	CH (Beijing)	Electrónica	4,7 (2018)	3.447
Meituan	CH (Beijing)	Servicios	4,2 (2018)	8.334
Snapchat	US (CA)	Mensajería	3,4 (2017)	4.898
Lyft	US (CA)	Movilidad	2,3 (2019)	4.912
iQiyi	CH (Beijing)	Entretenim.	2,2 (2018)	3.005
Twitter	US (CA)	Mensajería	1,8 (2013)	1.460
Rocket Int	EU (Ale.)	Incubadora	1,7 (2014)	2.249
Pinduoduo	CH (Shan.)	Venta elec.	1,6 (2018)	1.700
Zhong An	CH (Shan.)	Fintech	1,5 (2017)	822
Pinterest	US (CA)	Mensajería	1,4 (2019)	1.466
Yandex	Rusia	Analítica	1,3 (2011)	16
Mercari	Japón	Venta elec.	1,2 (2018)	116
Delivery H	EU (Ale.)	Reparto	1,1 (2017)	2.593
Ping AG	CH (Guang.)	eHealth	1,1 (2018)	900
Tencent M.	CH (Guang.)	Entretenim.	1,1 (2018)	910
Adyen	EU (Hol.)	Fintech	1,1 (2018)	266
Chewy	US (FLO)	Venta elec.	1,0 (2019)	451
Zynga	US (CA)	Entretenim.	1,0 (2011)	866
NIO	CH (Shan.)	Movilidad	1,0 (2018)	3.899

OTRAS STARTUPS EUROPEAS				
Zalando	EU (Ale)	Venta elec.	0,6 (2014)	467
Home24	EU (Ale)	Venta elec.	0,6 (2018)	155
Funding C	EU (RU)	Fintech	0,3 (2018)	422
HelloFresh	EU (Ale)	Reparto	0,3 (2011)	367

Fuente: elaboración propia a partir de Crunchbase

- **Número de unicornios:** Por último, la UE también languidece en materia de *unicornios*, es decir, en empresas que sin capitalización bursátil presentan un valor estimado de mercado de varios cientos de millones de euros.

  En un ranking global no existe ningún unicornio europeo entre los 25 de mayor capitalización estimada, y solo cinco entre los 100 primeros (**figura 8.3**). Un indicador realmente preocupante ya que estas empresas emergentes son el reflejo de cómo una región está sabiendo crear empresas y empleos de futuro.

¿Cómo pretenden la UE y sus países garantizar el crecimiento de sus economías en los próximos años sin empresas posicionadas en los sectores de futuro? ¿Cómo van a transformarse sus tejidos productivos sin tecnológicas de referencia que provean innovación al resto de sectores?

Figura 8.3. Principales unicornios por financiación (aún sin salir a bolsa) desde 2010

Empresa	Región	Sub-sector principal	Financiación hasta la fecha (millones de dólares)
Ant Financial	CH (Zhejiang)	Fintech	22.000
The We Company	US (Nueva York)	Inmobiliario	12.800
Grab	Singapur	Movilidad urb.	9.100
JD Digits	CH (Beijing)	Fintech	4.800
Airbnb	US (California)	Viajes	4.400
Lazada Group	Singapur	Venta elec.	4.200
Ola	India	Venta elec.	3.800
Chehaoduo	CH (Beijing)	Movilidad urb	3.300
GOJEK	Indonesia	Reparto	3.070
Lu.com	CH (Shanghai)	Fintech	3.015
Inspur Cloud	CH (Shandong)	Servicios	2.900
SenseTime	CH (Beijing)	Intelig. Artificial	2.600
Kabbage	US (Georgia)	Fintech	2.400
Tokopedia	Indonesia	Venta elec.	2.400
ofo	CH (Beijing)	Reparto	2.150
DoorDash	US (California)	Reparto	1.970
Instacart	US (California)	Reparto	1.900
Lianjia	CH (Beijing)	Inmobiliario	1.800
View	US (California)	IoT	1.800
Avant	US (Illinois)	Fintech	1.770

PRINCIPALES UNICORNIOS EUROPEOS			
Deliveroo	EU (Reino Unido)	Reparto	1.530
Transferwise	EU (Reino Unido)	Fintech	772
N26	EU (Alemania)	Fintech	682
GetYourGuide	EU (Alemania)	Viajes	654
Babylon Health	EU (Reino Unido)	eHealth	635

Fuente: elaboración propia a partir de Crunchbase

2. EL DIAMANTE DE LA ESCALABILIDAD EN LA ECONOMÍA DIGITAL

2.1. Factores de escalabilidad en los ecosistemas de éxito

Para encontrar los factores que potencian la escalabilidad empresarial en la economía digital, hemos tratado de sintetizar en primer lugar tres aspectos clave que concurren en los ecosistemas donde surgen las grandes empresas tecnológicas de nuestro tiempo.

Son los siguientes:

1. Cultura emprendedora y financiación: Silicon Valley ha definido un estructura integrada donde los emprendedores y la atracción de talento son claves. Un gran mercado donde los gigantes tecnológicos y las empresas emergentes conviven e interactúan, donde incubadoras y aceleradoras contribuyen a generar un ambiente que favorece las redes profesionales y la compartición de ideas.

De esta forma se ha generado una financiación que se diferencia de la existente en los mercados convencionales, donde incluso las universidades participan.

2. Eficiencia de las Administraciones Públicas y regulación eficiente: La regulación flexible y favorable a la creación de empresas es esencial para explicar por qué EE.UU., Estonia, Irlanda o Israel se han convertido en *hubs* de atracción de talento.

Potenciar un entorno normativo que favorezca la disrupción es esencial en las etapas tempranas de los saltos tecnológicos. La burocracia excesiva y los marcos legales que no favorecen la economía digital provocan pérdidas competitivas insalvables.

3. Gacelas contra elefantes. Flexibilidad y capacidad para abrazar el cambio y la disrupción: La rigidez universitaria y su escasa capacidad para responder a los rápidos cambios que demanda la sociedad y las empresas puede cargarse una generación completa de emprendedores y empresarios. Es muy importante que el sistema académico atienda a las características del entorno económico, y actualice sus sistemas de control y evaluación.

Las mejores universidades estadounidenses llevan años liderando los modelos abiertos de aprendizaje, caracterizados por su agilidad y flexibilidad, como los MOOCs de Coursera, Udacity o Edx citados. El medio analógico universitario debe apoyarse en el digital, no ser un freno a las nuevas tendencias.

2.2. El diamante de la escalabilidad digital

Sobre la base de los tres elementos anteriores nos hemos aventurado a estructurar cinco factores de impulso de la escalabilidad empresarial **(figura 8.4)**[269]. Estos factores son: burocracia y facilidad para abrir negocios, cultura emprendedora y conocimientos empresariales, acceso a la financiación, atracción y retención del talento, y relación empresa-universidad-sector.

Notarán que este modelo tentativo está inspirado en el conocido *"diamante de competitividad"* de Michael Porter[270], sin duda el referentes más importantes para el estudio competitivo de las regiones.

---

269. Este modelo, surgido de la experiencia y los conocimientos previos de los autores, será ser debidamente contrastado en investigaciones futuras.

270. Porter, M. (1990). *The Competitive Advantage of Nations*. New York: Free Press.

Figura 8.4. Factores de impulso de competitividad y escalabilidad de empresas en la economía digital

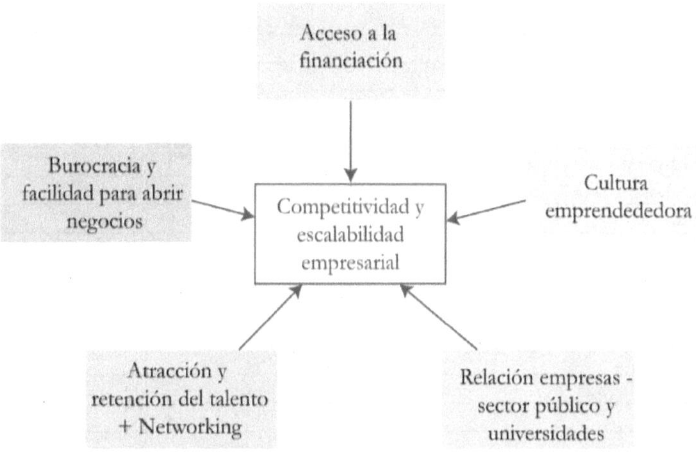

Fuente: elaboración propia

i. Burocracia y facilidad para abrir negocios

Las Administraciones poco flexibles y eficientes son un verdadero lastre para la creación de empresas y riqueza, con costes que se miden en billones de euros para la economía global. En concreto, en Estados Unidos se habla de una pérdida de 3 billones de dólares anuales: un 17% del total de su riqueza[271].

Aunque no hay datos concretos para Europa, es muy posible que esta cifra sea incluso superior, utilizando como variable *proxy* los indicadores de facilidad para abrir negocios de la OCDE.

En ellos se advierte que en la zona Euro se requiere, en término medio, del doble de días que en EE.UU. para abrir un negocio y el triple de inversión inicial **(figura 8.5).**

---

271. Hamel, G., & Zanini, M. (2016). Excess Management Is Costing the US $3 Trillion Per Year. *Harvard Business Review*. hbr.org/2016/09/excess-anagement-is-costing-the-us-3-trillion-per-year

	Días para abrir un negocio	Coste abrir un negocio (% renta pc)	Trámites para abrir un negocio
Reino Unido	4,5	0,0	4
Irlanda	5,0	0,1	3
Nueva Zelanda	0,5	0,2	1
China	8,6	0,4	4
Noruega	4,0	0,9	4
Estados Unidos	5,6	1,0	6
Estonia	3,5	1,1	3
Grecia	12,5	1,5	4
Israel	12,0	2,8	4
Zona Euro (media)	9,84	3,6	5,2
España	12,5	4,0	7
Alemania	8,0	6,7	9
Corea del Sur	4,0	14,6	2
México	8,4	16,2	8

Fuente: Indicador Doing Business del Banco Mundial

¿Cómo contribuye la falta de eficiencia del sector público a la escalabilidad de las *startups*? Además de ser una barrera psicológica, a mayores trabas administrativas, menos tiempo destinado a generar riqueza y empleos. Las normativas contradictorias, lentas y farragosas, la espera para obtener licencias, o tener que abandonar el puesto de trabajo para realizar una gestión administrativa son motivos desalentadores y casi desesperantes para cualquier empresario.

Esta sensación incluso se agrava cuando se trata de *startups*, cuyo hecho diferencial es la creatividad y la agilidad para rivalizar en un marco global extremadamente competitivo.

A continuación exponemos algunas de las trabas a las que se enfrentan los empresarios y emprendedores de nuestro entorno por culpa de la ineficiencia de algunas administraciones. Dejamos al final un espacio para que el lector pueda incorporar las suyas propias.

1. Impedimentos a la movilidad internacional del talento, como la rigidez de los visados o de los permisos de residencia.

2. Complejidad en los procedimientos para solicitar financiación pública o subvenciones, con comunicación confusa en relación con las ayudas para el sector digital.

3. Restricciones a licencias de apertura de un negocio digital en determinadas ubicaciones[272].

4. Alta tributación incluso antes de obtener beneficios.

5. Arcaica categorización profesional y epígrafes de gastos deducibles poco adaptados a los gastos de las *startups* digitales.

6. Herramientas no actualizadas e información poco eficiente en cuestiones de tributación, que requieren incluso la presencia física para resolver trámites.

7. Los plazos de pago a las empresas por parte de las Administraciones Públicas son demasiado dilatados, lo que provoca que muchas empresas no puedan concurrir.

8. Los organismos no cuentan con bases de datos actualizadas de libre acceso para las empresas, y el *open data* usable brilla por su ausencia.

---

272. La actividad digital, salvo que vaya asociada a otras actividades que generen problemas, es bastante inocua para ubicarse en cualquier espacio: centro de ciudades, entornos turísticos, edificios rehabilitados…

ii. Cultura emprendedora

Gran parte del éxito de los ecosistemas digitales ha dependido de una cultura emprendedora arraigada en la sociedad. Una mezcla entre el interés y motivación para llevar a cabo sus propios proyectos innovadores y disruptivos, y la disposición para utilizar y compartir conocimientos y herramientas avanzadas que dotan de competitividad. Todo esto en un entorno que favorece el apoyo efectivo de universidades, fondos de inversión y Administraciones.

Europa apenas contó con una cultura emprendedora arraigada hasta la crisis económica de 2008. Las durísimas consecuencias de la recesión, con elevadísimas tasas de paro juvenil y la fuga de talento especialmente en el sur de Europa, propiciaron que el emprendimiento se convirtiera casi en la única solución para crear empleo y riqueza.[273]

Aunque la cultura emprendedora es un factor muy difícil de medir, si nos guiamos por sensaciones es evidente que Europa está en un punto intermedio entre la necesidad y el reconocimiento. Referentes como Steve Jobs, Larry Page, Bill Gates o Elon Musk han ido ocupando páginas de periódicos al tiempo que se generaba un vocabulario y una cultura emprendedora, pero no han surgido en Europa figuras de la misma fama o prestigio. ¿Acaso no hay emprendedores europeos de referencia? ¿O el problema es que no se les presta la atención que merecen?

Sea por una cosa u otra, lo que es evidente es la diferencia que existe en la capacidad de crear empresas emergentes entre Estados Unidos y la Unión Europea. Tomando como referencia únicamente los datos entre 2018 y 2020 **(figura 8.6)** se puede apreciar esta casi insalvable brecha: en EE.UU. se fundaron casi 9.000 nuevas *startups* (2,4 por cada 100.000 habitantes), el 35% del total del planeta, y en la UE 6.000 (1,07 por cada 100.000 habitantes), el 24% del total.

---

273. Sorprendería al lector la cantidad de estudiantes que nos han comentado en nuestros años como docentes que querían ser funcionarios sin tener una vocación clara de servicio público. Tener un trabajo estable, les guste más o menos su desempeño, era suficientemente atractivo como para dedicar sus años de mayor creatividad a preparar una oposición.

Solo Reino Unido (2,7 *startups* por cada 100.000 habitantes) e Irlanda (2,10) pueden hacer frente a los datos mostrados por el conjunto de Estados Unidos, aunque quedan muy alejadas de las grandes referentes mundiales de emprendimiento. En el Estado de Nueva York se constituyeron más de 15 nuevas *startups* por cada 100.000 habitantes entre enero de 2018 y diciembre de 2019, en Massachusetts más de 50, y en California la increíble cifra de 315. ¡Trescientas veces más que la media de la UE!

Figura 8.6: Distribución global de empresas emergentes (*startups*) creadas entre 2018 y 2020

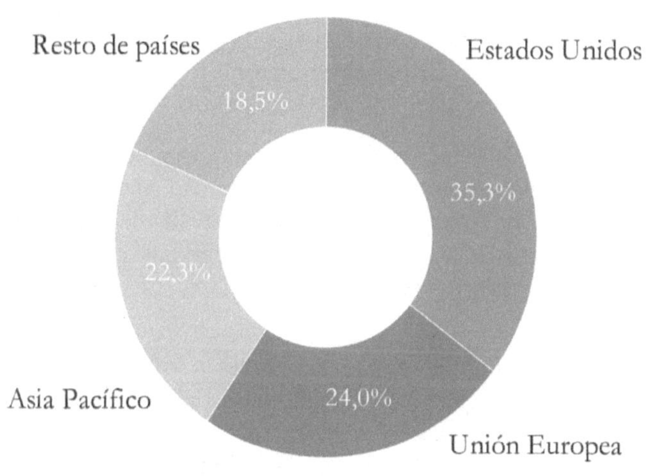

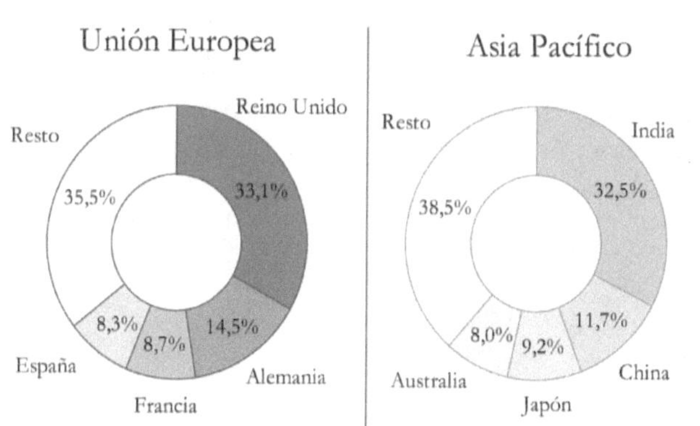

Fuente: elaboración propia a partir de crunchbase.com

En el área Asia-Pacífico se cuentan 5.600 nuevas *startups* en un periodo de crecimiento y expansión para sus economías. Esto es 0,12 nuevas empresas emergentes por cada 100.000 habitantes, casi diez veces menos que la media de la UE. Ni siquiera Corea del Sur, uno de los países más destacados a nivel tecnológico, alcanza los niveles de creación de empresas de la Europa mediterránea.

Esta situación es fruto de dos elementos clave, uno sociológico, y otro estratégico:

- La población asiática se encuentra en pleno proceso de industrialización, con un elevado volumen de ciudadanos residiendo en zonas no urbanas, en algunos casos sin acceso a internet o a herramientas digitales. Por ejemplo, China aun cuenta con un 40% de su población rural, y en el caso de India es el 66%.

- Se potencia la creación de líderes tecnológicos capaces de competir globalmente, como Tencent, Alibaba, Samsung, Xiaomi, o Ant Financial. Esto genera una falta de dinamismo en la región asiática, pero está permitiendo hacer frente a las grandes tecnológicas norteamericanas.

Aun así, en los últimos años se está observando una aceleración por alcanzar mayor agilidad en el tejido industrial tecnológico, especialmente en Corea del Sur. Desde Seúl se están impulsando medidas medidas que suponen una inyección directa de más de 20.000 millones de euros, así como exenciones fiscales al capital riesgo para potenciar la creación de nuevas *startups*[274].

Aunque a día de hoy las diferencias de Asia con respecto a EE.UU. son muy relevantes, de consolidarse esta tendencia en el resto de la región, Asia habrá dado otro paso de gigante para dominar la era digital.

---

274. koreatimes.co.kr/www/biz/2017/11/367_238700.html

iii. Acceso a la financiación

La capacidad de financiación de las empresas europeas es muy inferior a las estadounidenses y chinas. En cifras brutas, la inversión en capital riesgo[275] en las dos grandes potencias tecnológicas multiplica por diez la europea. Unas diferencias que pueden incluso apreciarse mejor cuando dividimos la economía norteamericana en Estados **(figura 8.7)**: California, Nueva York y Massachusetts invierten por separado más que la suma total de todos los países de la UE. En el caso de California, la cifra multiplica por cinco el esfuerzo inversor del conjunto de Europa.

Figura 8.7: Volumen de inversión en capital riesgo (millones de dólares) (año 2017)

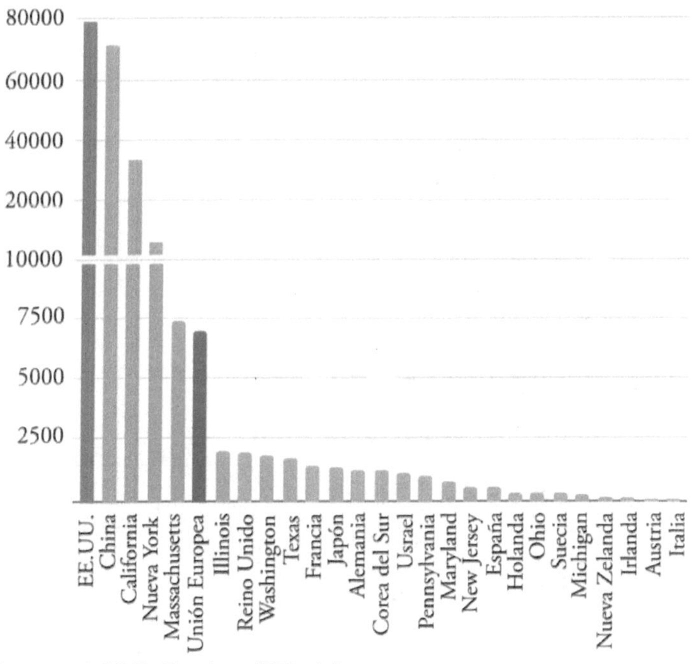

Fuentes: OCDE, Preqin y CBInsights

---

275. Por inversión en capital riesgo se entiende la inversión en el capital social de empresas privadas -que no participan en la bolsa, ya sea para su constitución o su desarrollo y expansión.

En términos relativos, en California se invierte de media por *startup* 11 millones de dólares anuales desde 2017. Esto es cinco veces más que en Francia, ocho veces más que en Alemania, nueve veces más que España, y diez veces más que la media de la UE **(figura 8.8).** También Japón, Corea del Sur, Israel o Nueva Zelanda muestran cifras superiores a la media europea, aunque es China, con más de 50 millones invertidos por *startup* la que verdaderamente amenaza una irrupción de gigantes tecnológicos sin precedentes.

Figura 8.8: Inversión en capital riesgo con relación al número de *startups* de nueva creación (millones de dólares) (año 2017)

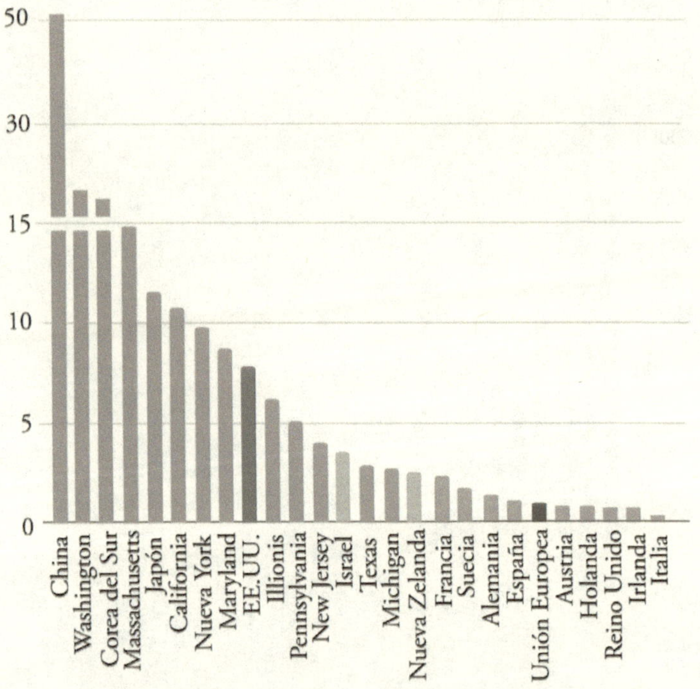

Fuentes: OCDE, Preqin, CBInsights y Banco Mundial

Cabe advertir, además, que en la región Asia-Pacífico el 70% del total de capital riesgo es destinado a empresas en los sectores

296

de telecomunicaciones, internet y software para usuarios y empresas. EE.UU., con una mayor diversificación alcanza un 60%, y la media de la Unión Europea se queda en un retrasado 45%[276].

Estos datos refuerzan algunas conclusiones del apartado anterior: la tradición empresarial de los países asiáticos deriva en un menor impulso emprendedor en comparación con EE.UU. y Europa, pero su acceso al crédito permite que las relativamente pocas *startups* que surgen puedan competir en los mercados globales con mayor capacidad que sus homónimas occidentales.

Es urgente que Europa incremente la inversión en empresas emergentes digitales, y que no solo lo haga en su momento de lanzamiento. No podemos caer en el error de entender la financiación empresarial como el primer impulso para crear proyectos, sino que ésta debe acompañar también los planes de expansión, comunicación o innovación y que son imprescindibles para ganar competitividad frente a otras empresas globales.

iv. *Atracción, retención y explotación de talento*

El "talento" en la economía digital, recordemos, lo hemos asociado a los profesionales capaces de impulsar los beneficios derivados de la IA, el IoT, Blockchain o cualquier otra tecnología emergente en sus empleos y en la sociedad. Es decir, aquellos que se especializan en habilidades STEM (siglas de ciencia, tecnología, ingeniería y matemáticas) o que son capaces de hibridarlas con otras áreas de conocimiento como el desarrollo empresarial, el derecho, la arquitectura, o la biología.

Buscando una mejora competitiva las economías más tecnológicas están haciendo una apuesta muy fuerte por la incorporación masiva de talento a sus empresas. En Israel y Corea del Sur más del 75% de los científicos del país desarrollan su actividad en empresas privadas. En Estados Unidos y Japón esta cifra supera el 70%. Y en China, en una clara tendencia al alza, ya ha alcanzado el 60%.

---

276. Información extraída de distintos informes elaborados por Invest Europe, Preqin y PWc.

Respecto a Europa, solo Suecia (66%), Holanda (60%), Francia (60%) y Alemania (59%) muestran buenos resultados de integración científica en el mundo laboral, aunque suelen vincularse con sectores de tecnologías maduras. Por otro lado, en España (37%), Portugal (33%), Grecia (30%), Lituania (28%) o Letonia (18%) la situación es casi dramática para sus científicos, que apenas encuentran empleo fuera del mundo académico **(figura 8.9)**.

Figura 8.9: Investigadores per cápita y porcentaje de investigadores con su actividad principal en el sector privado

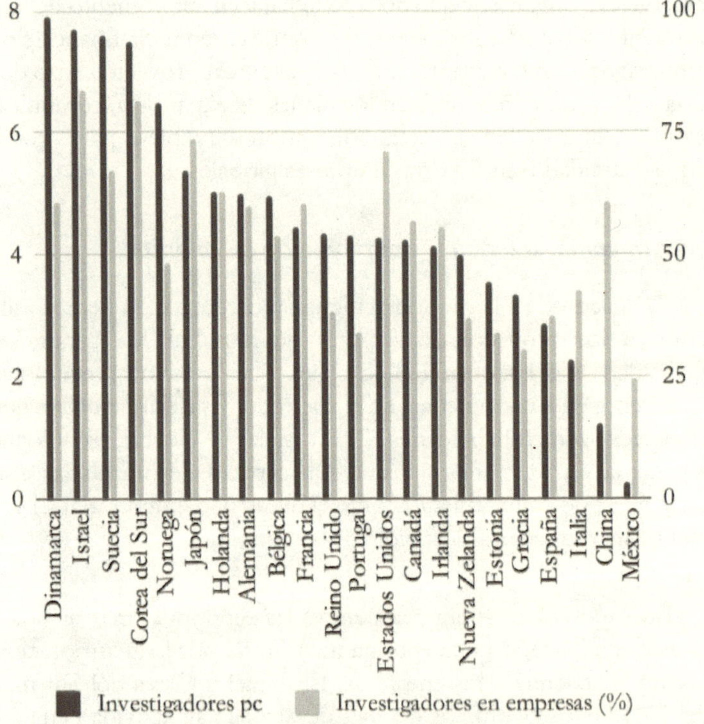

Fuente: UNESCO y Banco Mundial

Esta alta dependencia de la ciencia europea con respecto a sus universidades presenta dos graves problemas que ya hemos comentado anteriormente:

- Mayor interés y presión por la publicación de artículos en revistas científicas que en impulsar avances que generen riqueza y empleo.

- Una fuga de cerebros a otros países ante la escasez de plazas de investigación en las universidades y los mayores salarios de las empresas privadas.

En este sentido, algunas instituciones europeas están haciendo esfuerzos muy loables para atraer y retener talento digital, pero es necesario dotar de fondos y un liderazgo claro de la Unión Europea a estos proyectos. En concreto queremos destacar dos iniciativas de éxito:

ICREA (Institución Catalana de Investigación y Estudios Avanzados): ICREA es una fundación creada en el año 2.000 y promovida conjuntamente por el Gobierno catalán y la Fundación Catalana de Investigación e Innovación (FCRI).

Inspirada por el Centro Nacional de Investigación de Francia, trabaja en estrecha colaboración con universidades y centros de investigación para impulsar un sistema de investigación regional mediante la atracción internacional de talento y la conformación de grupos de investigación en nuevas líneas de estudio.

El ICREA ha permitido posicionar a Catalunya en la cuarta posición en captación de ayudas de financiación del Consejo Europeo de Investigación (ERC), acaparando el 56,6% de todos los fondos concedidos a España. En total 26,5 millones de euros en 2016, y solo el 1% se destina a pagar a los propios investigadores de ICREA. Por millón de habitantes, solo Suiza, Israel y Holanda lograron mejores resultados.

ELLIS (The European Laboratory for Learning and Intelligent Systems): los investigadores de Europa más reconocidos han son los promotores de plataformas como CLAIRE (Confederation of Laboratories for Artificial Intelligence Research in Europe)[277] o ELLIS (The European Laboratory for Learning and Intelligent Systems)[278], tratando de frenar la diáspora de cerebros europeos en IA ante las agresivas ofertas de empleo privadas chinas y estadounidenses.

En concreto el grupo de expertos ELLIS, organización sin ánimo de lucro, ha lanzado un proyecto para desarrollar 17 unidades de investigación en diferentes ciudades de 10 países europeos (más Israel). ELLIS se se ha adelantado a la propia UE en la estrategia para crear nuevo talento, atraerlo y prevenir su huída, un objetivo prioritario para cualquier región que quiera liderar la economía del futuro.

ELLIS además está identificando problemas que limitan la aparición de talento y aplicaciones novedosas en IA en la UE, como las trabas de las universidades para que sus científicos colaboren con empresas o creen las suyas propias[279], o incluso la carga burocrática que aparta a los investigadores de tiempo trabajo.

v. Relación entre empresas, universidades y sector público

Las universidades y el sector público juegan un papel crucial en el bienestar de la sociedad, dando prioridad a una investigación social que no siempre se cubre desde las empresas. La cura de enfermedades, la protección del medio ambiente o la seguridad nacional son un buen ejemplo.

Pero no debemos rehuir del debate honesto que ya planteamos con anterioridad: las universidades y los centros de investigación

---

277. claire-ai.org/
278. ellis.eu/
279. venturebeat.com/2019/12/27/probeat-google-only-updated-android-distribution-data-once-in-2019/

dependientes de las Administraciones no deben patrimonializar fondos cuya rentabilidad social suele ser marginal. El sector público no debe competir con el sector privado en materia de I+D, sino servir de impulso a la riqueza y al empleo. Sin ellos será imposible seguir financiando -vía impuestos- nuevas investigaciones.

EE.UU., Israel y los países asiáticos emergentes (como China, Malasia o Singapur) han comprendido bien lo necesario de esta relación. Las universidades colaboran con las empresas, dando lugar a la publicación de patentes y registros, y que en muchos casos terminan siendo un elemento de impulso económico **(figura 8.10)**.

Figura 8.10: Relación entre patentes y colaboración universidad-empresa

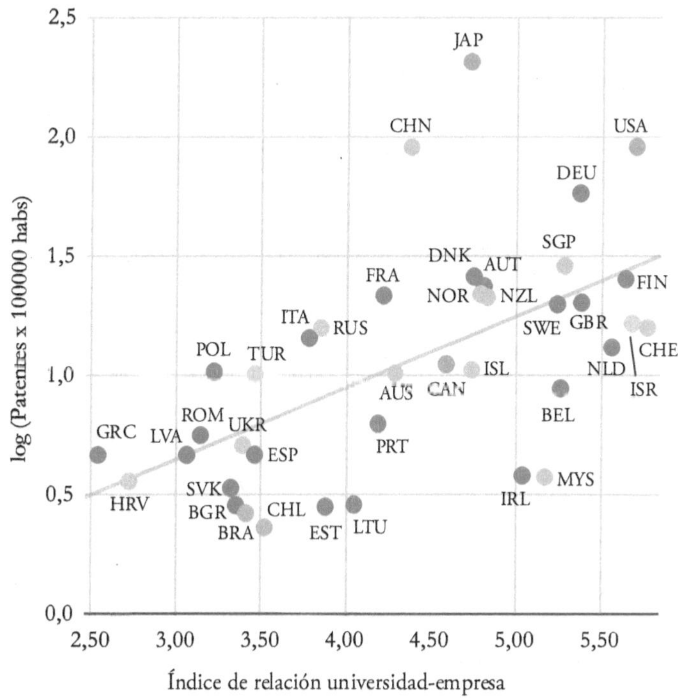

Fuente: Foro Económico Mundial y Banco Mundial

Esta relación positiva también ocurre en países como Alemania, Holanda, Finlandia o Suecia, aunque sea con una especialización en sectores más maduros como ya mencionamos. Sin embargo, los países del sur y del este de Europa quedan muy retrasados, con una escasa relación entre el sector público y las empresas que merece la pena estudiar. Por mera experiencia nos atrevemos a aventurar dos hipótesis de por qué ocurre esto:

- Los investigadores y las universidades no están recibiendo las señales correctas para incentivar la transferencia de tecnología hacia las empresas, ni siquiera en los niveles más básicos de investigación[280].

- Las empresas no aspiran a ser motor de la disrupción o liderarla, sino a usar la tecnología como medio de supervivencia. Síntomas de la debilidad de un ecosistema empresarial demasiado conservador.

Para revertir la situación de letargo europeo, especialmente en el sur, no bastará con destinar más fondos a innovación o a la cohesión de sus regiones, sino que se deben plantear reformas estructurales en las universidades y promover un nuevo tipo de empresas de base tecnológica, capaces de explotar el esfuerzo que se realice desde las instituciones públicas.

---

280. En un modelo universitario como el español los investigadores son incentivados a través de trienios de antigüedad, sexenios de investigación sin criterios de indexación con la industria española o europea y quinquenios docentes. Solo los recientes sexenios de transferencia de tecnología podrían animar a vincular la actividad investigadora a las necesidades de las empresas.

3. EL CÍRCULO COMPLETO DEL EMPRENDIMIENTO PARA SUPERAR LA FALTA DE ESCALABILIDAD

«Work hard. Have Fun. Make History.»
JEFF BEZOS.

«Good is the enemy of great.[281]»
JIM COLLINS.

3.1. ¿Cuenta Europa con los ingredientes para el emprendimiento?

En los últimos años gran parte del viejo continente se ha subido al carro del emprendimiento. Grandes empresas de sectores tradicionales e innovadores, gobiernos locales y regionales, universidades y centros de formación... todos han invertido en aceleradoras y espacios de c*o-workings y co-living*.

Y no solo ocurre en ciudades como Londres, Berlín, París, Madrid, o Roma. También lo vemos en urbes de menor tamaño como Dublín, Bristol, Lisboa, Málaga, Alicante o Helsinki, y hasta en los sitios más exóticos como Canarias o Aras de los Olmos[282].

Hemos importado de Silicon Valley la capacidad de declararle la guerra a la "zona de confort" y superar el estigma del fracaso. Hemos entendido la importancia de *pivotar* gracias al método *lean canvas*. Asistimos y participamos en reuniones tipo *Elevator Pitch, Tech and Beer,* o *Friday Tech fever.* Se han construido comunidades colaborativas y redes profesionales para potenciar el autoempleo. E incluso ensayamos metodologías como *AGILE* o *sprint design*.

---

281. Collins, J. (2016). *Good to Great: Why Some Companies Make the Leap and Others Don't.* Instaread.

282. Un pueblo de la montaña valenciana de menos de 300 habitantes y cuya su apuesta digital le ha permitido liderar indicadores como el wifi en las calles o el número de emprendedores rurales digitales en IoT.

Todo este movimiento, aunque aun quede mucho por hacer, se aprecia en materia de inversión, tanto pública, como privada, con la aparición de *business angels*, fondos de capital riesgo (*venture capital*) institucionalizados, y una creciente inversión internacional en los proyectos europeos.

El impulso de los jóvenes

La cultura emprendedora se percibe en los jóvenes: ¡claro que hay esperanza en Europa!

La nueva generación de empresarios y estudiantes ve algo remoto y casi una ficción aquel capitalismo que existió en Norteamérica a mediados del siglo XX, que tan crudamente retrata El irlandés[283]. También rehúyen de los sectores tradicionales de una economía especulativa y responsable de la crisis de 2008. Al contrario, se identifican con los nuevos empresarios del siglo XXI, y enarbolan el código ético "ganar-ganar" de Stephen Covey[284], o la más alta autoexigencia personal de Jim Collins.

En Europa se difunde de forma creciente un ideal de creatividad y esfuerzo entre quienes se autoemplean. Un impulso apoyado en la dureza de la crisis económica, la alta concurrencia a las plazas públicas y el agotamiento de los sectores maduros. Muchos han perdido el miedo al riesgo. Participan en retos globales como Google Hash Code o Nasa Space Challenge, cuando no trabajan en ideas y tecnologías llamadas a cambiar el mundo.

El ciclo completo del emprendimiento

A pesar de contar teóricamente con los ingredientes necesarios para emprender, Europa padece una ausencia absolutamente inquietante de unicornios y compañías digitales globalizadas **(figura 8.11)**. Parece que el viejo continente se ha estancado en el primer paso de "animar a los jóvenes". La UE y las instituciones interesadas en potenciar el emprendimiento deben ir más allá de los modelos teóricos o la motivación. Deben ser partícipes de la conformación un **"ciclo completo del emprendimiento"**, que

---

283. *El irlandés* (2019), dirigida por Martin Scorsese.
284. Covey, S.R. *The 7 habits of highly effective people*. S&S Publishers.

acompañe a los emprendedores hasta alcanzar un éxito relevante en el ámbito global.

Figura 8.11. Volumen de unicornios en cada región del planeta (año 2020)

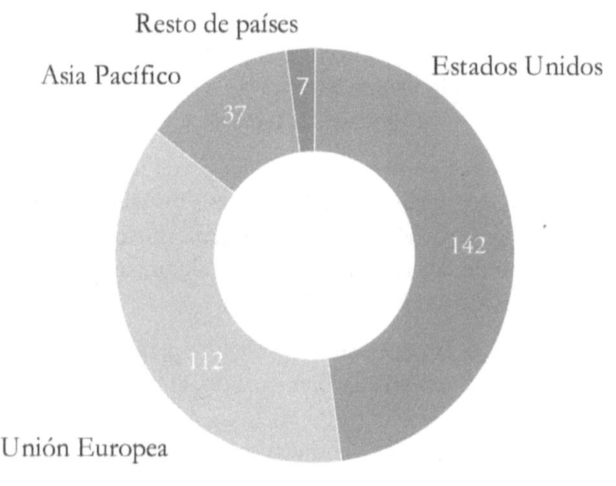

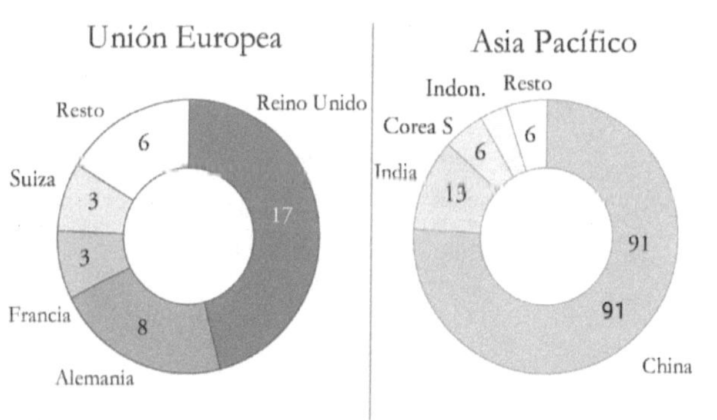

Fuente: cbinsights.com

El gran reto de la UE y la mayor parte de sus regiones es generar un ecosistema digital que no sea una carga para la escalabilidad de nuestras *startups*. Entornos donde los jóvenes y no tan jóvenes perciban que sus ideas tendrán facilidades para convertirse algún día en referentes gracias al apoyo de la sociedad, las universidades y las Administraciones.

Si este entorno no se dota de recursos suficientes, los programas de emprendimiento y las charlas motivacionales que se repiten en cursos *online*, en páginas de internet y que bombardean Youtube pueden ser mensajes vacíos, contradictorios e incluso negativos. Sin un ecosistema propicio, el riesgo de crear una empresa poniendo en juego el patrimonio de los profesionales es demasiado elevado, y el resultado es una escasez de *startups* que no se corrige con metodologías ni programas de lanzadera.

La sociedad europea no puede fallar a sus jóvenes. Nuestras instituciones deben alejarse de los discursos insustanciales y ambiguos para tomar verdadero partido. Quitémonos de la cabeza que en cualquier garaje del mundo podrán madurar ideas que se convertirán en compañías mil millonarias.

Si las empresas no conectan correctamente con entornos caracterizados por el acceso a la financiación, el talento, la eficiencia administrativa, el apoyo en todas las fases de crecimiento y las regulaciones eficientes, están condenadas a una muerte anunciada.

4. QUÉ NOS FALTA PARA ESCALAR AL ESTILO NORTEAMERICANO

4.1. Cambiar el discurso de la Europa de la confusión

Nuestros dirigentes deben calibrar muy bien sus actos y discursos si quieren de verdad que la economía digital se consolide.

¿Es Google un demonio que viene a robarnos nuestros datos, o es la empresa que nos permite comunicarnos, movernos en las ciudades o informarnos de forma gratuita? ¿Es Microsoft una empresa que abusa de su poder de monopolio, o es la empresa que permite que Bill y Melinda Gates hagan más por los países en desarrollo que cualquier programa de cooperación del mundo? ¿Preferimos realmente un modelo en el que nuestras grandes empresas (automovilísticas, petroleras, constructoras) sean las más contaminantes, o preferimos apostar por aquellas que darán respuesta a los retos de la humanidad? Si los emprendedores europeos cuentan con ideas tan brillantes como las hay más allá de nuestras fronteras... ¿Por qué la UE está volviendo a quedarse al margen de la nueva generación de empresas digitales?

Estas son preguntas que debemos hacerle a buena parte de nuestro espectro político, aunque nuestra hipótesis para responder a ellas es que vivimos en la "Europa de la confusión". Nuestros gobernantes, carentes de referentes críticos y sin un verdadero objetivo común desde la caída del Muro de Berlín, son conocedores de la relevancia de la economía digital, pero tienen miedo de abandonar los sectores tradicionales que sustentan el empleo. La apuesta institucional por un cambio de modelo es muy laxa, la Unión Europea no presiona lo suficiente, y nadie está dispuesto a decirle a la cara a los votantes, incluidos funcionarios, que debemos abordar importantes ajustes para prepararnos para el futuro.

Es significativo, por ejemplo, que en las últimas elecciones generales al gobierno de España, con la segunda tasa de desempleo más alta del continente, ninguno de los cinco candidatos a presidir el país pronunciara ni una sola vez la palabra "digital" en los debates televisados[285]. O que cuando se hablaba de aplicaciones tecnológicas para luchar contra el coronavirus se hayan montado más debates sobre si vulneran los derechos de privacidad de los usuarios que sobre las vidas que pueden salvar[286].

Aunque se trabaja por superar barreras recientes como la *empresa-fobia*, o el estigma del fracaso empresarial, sigue existiendo una evidente brecha en el reconocimiento social del empresario entre Europa y EE.UU. A menudo incluso se pretende segmentar y diferenciar entre emprendedores y empresarios, como si fueran dos realidades distintas. A los primeros se les asocia con la creatividad, la economía de internet y con proyectos que están más vinculados con la sociedad. El segundo término, desafortunadamente, se vincula a la economía tradicional, y dentro de esta última con un modelo altamente especulativo[287].

Pero acabar con esta diferenciación corresponde a las administraciones públicas. Deben poner todo su empeño en luchar contra la corrupción y la evasión de impuestos, con fuertes sanciones y controles, eliminando de la ecuación a los empresarios que efectivamente se aprovechan de las debilidades del sistema. En el cumplimiento de las obligaciones fiscales de las empresas europeas reside la financiación de nuestro estado del bienestar. E igual que existe la penalización, se requiere de una cultura de reconocimiento que invite a la generación continua de nuevas *startups* y el compromiso para impulsar su escalabilidad.

---

285. Aunque sostuvieron centrar sus esfuerzos en la reducción de la cuota de autónomos durante unos meses

286. 20minutos.es/opinion/coronavirus-y-la-lopd-los-datos-contra-el-virus-20200330-4210270/

287. No negaremos que ha sido precisamente el comportamiento especulativo e irresponsable de una parte importante de empresarios la que arrastró a la crisis económica de 2008. Incluso podría entenderse, aunque no lo defenderemos, que en determinados círculos políticos se haya llegado a considerar *"casta"* a la estructura empresarial dado el comportamiento de algunos de sus representantes. Especialmente de los que más poder aglutinaban. Pero obviar el protagonismo de las empresas y sus empresarios en una economía de mercado como generadores de riqueza y empleo es muy peligroso.

Todas las debilidades expuestas hasta ahora, como el déficit de acciones por impulsar la IA, la maraña regulatoria antidigital, y la impotencia para desarrollar gigantes tecnológicos se perciben por los estudiantes universitarios. En nuestra asignatura de Economía de la Globalización de 4º curso en el grado de Economía en la Universidad de Alicante, solíamos preguntar cómo pensaban nuestros los alumnos que sería hoy Google si sus fundadores, Larry Page y Sergey Brin, hubieran sido dos estudiantes en España u otro país europeo.

Y la conclusión siempre era la misma: todos los hitos del gigante tecnológico -hoy *Alphabet*- se hubieran visto mermados en Europa por dificultades y problemas infranqueables hasta tal punto que Google, Amazon, Apple o Facebook hubieran sido imposibles. O serían pequeñas empresas en el mejor de los casos de haberse constituido en Europa[288].

Alguien debería proponer este mismo ejercicio en la Comisión Europea y sacar las conclusiones oportunas.

4.2. Qué falla a la hora de escalar

La entidad del cambio impulsada por la revolución digital es tan gigantesca que nos asusta que Europa no cuente con referentes tecnológicos mundiales. Basta echar una sencilla mirada a cómo ha cambiado el *ranking* de la capitalización bursátil en las últimas dos décadas para darse cuenta.

---

288. Sin ánimo de seguir la exhaustividad del ejercicio de clase sobre el crecimiento de Google les dejamos algunas preguntas que hacemos a los estudiantes: ¿Hubiera encargado la biblioteca de una universidad europea un trabajo para organizar su información a través de una búsqueda online?
¿Hubiera dejado una universidad europea alojar y operar en sus servidores su buscador (BackRub)?
¿Hubieran encontrado fácilmente (año 1998) que alguien de la industria tecnológica les diera un cheque de 100.000 dólares?
¿Hubieran dispuesto de suficiente talento cualificado para el desarrollo de su tecnología para la escalabilidad?
¿Hubiera triunfado su salida en una bolsa europea en 2004 tras la reciente resaca de la crisis de las punto.com?
¿Hubieran sido posibles las adquisiciones que hoy conforman el "ecosistema tecnológico y de productos de Google? (...)

Hemos pasado de un panorama dominado por bancos, farmacéuticas y empresas energéticas, a una situación en la que entre las diez compañías más grandes, siete son tecnológicas, con cinco norteamericanas (Apple, Google, Facebook, Microsoft y Amazon) y dos chinas (Tencent y Alibaba) **(figura 8.12)**.

Figura 8.12. Ranking global de empresas por capitalización (miles de millones de $) (en negrita, empresas digitales)

Empresa, país y capitalización (1997)		Empresa, país y capitalización (2019)	
1. General E. (USA)	223 mm $	**1. Microsoft (USA)**	**904 mm $**
2. RD Shell (HOL)	190 mm $	**2. Apple (USA)**	**895 mm $**
3. Microsoft (USA)	**162 mm $**	**3. Amazon (USA)**	**874 mm $**
4. Exxon (USA)	158 mm $	**4. Google (USA)**	**818 mm $**
5. Coca-Cola (USA)	151 mm $	5. Berkshire H (USA)	493 mm $
6. Intel (USA)	**150 mm $**	**6. Facebook (USA)**	**475 mm $**
7. Nippon T (JAP)	145 mm $	**7. Alibaba (CHN)**	**472 mm $**
8. Merck (USA)	121 mm $	**8. Tencent (CHN)**	**440 mm $**
9. Toyota (JAP)	113 mm $	9. Johnson&J (USA)	372 mm $
10. Novartis (CHE)	105 mm $	10. Exxon (USA)	342 mm $

Fuente: Pwc.

Esta tendencia además se está acentuando con la crisis del coronavirus, observando cómo las tecnológicas aumentan su valor mientras que las empresas tradicionales se estancan o incluso se hunden. En septiembre 2020 por primera vez el valor de las tecnológicas norteamericanas superó la capitalización de todas las bolsas europeas[289]. Y las diferencias irán a más a medida que las tecnologías actuales, aun más disruptivas y sobre las que Europa sigue sin destacar, vayan desatando su potencial.

Si Europa quiere consolidar sus ecosistemas y crecer con la dimensión y ambición norteamericana debería tratar de poner remedio a los siguientes aspectos diferenciales, algunos de ellos ya tratados:

---

289. https://www.cnbc.com/2020/08/28/us-tech-stocks-are-now-worth-more-than-the-entire-european-stock-market.html

a)Un mercado único digital europeo inexistente: Pese a declaraciones programáticas desde hace décadas, en términos digitales Europa es un mosaico de mercados superpuestos, sin verdaderos puntos de unión culturales ni empresariales. Muy lejos de un único mercado de 500 millones de habitantes.

Europa hubo de esperar hasta mayo de 2015 para que la Comisión Junker[290] anunciara la creación del "Mercado Único Digital", integrado en el marco Europa 2020. Sin embargo los acercamientos más relevantes en materia digital se han dado en unas cuestiones normativas que incluso limitan su desarrollo[291].

Reino Unido, por ejemplo, siempre se ha sentido digitalmente más cercano a EE.UU., la India o Australia que a la Europa continental. Y España tiene más vínculos con los países latinoamericanos que con la Europa central o del este[292].

b) El exceso de regulación y burocracia de la UE: Las *startups* no comprenden la burocracia desde un punto de vista de la lógica digital.

Se llega a decir que una empresa tecnológica que quiera expandirse por Europa necesitará más abogados y juristas que la suma de profesionales del resto de sus departamentos.

c) El sector público como cliente discrimina a las pequeñas *startups*: las Administraciones discriminan sus contratos en favor de las grandes compañías tecnológicas y de servicios.

Las compras públicas innovadoras no cuentan con las *startups*, abocadas a las subvenciones públicas a fondo perdido o la coinversión. Curiosamente las grandes auditoras y tecnológicas terminan subcontratando a pequeñas empresas que no pueden concursar a los proyectos públicos para realizar los servicios.

---

290. eur-lex.europa.eu/legal-content/… /?uri=celex:52015DC01 92
291. Ver Capítulo 4.
292. Ciudades como Madrid o Barcelona se han convertido en la puerta de entrada a Europa de la mayoría de *startups* argentinas, mexicanas o colombianas. Ver: news.crunchbase.com/news/how-spain-attracts-latin-american-startup-look ing-for-growth/

d) Una cultura social empresarial no tan *friendly* como la americana: El reconocimiento europeo a sus empresas es mucho más limitado, pese a los enormes avances en la materia.

La nada fútil discriminación entre "emprendedores" y "empresarios" no es un tema menor. Hay mucho talento que por cuestión de estatus y reconocimiento social prefieren dedicar su esfuerzo a opositar o ejercer actividades profesionales en las grandes empresas antes que convertirse en empresario.

e) Un sistema universitario que debe comprometerse y vincularse todavía más con el emprendimiento: Las universidades europeas deben apoyar en mayor medida y efectividad el emprendimiento y las empresas de base tecnológica (EBTs). El talento universitario debe ser flujo permanente entre las empresas y los centros de investigación, y no aislarse en el plano académico, donde el impacto social es menor.

f) Ecosistemas digitales europeos de escaso tamaño y relevancia: El talento internacional requiere de espacios en los que interactuar, donde se acumule la inversión y la innovación tecnológica. Salvo casos contados, las grandes ciudades europeas, demasiado influenciadas por su estructura económica tradicional, aun no han consolidado una apuesta completamente decidida por la economía digital.

g) El predominio por la financiación basada en criterios convencionales. La ausencia de fondos en Europa para el emprendimiento comparado con otros países se une con la escasa profesionalidad de los fondos de inversión existentes, algunos obsesionados con el "exit"[293], o con intervenir abiertamente en la gestión de la empresa apartando a sus visionarios creadores para darle un enfoque más clásico.

---

293. El "exit" o "salida" es la estrategia que algunos inversores implementan a la hora de establecer sus inversiones. Mediante el "exit", esperan recuperar su inversión más una plusvalía en un determinado tiempo.

5. ÉXITOS Y DEBILIDADES DEL EMPRENDIMIENTO EUROPEO

5.1. Un modelo basado en el *Copy-paste*

Las desventajas que limitan la escalabilidad de las *startups* europeas tienen en el acceso a la financiación uno de sus corolarios más evidentes. Desde el año 2000 solo 15 empresas europeas han alcanzado una financiación superior a los 1.000 millones de euros, por las 60 norteamericanas y las más de 40 chinas. Uber, Ant Financial, Didi o Tesla recaudaron en sus rondas de financiación más de 15 mil millones de euros. Uber de hecho superó los 20 mil.

Ninguna empresa europea se ha acercado jamás a esos registros. El techo en el viejo continente parece haberse quedado estancado en los 3 mil millones de euros (cifra alcanzada por One-Web, Spotify y Delivery Hero), inferiores también a los conseguidos por otras *startups* norteamericanas y chinas como SpaceX, Airbnb, NIO, SnapChat o Lyft.

Podríamos pensar que la inversión en capital riesgo no lo es todo, y más en la economía digital. En parte es cierto: Facebook apenas alcanzó los 2.000 millones de financiación antes de convertirse en el gigante que es hoy, valorado en más de 500.000 millones de euros. Y Microsoft, el caso más sorprendente, apenas recaudó un millón de dólares antes de su salida a Bolsa. Pero no debemos obviar que en un mercado global, en el que la competencia tecnológica se ha intensificado tanto, no disponer de un fondo de maniobra amplio que permita crecer rápidamente es un grave riesgo. Las empresas tecnológicas no solo compiten con *startups* de su ámbito, sino también contra la rápida transformación de las gigantes digitales, que buscan posicionarse en casi cualquier nuevo sector lucrativo: música, viajes, compras, ocio…

Por este motivo algunas aceleradoras europeas se han especializado en el *"copy and paste"* en sus carteras, con el verdadero objetivo de facilitar la absorción de sus empresas. Se reproducen ideas de éxito que empiezan a ser referencia en otros mercados, explorando nuevas aplicaciones, o buscando un hueco en regiones donde la original no es dominante, aunque sin una verdadera ambición de liderazgo global. Proyectos que incluso podrían superar técnicamente los originales y se adaptan mejor a la idiosincrasia de sus regiones pero que ante las desventajas enunciadas se ven en la incapacidad de lograr la escalabilidad de las *startups* líderes norteamericanas o asiáticas para competir con ellas.

Veamos algunos ejemplos:

Tuenti, el Facebook español: Tuenti se convirtió en una de las redes sociales más exitosas de Europa gracias a su presencia en casi todos los países de América Latina, aunque era una completa desconocida fuera de España e hispanoamérica.

Cuando en 2011 celebraban llegar a los 10 millones de usuarios al mes, Facebook contaba más de 700 millones. Esta falta de escalabilidad explica por qué Telefónica adquirió el 85% de Tuenti por 70 millones de euros, mientras que News Corporation pagaba 600 millones de dólares por MySpace, o Facebook alcanzaba en su primer día en bolsa los 80.000 millones de euros de valoración.

Ante el estancamiento y la desventaja competitiva que suponían las leyes de privacidad europeas con respecto a otras redes sociales[294] en 2012 Tuenti cerró sus servidores.

Xing, Linkedin a la alemana: Xing es la red social profesional más importante de Europa. Tanto por el volumen de usuarios (16 millones), como por una cuenta de resultados en positivo y creciente.

Sin embargo Xing depende en gran medida del mercado de habla germana, y más del 60% de sus usuarios provienen únicamente de Alemania, Austria y Suiza. De ahí que mientras que la valoración actual de Xing se estima en 2.000 millones de euros[295], Microsoft varloró en 26.000 millones de dólares a Linkedin en su adquisición, que multiplica por 50 el número de usuarios de Xing.

---

294. Declaración de uno de los fundadores en el curso de formación para emprendedores "UNIMOOC". youtu.be/-Pzzk7baT-g

295. Estimado a partir de lo que el grupo Hubert Burda Media invirtió por la adquisición del 50% de Xing.

Estas "imitaciones" no solo ocurren en el mercado europeo.
China también cuenta con su *youtube* chino (Yoku), su *whatsapp*
chino (WeChat), su *Linkedin* chino (Tianji), e incluso su *PiedPiper*
chino[296]. Pero la mayor escalabilidad del mercado digital asiático
les permite, como ocurre en el caso de EE.UU., potenciar cada vez
más *Big bang disruptors*. Esto es empresas que aplicando la disrupción sobre un producto y/o sus procesos son capaces de dejar sin
capacidad de reacción a las empresas tradicionales de un sector a
escala internacional[297].

Uber, Airbnb, Didi o Netflix han llegado a ese estatus de Big
Bang disruptor, y son capaces de competir de tú a tú con las grandes tecnológicas como Google o Amazon en su nicho de mercado.
Algo que también ha conseguido Spotify, la única gran disruptora
europea.

---

296. Temporada 5, *Silicon Valley*, HBO.
297. Downes, L., Nunes, P., 2014. Big Bang Disruption: Strategy in the
Age of Devastating Innovation. Penguin, y Trabucchi, D., Talenti, L., & Bu-
ganza, T. (2019). How do Big Bang Disruptors look like? A Business Model
perspective. Technological Forecasting and Social Change, 141, 330-340.

5.2. Algunas *startups* europeas de referencia

Andrés Torrubia, uno de los emprendedores más destacados que conocemos -y al que hemos tenido la suerte de entrevistar en diversas ocasiones- suele decir que los cementerios están llenos de grandes ideas brillantes. La "inteligencia ejecutiva" resulta más importante que la brillantez de la idea, dice, especialmente en un entorno de competitividad global tan complejo.

Por eso a continuación queremos destacar algunas *startups* europeas que con mucho esfuerzo y pese a las dificultades han logrado ser referencia en sus respectivos mercados. Ojalá puedan servir de inspiración a nuevas generaciones de emprendedores.

i. Spotify

Sector: Streaming de música
Fundadores: Daniel Ek y Martin Lorentzon
País: Suecia
Financiación: 2.500 millones de euros
Valor de mercado aproximado: 25.000 millones de euros

Spotify es el caso de éxito más notable de la economía digital europea. La *startup* sueca, pionera en el servicio de streaming musical con el acuerdo de las discográficas, revolucionó el mercado de la música con un sistema abierto bajo suscripción.

Con más de 100 millones de usuarios entre premium y gratuitos, los registros de Spotify superan los de sus competidoras naturales como la francesa Deezer o Tidal. Pero también los de los gigantes tecnológicos que han puesto sus ojos en el mercado de la música: Apple Music, Youtube Music y Amazon Music.

Spotify ha trabajado en la ampliación de utilidades como letras de canciones, podcasts, conciertos, y especialmente en el uso de IA para personalizar resultados y recomendaciones[298].

---

298. forbes.com/sites/bernardmarr/2017/10/30/the-amazing-ways-spotify-uses-big-data-ai-and-machine-learning-to-drive-business-success/#3d2d45a04bd2

ii. BlaBlaCar

Sector: Transporte colaborativo
Fundadores: Francis Nappez, Frédéric Mazzella, Nicolas Brusson
País: Francia
Financiación: 445 millones de euros
Valor de mercado aproximado: 1.200 millones de euros

BlaBlaCar es la mayor red social de viajes en coche compartido del mundo. Presente en 22 países de todo el planeta, con más de 500 empleados y 85 millones de usuarios. Una idea que cambió la forma de viajar y con ventajas incuestionables: menor contaminación, eficiencia y rentabilidad en el uso de los activos, información precisa sobre viajeros y conductores, o mayor flexibilidad de horarios y destinos.

Muchas otras empresas han tratado de competir en el segmento (como la española Amovens, la israelí Gett, o la alemana Wunder Mobility), aunque de nuevo es la amenaza de gigantes como Uber (UberPool) o Google (Waze) lo que puede desestabilizar el mercado y hacer caer la valoración de la líder francesa.

iii. Zalando

Sector: Comercio de ropa
Fundadores: David Schneider, Robert Gentz
País: Alemania
Financiación: 465 millones de euros
Valor de mercado aproximado: 11.000 millones de euros

La historia de Zalando cumple todos los tópicos de los románticos del emprendimiento: un par de amigos, una idea alocada, y un prototipo creado en un piso de estudiantes que se convirtió en central de oficinas, almacén de productos y punto de logística, con sus fundadores repartiendo zapatos personalmente por todo Berlín.

En 2010, dos años después de su fundación, ya operaba en Alemania y tres países más. En la actualidad son 17 países europeos los que tienen acceso completo, con una facturación que supera los 5.000 millones de euros anuales gracias a su amplio catálogo de marcas y la apuesta por firmas exclusivas de propia creación.

Zalando sin lugar a dudas es el caso europeo más destacado del sector, pero no el único: otros como la británica Asos o la española TradeInn también buscan convertirse en la referencia del mercado de la ropa, buscando una especialización que les distancie en un mercado ampliamente dominado a nivel global por Amazon.

iv. Wallapop

Sector: Comercio de segunda mano
Fundadores: Agustin Gomez, Gerard Olive, Miguel Vicente
País: España (2013)
Financiación: 40 - 140 millones de euros
Valor de mercado aproximado: 500 - 1.000 millones de euros

La mayor *startup* de compraventa de segunda mano europea nació en Barcelona como un proyecto más entre otras iniciativas que apuntaban al mismo nicho de mercado. Milanuncios y Segundamano.es ya operaban con gran éxito en España, pero Wallapop también apuntó a los mercados de Reino Unido, Francia y Estados Unidos.

Wallapop es un caso singular, más cercano a las experiencias norteamericanas que europeas. Sin un modelo de negocio claro, consiguió levantar varios millones de euros en rondas de financiación basándose únicamente en su potencial crecimiento de usuarios. Como hicieron Whatsapp, Facebook, Google o Twitter, por ejemplo.

La aparición de Wallapop y otras empresas europeas más especializadas como Vinted han supuesto un soplo de aire fresco, además de una amplitud en el mercado que beneficia a los usuarios.

v. Telegram Messenger

Sector: Mensajería
Fundadores: Nikolai Durov, Pavel Durov
País: Reino Unido
Financiación: 1.700 millones de euros
Valor de mercado aproximado: 5.000 millones de euros

Nacida para desafiar la hegemonía de Whatsapp, Telegram incorporó notables diferencias que la colocan como una de las herramientas de comunicación preferidas por los expertos en tecnología, como el acceso multiplataforma o su mayor encriptación y seguridad.

Aunque con 200 millones de usuarios Telegram está bastante lejos de los más de 1.500 millones de usuarios de Whatsapp, su diversificación e ingenio tecnológico está siendo de lo más interesante. Además de trabajar con una API abierta, en 2018 la empresa de mensajería lanzó Telegram Open Network, una plataforma de Blockchain asociada a su propia criptomoneda, *Gram*. Con ella los usuarios de Telegram podrán hacer transacciones completamente seguras en cuestión de segundos.

En la primera ronda de inversión privadas se vendieron *Grams* por un valor cercano a los 1.700 millones de dólares. En la actualidad el *Gram* ya puede comprarse y venderse en cualquier mercado de criptomonedas, adelantándose a *libra*, la criptomoneda de Facebook.

vi. Transferwise

Sector: Servicios financieros
Fundadores: Kristo Kaarmann, Taavet Hinrikus
País: Reino Unido (2011)
Financiación: 700 millones de euros
Valor de mercado aproximado: 3.500 millones de euros

Transferwise es una de las grandes referentes de las *fintech* europeas. La plataforma ha conseguido que sus ya 5 millones de usuarios de todo el mundo puedan realizar pagos internacionales, enviar y recibir dinero en cualquier divisa, e invertir en monedas y criptomonedas. Todo ello de forma transparente, desde una única aplicación, y con menores tasas y márgenes que los servicios bancarios tradicionales.

En esta revolución, Transferwise no está sola. Otras como las también británicas Revolut, WorldRemit o Monzo, o la alemana N26 amenazan el espacio de operaciones de la gran banca del viejo continente.

Un espacio que podría reducirse incluso más si las grandes tecnológicas como Google, Facebook, Apple o incluso Amazon siguen aumentando su interés en servicios como los pagos o la financiación de compras... aunque esto también irá en detrimento de esta nueva banca joven y digital europea.

El complicado sector de los videojuegos está marcado por el compás asiático, con las plataformas japonesas Nintendo y Sony como grandes referencias, seguida de los esfuerzos notables de Microsoft XBOX y más recientemente Google Stadia. Y aunque empiecen a sonar proyectos propios como la española Smarch ZEl, el viejo continente ha derivado en la creación de juegos sus opciones más realistas de alcanzar resultados notables en el sector del entretenimiento virtual.

De todas las compañías dedicadas a tal fin, Rovio ha sido la gran esperanza europea en la última década. Su juego *Angry Birds* permitió a la firma finlandesa liderar todos los rankings de ingresos hasta ese momento, siendo la aplicación más descargada en 2010 y 2011, y con un repunte espectacular en 2015 que llevó la cotización hasta los 1.000 millones de euros.

Varias secuelas del famoso juego, dos películas, series de televisión y mucho merchandising después, la compañía vive un momento complicado. La competencia feroz de juegos norteamericanos y japoneses (Candy Crush, League of Legends, Pokémon Go,...) sin encontrar una nueva marca con la que repetir el éxito de Angry Birds ha hecho mella en su volumen de ingresos. Veremos qué les depara el futuro. Seguro que encuentran otro éxito con el que demostrar que siguen siendo nuestro gran referente.

6. ALGUNAS PROPUESTAS CONCRETAS: EMPRENDIMIENTO Y ESCALABILIDAD

Recapitulamos a actuación propuestas concretas en materia de emprendimiento y escalabilidad:

1. Comprender al emprendedor y situarlo en el centro de la **acción.** Recientemente José Almansa, uno de los mayores expertos en Europa en la conformación de espacios de innovación, proclamaba el "El fin de la innovación y el comienzo de la era del innovador"[299] o disruptor.

Centremos las políticas en ellos: talento, formación, cultura emprendedora y facilidades relevantes y reales para impulsar negocios. Un país que quiera explotar todo su potencial en la era digital deberá mirar a sus emprendedores y atraer a los más talentosos a su territorio.

2. Crear una gran cultura emprendedora y potenciar sus valor en la sociedad. El riesgo de no hacerlo es muy alto: la huida de los mejores talentos europeos a EE.UU. o incluso a Reino Unido, que fuera de la UE podría postularse como "zona franca" digital en términos fiscales y normativos.

---

299. Este es el título del último libro de José Almansa, pionero a la hora de introducir espacios de coworking en toda Europa (el sistema Impact Hub) y lo reinventó en Loom Houses con nuevos aportes en torno al concepto de comunidad y el trabajo colaborativo.

3. Europa debe abrazar y respaldar la ilusión y el idealismo de los jóvenes emprendedores, acompañándolo de medidas que cierren el círculo del emprendimiento. Se debe crear una cultura correcta en la sociedad y en las Administraciones Públicas en relación con el emprendimiento y sus códigos éticos, pero no abandonar al emprendedor en las primeras fases del proceso.

4. Los gobiernos deberían obsesionarse con la escalabilidad de las empresas. Hay que dotarlas de todo aquello que definen los buenos ecosistemas internacionales y que explican la escalabilidad, como un mercado digital potente, dotación de medios financieros específicos, disponibilidad de recursos humanos cualificados STEM, supresión de la desregulación ineficiente desalentadora y que genera costes, I+D privado...

5. Las Administraciones Públicas deben ayudar adquiriendo tecnología, también a las pequeñas empresas, y no solo con subvenciones y ayudas. Es necesario poner fin a la discriminación de las compras públicas de innovación. Las Compras Públicas Innovadoras deben salir de su ostracismo.

6. Mejorar la eficiencia y digitalización de las Administraciones Públicas en los trámites de creación de empresas, la contratación de personal, la facturación o el acceso a ayudas y créditos. En general potenciar la sensibilización de las Administraciones Públicas hacias las empresas y los emprendedores.

7. Crear un marco legal incentivador del desarrollo digital y en especial de las tecnologías disruptivas más importantes. Favorecer la desregulación o la supresión de regulaciones ineficientes en materia de datos, privacidad, propiedad intelectual etc. que sitúan a Europa en desventaja con respecto a otras partes del mundo.

8. Atender a las necesidades reales de capital humano y formación de las empresas digitales. La Formación Profesional y las universidades deben ser mucho más proactivas en mejorar la empleabilidad de sus egresados identificando con sentido de la prospectiva las necesidades potenciales de las empresas. Por supuesto deben actualizar muchos títulos absolutamente obsoletos en el ámbito de la revolución digital. Ya hemos dejado de labrar la tierra con arado y mulas, pero parece que en algunos santuarios del saber no quieren darse por aludidos.

9. Fomentar y ayudar a las redes y asociaciones empresariales. El trabajo colaborativo, compartir conocimientos, llevar a cabo alianzas entre empresas, impulsar plataformas de uso conjunto. Hay una nueva cultura empresarial digital que Europa debe comprender y potenciar.

CAPÍTULO 9: ECOSISTEMAS DIGITALES. EN BÚSQUEDA DEL MODELO EUROPEO

«El arte de ser feliz consiste en reajustar permanentemente nuestro entorno.»
OKAKURA KAKUZŌ

Si Europa quiere corregir su pérdida de relevancia económica necesitará de ecosistemas digitales. Entornos creativos donde el talento como input fundamental impulse la "industria de la disrupción", los nuevos avances tecnológicos y las empresas llamadas a reinventar los sectores económicos. La UE lleva décadas buscando su propio Silicon Valley, mientras India, China o Israel tenían bastante más éxito en este empeño.

En este capítulo identificaremos en primer lugar por qué Europa ha fallado en hacer de sus *hubs* tecnológicos referencias mundiales. A continuación propondremos el minifundismo emprendedor como una de las soluciones autóctonas más arraigadas a nuestra realidad, que servirá para dotar a la UE de una base digital con la que empezar a ser competitiva a escala global.

1. LOS 28 SILICON VALLEYS

La creación de un verdadero mercado único digital europeo en los años 90 hubiera podido suponer un antes y un después en el impulso tecnológico y económico de la UE.

Seguramente en este hipotético mercado único la especialización económica se hubiera mantenido, con España liderando el sector turístico, Alemania consolidando su histórica ventaja industrial, o Reino Unido destacando en el sector financiero. Pero hubiese sido más sencillo contar con *hubs* tecnológicos de relevancia internacional, seguramente en las regiones más innovadoras del norte. Estas regiones atraerían talento y financiación, para después atomizar la renovación y la competitividad en el conjunto de Europa.

Este no es un tema menor, ya que el tamaño de los mercados de Estados Unidos y China es parte imprescindible para explicar la escalabilidad y el éxito de sus *startups*. Pero el "mercado" único europeo existente, que como ya hemos advertido ha tenido un carácter mayoritariamente normativo, apenas ha solventado la brecha digital europea, ni ha promovido un cambio de política económica.

La fragmentación europea tiene su reflejo en sus ecosistemas digitales. EE.UU. y China han concentrado en pocas áreas todo su esfuerzo disruptivo: San Francisco, Boston, Shenzhen y Shanghai son las zonas de referencia para buscar financiación, estudiar en las mejores universidades o potenciar sinergias. A su vez, alimentan al resto de regiones con personal cualificado y servicios avanzados.

En Europa cada país compite por crear el nuevo *Silicon Valley*, sea en Berlín, Londres, Barcelona o Copenhague, a pesar de las disimilitudes de estas urbes con respecto a los ecosistemas digitales consolidados, que mencionaremos más adelante. Porque el fracaso europeo en la economía de internet comenzó por no comprender que el desarrollo digital no depende únicamente de los millones que se invierten, sino del talento, la flexibilidad y la escalabilidad.

Por el contrario, el *Silicon Waldi* de Tel Aviv (Israel), Bangalore (India) o Pangyo (Corea del Sur) se han convertido en centros neurálgicos del emprendimiento y las tecnologías disruptivas. Con menos ruido mediático pero con una apuesta por concentrar el talento y la inversión, sus resultados han sido extraordinariamente buenos en comparación con los intentos de las capitales europeas.

Solo Londres, con un especial énfasis en las *fintech*, pudiera considerarse como ecosistema digital de referencia en el viejo continente (**figura 9.1**). Tallin, la capital de Estonia, también apunta buenas maneras.

Figura 9.1: Distribución global de *startups* de Inteligencia Artificial (países y ecosistemas)

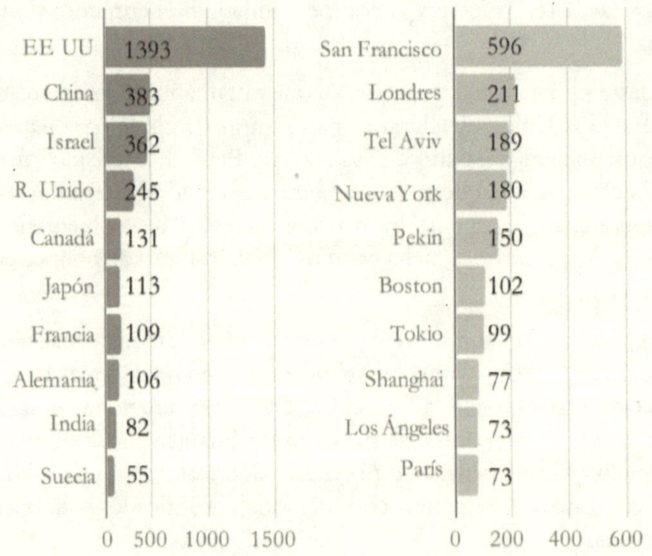

Fuente: Asgard y Roland Berger (asgard.vc/global-ai/)

2. EL TALENTO Y LA DISRUPCIÓN COMO BASE DE UN NUEVO MODELO

2.1. Admitamos que ha cambiado el paradigma de la competencia

Cuando hablamos de ecosistemas nos gusta referirnos a una idea en la que todas las partes interactúan en un proceso armónico que alimenta la creatividad, la innovación y la disrupción de una zona. Nutridos de una masa crítica de talento procedente de grandes empresas y de *startups*, con movilidad entre ambas. Con emprendedores que han fracasado en sus empresas y acaban aportando su visión en grandes compañías, y profesionales que abandonan altos cargos para fundar su propia *startup*.

Por este motivo las políticas de creación de un ecosistema propio europeo deben pasar por dos ejes esenciales: la atracción y formación de talento para su incorporación a los sectores de futuro, y encontrar un "diferencial" para poder reengancharse de forma tardía aunque con garantías a los nuevos sectores digitales. Para ello las regiones europeas deberán fortalecerse con políticas en tres direcciones ya apuntadas: una transformación educativa de apuesta por el pensamiento computacional y las STEM, una intensificación en la relación universidad-empresa poniendo el foco en la empleabilidad, y la creación de una cultura emprendedora que capte financiación.

Si la UE se implicara en esta estrategia con una dotación y compromisos suficientes, el viejo continente podría comenzar a plantearse liderar áreas muy importantes de la economía digital.

Pero incluso aunque desde la Comisión Europea no se den los pasos adecuados, los países, las regiones y sus gobiernos locales deberían comenzar a trazar -desde ya y de forma urgente- estrategias para la construcción de ecosistemas digitales de entidad para cerrar la brecha tecnológica y de creación de empresas entre las propias regiones europeas.

Un buen ejemplo de a qué tipo de actuaciones nos referimos puede encontrarse en la entrevista en la revista Bloomberg[300] al emprendedor Johaness Reck, fundador de la empresa emergente *GetYourGuide*, presente en 150 países y que ha recaudado cerca de 500 millones de euros de financiación.

Johaness alertaba sobre cómo en la mayor parte de Europa (a excepción Portugal, Francia o Reino Unido) los empleados deben hacer frente a elevados gravámenes por la transmisión de acciones o el reparto de beneficios, mientras que en EE.UU. se potencia la participación de los trabajadores en su empresa.

Con ello se motiva a muchos profesionales a seguir apostando por pequeños proyectos, buscando formar parte del nuevo *Whatsapp*, que tras la adquisición por parte de Facebook repartió 40 millones de euros a cada uno de sus 55 trabajadores.

"It's not even that I am disappointed—I am angry, really angry"- ("Ni siquiera estoy decepcionado, estoy enojado, realmente enojado"), señalaba Reck en la entrevista. El desconocimiento de los políticos europeos del mundo emprendedor está favoreciendo una concentración del talento en grandes empresas, y no en proyectos como el suyo, cortando las alas a la regeneración de la economía digital.

El éxito de la Europa del futuro pasa por abrazar el nuevo paradigma de la competencia, en el que se incentive la colaboración y una relación "ganar-ganar" que haga atractivo al talento permanecer y aterrizar en el viejo continente.

2.2. Israel, un caso de estudio

Israel se ha convertido en un sorprendente caso de éxito. La continuidad y ambición de sus políticas económicas activas en torno a la atracción de talento, la educación o la financiación constituyen una guía muy interesante para cualquier país del mundo.

---

300. "Why It's So Hard for Startups to Create Wealth in Europe". Revista Bloomberg, 2 de octubre de 2019. bloomberg.com/news/features /2019-10-02/why-it-s-so-hard-for-entrepreneurs-to-get-really-rich-in-europe?sref=mezxKzsV

Su crecimiento ha estado bien orquestado desde la transformación de su sector productivo, que va mucho más allá del gasto militar. Tras años de impulso de sus políticas de I+D, Israel es en la actualidad el país que más inversión dedica a innovación sobre su PIB de toda la OCDE, con un 90% de su desembolso destinado a sectores de futuro, sobrepasando sus industrias de alta tecnología el 70% del total de su producción industrial.

Gracias a esta apuesta, y pese a sus pequeñas dimensiones (poco menos de 9 millones habitantes) y la inestabilidad geopolítica de la región, Israel se ha convertido en la tierra prometida del talento y las empresas emergentes. Es el segundo país con más *startups* del planeta (más de 4.000), el tercer país (tras Estados Unidos y China) con más empresas tecnológicas cotizadas en el NASDAQ[301], y su ecosistema digital (*Silicon Waldi*) cobija sedes de grandes tecnológicas como Intel, IBM, Cisco Systems, SAP, Philips, Hewlett-Packard, AOL o Microsoft.

La "*Israel Innovation Authority*"[302] es un buen ejemplo de proactividad y de políticas para el impulso. Entre múltiples políticas de apoyo cuenta con programas como *Tnufa* para ayudar a las empresas en pruebas de concepto e I+D, con incubadoras que sirven de base a las nuevas empresas, programas de captación de talento para fundar sus *startups* en Israel, o programas de emprendimiento para estudiantes de cualquier edad.

Además se ha potenciado una relación entre empresas y universidades muy inteligente. El sector privado financia proyectos de investigación y la creación de nuevas *startups* a partir de las patentes, y las universidades potencian un capital humano acorde a la economía digital. De hecho es el país con la mayor tasa de ingenieros del mundo: 140 por cada 10.000 habitantes.

Esta apuesta integral por los sectores de futuro, con políticas de educación, de la atracción de talento o de regulación eficiente está teniendo efectos positivos también en su mercado de trabajo.

---

301. Tiene más empresas cotizando en este mercado que la suma de España, Italia, Francia, Alemania y Holanda. Ver: tentulogo.com/israel-la-tierra-prometida-para-las-startups-en-el-mundo/

302. innovationisrael.org.il/en/

En las últimas dos décadas ha pasado de un 11% de tasa de desempleo a un 4%. Por el contrario, España ha pasado de un 10% a un 15% y Grecia de un 9% a un 18% en el mismo periodo.

Todo el proceso de transformación económica israelí puede leerse con detenimiento en el *best-seller*[303] "*Start-up Nation*: La historia del milagro económico de Israel" de Dan Senor y Saul Singer, que contribuyó a consolidar la imagen del país como un referente tecnológico internacional de primerísimo nivel.

Animados por el éxito de Israel, en España o Francia se trató de emular la idea tras *Start-up Nation*. Sin embargo, potenciar la economía digital va más allá de una marca o un logotipo: requiere de políticas activas que agilicen la investigación y el desarrollo empresarial, de un apoyo constante a su sector tecnológico, y una apuesta sin fisuras por la educación y el talento. Algo que aun no se ha logrado en los países europeos.

---

303. En 2010, Start-up Nation ocupó el quinto lugar en la lista de bestsellers de The New York Times. También alcanzó la lista de bestsellers de The Wall Street Journal

3. UNA OPORTUNIDAD PARA LAS ECONOMÍAS DEL SUR

3.1. El entorno natural de la economía digital

La economía digital siempre se ha alejado de los grandes centros urbanos industriales y financieros. Nueva York, Chicago, Los Ángeles, Detroit y Houston conformaban las urbes más importantes de Estados Unidos en la década de los 80 y los 90. San Francisco y Boston eran ciudades medianas, donde emprender se hacía más fácil gracias a su calidad de vida, menores costes y la implicación de universidades como Stanford, Harvard o el MIT.

En Asia también han comprendido -a su escala- que la masificación y concentración de economía tradicional y un elevado costo de vida no son buenos ingredientes para el desarrollo de los sectores de futuro. Shenzhen o Bangalore se han consolidado como grandes centros tecnológicos de China y la India, en lugar de las grandes urbes como Pekín, Shanghai, Bombay o Delhi.

La economía digital busca sus propios espacios allí donde no existen frenos a la disrupción, y un mayor coste de vida predispone negativamente la consolidación de empresas emergentes. Por eso para gran parte de las *startups* instalarse en el norte de Europa, donde más innovación existe, es prácticamente imposible. En una ciudad como Oslo el salario medio es de casi 40.000 euros anuales netos por trabajador, en Copenhague más de 37.000 euros, en Estocolmo o Londres más de 36.000 euros[304], a lo que hay que sumar el precio de alquiler de oficinas, desplazamiento o vida social.

Hace décadas, en la Europa en de la construcción de un espacio socioeconómico común, sí hubiera tenido sentido desarrollar la economía de internet en estas capitales -como hizo Dublín. Pero en la actualidad debemos alejarnos de la idea de replicar los nuevos Silicon Valley en las grandes urbes. De hecho, ni siquiera Silicon Valley podría volver a crear otro Silicon Valley, como advierte el

---

304. numbeo.com/cost-of-living/region_prices_by_city

profesor Daniel J. Isenberg[305]. El ecosistema creado en San Francisco es imposible de ser equiparado desde las capitales tecnológicas e industriales de Europa **(Figura 9.2)**.

Figura 9.2: Masa crítica representada de los ecosistemas digitales europeos comparada con el área de San Francisco.

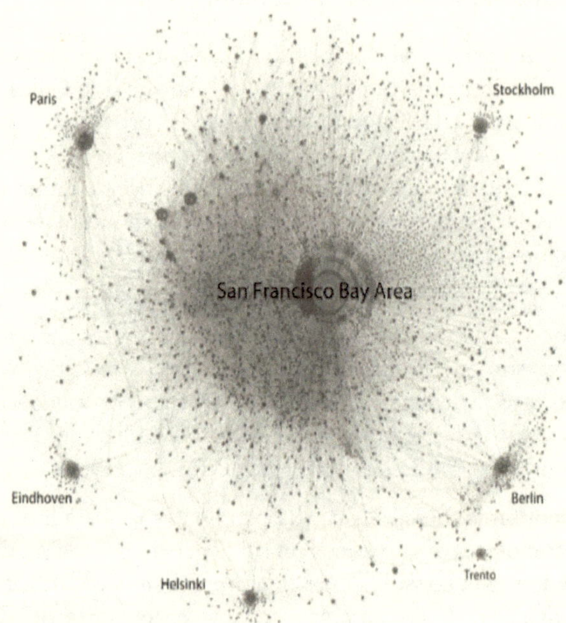

Fuente: ¿Qué se puede adoptar de Silicon Valley?[306]

Sin embargo la búsqueda de bienestar y calidad de vida de los emprendedores sí otorga una ventaja comparativa a ciudades medias de los países del sur como España, Grecia, Portugal o Italia. Estos países cuentan, además, con una calidad de vida envidiable por su clima, su cultura, su medio natural, sus infraestructuras y sus sistemas educativos de calidad. Tanto que el nomadismo digital ha puesto de moda algunas ciudades mediterráneas.

---

305. Isenberg, D. J. (2010). How to start an entrepreneurial revolution. *Harvard business review*, *88*(6), 40-50.

306. Presentación por Antonio Hyder. ost.torrejuana.es/que-puede-adoptar-alicante-de-silicon-valley-antonio-hyder-ftf/

3.2. Una cuestión de supervivencia

Más que una oportunidad, en la Europa del sur la apuesta por una transformación productiva empieza a verse como una necesidad.

La falta de cultura emprendedora provocó un total desconcierto laboral con la crisis financiera e inmobiliaria. Se alcanzaron tasas de desempleo juvenil superiores al 50%, con jóvenes anclados a la estacionalidad laboral, la inseguridad o las oposiciones a funcionario público en un momento de recortes. Y de nuevo la COVID-19 vuelve a amenazar sus economías y su bienestar en mayor medida que en el resto de Europa.

Si España, Italia, Grecia y Portugal quieren aprovechar la ventaja que les otorga su calidad de vida para proyectarse como *hubs* de referencia, tendrán que llevar a cabo cambios tan importantes como los expuestos en páginas anteriores: facilidad de atracción de emprendedores y profesionales STEM, acceso a la financiación, adaptación educativa, agilidad administrativa...

Nos gustaría creer que el sur de Europa puede jugar un papel relevante en la digitalización de la Unión Europea. Que realmente se hará esfuerzo colectivo ilusionante para que las regiones mediterráneas puedan convertirse en grandes referentes internacionales en economía digital y sumen, desde donde nadie lo esperaba, a los grandes centros europeos del poder económico y financiero.

4. UN MODELO EUROPEO: EL MINIFUNDISMO DIGITAL

4.1. El tesoro digital de Europa

En todo su territorio Europa esconde tesoros en forma de *startups* no tan mediáticas ni citados como Spotify, Vinted o Blablacar. Una economía digital apoyada sobre el talento, en ocasiones sin incubadoras ni aceleradoras, sin financiación ni apenas ayudas. Que se abre paso entre la economía tradicional, muchas veces alejada de los focos que reciben Berlín, París, Londres o Barcelona u otras grandes urbes.

Es el "minifundismo digital": áreas geográficas donde surgen grupos de pequeñas empresas emergentes tecnológicas impulsadas por emprendedores en las condiciones más "heroicas", sin casi apoyo y sin ventajas comparativas, pero que cuentan con cotas de éxito digitales muy superiores a las esperadas en estos territorios. Pero los límites a la escalabilidad explicados en el capítulo anterior evitan que en estos proyectos se conviertan en unicornios. Dado su escaso tamaño, suelen diluirse entre las estadísticas agregadas, cayendo en el anonimato incluso en su entorno más próximo.

Por la oportunidad que representa en la transformación del tejido productivo europeo, el minifundismo digital debe ser puesto en valor. No es el formato de ecosistema idóneo, pero tiene identidad propia envidiable. La diversidad económica y cultural europea es una virtud con la que no cuentan ni EE.UU. ni ningún país asiático. Europa tiene la posibilidad de fomentar diferentes ecosistemas digitales en torno a sectores tan variados como especializaciones existen en cada una de sus regiones. Pero antes es necesario converger tecnológicamente hacia los países que nos llevan la delantera.

Los minifundismos digitales precisamente pueden ayudarnos a encontrar potenciales núcleos tecnológicos de relevancia mundial. Y una vez localizados, dotarles de un entorno y las herramientas adecuadas para ver cómo sus *startups* desarrollan todo su potencial.

4.2. Patrones en los minifundismos digitales

En nuestro entorno más cercano hemos podido trabajar y aprender de empresas referentes de uno de los muchos minifundismos digitales. A partir de esta experiencia podemos extrapolar algunas conclusiones que enfatizan por qué estos ecosistemas deben ser descubiertos e impulsados, pudiendo además ayudar a detectar nuevos minifundismos en el resto de Europa. Son las siguientes:

a) **Generan talento frente a la falta de oportunidades.** Sin tener los recursos de las grandes capitales europeas, en los "minifundismos digitales" las empresas muestran un potencial de talento y competitividad enorme, capaz de triunfar a nivel internacional cuando han tenido oportunidad.

b) **Adaptación a una financiación ni tan siquiera "*family, friends and fools*".** La falta de medios provoca que el desempeño personal del emprendedor sea el factor diferencial. El *no-cost* como alternativa al *low-cost*. Sin embargo, cuando los proyectos escalan al exterior son altamente cotizados, y suelen acceder exitosamente a financiación a través de rondas de inversión.

c) **Surgen casos de éxitos sin incubadoras o aceleradoras.** Ante la ausencia de incubadoras o aceleradoras, y con universidades que suelen ser menos "proactivas" que en los ecosistemas digitales, las empresas emergentes buscan crear sus propias redes o comunidades colaborativas.

d) **Reconocen e identifican problemas de escalabilidad.** Muchas *startups* sirven de avanzadilla en la identificación de frenos al desarrollo económico. En los minifundismos suele llegar un punto en el que la escalabilidad se hace prácticamente imposible por la carencia de recursos humanos, financiación o conocimientos. Si el ecosistema no corrige estos déficits, la única salida pasa por el traslado empresarial, la financiación exterior, o la venta a una tercera empresa.

e) **Impulsan cambios en las Administraciones.** Sin apenas reconocimiento es raro que las *startups* que forman un minifundismo puedan acceder a ayudas públicas relevantes, ni cuentan con la posibilidad de acceder a encargos de concepto o a la Compra Pública Innovadora (CPI).

A ello hay que sumarle la inexistencia de un mercado único digital en Europa, o las trabas burocráticas para acceder a fondos de innovación. Que no nos sorprenda que muchos emprendedores consideren que las grandes tecnológicas y productos como Adwords, Adsense, plataformas abiertas de *open source*, o los cursos MOOC han sido más decisivas en el éxito de sus proyectos que las propias Administraciones.

Pero precisamente es el desarrollo de una cultura digital y la aparición de estas empresas las que pueden servir para el cambio de mentalidad necesario en las Administraciones europeas tan necesario.

En definitiva, los minifundismos presentan una gran oportunidad para Europa, pero debe trabajarse sobre ellos para corregir sus debilidades. Quizá la mejor solución sea una razonable división de funciones: la Comisión Europea y sus Estados deberían poner foco en la escalabilidad, y los gobiernos regionales y locales tendrían que ponerlo en el emprendimiento y la generación de *startups*.

Europa debe analizar y profundizar en los ámbitos y pequeños ecosistemas donde se están desarrollando tejidos de empresas digitales. De ellos probablemente nazca un modelo europeo que se adapte mejor a nuestras características estructurales y a la idiosincrasia de cada región.

4.3. Nuevos espacios de valor: el caso de Alicante

La provincia de Alicante (C. Valenciana, España) es uno de estos espacios definidos como *minifundismo digital*, con un sorprendente talento digital. Su caso puede servir de ejemplo y ayudar a que otros territorios encuentren factores que impulsen la riqueza y la creación de empleo gracias a la digitalización.

Situada en el sureste español y bañada por 212 km de costa mediterránea, Alicante es conocida por su calidad de vida y su atractivo turístico. Cuenta con uno de los aeropuertos internacionales mejor conectado de Europa. Con vuelos a más de 150 ciudades, da vida a sus ciudades costeras (Benidorm, Torrevieja, Altea, Jávea, Denia…), antaño pequeños pueblos de pescadores y hoy referentes del turismo de sol y playa europeo.

Además del turismo, la economía alicantina está orientada a industrias manufactureras (calzado, juguete, textil, alimentación…) y muy especialmente a la construcción y la actividad inmobiliaria. Motivo por el cual la crisis económica que se inició en 2008 supuso un duro revés para la zona del que todavía no se ha repuesto.

En este cuadro tan caracterizado por una economía analógica y algunas prácticas especulativas, teóricamente quedaba poco espacio para la apuesta digital. Pero como ocurría en *Jurassic Park* con los dinosaurios que supuestamente no podían procrear, "la vida digital se abrió camino".

El trabajo individual y casi aislado de los emprendedores[307] comenzó a canalizar en redes de trabajo donde profundizar y solucionar dudas de los proyectos[308]. Y las universidades con proyectos concretos comenzaron también a impulsar una cultura emprendedora[309].

Alicante cuenta en la actualidad con un grupo de empresas digitales muy amplio y variado. Una cantidad de casos de éxito sorprendentes (Adsalsa, Orizon, Binomio Ventures, Grupo Verne, Roi Up, From The Bench, Tutellus, Fixr.com, Sun and Co, Clave-i, Sonneil, Recursos en la Red, 1MillionBot…), que son el detonante de una asociación como AlicanTec, cuyo propósito es apoyar el desarrollo de la economía digital y los sectores de futuro en este territorio.

Por suerte para Alicante, todo el esfuerzo realizado desde las *startups* digitales apunta a un feliz corolario. La provincia experimenta un auge de la atracción del nomadismo digital, la iniciativa privada está sustituyendo la falta de aceleradoras y se está generando una mentalidad de economía colaborativa muy interesante entre empresas y startups en asociaciones como AlicanTEC y Timur. Además se está pasando de un total y preocupante desconocimiento político y empresarial, a un creciente interés que ha convergido en proyectos

---

307. Durante bastantes años también sin espacios de coworking, hasta que en 2016 abrió ULAB, la primera alternativa a las clásicas oficinas en la zona.

308. The Hacker Club creado por Andrés Torrubia y Eduardo Manchón permitió construir una base de contactos y relaciones para intercambiar información muy valiosa.

309. A destacar el Parque Científico de la Universidad Miguel Hernández, que incuba, acelera o alberga en su seno algunas *startups* con recorrido muy interesantes.

muy diversos encabezados por el gobierno regional y provincial y organismos locales, como veremos a continuación.

Son primeros pasos decisivos para que una región del sur de Europa, que apenas tenía opciones de ser referente en la industria tecnológica, se transforme hacia una especialización económica impulsada por sectores de vanguardia. Pero aun queda mucho camino por recorrer.

A continuación se exponen algunas de las *startups* y proyectos que forman parte del minifundismo alicantino[310]:

Panoramio (Callosa del Segura, 2005), fundada por Eduardo Manchón y Joaquín Cuenca en un pueblo alicantino de menos de 20.000 habitantes. Una plataforma web que exhibía fotografías geo-referenciadas en Google Maps de lugares o paisajes que los propios usuarios creaban. En julio de 2007 Google adquirió Panoramio por 8 millones de dólares y lo integró en su servicio Google Maps. Fue una de las primeras compras de Google en Europa y la primera en España[311].

Trymedia (El Campello, 1999), fundada por Andrés Torrubia y su primo Alex en un pueblo costero alicantino de menos de 30.000 habitantes. La *startup* después de una ronda de recaudación de fondos en Nueva York se trasladó a San Francisco. Trymedia se concibió como plataforma tecnológica de juegos que permitía a los creadores controlar sus obras y cobrar por su distribución. La empresa *Digital Word Services*, del grupo Bertelsmann, obtuvo una licencia para su uso. Macrovision adquirió Trymedia por 34 millones de dólares en julio de 2005.

---

310. Se trata de una selección de la Asociación sin ánimo de lucro Alican-Tec, que reúne a 252 empresas tecnológicas del área. Se han seleccionado algunos pocos casos de éxito de los más de 40 casos que podrían ser dignos de mención. alicantec.com/casos-exito/.

311. cbinsights.com/research-google-acquisitions

Energy Sistem (Finestrat, 1995), fundada por los hermanos Sánchez (Julio, Salvador, Alfonso y José Luis) en un pueblo de la montaña alicantina de menos de 7.000 habitantes, cerca de Benidorm. Fue la primera empresa en lanzar un MP3 en España, progresivamente se fue haciendo líder en varias categorías del mercado nacional de audio portátil como auriculares, altavoces y torres de sonido bluetooth. De ahí pivotaron a smartphones, tablets y eReaders. Cuenta con unos 200 ingenieros en Alicante y 2.000 trabajadores en China.

Mis-recetas.org (Alicante 2010), fundada por Rebecca Rippin y Andrés Pedreño, una web dedicada a la cocina casera. Se trata de una *spin off* de *euroresidentes.com*, sitio que fue líder en tráfico en España con 20 millones de usuarios únicos al mes a través del estudio del algoritmo de posicionamiento de Google. Fue premio Europa Adsense Google en Dublín en 2011. En 2015 el unicornio japonés Cookpad adquirió mis-recetas.org y estableció en Alicante su sede para su expansión en Europa y América Latina (actualmente Cookpad tiene 100 millones de usuarios y ya está en 70 países).

Planeta Huerto (Muchamiel, 2011) fundada por los hermanos Alfonso y Pablo Sánchez, desarrolló un *know how* propio en torno a los nichos *adwords* de Google. Y con esto logró el éxito de un e-commerce especializado en productos ecológicos y sostenibles, con un catálogo de más de 35.000 productos y más de 200.000 clientes de España, Francia, Italia y Portugal. Su facturación se elevó en el año 2017 por encima de los 9 millones de €, sin aceleradoras, *business angels*, ni inversores. El grupo Carrefour, a través de su filial Greenweez, compró Planeta Huerto en octubre 2018 por una suma no revelada.

MedBravo (Sant Joan, 2014) fundada por Aurelia Bustos, oncóloga, informática y experta en IA, premiada por el Rey Felipe VI con la Orden al Mérito Civil por su trabajo sobre la aplicación de los métodos de IA en la lucha contra el cáncer. Su startup Medbravo es un servicio que facilita el acceso a los pacientes con cáncer a los ensayos clínicos adecuados para cada caso mediante una red digital de hospitales en coordinación con los médicos e investigadores clínicos.

Hawkers (Elche, 2013) fundada por cuatro jóvenes: Iñaki Soriano, Pablo Sánchez, y los hermanos Alejandro y David Moreno. En tan solo 4 años consiguió ser la tercera marca mundial en su sector y líder en Internet por su marketing en redes sociales y su capacidad para identificar oportunidades en el algoritmo de Facebook. En 2014 facturaron más de 15 millones de € y el año siguiente, 40 millones. En 2016 captaron 50 millones de € en ronda de inversión convirtiéndose en referente internacional del marketing digital.

Rive Technology (Universidad de Alicante - MIT, Masachusset, 2006), fundada por Javier García Martínez, está especializada en la nanotecnología aplicada a procesos catalíticos y de separación, utilizados para refinar el petróleo, productos químicos, biocombustibles y purificar aire y agua. Obtuvo 80 millones de dólares en diversas rondas de inversión. Desde 2012, los catalizadores se utilizan en varias refinerías de EE.UU. aumentando su producción. Desde el laboratorio de la Universidad de Alicante Javier García siguió transfiriendo tecnología, hasta que el gigante químico Grace compró Rive Technology en junio de 2019 por una cantidad no desvelada. Un ejemplo de exportación de talento local a Estados Unidos.

Lucentia Lab (Alicante, 2015), fundada por diversos profesores de la Universidad de Alicante es una EBT que surge como una *spin off* de UniMOOC, plataforma de Massive Open Online Courses pionera en Europa tras la experiencia de Sebastián Turn en Estados Unidos. Lucentia reúne a varios investigadores top de España en torno al Big Data y la Inteligencia Artificial como Mario Piattini (Premio Nacional de Informática); Manuel Marco y Juan Carlos Trujillo. Han sido los artífices de la construcción de la plataforma de Google Actívate en Europa que ha posibilitado la formación online en competencias digitales de más de 2,5 millones de usuarios.

Centro Ellis de Inteligencia Artificial (Alicante, 2019), impulsado por Nuria Oliver, ingeniera en telecomunicaciones alicantina, doctora por el Media Lab del Instituto Tecnológico de Massachusetts (MIT), Chief Data Scientist en Data-Pop Alliance

(Harvard y MIT), fue investigadora de Microsoft en Redmond, EE.UU.). Nuria es una de las expertas en IA más destacadas de Europa, contabilizando sus artículos científicos más de 15.000 citas. Es conocida por su trabajos y patentes en modelos computacionales de comportamiento humano, IA, interacción persona-máquina, informática móvil y big data para bien social. Este centro creado en Alicante apoyado por el gobierno regional valenciano es la única unidad-nodo ELLIS para el sur de Europa (Francia, Portugal, España, Italia y Grecia).

5. ENFOQUES *TOP-DOWN* Y *BOTTON-UP* PARA EL DESARROLLO DE ECOSISTEMAS DIGITALES.

El caso de Alicante no es aislado. Pese a una especialización tradicional de la economía española, diferentes áreas del Mediterráneo, desde Figueras a Algeciras, han sabido trabajar en la configuración de iniciativas muy destacables. El gran atractivo que confiere a esta región ser la "California europea" hace que hayan surgido espacios de alto valor, incluso con la ubicación de sedes de grandes empresas internacionales que han sabido ver sus ventajas.

El Mediterráneo español ha bebido de la cultura emprendedora que desde la crisis económica de 2008 se ha expandido por toda Europa. Hace una década se prodigaba la estigmatización del fracaso, y apenas existían referentes para animar a jóvenes a emprender. Incluso en Barcelona o Madrid costaba trabajo identificar comunidades de emprendedores con masa crítica relevante.

En la actualidad, con estructuras ya más consolidadas, podemos detectar estrategias y resultados muy distintos en función de si los ecosistemas han sido impulsados por las Administraciones o por las propias empresas. Para entender mejor estas diferencias resulta interesante apoyarnos en los enfoques *top-down* (de arriba a abajo, es decir, impulsado por las Administraciones) y *bottom-up* (de abajo a arriba, o impulsado por el tejido productivo, principalmente pequeñas empresas). Dos metodologías que no tienen por qué ser contrapuestas, y que incluso sería recomendable su combinación para impulsar con total éxito los ecosistemas digitales.

5.1. Enfoques *top-down* en el mediterráneo español

Barcelona

La capital catalana en los últimos 20 años ha generado una actividad y cultivado una imagen que la han situado como referente internacional en temas digitales. Un modelo de implicación gubernamental y de buenas prácticas que acaban cosechando un fructífero modelo *top-down*.

El distrito 22@Barcelona[312] surge como una muy temprana y pionera apuesta por el año 2000 del Ayuntamiento de Barcelona, en un proceso de modernización ininterrumpido. A las inversiones en infraestructuras que recibió como organizadora de los Juegos Olímpicos de 1992 le siguió las de Barcelona Forum[313]. Y con 22@Barcelona se transformaron 200 hectáreas de suelo industrial del barrio de Poblenou con espacios modernos rehabilitados "para la concentración estratégica de actividades intensivas en conocimiento"[314].

En Barcelona se captó muy bien el concepto de ecosistema al que nos venimos refiriendo aquí: "un espacio donde las empresas más innovadoras conviven con universidades, centros de investigación, de formación y de transferencia de tecnología, así como viviendas, equipamientos y zonas verdes". Con una labor estratégica de desarrollo de cinco clusters sectoriales (Media, TICs, Energía, Diseño y Tecnologías Médicas) que anticiparon la tendencia de años posteriores.

Con esta fórmula Barcelona apostaba por las empresas tecnológicas, la creatividad, el *networking*, la atracción y retención de talento y el acceso a la innovación. Los resultados no se hicieron esperar. Desde el año 2001 se han ubicado en la ciudad condal más de 4.500 nuevas empresas, como Yahoo! I+D, Facebook, Amazon, Casio, Ebay, Mediapro, Microsoft, Sanofi-Aventis, Groupalia, Capgemini, Schneider Electric, Vistaprint o Indra, entre otros, dando lugar a más de 56.000 empleos.

El resto de los agentes políticos y económicos también estuvieron a la altura. Un excelente ejemplo fue la política científica e investigadora potenciada con el ICREA, al que ya nos hemos referido, para la captación de talento internacional, una de la inversiones más rentables con creces del gobierno catalán.

---

312. También conocido como Distrito 22@ o simplemente 22@.
313. es.wikipedia.org/wiki/Parque_del_F%C3%B3rum
314. es.wikipedia.org/wiki/Distrito_22@

El *World Mobile Congress* fue un corolario del éxito de 22@Barcelona[315].

Aun así, este modelo -y sus cuantiosas inversiones europeas, estatales, regionales y locales- no ha sido suficiente para erigir a Barcelona como gran referente digital de Europa frente a otras capitales como Berlín, París, Londres o Dublín. Incluso Madrid cuenta con un tejido digital equiparable. Actualmente la incertidumbre de la situación política en Cataluña convierte además el futuro de Barcelona como centro tecnológico en una incógnita.

Por un lado, la hipótesis de salir de la UE podría tener ventajas en cuanto a la creación de nuevos marcos regulatorios, que impulsaran el desarrollo de la economía digital como en el caso de Reino Unido, o incluso con la creación de un espacio franco con incentivos fiscales relevantes. Pero fuera de la Unión está en riesgo la permanencia de las empresas que toman el entorno comunitario o al conjunto de España como mercado operativo de referencia[316].

La falta de estabilidad política y económica de los países y regiones del sur de Europa puede ser un elemento muy perturbador en la tarea a medio plazo de construir un ecosistema digital europeo relevante. Cataluña es un ejemplo.

Málaga Valley (Parque Tecnológico de Andalucía)

Otro caso *top-down* dentro del Mediterráneo español ha sido el de "Málaga Valley", con una apuesta relevante a nivel gubernamental. Aunque la entidad inversora haya sido muy inferior a la de Barcelona sus efectos han sido extraordinariamente relevantes, demostrando la competitividad de las ciudades medias con alta calidad de vida para la economía digital.

---

315. MWC Barcelona es el mayor congreso tecnológico que organiza la asociación internacional GSMA. En 2019 reunió a más 109.000 profesionales, con impactos sobre la ciudad que superan los 470 mill. de euros.

316. De hecho, en los dos últimos años se ha puesto en duda en los medios la continuidad del propio World Mobile Congress y los principales bancos de Cataluña (CaixaBank y Banco de Sabadell) han ubicado sus sedes sociales en otros puntos del Mediterráneo, en concreto Valencia y Alicante.

El Ayuntamiento de Málaga, la Universidad de Málaga, el gobierno regional de la Junta de Andalucía y la propia sociedad civil española (Club Málaga Valley[317]), motivados por crear en España un ecosistema digital de referencia europeo tomando como modelo a Silicon Valley, han generado en los últimos 20 años un entorno tecnológico en una de las regiones más desfavorecidas de Europa en términos de desarrollo económico.

Sus resultados son muy beneficiosos y relevantes para la ciudad y su universidad. Su apuesta por la economía digital ha permitido a Málaga erigirse como capital económica de Andalucía (un territorio con 87,2 mil km2 y unos 8,5 millones de habitantes) superando a su capital, Sevilla. La provincia de Málaga es la única con saldo migratorio interprovincial positivo en todos los años desde 1988, lo que muestra su éxito para atraer población y retener a los residentes. Ni siquiera Madrid lo ha logrado[318]. Málaga atrae actualmente a casi un 25% más de población que Sevilla, y eso que la capital andaluza concentra las instituciones gubernamentales autonómicas.

---

317. El club Málaga Valley e-27 fue una iniciativa de un grupo de presidentes de empresas del sector de las telecomunicaciones y las tecnologías de la información de España para convertir a Málaga en el Silicon Valley europeo. El club organizaba eventos como el *Málaga Media Happening*, encuentro entre las empresas tradicionales de sector audiovisual y las dedicadas a las nuevas tecnologías de la información. Forman parte del club representantes de Telefónica, France Télécom, Alcatel, Ono, Yahoo!, HP, IBM, Nokia, Vodafone, PRISA, Vocento, empresarios como Martín Varsavsky e instituciones y empresas locales como la Universidad de Málaga y la antigua Unicaja. Miembros activos de este club fueron reputados nombres como los de Pedro Moneo, Jason Pontin, Chin Ryan, Kathleen Kennedy, Francisco de la Torre, Javier Cremades, este último presidente de los eisenhower's españoles y uno de los impulsores más entusiastas.

318. "La combinación de economía y clima la ha permitido atraer a más de 524.000 personas procedentes del resto de España en las últimas tres décadas. Por el contrario, solo han emigrado hacia el resto de las provincias 411.000 personas. Esto deja un saldo positivo a favor de Málaga de más de 113.000 personas. La ganancia de población ha sido tan intensa que ha desbancado a Sevilla como destino principal de Andalucía".

Ver: elconfidencial.com/economia/2019-09-29/exodo-urbano-espana-migraciones-malaga-sevilla_2240195/

Según un estudio realizado por Deloitte, el Parque Tecnológico de Málaga (Parque Tecnológico de Andalucía conocido por sus iniciales: PTA), es uno de los mayores activos de Andalucía en la generación y transferencia de tecnología al territorio, así como una palanca para la generación de valor en el entorno. Inaugurado hace 25 años, ha puesto a su ciudad en la cima digital, con más de 19.000 empleos repartidos entre unas 700 compañías que ocupan su superficie, con un impacto total que alcanzaría hasta al 10% de la población ocupada de la provincia de Málaga, cerca del 2% del total del empleo en Andalucía[319]. El Parque aporta al PIB de la provincia de Málaga hasta un 8,65% de forma directa e indirecta. A nivel regional, hablamos de hasta un 1,71% del PIB.

Sin duda el gran éxito del PTA ha sido su capacidad de atraer a empresas tecnológicas extranjeras como Neueda, Solviteers, Ciklum, ITRA, Ebury o The Workshop, a las que hay sumar las más conocidas Oracle Corporation (su segundo centro de operaciones más importante tras el de Dublín), Accenture, TDK, Adif, Accra West, Ericsson o Huawei[320].

5.2. Enfoques *bottom-up* en el mediterráneo español

Alicante, Valencia, Murcia y Baleares[321]

El resto del Mediterráneo español -Comunidad Valenciana, Baleares y Murcia- siguen lo que podríamos identificar como un modelo de abajo hacia arriba *(bottom-up)*. Es el modelo del "minifundismo digital" ya estudiado y que, como decíamos, surge de las cenizas de la crisis inmobiliaria y financiera. En estas regiones la

---

319. muypymes.com/2018/02/16/pta-silicon-valley-malaga

320. En torno al Parque se ha concentrado el talento local, que se expande a nivel internacional con empresas autóctonas como Aertec, Airzone, Ingenia o AT4Wireless (comprada por la alemana Dekra). La incubadora BIC Euronova arropó el nacimiento de la mayoría de estas empresas locales. Llamados por la capacidad generadora de riqueza, muchos profesionales españoles ven en el PTA un lugar donde desarrollar sus carreras o montar sus negocios.

321. Nos centraremos en el caso que mejor conocemos: la Comunidad Valenciana y más específicamente Alicante con algunas referencias a Baleares, Murcia y Valencia.

hoja de ruta del crecimiento futuro marcada por sus gobiernos se basaba casi en exclusiva en el turismo y los eventos, la actividad inmobiliaria y otras actividades ajenas al mundo digital[322]. La crisis de 2008 derrumbó este modelo financiero-inmobiliario, llegándose en algunos casos a un endeudamiento insostenible, con megaproyectos fallidos que hoy en día siguen suponiendo una altísima carga financiera.

Ante el colapso y la precaria situación presupuestaria -bastante similar para las regiones de Valencia, Murcia y Baleares- la única alternativa en ha sido incentivar procesos *bottom-up* sin apoyo institucional. Un minifundismo que sin embargo ha permitido a Alicante ostentar más casos de éxito empresariales digitales consolidados que Madrid y Barcelona juntos. Proporcionando además una interesante paradoja: en los últimos cuatro años las Administraciones han tratado de apoyar "desde arriba" la consolidación del sector, buscando fondos en sus vacías arcas para impulsar nuevas iniciativas digitales con las que complementar, dos décadas más tarde, a sus empresas emergentes[323].

Fruto de este esfuerzo, la Presidencia de la Generalitat Valenciana anunció en las Cortes Autonómicas la creación del "Distrito Digital", materializando un concepto pensado inicialmente para revertir las restricciones de la gran inversión de la Ciudad de la Luz bloqueada por la Comisión Europea. El Distrito Digital ha iniciado la atracción de empresas digitales nacionales e internacionales relevantes, como la división de tecnologías disruptivas de Accenture para toda Europa, o el establecimiento de

---

322. Ejemplos de esta apuesta estratégica analógica en la Comunidad Valenciana es La Ciudad de la Luz, Terra Mítica, o eventos como la Volvo Ocean Race o la Fórmula 1.

Al mismo tiempo se dejó de promover otros proyectos como el triángulo Alicante - Elche - Santa Pola del Club de Inversores, o el MedPark de la Universidad de Alicante. Murcia y Baleares, a menor escala, también siguieron una política muy parecida de impulso de los sectores tradicionales y en ocasiones demasiado vinculado a corruptelas y tratos de favor.

323. Este modelo "bottom-up" está desarrollándose también en las zonas cercanas de la Región de Murcia, las Islas Baleares y el resto de la Comunidad Valenciana, siguiendo patrones que se refuerzan con bastante complementariedad.

Indra, que se han unido a empresas ya existentes como Everis, Grupo Verne, Energy Sistem y otro medio centenar de compañías extranjeras[324].

La Diputación Provincial de Alicante ha impulsado un ambicioso modelo de digitalización en su organismo autónomo SUMA Innova. Con líneas muy activas en la transformación digital, y una clara apuesta por la IA, con un Congreso Nacional anual que se ha convertido en referencia. Además recientemente la Diputación ha anunciado un ambicioso plan de digitalización para los municipios. Por su parte el Ayuntamiento de Alicante se ha sumado a las acciones anteriores con "Alicante Futura", cuyo objetivo es complementar al Distrito Digital[325].

Y las universidades también están aportando un valor incalculable al ecosistema. Tomando como referencia el Aeropuerto Internacional de Alicante, encontramos un sistema universitario muy competente, con 7 universidades en un radio de 120 km^2 y con 2,8 millones de habitantes. Muchas de estas universidades (Universidad Miguel Hernández, Universidad de Alicante, Universidad de Murcia, la Politécnica de Cartagena y la UPV- Alcoy) han generado parques científicos, Empresas de Base Tecnológica y sinergias muy interesantes.

En la ciudad de Valencia, a poco más de 150 km al norte de Alicante, se concentra además un polo muy relevante de aceleradoras de *startups*, cinco de las cuales están entre las diez primeras del ranking español: Innsomnia, Demium-Startups, Plug and Play, Lanzadera y Climate-KicAccelerator. Además, entre sus universidades la Universidad Politécnica de Valencia (UPV) se sitúa entre

---

324. En la actual legislatura el Gobierno regional ha ampliado y materializado su apuesta por la IA, adelantándose al Gobierno español. Y rápidamente ha logrado un éxito europeo consiguiendo el mencionado Centro Ellis. También ha creado en Alicante una Conselleria de Universidades, Innovación Ciencia y Sociedad digital. Y ha anunciado a través de una ley marco la asunción de compromisos y plazos para impulsar la industria 4.0, las ciudades inteligentes, la digitalización de las administraciones públicas, la sanidad, educación, etc.

325. alicanteplaza.es/barcala-defiende-el-proyecto-alicante-futura-como -complementario-al-distrito-digital

las más destacadas de Europa en capacidad de transferir tecnología, impulsar el emprendimiento y desarrollar relaciones entre la universidad y la empresa.

Los indicadores parecen dar la razón a Alicante y su entorno en su nueva apuesta, y podría convertirse en el modelo a imitar por el resto de los ecosistemas *bottom-up* de Europa. Alicante está entre las seis provincias españolas que más empleo han generado desde 2014[326], con unas previsiones de creación de nuevos puestos de trabajo STEM para el año 2020 equiparable al PTA de Málaga: un millar de empleos/año gracias a las empresas ubicadas en el Distrito[327]. Incluso es una de las provincias españolas donde las empresas crecen más rápido, algo que también se aprecia en la vecina ciudad de Murcia, superando ambas a Barcelona en este indicador[328].

---

326. cincodias.elpais.com/cincodias/2020/01/28/economia/15802233
89_171511.html

327. alicanteplaza.es/IndraAccentureEverisyGGTechcontratarnesteaom
sde600informticosparasussedesdeAlicante?amp=1

328. elpais.com/economia/2020/01/17/actualidad/1579272449_41368
8.html

6. ALGUNAS PROPUESTAS CONCRETAS: ECOSISTEMAS DIGITALES

A continuación algunas de las estrategias y medidas que pueden extraerse de este capítulo para favorecer el desarrollo de ecosistemas digitales y la explotación de minifundismos.

---

1. Favorecer a los emprendedores y las startups, materia prima de los ecosistemas digitales. Remitimos a las recomendaciones del capítulo anterior. La materia prima de los ecosistemas digitales es el talento y los emprendedores-disruptores, sin cuidar esto lo demás es un brindis al sol.

2. Un gran ecosistema debe desarrollar todos sus componentes de forma armónica e integrada: talento emprendedor, centros de investigación y formación, redes de empresas y profesionales, medios de financiación, movilidad, calidad de vida… Integrar y potenciar todos estos elementos es la clave.

3. Apoyar los *hubs* y entornos donde las nuevas tecnologías disruptivas como la IA, el IoT o Blockchain tengan potencial de desarrollo. Europa tiene una oportunidad si abraza con ambición tecnologías de utilidad general como la IA, la Computación cuántica, IoT y genera ecosistemas mundiales de referencia. Potenciar una red como Ellis de forma ambiciosa y que sirva para impulsar una transferencia de tecnología real es la base para que nuestra dependencia de EE.UU y China en este tipo de tecnologías no llegue a ser absoluta.

---

4. Incentivar al sistema universitario para que se convierta en parte proactiva del ecosistema. Fomentar relaciones universidad-empresa con transferencia de tecnología que tenga impacto en las cadenas de valor y la competitividad real de las empresas. Las Universidades pueden ser un elemento impulsor o "retardador" de la digitalización. Europa debe encontrar un modelo propio para que las universidades se convierten en motor de los ecosistemas. Deberíamos explotar todo lo que funciona -por ejemplo un erasmus de emprendedores- y corregir las restricciones (falta de empleabilidad, cultura anti-empresarial, I+D demasiado ligada a tecnologías maduras...)

5. Fomentar la ubicación de ecosistemas digitales en ciudades medias con alta calidad de vida, gracias a la capacidad para retener el talento sin los elevados costes de las deseconomías de las grandes ciudades (transporte, precio de oficinas, salarios medios, etcétera).

6. Integrar acciones de *bottom up* y *top down*. No tiene sentido que los gobiernos nacionales y locales vayan por un lado y el mercado y la iniciativa privada vaya por otro. Las Administraciones Públicas deben escuchar y ser sensibles a lo que los emprendedores y el mercado señalan. **Aprender del "minifundismo digital" y de sus *startups*, que con todo en contra se convirtieron en casos de éxito.** Y apoyarles desarrollando ecosistemas a su alrededor para que sigan creciendo.

7. Europa se aleja de un modelo central tipo Silicon Valley, explotemos el mosaico de ecosistemas y de *hubs*. Hay que rendirse a la evidencia. Sin un gran *hub* central en la UE todo ecosistema debe ser tenido en cuenta. Desde grandes ciudades como Dublín, Helsinki, Berlín, Barcelona, Madrid, Lisboa, Amsterdam, París o Londres, hasta casos de menor tamaño que sobresalen en sus regiones, como Málaga, Alicante, Valencia, o Murcia. Quizás el modelo de Europa consiste en integrar y comunicar al máximo todos estos espacios, potenciar un flujo real entre ellos de personas ideas, empresas, y recursos. Y para ello necesitamos un verdadero Mercado Único Digital.

CAPÍTULO 10: LAS ADMINISTRACIONES PÚBLICAS EN LA ERA DIGITAL

«Un Estado es gobernado mejor por un hombre bueno que por una buena ley.»
ARISTÓTELES. *Política.*

Si las empresas están obligadas a innovar continuamente, ¿por qué no debería ser también un requisito para la Administración Pública? El coste de oportunidad ligado a un Gobierno analógico en la era digital es muy elevado en términos de riqueza, empleo, desaliento creativo y emprendedor. La falta de eficiencia y flexibilidad de las Administraciones públicas supone un gasto de millones de euros para los ciudadanos en forma de impuestos, que en lugar de orientarse a educación o sanidad, acaban soportando un sistema caduco que roba competitividad a nuestras empresas en un entorno globalizado y genera una situación de crítica generalizada, siendo los propios funcionarios el blanco de toda ira.

La Administración debe ser un gran aliado de las empresas, sobre todo de las de menor tamaño y de las *startups* que nacen sin casi fondos y con decenas de obstáculos relevantes a superar. En muchas ocasiones jugándose los ahorros de sus emprendedores que lo apuestan todo ante un futuro incierto. Se debe también considerar que las PYMES no tienen la capacidad de dedicar grandes esfuerzos ni personal a trámites farragosos como pelear por la licencia de actividad tecnológica en un espacio u otro, desenmarañar la LGPD o dedicar horas al registro de facturas. Por tanto, cuando una pequeña empresa necesita un departamento de abogados para estudiar una licitación o saber cómo puede explotar la información generada por su página web, algo está fallando.

A pesar de la incomprensión generalizada por el mal uso de la tecnología en nuestras Administraciones, las prácticas burocratizadas y sin sentido se han extendido. La innovación no ha traído consigo la eficiencia del sistema, sino que ha derivado de unos a otros las mismas tareas de siempre. Lo que antes hacía un secretario en papel, ahora se duplica con la firma digital y la digitalización de los documentos, pero sin sustituir al papel. El resultado es una administración paralela y duplicada en dos formatos.

A su vez se han multiplicado las tareas de control y seguimiento, a veces con herramientas ya en desuso, sin incorporar la nube al proceso ni reducir los requerimientos.

Ojalá se hiciera un ejercicio de autocrítica tanto de la política europea global como en la de sus países miembros. Pero tampoco hay tiempo para recrearse en el debate. Meses en lo digital corresponden a años en lo analógico. Por eso en este capítulo queremos centrarnos en lo que a nuestro entender debe ser una verdadera Administración digital, en qué tecnologías debe apoyarse y cómo una transformación urgente puede ayudar a la sociedad y a sus empresas.

1. DATOS ABIERTOS PARA LA EFICIENCIA Y EL BIENESTAR

Actualmente el predominio de una cultura burocrática, el mal funcionamiento de las herramientas contratadas, y un limitado conocimiento de la vanguardia tecnológica hace que la digitalización de la administración sea mayormente una reproducción en ordenador de los procedimientos de siempre, que incluso nos obliga al desplazarnos a edificios públicos para algunas gestiones.

Europa y sus Administraciones Públicas deben por tanto actuar en dos direcciones. Una, digitalizar las gestiones mediante una reingeniería de procesos[329], y dos, convirtiendo la atención al ciudadano en eje central bajo criterios de eficiencia y transparencia.

La digitalización de la Administración exige otra visión y tratamiento, repensando todos nuestros sistemas y herramientas, desde la información que debe almacenar un DNI, hasta la forma de emitir facturas con una tecnología como Blockchain. Para esto es necesario un conocimiento transversal en la digitalización de los procesos y servicios públicos, en los que deben participar equipos de programación, ciudadanos implicados y expertos en diseño web. Un proceso que debe comenzar con un ejercicio solvente de transparencia y la explotación del *open data*.

1.1. Transparencia y política de datos abiertos.

El derecho de protección de datos, por su importancia sobre el desarrollo de la IA, es el tema más conflictivo de la normativa digital europea[330].

---

329. Por reingeniería de procesos se entiende un cambio radical para la adaptación de la tecnología. Se trata de incorporar tecnología de forma eficiente y buscando obtener su máximo potencial. Suele conllevar cambios estructurales de muchísimo calado a nivel de inversiones y de personal.

Ver: Hammer, M., y Champy, J. (1993): *Business process reengineering*. Londres, UK. Nicholas Brealey.

330. En el capítulo 4 de este libro se desarrolla el debate sobre el RGPD.

¿Cómo debe lidiar una Administración ante un discurso que penaliza el empleo de datos, o elude el debate sobre su coste de oportunidad?[331] ¿Debemos mantener la férrea convicción europea del derecho a la privacidad como algo inexpugnable ni siquiera ante las pandemias mundiales? ¿Es China y su centralizada planificación, con individuos al servicio del Estado en el impulso de la economía digital, el modelo a seguir? ¿Debe imperar una visión economicista de los datos como en Estados Unidos?

Partamos de la base de que Europa, con sus virtudes y defectos, debe mantener el statu quo que la ha llevado a ser un lugar envidiable de respeto por los derechos humanos, el bienestar y la sostenibilidad sin renunciar a las libertades de sus ciudadanos. Hemos logrado un difícil equilibrio que no debe perderse en la economía digital, pero es evidente que requiere ciertos ajustes si no queremos acabar en el furgón de cola del progreso.

La Comisión Europea, dentro de sus iniciativas de digitalización, ha hecho pública la necesidad de crear un *espacio único para los datos*. Una nube en la que los diferentes países puedan subir información que puedan ser útiles a los sectores clave. Sin duda parece una buena noticia: se prevén destinar 1.600 millones de euros… aunque, advierte Margrethe Vestager, vicepresidenta de la Comisión, se hará "al modo europeo"[332], con el derecho a la privacidad por delante.

Siendo así, y pese a la buena voluntad demostrada, nos tememos que el afán por el *liderazgo normativo* pueda llevar a una solución a medias, que aunque mejore la situación actual deje de lado a las empresas y no suponga cerrar la brecha con respecto al resto de potencias tecnológicas. Porque en el caso de la explotación de datos la mejor solución para Europa pasa por que las Administraciones faciliten e incentiven el potencial uso de información mediante una política de datos abiertos no personalizados.

---

331. Nos encontramos en la paradoja en la que muy pronto el potencial económico de una empresa o un país se podrá medir en volúmenes de datos, pero a su vez surge un discurso europeo que casi criminaliza que una empresa tecnológica provea un servicio gratuito a costa de la recopilación de información de sus usuarios.

332. elpais-com.cdn.ampproject.org/c/s/elpais.com/economia/2020/02/03/actualidad/1580756254_547737.amp.html

Una propuesta incluso más ambiciosa de la "Alianza para el Gobierno Abierto" (OGP) impulsada por Barack Obama[333] y que debería servir como punto de partida a la Comisión Europea.

Por qué los datos deben ser abiertos

Las Administraciones deben liberar tanto sus datos como la información generada por usuarios y empresas que dan un servicio público (telecomunicaciones, energéticas, banca, etcétera). Debería hacerse en bases de datos completamente anonimizadas y grupales, de forma que no pueda aplicarse una trazabilidad inversa y poner en peligro la privacidad. Y tras alcanzar este primer objetivo, invitar al resto de empresas a formar parte de este lago de datos, incorporando más información.

Los motivos de orientar la política pública a este grado de transparencia son varios:

- **Las empresas con acceso a información son más competitivas, generando riqueza y empleo.** En la actualidad solo las grandes empresas, especialmente tecnológicas, de telecomunicaciones y financieras, tienen facilidad para acceder a miles de datos, con lo que ejercen una fuerza desorbitada sobre el resto de empresas. Solo democratizando el acceso a la información se permitiría dar respuesta en cierta medida este desequilibrio.

- **Facilitaría el emprendimiento y la creación de nuevas empresas.** El conocimiento económico del entorno ayudaría a cualquier ciudadano a buscar oportunidades de negocio o dónde ubicar su oficina.

- **Menor carga impositiva.** Los ejercicios de transparencia se acompañan de la detección de ineficiencias y corruptelas. Aumentando el gasto público en transparencia e incluyendo a las empresas, se aumenta la recaudación impositiva, reduciéndose la carga para el resto de los ciudadanos.

---

333. La iniciativa buscaba compromisos para que los ciudadanos y las ciudadanas de un país tuvieran acceso a información que permitiera luchar contra la corrupción y fortalecer las democracias. opengovpartnership.org/

- **Un salto en la investigación.** La apertura de datos tendría además un impacto muy elevado en la investigación universitaria y social, pudiendo aplicar modelos estadísticos sobre bases reales.

- **Mejores servicios sociales.** Los datos abiertos son la base para mejorar la atención en centros médicos y hospitales y los resultados de tratamientos. Pero también lo son para potenciar una educación personalizada, encontrando patrones por estudiante o barrios, y habilitando los refuerzos oportunos en las zonas más vulnerables.

- **Mayor calidad de vida.** Tampoco podemos obviar cómo mejoraría la habitabilidad de las ciudades, con cientos de usos en la gestión turística, de tráfico, de lucha contra la criminalidad. O serviría para preservar nuestro medio ambiente, nuestros recursos hídricos, o mejorar la eficiencia energética.

Por todos estos motivos, es hora de asumir riesgos razonables en función de los beneficios que la sociedad y nuestros países puedan obtener. El coste de oportunidad que representa para Europa ser un jugador secundario en IA y economía digital es altísimo.

2. INTELIGENCIA ARTIFICIAL Y LA REVOLUCIÓN DE LA ATENCIÓN CIUDADANA

La calidad del servicio al ciudadano debería ser un objetivo fundamental para las Administraciones, pero los sistemas tradicionales cuentan con limitaciones que impiden una atención individualizada y 24 horas, 365 días al año. Las herramientas digitales debían ser la solución a este problema, sustituyendo las llamadas en espera y la atención únicamente en horario de oficina por una información abierta y siempre disponible.

Sin embargo en la mayor parte de las Administraciones, y también en empresas, la "digitalización" en la comunicación se ha limitado a simples páginas web, que hace años resultaban interesantes como complemento a las analógicas formas de contacto, pero que hoy son insuficientes. La información suele ser estar mal estructurada, con interminables redirecciones y sin interacción posible salvo algunos formularios que tardarán horas o días en ser leídos por algún funcionario[334].

Twitter y el resto de las redes sociales supuso una solución parcial al problema, acercando muchas veces con cierto ingenio de los *community managers* avisos de los servicios públicos. Desde el cierre de calles por una maratón popular, hasta la necesidad de donar sangre. Pero sus carencias son evidentes: los profesionales de la comunicación no están disponibles las 24 horas, y hacer consultas individuales y privadas, en un canal que pueden leer millones de personas, no es lo más idóneo.

¿Cuál es la solución?

Las eficiencia en la comunicación de las Administraciones pasa por la transformación de sus sistemas de atención ciudadana con

---

334. Otro de los problemas detectados es falta de usabilidad e inadaptación al formato móvil, aunque el 80% del tráfico global sea vía *smartphones*.

servicios personalizados sobre la base de la IA, el procesamiento del lenguaje natural (PLN)[335] y los *chatbots*, también llamados Asistentes Virtuales Inteligentes. Con ellos se están revolucionando los servicios públicos en todo el mundo. Los ciudadanos pueden hacer preguntas fácilmente 24 horas 365 días al año, obteniendo respuestas cada vez más precisas según vayan entrenándose los sistemas.

Las grandes tecnológicas están construyendo sistemas de IA para ayudar a abordar la complejidad del procesamiento del lenguaje conversacional, con el objetivo de tener las mejores respuestas a preguntas cada vez más complejas. Amazon, Google o IBM ya se están posicionando en el sector sabedoras de sus múltiples ventajas y perspectivas.

Con el esfuerzo oportuno de Administraciones y empresas, pronto todos podremos hacer desde casa, con el móvil por la calle o en el coche, consultas y gestiones, incluso autenticadas por el reconocimiento de voz y la combinación de IA y Blockchain.

A continuación algunos ejemplos que podrían darse en un futuro (no lo lean en voz alta si están cerca de un asistente virtual):

"Alexa: solicita la renovación de mi pasaporte".

"Siri: avisa al ayuntamiento de la existencia de un bache en mi calle".

"Ey Google: Envía a mi médico de cabecera los resultados de mi último análisis y pide una cita para la semana que viene".

Los usos públicos de esta tecnología son casi infinitos: ayudar a los estudiantes en sus matrículas universitarias, solicitar la recogida de enseres de las casas, agilizar la asistencia a personas con movilidad, o incluso coordinar avisos de emergencia. De hecho, durante la crisis del coronavirus se creó en España un chatbot para dar respuesta a todas las dudas y preguntas sobre la pandemia que

---

335. En inglés: Natural Language Processing (NLP) campo de las ciencias de la computación, inteligencia artificial y lingüística que estudia las interacciones entre las computadoras y el lenguaje humano.

pudieran tener los ciudadanos, con el fin de no colapsar las centralitas de los hospitales[336].

Imagine la reputación que ganaría una Administración pública que atendiera en todo momento a sus ciudadanos con asistentes que pueden respondernos desde webs, Whatsapp, Telegram, redes sociales o incluso con dispositivos como relojes. Imagine ahora su propia satisfacción al obtener una respuesta en segundos sea la hora que sea sobre atención médica, obligaciones fiscales, justicia, o cualquier servicio que pudiera necesitar.

El estado tecnológico actual

El estado incipiente de esta tecnología permite que nuevas *startups* afloren en su desarrollo, con los mercados respondiendo de forma adecuada a la financiación de empresas, creando empleo y generando riqueza.

Por ejemplo *Lemonade*, empresa especializada en la comparación y contratación de seguros y ubicada en Nueva York, levantó 480 millones de dólares en una ronda de financiación[337], y su valor actual es de más de 2.000 millones de dólares. Lemonade es un potencial disruptor de las empresas tradicionales de seguros, especialmente los del hogar, y promete mediante asistentes virtuales la intermediación entre aseguradoras y usuarios (avisos de reparaciones, resolución de problemas, renovación o cambios de pólizas, etc.), sin esperas y con un ahorro de tiempo y costes para los asegurados.

Otro ejemplo lo encontramos en la española *1millionbot, startup* de la que es fundador uno de los autores de este libro y que con solo 1,5 millones de euros de financiación ha saltado al mercado. Da servicios competitivos de asistentes virtuales inteligentes para

---

336. El chatbot Carina, creado por 1millionbot, fue recomendado por la SEGIB y elegido por Naciones Unidas (PNUD) en su licitación para dar cobertura en Ecuador al servicio asistencial de información creado por la crisis de la pandemia de la COVID-19.
Ver: innovadores.larazon.es/es/carina-el-chatbot-espanol-gratuito-que-informa-sobre-el-coronavirus-y-aprende-de-la-conversacion/
337. observatorio-ia.com/lemonade-ia-seguros-del-hogar-y-chatbots-ronda-de-480-millones-de

e-commerce y gestiona la atención al cliente en diferentes sectores (universidades, administraciones, periódicos *online*, *retail*, salud, restaurantes...). 1milliobot, comparado con Lemonade, es un ejemplo más de la desigualdad entre EE.UU. y Europa en materia digital, así como de la dificultad de escalar de nuestras *startups*.

Datos abiertos y chatbots

Si Europa da los pasos correctos, tiene ante sí su oportunidad para adelantar a Estados Unidos y Asia en la construcción de una Administración inteligente. Aquellos gobiernos que antes comiencen a integrar la IA en la atención a los ciudadanos obtendrán una clara ventaja, pero todo pasará por el tratamiento que hagamos de los datos. Con su análisis las Administraciones, además de dar respuesta a los problemas de la sociedad, podrán encontrar desequilibrios, necesidades genéricas o inconvenientes que afectan a gran parte de las ciudades o que llevan tiempo sin corregirse.

Somos conscientes del rechazo, y casi miedo, que tienen muchas personas porque asistentes virtuales como Alexa o el altavoz inteligente de Google almacenen y usen nuestra información en su beneficio. Pero será precisamente el trabajo con esta información anonimizada la base para alimentar una IA que permitirá mejorar el bienestar de los ciudadanos. Es necesario por tanto un cambio de postura respecto al uso y explotación de datos, pasando de medidas restrictivas sobre la base del *derecho de privacidad* a un modelo en el que los usuarios tengan el derecho a elegir:

Opción A): No quiero personalizar mis servicios. Borre y no almacene mis datos.

Opción B): Sí quiero obtener un servicio personalizado de mi servicio y no tengo inconveniente que usen mis datos para este fin.

Los ciudadanos deben entender que para disfrutar de servicios públicos cada vez más completos y sofisticados, que permita respuestas personalizadas y eficientes, las Administraciones -como hacen las empresas- no coarta sus libertades ni será el principio del totalitarismo.

No somos defensores de una Administración estilo Gran Hermano. De hecho ni siquiera se entiende el debate, teniendo en cuenta que todos los países de la UE son democracias activas con libertad de expresión y manifestación ciudadana, con partidos políticos en la oposición, con medios independientes de muy distintas ideologías, con fiscales, policías, magistrados y una separación de poderes.

Si pensamos que un sistema de estas características no garantiza el uso correcto de los datos, deberíamos poner en tela de juicio el propio estado de derecho democrático.

Decía George Orwell en su obra *1984* que la ignorancia de la ciudadanía se traduce en la fuerza de unos pocos[338]. Quizá haya llegado el momento de romper con ese mantra: la era de los datos abiertos debe acercarnos a una nueva realidad desde la que percibir sin filtros el mundo que nos rodea, para después llevarlo a una dimensión más sostenible y eficiente. Tecnológicamente es posible.

---

338. Ya saben, el eslogan del partido político INGSOC: «La guerra es la paz; la libertad es la esclavitud; la ignorancia es la fuerza».

3. LAS ADMINISTRACIONES LOCALES Y LAS "CIUDADES INTELIGENTES"

Europa en algunos de sus programas se ha tomado muy en serio el concepto de *smart cities*. Pero aunque se ha avanzado mucho conceptualmente, en la práctica es un "cajón de sastre" donde según conviene las Autoridades meten casi cualquier proyecto que mejora la ciudad, como el ahorro de recursos energéticos o hídricos, la sostenibilidad ambiental, la transformación digital de algunos servicios, o el uso de IA y la sensorización de componentes urbanos.

De todo ello ha surgido cierto *buzz* y confusión, y casi cualquier municipio puede autodefinirse inteligente por poner una red *wifi* gratuita en la Plaza Mayor, instalar sensores fotovoltaicos en las farolas, o publicar en la web del ayuntamiento un apartado de "transparencia" con poca usabilidad y cuya única intención es alojar cientos de PDFs.

Las ciudades inteligentes en Europa tienen una definición tan amplia que se invita al conformismo político, cuando no al "intrusismo" tecnológico con propuestas, a veces, improvisadas y variopintas en búsqueda de la ansiada financiación.

Ningún alcalde o autoridad local debería autoengañarse ni tomar el pelo a sus conciudadanos. Aunque muchos queden satisfechos con la "inteligencia" aplicada a su ciudad por puro desconocimiento, e incluso aunque estas iniciativas le generen una imagen de modernidad, el concepto *smart city*, si lo entendemos desde una perspectiva digital, debería ser más riguroso de lo que hasta ahora hemos dado por bueno.

La verdadera transformación que requieren las ciudades europeas pasa obligatoriamente por cuestiones ya abordadas como la agilidad administrativa, la atracción de talento, el impulso empresarial o la capacitación del capital humano, además de la generación y gestión de datos que la acerquen a un estado de "inteligencia".

Esto se resume en la digitalización de los servicios urbanos y el uso de sensorización, monitorización e IoT. Un punto de partida para mejorar el espacio de vida de ciudadanos, pero también para impulsar destinos turísticos inteligentes, o adaptar las urbes a las necesidades empresariales del siglo XXI.

Los datos abiertos y la sensorización de las ciudades facilitarían nuevas aplicaciones del máximo interés para conocer en tiempo real las zonas más contaminadas, los barrios más transitados donde ubicar comercios, el tiempo de espera en las urgencias de un hospital, los huecos disponibles de aparcamiento, o un control del gasto político.

Recapaciten durante un minuto cómo les ha cambiado la vida *Google Maps* (evitar atascos, recomendaciones de rutas, comentarios...), y ahora piensen en las centenares de herramientas que podrían ayudarnos en nuestro día a día si existieran más empresas con acceso a un volumen de datos similar, que traduzcan la información en algo tangible y de utilidad general.

Sin ellas, los ciudadanos estamos ciegos y nos volvemos ignorantes, incapaces de conocer lo que ocurre verdaderamente en nuestro entorno. Incluso terminamos por dar por ciertas las *fake news* que nos abordan sin control ante la imposibilidad de chequearlas.

4. LA VERDADERA ADMINISTRACIÓN ELECTRÓNICA EN LA ERA DE BLOCKCHAIN

Lo mejor de la tecnología bien entendida es su contundencia. Los políticos, economistas, abogados o sociólogos podríamos abarcar estanterías con manuales, tratados y discursos sobre cómo un Estado puede y debe defender su soberanía económica, normativa o incluso democrática, y la eficiencia, la efectividad y el rearme intelectual que supone. A los ingenieros, más prácticos, les basta un término: *"distributed ledger"*[339]. La base que define Blockchain. Sus atributos, autenticación, trazabilidad y seguridad, definen todas las necesidades y estructuras necesarias para garantizar en la era digital, la autonomía, la transparencia y libertades públicas.

Blockchain es una tecnología completamente revolucionaria, y que bien usada sobre la Administración tiene una potencialidad enorme, con ventajas como las expuestas a continuación[340]:

1. Dotar de máxima seguridad a los datos de la ciudadanía, con una inviolabilidad absoluta de las transacciones y registros económicos, o incluso electorales.

2. El empleo de contratos inteligentes con los que gestionar digitalmente y con total seguridad tramitar registros o títulos de la propiedad, pagos, certificados legales, sanitarios…

---

339. Un libro mayor distribuido es un consenso de datos digitales replicados, compartidos y sincronizados distribuidos geográficamente en múltiples sitios, países o instituciones. No hay administrador central o almacenamiento de datos centralizado. en.wikipedia.org/wiki/Distributed_ledger

340. Hemos seguido aquí la obra Vilarroig Moya, R. y Pastor Sempere, C. (2018). Blockchain: aspectos tecnológicos, empresariales y legales. Navarra, España: Thomson Reuters Aranzadi.

3. Avanzar en la lucha contra el fraude, con un registro completo inquebrantable de transacciones entre particulares y empresas para la recaudación de impuestos u otros actos administrativos.

4. Descentralizar los procesos y ofrecer a los ciudadanos una gestión transparente y segura que permita, por ejemplo, conocer la aportación de cada empresa o persona en la cadena de valor de un producto.

5. Capacidad para agilizar miles de trámites y ayudar a superar el concepto de 'burocracia', con el consecuente ahorro de costes de papel y administrativos.

6. Mejorar todos los procesos de licitación y concursos públicos, con capacidad para resolver litigios y ganar tiempo en la tramitación gracias a su sistema de registros inexpugnable.

7. Resolver los problemas de comunicación entre Administraciones públicas de diferentes regiones o países, con una disponibilidad y accesibilidad de datos para cualquiera que tenga autorización para consultarlos.

8. Datos disponibles para los colectivos legitimados para ello (Hacienda, médicos, jueces, policía…), de manera eficiente y sin posibilidad de alteraciones.

Sería inteligente por parte de la UE apostar desde ya por un marco normativo único orientado al liderazgo del uso de Blockchain en la Administración, apoyado sobre desarrolladores (grandes y pequeñas empresas) de las distintas regiones del viejo continente, y adelantarse así a China y EE.UU. Estonia podría convertirse en el motor de una nueva Administración europea mucho más dinámica. Un pequeño país en el que cualquier gestión se hace en cuestión de segundos desde sus teléfonos móviles[341].

---

341. qz.com/1535549/living-on-the-Blockchain-is-a-game-changer-for-estonian-citizens/

La UE ya ha anunciado la creación de un Observatorio sobre Blockchain[342], pero ya hemos escuchado muchas veces estos cantos de sirena. Tecnologías prometedoras que resultan concluir, con años de retraso, en una apuesta parcial por parte de las autoridades, en normativas que perjudican su desarrollo tecnológico ante las desavenencias entre juristas, políticos y grupos de interés, o en restricciones potenciales que en vez de facilitar desalientan este tipo de iniciativas.

Necesitamos actuar de inmediato. Las posibilidades para que Europa lidere el camino hacia una Administración digital basada en Blockchain se reducen cada día que pasa. China ya ha empezado a dar los primeros pasos[343], tanto en materia de criptomonedas como en la incorporación de la tecnología a la Administración[344]. EE.UU. tampoco parece que se quedará de brazos cruzados, con iniciativas de financiación pública orientadas a la seguridad, la salud y el sistema fiscal en marcha desde hace años[345].

¿Para cuándo Europa?

---

342. euBlockchainforum.eu/

343. wired.com/story/opinion-china-is-pushing-toward-global-Blockchain-dominance/

344. cnbc.com/2019/12/16/china-looks-to-become-Blockchain-world-leader-with-xi-jinping-backing.html

345. datafoundation.org/bringing-blockchain-into-government

5. CONCLUSIONES A PARTIR DE LOS CASOS DE ESPAÑA Y ESTONIA

5.1. España y el retraso en la aplicación de la Administración digital

En España se llevó a cabo en 2006 un muy loable y temprano intento de impulsar la Administración electrónica con el objetivo de reducir trámites burocráticos, siendo su ministro encargado Jordi Sevilla. Para el Gobierno era urgente "la supresión de 10 millones de volantes de empadronamiento anuales, la eliminación de las fotocopias del DNI, la creación de un registro telemático único y la incorporación a Internet de 800 formularios de la Administración General del Estado"[346].

Para tal fin el Ministerio de Administraciones Públicas creó un Consejo Asesor de Administración electrónica[347], con expertos en la materia en el que uno de los autores del libro tuvo el privilegio de colaborar y ser copartícipe de la experiencia. La iniciativa tomó cuerpo de Ley (Ley de Administración Electrónica), con competencias, plazos -aunque por incumplimientos se tuvieron que conceder prórrogas- y un intento de fijar la obligatoriedad. Las Administraciones no podían negarse a ofrecer los servicios electrónicos, evitando así cualquier sesgo o desobediencia por signo político.

Con una perspectiva de 14 años hay que afirmar que, pese a sus insuficiencias, se aplica aquello de que "trabajando en la dirección correcta, incluso equivocándose, se acierta": ocho años más tarde, ya en 2014, el Presidente del Gobierno de España Mariano Rajoy (líder de la oposición cuando se impulsó el proyecto de digitalización) cifró en 20.000 millones el ahorro al sector público originado

---

346. elpais.com/diario/2006/03/03/economia/1141340404_850215.html

347. europapress.es/nacional/noticia-consejo-asesor-administracion-electronica-apoya-ley-acceso-electronico-ciudadanos-20061130174827.html

por la Administración electrónica impulsada por sus rivales políticos[348]. Destacaba, además, hitos como que "el 99% de la tramitación dependiente de la Administración general del Estado, ya puede realizarse electrónicamente y no en ventanilla". O que en 2013 "el 95% de los trámites de las empresas y el 65% de los trámites de los ciudadanos se realizaron a través de Internet".

Aunque los logros no pueden esconder los fracasos como el DNI electrónico o retrasos que hubo al abordar una tarea tan compleja, desde una perspectiva actual esta ley de administración electrónica fue una acierto. Ciertamente, en 2019 se gestó una moratoria hasta octubre de 2020 con el fin de que las distintas Administraciones públicas españolas pudieran culminar la digitalización de procesos iniciados más de una década antes, como la firma o el registro electrónica o las notificaciones vía teléfonos móviles[349].

Qué hemos aprendido

El "caso de España" sirve bien para hacer algunas observaciones y recomendaciones:

1. La Ley de Administración electrónica no ha racionalizado la gestión y los trámites administrativos, que siguen siendo en muchos casos complicados e incómodos para los usuarios.

Muchos funcionarios alegan que esta Ley ha propiciado en España la compra de "escáneres más importante del mundo", en lo que es una crítica velada a la creación de una "doble administración: la del papel y la electrónica", esta última supeditada a la primera.

---

348. rtve.es/noticias/20150219/rajoy-asegura-administracion-electronica-supondra-ahorro-20000-millones-ano/1101401.shtml

349. A principios de 2020 ninguna Administración autonómica, provincial o municipal ofrecía al completo todos los servicios digitales impuestos en 2015 por la Ley (normas 39 y 40/2015), según un informe que elaboró la consultora Ernst & Young

Ver: innovadores.larazon.es/es/el-reto-imposible-de-lograr-una-administracion-publica-electronica-en-2020/

En resumen, no se ha llevado a cabo una reingeniería de procesos administrativos a fondo, que podría haber traído simplificación, agilidad, racionalización de recursos, transparencia y control. Una digitalización mal entendida y planteada con miedo, con nefastos resultados.

2. La tecnología ha evolucionado enormemente desde 2006, y sin embargo en España se siguen prolongando retrasos que harán que cuando termine el proceso de adecuación, ya estén obsoletos.

La introducción de IA y Blockchain pueden suponer una revolución para las Administraciones públicas… pero sin haber encajado aún en su sistema público la disrupción de la anterior ola tecnológica, ¿qué esperanzas albergamos de que las Administraciones españolas sepan adecuarse al reto que supone este nuevo paradigma?

Con las nuevas tecnologías se eliminarían los cuellos de botella, se agilizarían y daría transparencia a los trámites o concesiones de ayudas, e incluso podría prevenirse la corrupción política. A este paso, nunca veremos tales ventajas en nuestro sistema.

3. Para adoptar grandes cambios, necesitas los perfiles adecuados. Y en muchas ocasiones esto está reñido con el sistema de cuerpos de funcionarios de una Administración.

Profesionales muy capacitados, pero que por una mera cuestión generacional, desconocen el medio digital. Pongamos como ejemplo el Gobierno valenciano, que ha trazado una apuesta concreta y decidida por el futuro digital, pero que en su aplicación se encuentra con que de sus 122.564 funcionarios más del 60% de la plantilla supera los 50 años y apenas 58 tienen menos de 30 años[350].

---

350. lasprovincias.es/politica/funcionarios-publicos-peligro-extincion-20190722111946-nt.html

Pese a todo, España cuenta con organismos e instituciones que de forma casi aislada tratan de inculcar las tecnologías de contabilidad distribuida que bien podrían desarrollar planes ambiciosos para gobiernos locales, regionales o incluso nacionales. Alastria[351] ha sido capaz de sumar a un gran número de instituciones, empresas y organizaciones en una gran red-plataforma integradora que fomenta el desarrollo y aplicación de Blockchain. En las universidades, iniciativas como BAES[352] propician una investigación multidisciplinar en los ámbitos de la tecnología, economía y derecho. Incluso algunas instituciones españolas han incentivado que el Instituto de Ingeniería Eléctrica y Electrónica (conocido por sus siglas IEEE)[353] expusiera en un Congreso sobre Blockchain una propuesta de estandarización para impulsar esta tecnología desde Europa.

España y el resto de la UE cuentan con una creciente vida digital, con casos sobresalientes de "minifundismo" como ya expusimos. Pero para que las empresas tecnológicas y el talento emprendedor puedan multiplicarse, el compromiso de los Gobiernos y de la Comisión Europea pasa por la Administración electrónica de manera prioritaria.

---

351. alastria.io/

352. baes.iei.ua.es/

353. Leído i-triple-e en Latinoamérica o i-e-cubo en España; en inglés Institute of Electrical and Electronics Engineers es una asociación mundial de ingenieros con cerca de 425 000 miembros, dedicada a la normalización y el desarrollo en áreas técnicas,

5.2. Estonia como ejemplo de las nuevas Administraciones digitales

En 1991, momento en el que Estonia abandona la órbita de la Unión Soviética, los distintos partidos políticos se propusieron incentivar la creación de empresas y el crecimiento de su economía.

Desde entonces y hasta hoy, a partir de la digitalización de su Administración, Estonia se ha convertido en el país con más *startups* per cápita de Europa. También es el país con la mayor velocidad de conexión a internet media del mundo, y el primero en permitir votar en sus sufragios desde un ordenador o un terminal móvil, garantizar el acceso a la red de todos sus centros educativos, registrar digitalmente a sus habitantes, o reflejar de forma 100% transparente el gasto público de sus Administraciones, los acuerdos entre ministerios, o el patrimonio de sus funcionarios públicos.

Los estonios pueden hacer casi cualquier gestión burocrática de forma rápida, *online* y sin gastar papel. Cómo solicitar el cambio de residencia o empadronamiento, renovar las recetas del médico, tramitar facturas, pagar impuestos, o votar. Los registros de los bebés se hacen de forma automática en los hospitales, enviando un email a los padres dando la bienvenida al recién nacido en la nación estonia. Y, por supuesto, la posibilidad de crear una empresa *online* de forma simple, rápida y desde el extranjero.

Podríamos decir que Estonia, por su tamaño (apenas cuenta con un millón de habitantes), puede gestionarse mejor que otros países de la UE. Pero si fuera una única cuestión de población, todos los ayuntamientos o divisiones subnacionales de Europa deberían ser hoy en día un ejemplo de *e-administración* al menos hasta donde lleguen sus posibilidades. Por tanto, desterremos esa idea y pensemos más en la convicción de un país que desde finales del siglo XX apostó por la innovación como foco central de sus políticas.

Para esto no fue necesario invertir grandes cantidades de dinero, sino trazar las posibilidades que la tecnología permitía para ser pioneros en la encriptación de identidades digitales, la aceptación de la firma digital, y un sistema protegido que permite compartir información entre Administraciones evitando.

Además de rapidez, el sistema digital de la Administración estonia ha supuesto un ahorro de millones de euros a sus ciudadanos, si lo comparamos con lo que hubiera significado la contratación de decenas de miles de funcionarios públicos en las áreas ahora digitalizadas (padrones, registros de facturas, oficinas de empleo, registro de propiedades...), y el coste de oportunidad que se deriva de la pérdida de tiempo de los servicios analógicos.

Todas estas ventajas (ahorro de costes, eficiencia en los trámites, transparencia e impulso empresarial) deberían ser suficientes para que el resto de los países europeos trazaran urgentes estrategias digitales de transformación de sus Administraciones. Por desgracia existe generalmente una visión cortoplacista de las estrategias políticas, limitadas en su mayoría al tiempo que dura una legislatura. La falta de continuidad de propuestas y de acuerdos entre partidos son una restricción importante para muchos proyectos, especialmente para aquellos que suponen transformaciones profundas.

Uno de los logros de Estonia ha sido prolongar durante más de dos décadas ininterrumpidas la consecución de un mismo objetivo para el beneficio de todos.

"Pactos de estado para la economía digital", sería el corolario que se deriva para Europa y sus países miembros.

6. ALGUNAS PROPUESTAS CONCRETAS: EFICIENCIA EN LAS ADMINISTRACIONES

Para convertir a las potentes Administraciones europeas en entidades más creativas y eficientes, incluso transformarse en motores de la revolución digital, apuntamos las siguientes vías de actuación:

1. Hacer de la digitalización y eficiencia del sector público europeo una de sus señas de identidad, articulada a partir de tecnologías como la IA, el IoT y Blockchain. Un salto de gigantes que ayude a hacer del viejo continente un ejemplo de nueva Administración. Una Europa de los ciudadanos digitales del siglo XXI, que debería incidir en unos europeos mejor concienciados y educados en lo digital, menos costes para las empresas, mayor transparencia y control de los recursos públicos, menos incertidumbre y mayores garantías jurídicas.

2. Enfatizar que digitalizar la Administración no es "escanear el papel y subirlo a la nube". Se trata de aprovechar todo el potencial del software para repensar y limpiar procesos (reingeniería) que no aportan valor en la toma de decisiones o en la provisión de servicios públicos, simplificándolos y haciéndolos más transparentes. Una Administración más productiva y eficiente sin menoscabo de la garantía de control.

3. Propiciar el aprendizaje continuo en el cuerpo de funcionarios. Y ante los procesos de automatización, destinar a los profesionales públicos a labores más creativas y sociales, vinculadas a las áreas asistenciales, de educación, o la sostenibilidad medioambiental, suprimiendo labores repetitivas y sin valor.

4. Cambiar la concepción de la Administración Pública y la de los empleados públicos respecto a los ciudadanos.

Pasar de una situación actual en la que somos "ciudadanos administrados" a otra futura donde radicalmente se hable de "servicios públicos a los ciudadanos".

5. Apostar por una política de datos abiertos para que empresas e investigadores tengan acceso a información que permita avances sociales significativos e innovaciones.

6. Educar a los ciudadanos en el empleo de los servicios públicos digitales para agilizar la transición hacia sistemas más eficientes.

7. Testear todos los nuevos procesos digitalizados, asegurándose que los ciudadanos entienden su funcionamiento de manera completamente intuitiva y fácil.

PARTE III: DIOSES INSATISFECHOS Y UNA NUEVA TEORÍA ECONÓMICA

CAPÍTULO 11: EUROPA EN LA ENCRUCIJADA. METIENDO EN VEREDA A UNOS DIOSES INSATISFECHOS E IRRESPONSABLES

«La capacidad de la tecnología para mejorar la vida humana depende críticamente de un progreso moral paralelo en el hombre. Sin esto último, el poder de la tecnología simplemente se utilizará para propósitos malvados, y la humanidad estará peor que antes.»

FRANCIS FUKUYAMA. *El fin de la historia y el último hombre.*

«¿Hay algo más peligroso que unos dioses insatisfechos e irresponsables que no saben lo que quieren?»

YUVAL NOAH HARARI. *Sapiens. De animales a dioses.*

En muy pocas décadas Europa ha pasado del optimismo más exultante de Fukuyama en "El fin de la historia y el último hombre"[354] por abrazar democracias y economías de libre mercado en detrimento de los totalitarismos, a la incertidumbre y desasosiego político que nos crea una nebulosa inquietante. El reciente Brexit, la crisis financiera de 2008 que casi provoca la ruptura del Euro, la existencia de paraísos fiscales, la radicalización política, o la crisis de la COVID-19 y los enfrentamientos por la financiación de las economías más afectadas[355] son solo algunos ejemplos de esta situación.

Además nuestro proyecto común no ha conseguido cerrar la brecha de bienestar entre las economías del norte y del sur, y la

---

354. Fukuyama, F. (1992). *The end of history and the last man.* Simon and Schuster.

355. elperiodico.com/es/internacional/20200327/enfado-mayusculo-de-portugal-con-holanda-por-su-discurso-ante-la-pandemia-7907313

disparidad de criterios entre países ha impedido hilvanar una integración entre regiones europeas similar a la de EE.UU. o China.

Todo esto ocurre en un contexto global de muchísima inestabilidad, que requiere avanzar rápido. Pero la UE no reacciona ante la pinza competitiva de EE.UU. y Asia. El sector privado aparece como un agente pasivo en los planes de inversión, el desarrollo de ecosistemas de emprendimiento no es prioridad, y el liderazgo normativo europeo amenaza el desarrollo de la economía digital.

A principios de 2020 la Comisión Europea anunció que se avanzaba hacia una estrategia *verde y digital*. Pero a fecha de hoy sus intereses se centran especialmente en sus cruzadas antidigitales. Buscando más preservar la privacidad y meter en vereda a los gigantes tecnológicos, que en dar respuesta a retos como el cambio climático, la inmortalidad o la utopía de la singularidad.

Esta percepción también se comparte en el libro de "El fin del mundo tal como lo conocemos", aunque su autora Marta García Aller sabe llenarnos de optimismo, desvelando cómo las "amenazas digitales" van abriendo nuevas oportunidades.

Los autores de este libro no somos analistas políticos. Sabemos que hay terrenos en los que nuestro aporte será mucho menos consistente que el de los expertos bien conocedores de la geopolítica. Pero tenemos claro que una propuesta como la que hacemos, que pretende que la UE recobre su plenitud y liderazgo global, puede caer absolutamente en saco roto si se mantiene una encrucijada política y económica donde se llega a poner en cuestión la propia unión de los países miembros.

Por tanto, creemos necesario hacer un pequeño análisis del contexto en el que hemos dibujado nuestras propuestas de los capítulos anteriores, hilando así los argumentos con la realidad geopolítica. Nuestro objetivo hasta ahora ha sido plantear una serie de revulsivos que impulsaran el desarrollo digital en la UE, pero observará el lector que muchas de estas propuestas también servirían para mitigar problemas trascendentales para Europa.

1. UN CONTEXTO DE INCERTIDUMBRE POLÍTICA Y ECONÓMICA

1.1. El Brexit y otros procesos desvertebradores. ¿Cabe en Europa una apuesta de futuro relevante?

El Brexit se ha visto desde la Europa continental con cierta arrogancia. Casi como una veleidad de los británicos, que caprichosamente conducen hacia un suicidio económico según algunos analistas, y hasta la "deconstrucción" de su propio reino, con la amenaza de referéndums en Escocia e Irlanda del Norte.

Para cerrar este cuadro conformista, muchos también han querido observar en este proceso el reflejo de una sociedad, la de los súbditos de su majestad la Reina Isabel de Inglaterra, supuestamente xenófoba y con un odio irracional hacia lo europeo. No han sido pocos los vídeos que hemos recibido en los últimos años de ataques verbales o físicos a extranjeros por parte de una serie de "personajes" (no se les puede calificar de otra manera) en autobuses o lugares públicos.

Pero antes de calificar a Reino Unido como una nación racista cabe pensar que las principales urbes británicas fueron pioneras en llenarse de migrantes de medio mundo (India, Pakistán, Sudáfrica y cientos de sitios más), y que su ejército entregó la vida de sus mejores hombres para salvar a Europa del fascismo en las dos guerras más cruentas del siglo XX. Cualquiera que pasea por Londres se da cuenta del mestizaje existente, y sus universidades están repletas de estudiantes y profesores de cualquier país imaginable.

En el plano económico, tampoco se ha producido la hecatombe prevista, pese a las fluctuaciones propias de la incertidumbre del proceso. Es más, una vez ratificado el acuerdo de ruptura la Libra mantiene sus valores del año 2018[356]. Mientras, la UE se ha enfrascado en un debate profundo por el agujero en

---

356. Escribimos esto en 2020.

los presupuestos creado por la salida británica, que incluso amenaza el futuro de las ayudas agrícolas.

Ahora Reino Unido podrá sellar de forma unilateral nuevas alianzas con Estados Unidos, Japón, Israel, China… Tendrá las manos libres para desregular o regular con más eficiencia su economía digital. Podrá consolidar su liderazgo geográfico en IA y reforzarlo con acuerdos con los gigantes tecnológicos y cualquier otro país. Algo que no podría hacer en la UE actual. Perderá seguramente capacidad de negociación y las ventajas en materia de inversión y colaboración científica y económica con el continente, pero tiene ante sí la capacidad de corregir la débil apuesta de la Unión en los sectores de futuro.

Todo este proceso debería servir para hacer autocrítica a nuestros dirigentes europeos. Desde siempre han existido reservas y reticencias mutuas entre Reino Unido y el resto de Europa. Algo escenificado claramente cuando se mantuvo la Libra frente al Euro. Pero lo cierto es que desde Bruselas se ha hecho poco por ilusionar a los ciudadanos británicos. Y, a decir verdad, a los del resto de Europa. Basta recordar que la participación en las elecciones al Parlamento europeo solo ha superado en una ocasión el 50% en los últimos cinco comicios. Algo que denota desconocimiento o falta de información, cuando no hartazgo de los ciudadanos con su clase política. Posiblemente la combinación de altos sueldos y escaños vacíos tenga mucho que ver en este desencanto[357]. Tampoco ayuda la existencia de "paraísos fiscales" en las propias fronteras europeas, o las relaciones bilaterales distendidas. No hace falta irse a Puerto Rico o a Singapur. Las multinacionales pueden desplazar sus ganancias a Irlanda, Luxemburgo u Holanda para evadir al fisco nacional importantes sumas de dinero. Y algunos deportistas y *youtubers* reconocidos acaban residiendo en las cercanas Suiza o Andorra para pagar menos impuestos sobre la renta.

La construcción de la Europa unida en los últimos 50 años ha sido un proceso apasionante. Nuestros políticos, impulsados por

---

357. Juncker, presidente de la Comisión Europea, criticó el absentismo en el Parlamento Europeo. "El Parlamento es ridículo" llegó a decir. Ver noticia: vozpopuli.com/internacional/inasistencias-eurodiputados-Juncker-Parlamento-Europeo_0_1041496599.html

una sociedad abierta y en busca de oportunidades, hicieron Historia con mayúscula, superando restricciones que no habían sido posibles en 2.000 años de guerras y conflictos. Mientras existieron grandes objetivos, la solidaridad y la cohesión han conducido a esta unión imposible de países en paz. Hemos asistido a la caída del Muro de Berlín, la instauración de las democracias en el continente, la construcción del Euro, el asentamiento de unas bases universitarias comunes o la libre movilidad de los ciudadanos.

Hoy Europa, y sin ánimo de persistir en temas fuera de nuestro dominio, parece desdibujarse entre procesos disgregadores y la consolidación de los populismos y nacionalismos[358]. Tiene a los partidos tradicionales como cómplices, incapaces por un lado de aparcar sus diferencias para hacer un frente común, y dispuestos, por otro lado, a tapar las vergüenzas y corruptelas en sus formaciones. Ante el hastío popular, la sociedad acaba votando a cualquiera que les prometa un verdadero cambio[359].

¿Cuál está siendo la respuesta de la UE a estas situaciones? ¿Cómo protege a los ciudadanos desempleados cuando son sus propios dirigentes quienes les roban su futuro? ¿Cómo se está actuando ante los procesos disgregadores que son contrarios a la idea de la Europa en libertad, sin fronteras, global, digital...? ¿Cómo es posible que no se actúe contra situaciones como el *LuxLeaks* hasta que la prensa no denuncia[360]?

La falta de entidad política y la fragmentación entre países hace que no haya respuesta, o al menos no de la contundencia que requiere la convulsión actual. Y los ciudadanos entonces se

---

358. Luis Garicano ha señalado en su libro *El contrataque liberal* (2019, Península) que "El mundo parece estar volviendo a los años treinta del siglo pasado" ante el auge de posiciones políticas como las de Donald Trump (Estados Unidos), Matteo Salvini (Italia), Viktor Orbán (Hungría),Tayyip Endogan (Turquía) o Nigel Farage (Reino Unido).

359. El ejemplo más cercano lo tenemos en España: con un desempleo juvenil que llegó a alcanzar un 50%, los medios nos despertaban cada mañana con el despilfarro de miles millones de euros destinados en inversiones basadas en el pelotazo, con mordidas a las arcas públicas, tramas de corrupción, y con sociedades off-shore de representantes políticos

360. lavozdegalicia.es/noticia/mercados/2019/04/07/paraisos-fiscales-ue-enemigo-vive-casa/0003_201904SM7P2992.html

preguntan ¿para qué queremos un organismo político supranacional si se queda de brazos cruzados ante los verdaderos problemas de la gente?

Con el Brexit la UE pierde a su socio mejor posicionado en economía digital, siendo Londres la capital europea de *startups* en IA y tecnologías *fintech*. También pierde una histórica puerta cultural que la unía con Estados Unidos, Australia, Sudáfrica y el resto de los países de la *Commonwealth*. Y por supuesto, ve alejarse las sinergias con uno de los mejores sistemas universitarios existente, con instituciones insignias como la London School of Economics, Oxford y Cambridge y sus respectivos parques científicos, capaces de competir con las grandes instituciones norteamericanas en algunas áreas de relevancia y prestigio.

Todo ello nos lleva a pensar que una UE sin apuesta común de futuro, sin proyectos y objetivos ilusionantes para sus ciudadanos, es francamente débil y presa de un discurso rupturista y extenuante. Si no se reacciona a tiempo, la situación geopolítica previsiblemente irá a peor.

1.2. El agotamiento de la economía tradicional europea

La crisis económica de 2008 fue una carga de profundidad para las economías europeas, haciendo añicos las ancladas bases de un modelo tradicional agotado y débil. Los sectores maduros acusaron más que el resto los efectos de la depresión, generando mayores tasas de desempleo y perdiendo peso de forma acelerada en la creación de riqueza de los países. Solo en España, la producción industrial manufacturera en 2017 se encontró en niveles por debajo a los existentes antes de 1994.

Las oportunas decisiones del Banco Central Europeo -aunque algo tardías- no evitaron el sufrimiento de las regiones más débiles, traducido en una fuga de talento juvenil sin precedentes, reducción de los salarios y cifras récord en niveles de pobreza infantil, con miles de familias con todos sus miembros en el paro. Las economías del sur de Europa tuvieron que llevar a cabo duros ajustes en sus cuentas públicas que todavía perduran para evitar el sobreendeudamiento, y cuyos recortes han supuesto una cierta indefensión de los profesionales médicos ante la pandemia del coronavirus.

Pero el impacto de la crisis económica va mucho más allá de lo que nos muestran los indicadores de producción, empleo o endeudamiento público y privado que hemos mostrado. La desconfianza de los mercados, especialmente sobre las economías del sur, incluyendo a Francia, hicieron temblar los cimientos de la UE que conocemos hoy.

En esta etapa convulsa de transición de la crisis a la recuperación, mientras el viejo continente se lamía las heridas y planeaba cómo recuperar sus niveles de bienestar, al otro lado del Atlántico surgía de sus "cenizas" un relevo empresarial con lo mejor de Silicon Valley. El agotamiento del modelo tradicional tenía contrarréplica en una nueva industria surgida en la costa este estadounidense que desplazaba el liderazgo económico de bancos, petroleras, industrias automovilísticas y eléctricas a los gigantes tecnológicos actuales.

Con una crisis por medio, hemos pasado de una década en la que el euro disputaba la hegemonía al dólar, a otra en la que Europa pierde el paso tecnológico marcado por EE.UU. y China. Recordemos que incluso desde una posición de partida infinitamente menos favorable que la de muchos países europeos y sin un mercado consolidado como punto de apoyo, China ha demostrado que el liderazgo tecnológico es posible si la apuesta es la adecuada. La UE se ha convertido en una observadora complaciente bajo el síndrome del envejecimiento poblacional, el endeudamiento crónico y la dependencia tecnológica. El discurso de sus líderes políticos, Merkel, Macron, Sánchez y todos sus antecesores en la última década queda muy lejos del discurso de las Administraciones de Clinton y Obama, o de Trudeau. En Europa seguimos incorporando a marchas forzadas y casi por obligación políticas digitales, no de forma disruptiva.

Sin una industria de referencia ni ecosistemas digitales que resaltar, más allá de islas como Spotify o en su tiempo Nokia, desde la UE se ha apostado por el proteccionismo digital y el discurso grandilocuente de las grandes leyes actuales. Los altos funcionarios de Bruselas y los propios Gobiernos nacionales han reaccionado como "salvavidas" de los sectores objeto de disrupción tecnológica. Lo remarcaremos una vez más: mientras en los últimos quince años EE.UU. ha sido lugar de creación de empresas como Amazon, Google, Apple, Facebook, Microsoft y cientos de nuevas *startups* digitales llamadas a cambiar el mundo, en Europa nos hemos especializado en diseñar leyes e impuestos para luchar contra ellas, y no en crear ecosistemas para competir.

La crisis económica ha dejado ver la realidad de dos Europas. Hay una Europa agotada, con una desaceleración crónica por la falta de competitividad global de sus sectores tradicionales, y otra que lucha por destacar y hacerse ver en un marco jurídico y económico que no ha entendido la digitalización y la disrupción. El reto de la UE en conjunto es comprender que el colapso de la vieja economía basada en las finanzas y el ladrillo debe dar paso a una economía integral -no "parcheada" ni dispersa- del siglo XXI.

2. DEPENDENCIA TECNOLÓGICA

2.1. Bruselas: ¡son los servicios digitales!

Un joven de cualquier lugar de Europa despierta y mira su calendario en el móvil, sincronizado con su cuenta de *Gmail*. "Bien, no hay nada importante para hoy". Escribe a sus amigos "¿quedada para comer en la playa?" usando *Whatsapp*. Revisa *Instagram* y su cuenta de *Tinder* ("¿otro *match*? estoy de suerte") y pone unas canciones en *Spotify* mientras desayuna y espera la respuesta de sus contactos. "Menudo día hace...". Impaciente solo desea montar en el coche, poner la ubicación en *Waze* y estar atento para evitar los atascos.

Una de las amigas del grupo recibe el mensaje: "lo siento... tengo que presentar una propuesta el miércoles. ¡Pasadlo bien!". Desde hace un par de horas ya trabaja en un documento final en *Google Docs* con sus socios, cada uno desde casa. Su *startup* no deja de darle buenas noticias: la campaña en *Adwords* y *Facebook Ads* han sido dos pelotazos. Tanto que tienen lista de espera de clientes. "El curso de Marketing online que hice en *Coursera* es lo más provechoso de mi vida" piensa, mientras construye métricas y revisa *KPIs* con *Google Analytics*. Momento de pegar un vistazo en *Asana*: "venga, que no queda nada. Si me doy prisa todavía llego a comer y estreno bañador".

Seguramente el lector, como profesional o usuario, se reconozca en alguna de estas cotidianas tareas o en otras como usar redes profesionales como *Linkedin* o *Upwork* para trabajar con personas de medio mundo, encontrar documentos de trabajo en *Scholar Google*, resolver dudas en comunidades de desarrolladores, o recurrir a *Tensor Flow* para construir y entrenar redes neuronales. Siendo así, podrá imaginar cómo Google, Facebook, Apple o Microsoft han contribuido a la competitividad de las empresas europeas o a mejorar su vida.

¡Pero cuidado! ¡Abrid bien los ojos! ¡Estas herramientas no son gratuitas! ¡Estáis pagando con vuestros datos, jóvenes incautos!

¡Leed bien el mensaje de *cookies* cada vez que accedáis a una web! ¡Ahí está la verdad que nos ocultan las malvadas empresas tecnológicas! ¡Leed!

Es lo que parecen decirnos una y otra vez desde las altas esferas europeas. Porque la cruda realidad es que mientras se construía una cultura digital en las empresas, la sociedad y nuestro sector tecnológico reclamaba una verdadera transformación del tejido productivo, las autoridades europeas y nacionales apostaron por una ética sobredimensionada de privacidad de datos para prevenir exactamente... ¿qué? ¿Que el servicio de correo sea gratuito? ¿Que accedamos a infinitas canciones y películas por el precio que cuesta un vinilo o un paquete de palomitas en un cine? ¿Que podamos contactar con nuestros seres queridos a diario sin dejarnos una fortuna en llamadas o poner su vida en riesgo en plena pandemia del coronavirus?

Un informe para España del Observatorio ADEI recoge como las empresas valoran en decenas de miles de euros herramientas gratuitas como el correo electrónico o los buscadores[361]. Sin estos servicios, no cabe duda de que millones de empresas en toda Europa sufrirían un grave deterioro en su funcionamiento y productividad. Pero la dependencia tecnológica de Europa respecto a EE.UU. y China también se aprecia en sectores clave como la seguridad, la sanidad y la educación.

¿Podrá la UE hacer dejadez de su defensa y soberanía, o negarse a incorporar herramientas para la prevención y cura del cáncer? Europa seguirá estableciendo límites al uso de datos, incluso en épocas de pandemias globales, pero su dependencia quedará de *facto* establecida, y deberá recurrir a las herramientas creadas a oriente y occidente para no perder comba competitiva ni sufrir un levantamiento popular.

---

361. En el informe El valor de Internet, del Observatorio ADEI (2019) y a través de un trabajo de campo representativo del universo de internautas españoles, se pone valor a los servicios gratuitos que usamos diariamente.

Por ejemplo, el usuario español deriva un bienestar de Internet de alrededor de 10.000 euros anuales, mientras que el correo electrónico (5.000€), los buscadores (4.000€) y las aplicaciones de mensajería (3.000€) son los servicios digitales mejor valorados.

Ver: observatorioadei.es/publicaciones/valor_internet_final_nov19.pdf

Sin gigantes tecnológicos ni ecosistemas digitales de referencia, Europa va a necesitar aliarse con las grandes empresas norteamericanas o asiáticas para materializar un desarrollo propio de su tecnología y superar su retraso actual. Las desavenencias y disputas entre Huawei y el Gobierno de EE.UU. sobre la implantación de redes 5G en Europa es un buen ejemplo de nuestra posición de debilidad entre los dos ejes[362]. Por todo esto sorprende la actitud a veces de soberbia de quienes toman decisiones políticas y normativas en Europa, capaces de dar lecciones sobre ética y moral de IA. Como el que de tanto estudiar la teoría ha perdido la noción de realidad que otorga la experiencia.

Ahora recapaciten. ¿Qué ha tenido más impacto en sus vidas diarias y en su bienestar? ¿los avances que se cuecen en California y cada vez con más frecuencia en China, o la excelsa y garantista ética europea de protección de datos, que ha llevado incluso a imponer sanciones a quienes sufren el ataque de *hackers* o usan el reconocimiento facial para mejorar la productividad de los estudiantes?

Nuestro consejo es que antes de marcar las reglas digitales, debemos "ser" una economía digital.

2.2. Los efectos colaterales del retraso en IA y el coste de ser analógico

Debemos exigir a las Administraciones la defensa de los usuarios, y que nuestros Gobiernos sean capaces de penalizar a las empresas que hagan un uso de los datos fraudulento o contrario a los intereses de sus clientes. Pero eso no justifica una política preventiva que trate a los individuos como ignorantes y a las empresas como presuntas culpables. En el viejo continente se ha adoptado una posición proactiva desde una perspectiva legal, dando privilegios a la justificación del derecho frente al resultado de sus actos[363].

---

362. abc.es/economia/abci-estados-unidos-presiona-paises-europeos-para-excluya-totalmente-huawei-despliegue-202002201931_noticia.html
363. Ver: Majone, G. (1994). The rise of the regulatory state in Europe. *West European Politics, 17*(3), 77-101.
Löfstedt, R. E., & Vogel, D. (2001). The changing character of regulation: A comparison of Europe and the United States. *Risk Analysis, 21*(3),

Una protección excesiva sobre los usuarios que contrasta con la postura de Estados Unidos, donde en las últimas décadas la regulación de los progresos tecnológicos es muy cauta, tomando en consideración el beneficio y los costes de sus actuaciones sobre la industria y el crecimiento económico[364]. Algo que no ha impedido a los tribunales norteamericanos actuar de forma rotunda contra las grandes empresas digitales cuando así ha sido necesario.

Un buen ejemplo es el caso de la Administración norteamericana contra Facebook, que fue sancionado con más de 4.000 millones de dólares[365] por los casos de experimentación sobre las emociones de los usuarios[366] y la famosa cesión de información a Cambridge Analytica. En Europa la empresa de Mark Zuckerberg apenas tuvo que afrontar una multa de 11 millones de euros.

Diariamente ocurren miles de actos delictivos en la economía digital. *Hackers* que piden un rescate con *bitcoins*, páginas de venta online falsas, la venta de armas o drogas en la *Deep web*, o la duplicación de tarjetas de crédito. Las *fake news* inundan las redes sociales y condicionan a la ciudadanía a votar en un sentido u otro. Incluso se roban fotografías y vídeos de la nube y son compartidos sin consentimiento entre millones de personas. Y ante los nuevos ciberataques solo nos queda confiar, primero, en la prevención gracias a la educación, y después en la tecnología, la respuesta más eficaz para resolver los problemas de seguridad.

Porque la IA está permitiendo acabar con el *spam* en los correos electrónicos. La biometría dota de mayor seguridad a cualquier transacción financiera. Los drones y el reconocimiento facial pueden hacer posible una nueva era de protección y vigilancia. Y Blockchain puede acabar de un plumazo con la corrupción política. Pero para ello se necesita experimentar sobre la potencialidad

---

399-416.

Wiener, J. B., & Rogers, M. D. (2002). Comparing precaution in the United States and Europe. *Journal of risk research*, 5(4), 317-349.

364. Movius, L. B., & Krup, N. (2009). US and EU privacy policy: comparison of regulatory approaches. *International Journal of Communication, 3*, 19.

365. bbc.com/news/world-us-canada-48972327

366. Facebook Tinkers with Users' Emotions in News Feed Experiment, Stirring Outcry; The New York Times, 29 de Junio de 2014.

de las nuevas tecnologías y perseguir a quien hace un mal uso de ellas, no establecer límites sobredimensionados a su uso.

El retraso digital también hace peligrar la capacidad europea para curar enfermedades, prevenir y actuar ante pandemias, la creación de empleo, la seguridad vial o incluso la lucha contra el cambio climático de la que hacemos bandera en la UE. Pero la gran Europa burocrática parece más preocupada por disciplinar a esos *dioses insatisfechos* e irresponsables del Silicon Valley que por mirar hacia el futuro. "¿Ya tenemos regulación? ¡Durmamos tranquilos! Las tecnológicas ya están metidas en cintura".

De esto hablamos a continuación.

3. "DE ANIMALES A DIOSES". LA EUROPA HUMANISTA Y JURÍDICA ANTE EL FUEGO DE LA IA

Yuval Noah Harari culmina su obra "Sapiens: de animales a dioses", el *best-seller* mundial que ha creado conciencia y cultura de la acción del ser humano a lo largo de la historia, dejándonos una inquietante cuestión: "¿Hay algo más peligroso que unos dioses insatisfechos e irresponsables que no saben lo que quieren?"[367].

La gran Europa humanista y jurídica hace años que había cogido el guante, decidida a responder a esta pregunta retórica. "Hay que disciplinar a esos dioses insatisfechos e irresponsables. Sobre todo ahora, que la ciencia ha puesto su foco en cuestiones que merecen profundos debates morales y éticos como vencer a la muerte, la biónica, la singularidad, la profecía de Frankenstein[368], la nanotecnología molecular avanzada…". Incluso en Estados Unidos surgen aguerridos aliados a esta necesidad de limitar el impulso del ser humano por alcanzar nuevas metas, como el admirado Elon Musk[369]. El fundador de Tesla alertaba con vehemencia que "la IA es la mayor amenaza existencial que enfrenta la humanidad"[370].

Pero la diferencia entre Estados Unidos y Europa es que en el país norteamericano las respuestas a este tipo de declaraciones no se hacen esperar, gracias a la profunda conciencia tecnológica y, sobre todo, la existencia de referentes en las nuevas tecnologías

---

367. Yuval Noah Harari (2013): *Sapiens: de animales a dioses*. Debate. pp 456.

Agradecemos a Nacho Amirola que nos hiciera llegar este libro hace ya algún tiempo… Esta pequeña reflexión va dedicada a su persona.

368. Ibídem página 451.

369. Para conocer bien la historia y el sorprendente recorrido de Elon Musk recomendamos leer a Ashlee Vance (2016): *Elon Musk: "El empresario que anticipa el futuro"*. Editorial Península.

370. cnbc.com/2018/03/13/elon-musk-at-sxsw-a-i-is-more-dangerous-than-nuclear-weapons.html

disruptivas y foros en los que pronunciarse. A Elon Musk tuvo a bien responderle uno de los mayores talentos mundiales de IA, Andrew Ng, cofundador de Coursera, director del laboratorio de IA en la Universidad Stanford y ex jefe de IA de Google. Merece la pena reproducir la respuesta íntegramente:

> *"En mi opinión, eso de preocuparse de la IA como de una cosa superinteligente, más inteligente que ninguno de nosotros, que va a terminar con la humanidad es similar a preocuparse por la superpoblación del planeta Marte.*
>
> *Quizá dentro de cientos de años habremos colonizado Marte y, tal vez, también lo hayamos superpoblado. Entonces me podrías preguntar: Andrew, ¿qué piensas de esos pobres niños de Marte, muriéndose por la contaminación? ¿Cómo es que no te preocupas por ellos?*
>
> *Mi respuesta sería que ni siquiera hemos aterrizado en otro planeta. Por eso encuentro tan difícil desarrollar una preocupación productiva sobre ese tema"*[371].

Pensadores, juristas y desarrollo tecnológico

Europa -y gran parte de Occidente- se encuentra en exceso bajo el síndrome *"Harari"*. Aparte de disfrutar de la perspectiva histórica, científica, política y filosófica del *best-seller*, parece que nos hemos tomado al pie de la letra la cruzada de la preservación de la especie ante la amenaza de nosotros mismos, los "dioses insatisfechos e irresponsables".

En un futuro cercano la ciencia nos enfrentará a cuestiones tan complejas como la singularidad tecnológica o la posibilidad de vencer a la muerte, y requerirán tomar grandes decisiones para la humanidad en bloque. Tendremos que evitar una discriminación entre ricos y pobres, cómo organizar un planeta completamente nuevo, con reglas que quizá ahora somos incapaces de imaginar.

Ojalá surgiera en Europa otra ola de grandes pensadores equivalentes a Marx, Nietzche y Freud, los "filósofos de la sospecha"[372]

---

371. retina.elpais.com/retina/2019/09/30/innovacion/1569842076_18 1883.html

372. es.wikipedia.org/wiki/Maestros_de_la_sospecha

tal y como los calificara Paul Ricoeur. Con su inusitada capacidad crítica en vertientes económicas, sociales y humanas podrían darnos amplias perspectivas. Pero ni siquiera entonces, contando con sus posibles diagnósticos y propuestas teóricas, deberíamos perder la perspectiva real de nuestro entorno y nuestro tiempo.

Hemos de ponderar bien cómo adaptar las conclusiones filosóficas o incluso la propia teoría económica que se sostiene tan bien sobre el papel. Recordemos cómo una concepción errónea de la solución a los males del capitalismo llevó a Europa del Este a décadas de atraso, y como todavía hoy Ucrania, Bielorrusia y Rusia sufren las secuelas de una oligarquía burocrática que gestó una tragedia, la de Chernobyl, que pudo finiquitar a media Europa.

La UE, ahora más que nunca, debe ostentar muy orgullosa su defensa y bandera de derechos, principios y libertades. En épocas muy recientes hemos aprendido su valor de la mano de totalitarismos devastadores. Pero no podemos esconder el miedo al futuro con una pretendida defensa hercúlea de derechos que hace veinte años no existían y para los que hay una doble vara de medir según nos encontremos en el mundo analógico o en el digital.

No debemos temer a la competencia, sino a la incompetencia. Hay que huir de una Europa burocratizada y anclada en un inmovilismo tecnofóbico. Ponderar el progreso y el desarrollo frente a discursos grandilocuentes aparentemente cobijados en el derecho que previenen de la necesidad de reinventarnos.

¿Quiere esto decir que hay que oponerse a cualquier regulación tecnológica? ¿Hacer oídos sordos a lo que nuestros colegas abogados, filósofos o tecnólogos dicen? Todo lo contrario. Los autores queremos dejar claro nuestro más absoluto compromiso por los valores éticos y con la necesidad de diseñar regulaciones eficientes que minimicen los riesgos de nuestra era. ¿Cómo no estar de acuerdo en prohibir que las nuevas tecnologías se usen para manipular nuestras decisiones? ¿Cómo no sancionar a quien roba los datos de usuarios o los usa para hacer *spam*?

Pero queremos y debemos reivindicar la importancia de no estancarnos únicamente en los discursos y diagnósticos de los pensadores o en los fundamentos del derecho. Europa necesita acción. Tiene una brecha tecnológica que cerrar, y un futuro económico incierto. Porque el ejercicio de las libertades es mucho más restrictivo para las naciones que son dependientes económicamente. Y Europa aumenta día tras día esta dependencia con respecto a China y EE.UU.

Recuerden la metáfora del fuego con la que empezamos este libro, siguiendo con Harari. Cabría imaginar a una pequeña tribu de sapiens tratando de manipular una hoguera, percibiendo su peligro: *el fuego daña, el fuego mata. Apaguemos el fuego, prohibamos el fuego.*

Incluso podemos visualizar una suerte de hechicero evocando "demonios y males", advirtiéndose como el único con el don de dominarlos, y dirigiendo a toda una comunidad bajo el mantra del peligro de las llamas.

También cabe imaginar aquellas otras comunidades de homínidos que con valentía y responsabilidad asumieron los riesgos del fuego. Que a pesar de las quemaduras aprendieron rápidamente a explotar sus beneficios, a dominarlo, a minimizar sus daños. Alrededor de sus hogueras asentaron el origen de grandes hitos. La conversación, la agricultura, la mitología, el dinero, o la cultura, hasta llegar a la ciencia que nos hizo imparables.

Las regulaciones antidigitales de la UE y muchos de los debates en torno a la inteligencia artificial, su ética y la protección de datos se parecen mucho a la tribu reacia al fuego, con sabios hechiceros instruyendo a alejarse de la lumbre. A ellos hay que responderles: "¡claro que la IA presenta potenciales riesgos! Y por ello debemos asumirlos, ponderarlos y ser altamente efectivos para minimizarlos. Pero nunca apagar la llama de la tecnología."

4. CHINA Y EUROPA: LAS LECCIONES DEL CORONAVIRUS Y LA IA

China, que a principios del siglo XX permanecía bajo la feudal dinastía Qing, y que hasta la muerte de Mao (1976) mantuvo una economía planificada al estilo soviético con granjas colectivas, ha mostrado al mundo su poderío tecnológico en plena crisis del coronavirus. La COVID-19 ha despejado las dudas de quién es el gran dominador de la economía digital. La IA y el *big data*, incluso los drones, han servido para luchar y controlar la pandemia en un tiempo récord -semanas- con medidas que en Occidente parecieron muy drásticas, pero que fueron sumamente útiles.

Parte del éxito en la lucha contra el virus se debe atribuir al rastreo de cientos de millones de teléfonos inteligentes, obteniendo la información necesaria para contener el brote. En concreto, los algoritmos diseñados estimaban si un individuo había estado expuesto al virus a partir de la ubicación de los casos infectados conocidos. Aquellos que habían compartido espacio con los portadores del virus pasaban a ser también potenciales contagiados. De esta forma pudieron optimizarse los recursos médicos y los tests, orientados a las personas de alto riesgo identificados por el sistema de IA. Incluso se usaban los registros electrónicos de las compras de medicamentos para detectar casos no controlados.

El uso de las tecnologías digitales en China ha sido abrumador, y sirvió como modelo a imitar en Corea del Sur, Singapur, Japón… con un impacto del virus infinitamente inferior al que padecimos en Europa. El análisis de *big data*, compuesto por información de las aduanas y los seguros de salud, ha permitido a Taiwan detectar tanto a pacientes con síntomas tempranos, como a los visitantes que provenían de países con casos confirmados. Los potenciales infectados debían guardar cuarentena, siendo rastreados a través de sus teléfonos móviles para garantizar que cumplían las recomendaciones. En Corea del Sur también se siguió un modelo basado en la tecnología y la realización de forma muy eficiente de un gran número de test. La información se convirtió en un factor clave: el Ministerio de Sanidad surcoreano creó un registro en internet en el que cada persona con síntomas introducía su información personal y esperaba a recibir una cita para ser examinada, evitando que los hospitales terminaran colapsados. A estas actuaciones por supuesto se le sumaron otras medidas como el confinamiento, además de la excelente labor de sus profesionales sanitarios, como ha ocurrido en el resto del mundo. Pero es acertado decir que la tecnología digital ha salvado miles de vidas en Asia.

Según el *Stanford Health Policy*[373] las posibilidades de un contagio masivo en Taiwan eran altísimas. También algunos modelos predictivos ponían sobre aviso de catástrofe sanitaria a Japón, Indonesia, Corea del Sur y en general a toda Asia[374]. Sin embargo en la fecha de escribir estas líneas Taiwan apenas sumaba 5 fallecidos por coronavirus, Singapur 20, y Corea del Sur poco más de 250, por las decenas de miles de casos que se contaban tristemente en Europa.

Europa y el coronavirus

En Europa coincidiendo con el primer brote en China del virus, recibíamos con despreocupación y casi gracia las fotos de Wuhan, con familias vestidas como "marcianos" con capucha, mascarilla y guantes. Incluso se hicieron memes, rebajando la tensión de lo que ya amenazaba con ser un problema global.

En poco tiempo, las Bolsas de Valores occidentales se hundieron. Los Gobiernos de medio mundo empezaron a decretar medidas excepcionales como la supresión de las clases en colegios y universidades. Después vendrían instrucciones para dejar abiertas solo farmacias y centros de alimentación. Italia fue la primera en el viejo continente en quedar confinada: restricciones en todo

---

373.   healthpolicy.fsi.stanford.edu/news/how-taiwan-used-big-data-transparency-central-command-protect-its-people-coronavirus

374. McKibbin, Warwick J. and Fernando, Roshen, The Global Macroeconomic Impacts of COVID-19: Seven Scenarios (March 2, 2020). CAMA Working Paper No. 19/2020. ssrn.com/abstract=3547729.

su territorio, incluso acompañado de motines en sus prisiones[375] y batallas campales en los supermercados.

El Gobierno de España fue el siguiente en poner en cuarentena obligatoria a sus ciudadanos. Era el 14 de marzo de 2020. Solo tres días antes la OMS había certificado que nos encontrábamos ante una pandemia. Por horas ya se multiplicaban los positivos y las muertes en todo el mundo. Incluso aquellos que habían apostado por no tomar medidas tuvieron que cambiar de política: Reino Unido cancelaba todas sus clases, y Trump cerraba fronteras al tiempo que ofrecía miles de millones por conseguir una vacuna urgente contra la COVID-19[376].

En este caos mundial, las cifras no dejaban lugar a dudas: Asia había superado el virus con menos contagios y muertes que Europa y Estados Unidos. En dos meses en Pekín se habían contado 435 casos y ocho muertes. En Madrid, en la primera semana, sumaba 1.300 casos conocidos y 35 muertes, a pesar de los esfuerzos dedicados por un sistema de sanidad catalogado por algunos como el "mejor del mundo".

Entonces surgió la pregunta: ¿por qué no se utilizan las mismas herramientas que habían servido a China, Taiwan y Corea del Sur para controlar la pandemia? En el capítulo 4 de este libro ya hablamos sobre este tema. Pero es algo de tal magnitud, que es necesario volver a reiterarlo. Potencialmente Europa cuenta con la misma tecnología, nuestros teléfonos inteligentes con GPS y proveedores de telecomunicaciones capaces de facilitar un registro preciso del itinerario de cada usuario[377]. Pero las leyes de privacidad impiden que los gobiernos recopilen y exploten datos individualizados[378]. La alternativa asiática no era válida.

La Agencia Española de Protección de Datos Española advertía sobre ello: "las finalidades para las que pueden tratarse los datos

---

375.   lavanguardia.com/internacional/20200309/474066507094/coronavirus-revuelta-carceles-italianas.html

376.   businessinsider.com/coronavirus-germany-covid-19-vaccine-not-for-sale-donald-trump-2020-3?IR=T

377.   ncbi.nlm.nih.gov/pmc/articles/PMC4528087/

378.   asiatimes.com/2020/03/china-suppressed-covid-19-with-ai-and-big-data/

son, únicamente, las relacionadas con el control de la epidemia, entre ellas, las de ofrecer información sobre el uso de las aplicaciones de autoevaluación realizadas por las administraciones públicas o la obtención de estadísticas con datos de geolocalización agregados para ofrecer mapas que informen sobre áreas de mayor o menor riesgo"[379]. Es decir, nada de ubicar a potenciales infectados ni identificarlos. El derecho a la privacidad de datos se mantiene inviolable.

En esta situación la Comisión Europea ha tenido que hacer un encaje de bolillos. Las teleoperadoras nacionales no facilitan información de los ciudadanos, sino que agregan sus datos y los anonimizan. Con ellos, apunta Nuria Oliver, se podrán salvar vidas, ya que permitirá estimar las personas ubicadas en cada área, las aglomeraciones y "puntos calientes de propagación de la enfermedad"[380]. Pero se alejan de las soluciones aportadas por China, Taiwán y Corea del Sur.

Este debate es de profunda trascendencia. Se teme que se abra una peligrosa brecha en materia de privacidad. Pero en esta situación incluso especialistas como Ricard Martínez han reclamado una ética del uso de los datos para el bien común. Se necesitan "decisiones globales de salud pública desde un modelo centrado en la ética de la vida y la garantía de los derechos fundamentales"[381]. La clave está en la proporcionalidad. Usemos únicamente los datos que necesitamos para salvar vidas, porque no hay mayor derecho fundamental que este.

Como ya expusimos, si hubiéramos realizado una encuesta espontánea en la calle antes de la pandemia sobre si la ciudadanía se mostraría dispuesta o no a ceder sus datos temporalmente a su Gobierno para disminuir los contagios, proteger miles de vidas, ayudar a los profesionales de la salud y reducir las fechas de confinamiento, incluso sabiendo que la tecnología no es perfecta,

---

379. aepd.es/es/prensa-y-comunicacion/notas-de-prensa/aepd-apps-webs-autoevaluacion-coronavirus-privacidad
380. elpais.com/elpais/2020/03/12/opinion/1584016142_423943.html
381. Ricard Martínez (2020): "Una ética de la privacidad, una ética de la vida en los tiempos de COVID-19". eldiario.es/cv/opinion/Ricard_Martinez-opinion-datos-privacidad-COVID-19_6_1005859406.html

estamos convencidos de una respuesta positiva mayoritaria. La privacidad pasa a un segundo plano cuando las personas ven en peligro su trabajo, su bienestar y la salud de sus seres queridos **(figura 11.1)**.

Figura 11.1. Mensaje en Twitter dos días antes del confinamiento en España

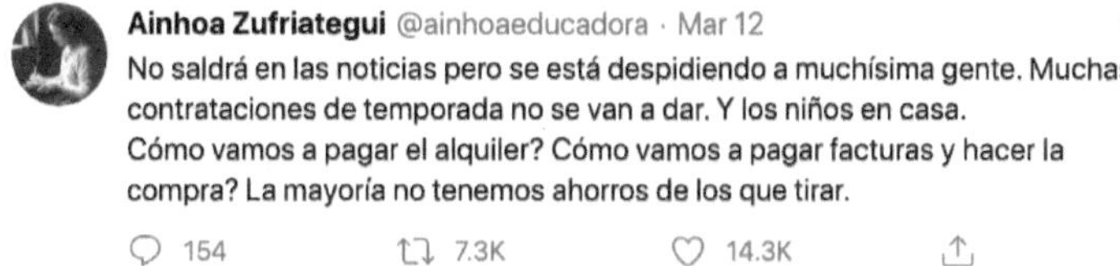

Fuente: Twitter[382].

El coste de la ineficiencia y el retraso digital ya se ha traducido en miles de vidas humanas y un dramático impacto económico y social que debería servir, al menos, para que Europa supere sus contradicciones. La COVID-19 ha cambiado para siempre nuestra forma de entender la globalización y la tecnología digital. Las decisiones y modelos de corto recorrido que renuncian al futuro ya no son válidos.

---

382. twitter.com/ainhoaeducadora/status/1238159528866217985

CAPÍTULO 12: APROXIMACIONES TEÓRICAS PARA LA ECONOMÍA DIGITAL

Por: L. Moreno Izquierdo, A. Pedreño Muñoz y L. Tormo García[383]

«La ilusión de que entendemos el pasado fomenta el exceso de confianza en nuestra capacidad para predecir el futuro.»
DANIEL KAHNEMAN. *Pensar rápido, pensar despacio.*

Paul Romer, Premio Nobel de Economía 2018, ha llegado a considerar que la ciencia económica se ha convertido en una disciplina demasiado dependiente de las matemáticas. Modelos que en muchas ocasiones se han mostrado inútiles para el manejo de la economía real, incluso peligrosos, reforzando como en el caso de la Gran Recesión de 2008 una posición puramente ideológica que obvió y llegó a negar sus causas[384].

Romer incluso ha cargado contra los economistas neoclásicos, "post-realistas y producto del neoliberalismo", demandando un acercamiento realista de la teoría a los agentes de la economía. La ortodoxia económica abstracta, con movimientos e hipótesis idealizadas, debe dar paso al estudio del comportamiento de las empresas y las personas y los condicionantes de cualquier elección.

No pretende que los economistas renunciemos a nuestros modelos, pero sí que los construyamos a partir de la realidad que nos rodea. Salir de los compartimentos estancos y del "*homo economicus*", para hibridar multidisciplinariamente con los problemas que van

---

383. Luis Tormo García, Catedrático de Fundamentos del Análisis Económico, es profesor en el Departamento de Análisis Económico de la Universitat de València.

384. Romer, P. (2016). The trouble with macroeconomics. *The American Economist*, 20, 1-20.

más allá de las decisiones económicas y las leyes encorsetadas. Necesitamos una visión más global, crítica e inconformista.

La Real Academia de las Ciencias de Suecia ha sabido ponderar el valor aquellos campos con los que la economía estaba en deuda, concediendo sus Premios Nobel a áreas vinculadas con el derecho, la psicología, el cambio climático y las políticas sociales. Quizá esto se deba a que, como nos comentan muchos colegas, los economistas solemos ir a "salto de mata"[385], más centrados en las oportunidades de investigación que nos brindan los *datasets* que por realizar avances novedosos más allá de los modelos econométricos. Dando más importancia a las series históricas que a la prospectiva. Una visión estática de nuestra ciencia que hace que los modelos apenas soporten el paso de los años, las crisis económicas o las convulsiones geopolíticas.

Dentro de unas décadas, cuando las siguientes generaciones de europeos analicen nuestro desempeño quizás les cueste entender qué ocurrió en la primera mitad del siglo XXI. Pese a toda la información con la que contamos no supimos adelantarnos a la burbuja inmobiliaria ni a la crisis financiera. Y tampoco nos anticipamos al declive que sufre Europa en la tormenta perfecta y la brecha digital descritas en capítulos anteriores. La ausencia de herramientas para la predicción y obviar los efectos de la mayor disrupción tecnológica conocida parecen ser los motivos de la falta de respuesta de nuestras economías.

Por este motivo queremos compartir algunas propuestas, hipótesis de trabajo e inquietudes que nos hacemos sobre los cambios que supone la revolución digital, y cómo la ciencia económica debería dar respuesta a los retos de la nueva realidad que nos rodea. Ojalá motiven entre los estudiantes, facultades y profesores un debate y una actitud crítica respecto a los límites de los modelos tradicionales en la economía digital, y den lugar a investigaciones que aporten luz a problemas actuales que son extraordinariamente relevantes para la economía europea.

---

385. A "salto de mata", o aprovechar las ocasiones que depara la casualidad.

1. ¿POR QUÉ DESDE LA ECONOMÍA TRADICIONAL ES DIFÍCIL EXPLICAR LA REVOLUCIÓN DIGITAL?

1.1. Un cisne negro en nuestras facultades

Hace más de una década que los autores de este libro comenzamos a cuestionarnos si los cambios profundos que suscita la nueva economía tienen su reflejo en los modelos teóricos. Junto a la profesora Ana Ramón, del Departamento de Análisis Económico Aplicado de la Universidad de Alicante, realizamos algunas aproximaciones en artículos que entonces hablaban de una *economía de vanguardia*[386], y dio lugar a la tesis doctoral *"Estrategias de fijación de precios de las aerolíneas de bajo coste: una aproximación al modelo de la rivalidad ampliada"*[387].

En ella se analizó cómo la explotación de grandes bases de datos daba una ventaja competitiva a Ryanair e Easyjet respecto a las compañías tradicionales. Entonces apenas se hablaba de la dependencia de las empresas al nuevo paradigma tecnológico, y la aparición de las aerolíneas de bajo coste se contempló como un cambio de modelo de negocio, no como una revolución.

Pero la economía digital es un *cisne negro*[388]: su aparición genera situaciones atípicas, a un ritmo fuera de toda expectativa y con un impacto extremo y transversal. Las empresas tradicionales que no supieron adaptarse a la velocidad de los cambios sufrieron las consecuencias. Y también la teoría económica, porque aunque la tecnología está presente en casi todos los modelos de crecimiento

---

386 . Pedreño Muñoz, A.; Ramón Rodríguez, A. y Moreno Izquierdo, L. (2011): The road to new construction sustainability, innovation and cutting Edge. Mètode Science Studies Journal: Annual Review, 194-199.

387. Acceso abierto en: rua.ua.es/dspace/handle/10045/36090. Tesis elaborada por Luis Moreno, y codirigida por Andrés Pedreño y Ana Ramón. Calificación de sobresaliente *cum laude* y Premio extraordinario de doctorado

388. Taleb, N.N. *The black swan: The impact of the highly improbable*. Random house, 2007.

ésta nunca había tenido tanta importancia ni había supuesto cambios disruptivos tan continuados y complejos.

En las facultades de economía se trata de dar sentido a estos nuevos acontecimientos dentro de los principios teóricos clásicos. Pero ¿pueden los modelos de fijación de precios tradicionales y su estática comparativa explicar las estrategias de Amazon o Ryanair basadas en la IA? ¿Recogen las teorías de internacionalización cómo ha ocurrido la expansión de Google, Spotify o Netflix? ¿Se plantea desde la teoría del mercado de trabajo una situación de automatización masiva? ¿Es necesaria una nueva teoría monetaria para explicar la creación y el valor del dinero con la aparición de Bitcoin? Y lo más importante, ¿ocupa la prospectiva el lugar que merece en una economía que se enfrenta a escenarios tan desconocidos y con cambios sin precedentes?

Desde luego que responder a estas cuestiones no debe tomarse a la ligera, ni se debe pensar en ellas como casos aislados de la teoría general. Los economistas no podemos conformarnos con las respuestas fáciles, sino explorar los efectos y dar con las soluciones óptimas para mejorar el bienestar de los ciudadanos de nuestro tiempo. Ese es nuestro papel en el mundo. Incluso aunque con ello nos alejemos de nuestra comprensión de la propia ciencia económica para adentrarnos en terrenos desconocidos.

En los últimos años Bitcoin ha sido capaz de poner en jaque el secular concepto del "dinero". Las *startups* digitales han llegado a cada rincón del planeta a coste cero y sin infraestructuras físicas. La economía colaborativa ha desdibujado los límites entre oferta y demanda. La IA es capaz de optimizar los precios sin un marco teórico al que atenerse, sin que seamos capaces de saber el valor o relación de las variables explicativas que conforman los algoritmos. Y de nuevo todo volverá a cambiar con la computación cuántica y la nanotecnología.

Son transformaciones de tanta entidad que requieren que los profesores e investigadores de todo el mundo reflexionen y trasladen a sus estudiantes preguntas sobre la adaptación de nuestra ciencia económica al nuevo marco tecnológico y social. Posiblemente pecaremos de osadía con estos primeros planteamientos, pero compartirán con nosotros que lo que tenemos por delante es un reto teórico y empírico apasionante.

2. CRECIMIENTO ECONÓMICO Y DISRUPCIÓN

2.1. La disrupción en el componente tecnológico *schumpeteriano* y los saltos tecnológicos

Los pioneros trabajos de Schumpeter definieron intuitivamente la innovación como un instrumento dinamizador de la productividad y de la riqueza, diferenciándola de los factores tradicionales de producción (FP: tierra, trabajo y capital). Estos "factores tradicionales" fueron considerados por Schumpeter como finitos o caducos, ya que están condicionados por recursos naturales, el número de habitantes o las herramientas con las que se cuenta[389].

Por otro lado se consideraron los factores a los que no se les supone límites de crecimiento ya que dependen de elementos intangibles. En concreto Schumpeter define "aspectos socioculturales" (ASC) como el espíritu emprendedor, la educación o las políticas públicas, y el "componente" o "desarrollo tecnológico" (A) que incorpora la acumulación de conocimiento.

De esta forma, la expresión de renta potencial de un país h en un periodo t queda como:

$$PIB_t^h = f_t^h(FP_t^h, ASC_t^h, A_t^h).$$

La relación existente entre la mejora tecnológica (A) y el incremento en la producción de un país (PIB) ha sido extensamente abordada por la teoría económica desde distintas perspectivas. Por citar las más relevantes, el Premio Nobel Robert Solow explicó los cambios en el componente A de forma exógena en cada ciclo económico, mientras que los también Premios Nobel Paul Romer y

---

389. Bajo ciertas condiciones los factores de producción tradicionales pueden dejar de ser finitos. Por ejemplo, una mejora tecnológica podría hacer que minerales que hoy son inservibles sean muy útiles, o que el stock de capital incremente su valor de forma significativa con inversiones acertadas.

Robert Lucas han tratado la tecnología como un elemento endógeno, que depende del capital humano, de las políticas educativas o de la inversión en I+D en cada país[390].

Pese a la relación positiva entre *A* y el *PIB*, lograr saltos tecnológicos significativos que permitan una convergencia continuada o un cambio de liderazgo económico no es sencillo. No basta con incrementar el gasto público o pedir un mayor esfuerzo inversor a nuestras empresas. El diferencial del impacto del componente *A* sobre el crecimiento económico dependerá en última instancia de la especialización tecnológica de cada país.

Tres tipos de regiones

A lo largo de los capítulos anteriores distinguimos la disrupción de la innovación, enfatizando aspectos clave como la hibridación STEM, el talento o los ecosistemas digitales frente a los tradicionales indicadores referidos a la educación, el trabajo tecnológico o la inversión en I+D. Con ello pusimos en evidencia que no toda mejora en el capital humano tiene el mismo efecto sobre la riqueza, o que el desesmpeño del desembolso público en innovación depende más de la calidad que de la cantidad. Por ejemplo, EE.UU. y Alemania presentan una tasa de inversión en I+D, un gasto público en educación o un ratio de publicaciones científicas similares. Sin embargo, la productividad asociada a las tecnologías de vanguardia es muy superior en la economía norteamericana. Y relaciones parecidas podríamos encontrar entre Irlanda y España, o Estonia e Italia.

A partir de estos ejemplos entendemos que los rendimientos derivados del esfuerzo en innovación de una economía dependerán directamente de su especialización, generada a partir de la combinación racional de sus factores productivos. A modo de simplificación y como soporte teórico en los siguientes apartados identificaremos tres tipos de regiones según su especialización productiva y tecnológica:

---

390. Ver: Romer, P. M. (1990). Endogenous technological change. *Journal of political Economy*, 98(5-2), 71-102; Lucas, R. E. (1990). Why doesn't capital flow from rich to poor countries? *The American Economic Review*, 80(2), 92-96.

-   **las menos innovadoras** se centran en los factores de producción tradicionales, e impulsan sectores como el turismo, la construcción o las industrias manufactureras;

-   **las innovadoras** encuentran un equilibrio entre los factores tradicionales y los relacionados con el conocimiento. Impulsan el sector automovilístico, el químico o de tecnologías maduras;

-   **las regiones disruptivas** apuestan por los factores relacionados con la vanguardia tecnológica, impulsando los sectores más avanzados en cada nuevo paradigma, y reforzando a los sectores tradicionales.

2.2. Incorporando la disrupción en la teoría económica

En los modelos de crecimiento de la teoría económica, por su falta de definición o por mera omisión, el efecto de la disrupción es recogido como parte del componente tecnológico A o del error (e) en el cálculo de la producción de un país, de tal forma que:

$$\text{PIB}^h = \beta FP^h + \beta SC^h + \beta A^h + e^h.$$

Sin embargo, no tomar en cuenta diferentes tipos de "innovación" en una era en la que la tecnología cobra cada vez más importancia como factor diferencial puede conllevar a falta de precisión en nuestros modelos aplicados, además de dificultar la toma de decisiones de empresas y Administraciones. Los casos de Israel, Estonia, Canadá o Irlanda son un buen ejemplo de por qué el componente tradicional A distorsiona la relación entre progreso tecnológico y desarrollo económico. Los cuatro países mencionados, reconocidos como referencia en la apuesta por su transformación digital, tenían una posición de partida nada destacada en los sectores tecnológicos, con menor capacidad de inversión que los países de su entorno e incluso con una tradicional dependencia a las industrias primarias.

Tomar en consideración la especialización tecnológica antes referida nos obliga a desagregar nuestra función de producción para incluir un **coeficiente de disrupción** (δ), distinguiendo así entre la innovación tradicional ($\delta^{\text{Tr}}A^{\text{Tr}}$) y la apuesta por la vanguardia tecnológica ($\delta^D A^D$), de tal forma que:

$$PIB_t^h = PIB_t^{h,Tr} + PIB_t^{h,D} \begin{cases} PIB_t^{h,Tr} = f_t^{h,Tr}(FP_t^{h,Tr}, ASC_t^{h,Tr}, \delta^{Tr}A_t^{h,Tr}) \\ PIB_t^{h,D} = f_t^{h,D}(FP_t^{h,D}, ASC_t^{h,D}, \delta^{D}A_t^{h,D}) \end{cases}$$

A medida que una economía se vuelve más disruptiva, el valor del PIB^D impulsado por la combinación $\delta^D A^D$ se incrementa con respecto a PIB^{Tr}.

Intuitivamente, el coeficiente δ elevará su valor mediante acciones de vanguardia como las que ya han sido descritas en este libro: la integración de Blockchain en las Administraciones, la educación computacional en todos los niveles formativos o la potenciación de *startups* digitales en un ecosistema, entre otras. Con ellas no solo se distingue entre sectores más o menos disruptivos, sino también entre empresas o Administraciones.

El multiplicador de disrupción y el crecimiento económico

A partir del modelo descrito podemos establecer una serie de relaciones entre las economías "tradicionales" (r), "innovadoras" (v) y "disruptivas" (s) en las que podemos diferenciar la convergencia económica del conjunto de la economía, de la aportación de los sectores de vanguardia, de tal forma que:

$$\left. \begin{array}{c} \dfrac{PIB_t^{s,D}}{PIB_t^s} > \dfrac{PIB_t^{v,D}}{PIB_t^v} > \dfrac{PIB_t^{r,D}}{PIB_t^r} \\[2ex] \dfrac{PIB_t^{r,Tr}}{PIB_t^r} > \dfrac{PIB_t^{v,Tr}}{PIB_t^v} > \dfrac{PIB_t^{s,Tr}}{PIB_t^s} \end{array} \right\}$$

De esta forma es fácil explicar por qué durante largos periodos las regiones menos innovadoras pueden crecer más que las disruptivas, coincidiendo con el agotamiento y equiparación global de la tecnología, e impulsadas por la incorporación de estas al PIB tradicional. Sin embargo será la diferencia de aportación en el PIB disruptivo la que explique los procesos de divergencia ante la llegada de nuevos paradigmas tecnológicos.

Esta es la situación descrita entre Europa y EE.UU. en páginas anteriores, con una evidente convergencia en materia de producción durante tres décadas ininterrumpidas, hasta el momento de

414

consolidación de las TICs en los años 90. Desde entonces la productividad de la economía norteamericana se ha impulsado más que en el viejo continente, consolidándose las diferencias a medida que nos adentramos en la era de la inteligencia artificial.

Cómo se mide la disrupción

Definir nuestro coeficiente o multiplicador δ para incorporarlo a la teoría económica y a su estudio aplicado es algo no exento de complejidad. La disrupción puede entenderse como un conjunto de actuaciones y factores que acercan a una economía, a sus sectores y a sus empresas a la vanguardia tecnológica, pero estas acciones son en la práctica difíciles de medir, e incluso pueden confundirse con los aspectos socioculturales (ASC)[391]. Por ello resulta interesante entender en esta primera etapa de definición el coeficiente de disrupción como un diferencial de aprovechamiento de la tecnología a lo largo del tiempo, asumiendo que los factores de producción son estáticos a lo largo de un paradigma tecnológico, de tal forma que:

$$\text{PIB}_t^{i,D} = \overline{\text{FP}}_t^{i,D} + \text{ASC}_t^{i,D} + \delta^D A_t^{i,D}$$

incluyendo $\text{ASC}_t^{D,i}$ efectos sociales que pueden o no tener una relación directa con el impulso disruptor de un país ($\text{ASC}_t^{D,i} = \delta^{D,i} + e_t^{D,i}$), de tal forma que:

$$\delta^{i,D} = \frac{\text{PIB}_t^{i,D}}{(1+A_t^{i,D})} - e_t^{i,D}.$$

diferenciando $A_t^{D,i}$, o el determinante del potencial productivo de los sectores y empresas disruptivas, del nivel tecnológico disruptivo ($\delta^D A_t^{D,i}$) que incluye también las economías externas y que determinan su impacto potencial global sobre la economía.

El diferencial de disrupción nos permitirá estudiar la relación entre países para obtener los rendimientos del esfuerzo innovador en clave de disrupción para cada momento de un paradigma tecnológico (**figura 12.1**), identificando así a líderes de seguidores.

---

391. En este libro se han expuesto ejemplos como una normativa digital adaptada a la explotación de datos, las políticas dedicadas a la atracción de talento o la escalabilidad de las *startups* o la flexibilidad universitaria.

Además, los resultados pueden servir para estudiar las buenas prácticas internacionales, observando qué actuaciones están permitiendo a unas economías ser más disruptivas que otras, y sirviendo de inspiración al resto del planeta[392].

Figura 12.1. Diferencial de disrupción entre países

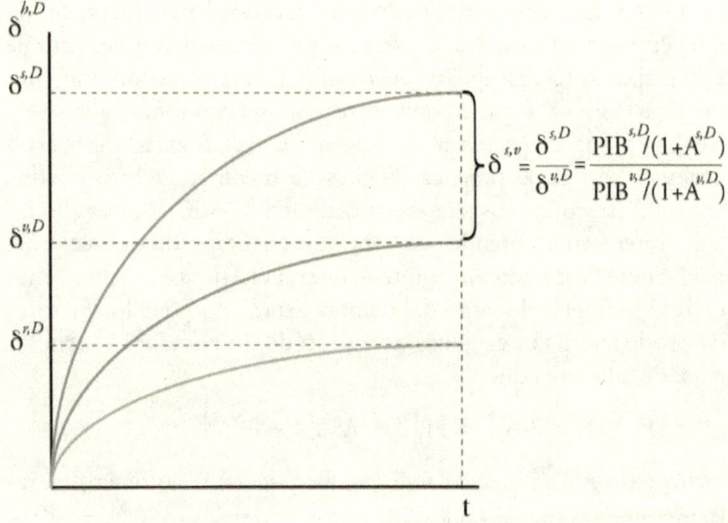

Fuente: elaboración propia.

---

392. En el artículo de Peretó-Rovira, A., Moreno-Izquierdo, L. y Pedreño Muñoz, A. (2020): "Un índice para medir la apuesta de los países por la inteligencia artificial" Ekonomiaz, 98 (2), 26-53, se lleva a cabo una primera recopilación de indicadores de disrupción.

3. CAMBIOS DE LIDERAZGO TECNOLÓGICO

3.1. Las olas de disrupción en la era de la IA

El impacto económico de la IA, de la que se espera una aportación de más de 16 billones de dólares durante la próxima década[393], supondrá un nuevo ordenamiento geopolítico global. Una situación que se repite históricamente con cada salto tecnológico, y en el que las regiones más disruptivas se convierten en líderes económicos.

Como ya expusimos, la adaptación de los países a cada una de las etapas de las olas de Kondratieff (exploración, aceleración y madurez) ha determinado su posición productiva y competitiva desde la primera Revolución Industrial, y este mismo proceso volverá a ocurrir en la revolución que recién comienza.

Estados Unidos, Europa y China

Para entender cómo el coeficiente de disrupción explica el cambio de liderazgo tecnológico vamos a servirnos de la experiencia de China (C), EE.UU. (U) y Europa (E) en los tres últimos saltos: la era de la informática (A_1), la economía de internet (A_2) y la de la inteligencia artificial (A_3), medidos por su capacidad productiva o de impacto sobre la riqueza global[394].

A partir de los indicadores expuestos en este libro entendemos que EE.UU. ha sido el claro líder tecnológico en los dos últimos saltos tecnológicos $(t_0 - t_1,$ y $t_1 - t_2)$, mientras que está en pugna con China por el liderazgo de la actual ola tecnológica $(t_2 - t_3)$. Por su parte, Europa ha permanecido un paso por detrás a EE.UU. en

---

393. pwc.com/gx/en/news-room/press-releases/2017/ai-to-drive-gdp-gains-of-15_7-trillion-with-productivity-personalisation-improvements.html

394. Esta agregación sirve para simplificar de lo que se suele entender por "tecnología", compuesta por miles de ramas que van desde la informática hasta la química. Lo que tratamos de entender es el efecto sobre la riqueza de las "olas tecnológicas", y no tanto el aporte de cada innovación.

materia tecnológica[395], mientras que respecto a China las distancias comenzaron a abrirse con la explosión del internet 2.0 en favor del gigante asiático.

De manera formal podríamos describir las relaciones al final de cada salto tecnológico (t = 1, t =2, t = 3) como:

$$\delta^D A_t^{U,D} > \delta^D A_t^{D,E} \; \forall \, t,$$

$$\delta^D A_t^{U,D} > \delta^D A_t^{C,D} \text{ si } t \leq 2; \; \delta^D A_t^{U,D} = \delta^D A_t^{U,C} \text{ si } t > 2,$$

$$\delta^D A_t^{E,D} > \delta^D A_t^{C,D} \text{ si } t > 1; \; A_t^{E,D} < \delta^D A_t^{C,D} \text{ si } t > 1$$

quedando representada una hipotética variación de los países a lo largo de cada paradigma en la **figura 12.2**.

Figura 12.2: Disrupción y cambio de liderazgo tecnológico

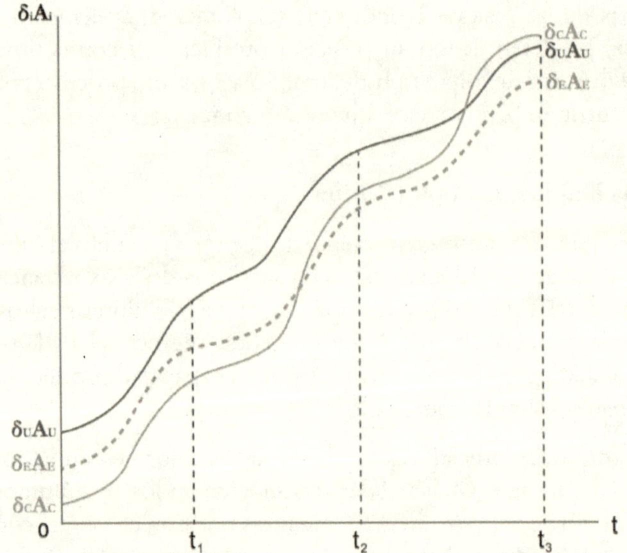

Fuente: elaboración propia.

---

395. Recordemos que aunque las políticas de países como Suecia o incluso Alemania hayan supuesto mayor número de patentes per cápita o inversiones de I+D sobre el PIB superiores a las de EE.UU., es el país norteamericano el que concentra la mayoría de los ecosistemas tecnológicos, las universidades más innovadoras y la creación de las *startups* digitales líderes.

Mediante este ejercicio teórico se refleja la realidad tecnológica europea y su pérdida de influencia económica ya expuestas con anterioridad: mientras en EE.UU. y China crecía una nueva generación de compañías tecnológicas líderes como Google o Tencent, Europa no desarrolló un sector tecnológico relevante, significando una pérdida de 7 puntos porcentuales en el PIB mundial.

Esta pérdida de peso relativo no es debido a un problema de acceso a la tecnología ($A_t^{D,E}$), y menos en un mundo globalizado en el que toda la innovación se comparte a un ritmo muy rápido, sino de su explotación y la capacidad de generar economías externas, algo determinado por el multiplicador de disrupción (δ^D). Europa ha mantenido una alta inversión tecnológica, y sus universidades cuentan con programas de formación en áreas digitales, y sin embargo está lejos de equiparar la capacidad disruptiva de sus principales competidores.

El gráfico también sirve para explicar el caso de China, el más paradigmático en la era digital. Un proceso de transformación el del gigante asiático que comienza en el primer salto tecnológico (t_0 a t_1) mediante la atracción de empresas y la compra de innovación, pero que en las últimas dos etapas despega gracias a su propio sector tecnológico con estrategias como el plan MIC 2025 para el liderazgo en la cuarta Revolución Industrial.

3.2. La I+D en la carrera por el liderazgo tecnológico

De acuerdo con nuestra clasificación, Europa sería una región *innovadora*, mientras que China y EE.UU. son *disruptivas*. Aun siendo conscientes de las diferencias existentes dentro de sus fronteras, como ya hemos expuesto con anterioridad, esta distinción nos permitirá entender mejor la lógica del sistema de I+D, y cómo acerca o aleja a los países del liderazgo tecnológico en esta teoría de la disrupción.

Para ello estableceremos periodos de maduración científica en cada paradigma tecnológico, que transcurren entre t y t+n. En este periodo las regiones acumulan **innovación disruptiva**, o $(I+D)^D$, hasta que acometen inversiones potencialmente disruptivas. Una vez realizada la **inversión en innovación** (In^D) se requiere de esfuerzos necesarios para consolidarla en productos o servicios en el mercado o como un bien público, que denominaremos **productos**

disruptivos (Q^D). Estos esfuerzos tienen que ver con el resto de factores productivos, ya que el aprovechamiento de la innovación disruptiva requieren de inversiones en capital físico de los sectores de vanguardia (K^D), pero también con el interés de la sociedad y las empresas por adoptar estos avances (ASC) y por supuesto del resto de componentes tecnológicos más avanzados (A^D) que deben adaptarse a las continuas mejoras.

Al mismo tiempo, los productos disruptivos generan efectos externos, incentivando a otros sectores a iniciar o adaptar en sus procesos de producción a las mejoras creadas, y motivando la competencia en el resto del entorno. No podemos obviar que estos avances también generan deseconomías, especialmente en los sectores tradicionales, que pueden ser sustituidos por estos nuevos productos. Sin embargo, la evolución histórica de la economía nos ha demostrado que la destrucción creativa motiva mejoras de las regiones que se desarrollan.

Formalmente esta relación quedaría resumida como:

$$[(I+D)_t^{h,D}+...+(I+D)_{t+n-1}^{h,D}] \Rightarrow In_{t+n}^{h,D} \Rightarrow \left\{ \begin{array}{c} \Delta K_{t+n}^{h,D} \\ \Delta ASC_{t+n}^{h,D} \\ \Delta A_{t+n}^{h,D} \end{array} \right\} \Rightarrow Q_{t+n}^{h,D} \Rightarrow \left[\begin{array}{c} \Delta PIB_{t+n+j}^{h,D} > 0 \\ \Downarrow \\ \Delta PIB_{t+n+j}^{h} > 0 \end{array} \right]$$

Visión de conjunto global

A partir de esta relación podríamos identificar claramente a los líderes tecnológicos como aquellos en los que los sectores tecnológicos son capaces de transformar y mejorar sus economías, o dicho de otra forma, llevan a cabo un proceso completo de disrupción que va mucho más allá de la mera inversión en I+D, que apenas es el primer paso.

Una vez que una economía alcanza el liderazgo consigue además incrementar su influencia sobre los seguidores tecnológicos, que pasan a ser dependientes de sus avances para no perder comba competitiva. Esta relación queda establecida en la tabla de la **figura 12.3**, donde se determina la producción y consumo de tecnología *disruptiva* e *innovadora* de los países disruptivos, innovadores y tradicionales.

Figura 12.3. Clasificación de los países según su aportación al progreso tecnológico

Producción de tecnología			Consumo de tecnología		
			Países disrup. (s)	Países innov. (v)	Países trad. (r)
Países disrup. (s)	Tec. innovadora	Sí	$TI_{s,s}$	$TI_{s,v}$	$TI_{s,r}$
	Tec. disruptiva	**Sí**	$TD_{s,s}$	$TD_{s,v}$	$TD_{s,r}$
Países innov. (v)	Tec. innovadora	Sí	$TI_{v,s}$	$TI_{v,v}$	$TI_{v,r}$
	Tec. disruptiva	No	-	-	-
Países trad. (r)	Tec. innovadora	No	-	-	-
	Tec. disruptiva	No	-	-	-

De acuerdo con este modelo, el corolario de las políticas de innovación incompletas o que no conducen a la disrupción es la subordinación y la pérdida de peso relativo en la economía global, algo que ya está experimentando Europa. China y EE.UU. no solo pugnan por el liderazgo en la era de la IA, sino por aumentar su influencia sobre el resto del planeta mediante la expansión de sus empresas y la difusión de su tecnología. Si Europa no pone freno o minimiza esta situación a partir de políticas como las descritas en este libro para abrazar procesos de disrupción, continuará irremediablemente perdiendo relevancia económica y ascendencia sobre terceras regiones, sin que ningún *Efecto Bruselas* o liderazgo normativo sirva para compensar la pérdida de bienestar.

4. OFERTA Y DEMANDA ANTE LA DISRUPCIÓN

4.1. Cambio generacional: una cuestión de supervivencia

Además de los movimientos macroeconómicos explicados en el apartado anterior, el multiplicador de disrupción δ también puede verse en la interacción entre usuarios y consumidores. Pensemos en cómo la tecnología permite por un lado crear nuevos bienes y servicios y aumentar la capacidad de producción, y por otro cómo los consumidores aprenden a usar estas nuevas creaciones y cambian sus preferencias de consumo.

En los primeros capítulos de este libro ya introdujimos el concepto de "destrucción creativa" acuñado por Schumpeter, y que explicaría como la innovación continua provoca una sustitución imparable de productos y empresas según la demanda es consciente de las ventajas de sus mejoras. Pero las estrategias de I+D no son baratas, y existe un riesgo elevado de que los resultados no sean los deseados o no satisfagan a la demanda. Así que la pregunta clave es ¿cuánto y cómo invertir?

La disrupción en la función de producción de las empresas

Para explicar el efecto de la disrupción en la relación entre oferta y demanda partiremos de tres tipos de empresas que ofrecen variedades diferentes de un mismo producto en un mercado concreto: una variedad "x", una variedad "y" y una variedad "z". Estas variedades se diferencian unas de las otras por el grado y tipo de innovación implementado en cada una de ellas, de tal forma que la versión "x" sería la menos avanzada, la "y" supone mejoras innovadoras de relevancia, y la "z" una transformación disruptiva.

Cada una de las empresas contará con una función de producción tal que:

$$q_{it} = f(I_{it}, FP_{it})$$

siendo q_{it} la capacidad de producción máxima de cada empresa determinada por los elementos que componen su función de producción, I_{it} el componente innovador de cada empresa[396] y FP_{it} la combinación de los factores tradicionales de producción ya expuestos anteriormente.

Esta función está sujeta a múltiples variaciones, como demuestra la extensa literatura existente. Una de las más interesantes sería la división de los factores de producción entre *no digitales* y *digitales*, como llevan a cabo Jalava y Pohjola (2002), Stiroh (2002) o Timmer y van Ark (2005), entre otros[397]. Sin embargo, en nuestro caso nos centraremos las diferencias en el componente innovador, distinguiendo entre las mejora lineales de procesos (I_{iTt}) de aquellas que incorporan elementos de liderazgo tecnológico (I_{iDt}). Además, agregamos nuestro diferencial de disrupción, que recordemos nos servía para medir el grado de eficiencia de la inversión realizada. De esta forma:

$$I_{it} = f(\partial I_{iTt}, \partial I_{iDt})$$

$$q(q_{iTt}, q_{iDt}) = \partial I_{iT} F(L_{iTt}, K_{iTt}) + \partial I_{iD} F(L_{iDt}, K_{iDt}),$$

dándose para el ejemplo proporcionado que las empresas tipo "x" e "y" determinan su producción únicamente a partir de su capacidad de innovación, mientras que la empresa "z" sí incorpora la disrupción, de tal forma que:

$$\partial I_{xT} F(L_{xTt}, K_{xTt}) > 0; \ \partial I_{yT} F(L_{yTt}, K_{yTt}) > 0; \ \partial I_{zT} F(L_{zTt}, K_{zTt}) > 0$$

$$\partial I_{xD} F(L_{xDt}, K_{xDt}) = \partial I_{yD} F(L_{yDt}, K_{yDt}) = 0; \ \partial I_{zT} F(L_{zTt}, K_{zTt}) > 0.$$

---

396. En la literatura económica el valor de I suele representarse con la letra A, ya que representa el componente tecnológico empresarial. Este cambio se debe para no confundir al lector, dado que el valor macroeconómico de A estudiado en el apartado anterior sería similar para todas las empresas de un mismo entorno: $(A_t^x \approx A_t^y \approx A_t^z)$.

397. Ver: Jalava, J. y Pohjola, M (2002): Economic growth in the New Economy: evidence from advanced economies. *Information Economics and Policy*, vol. 14 (2), p. 189-210; Stiroh, K. J. (2002): Are ICT spillovers driving the New Economy? *Income and Wealth*, vol. 48(1), p. 33-57; Timmer, M.P. y Van Ark, B (2005): Does information and communication technology drive EU-US productivity growth differentials? *Oxford Economic Papers*, vol. 57 (4), p. 693-716.

Determinando el tipo y grado de innovación

En nuestro modelo de tres empresas, el coste asociado a la mejora de procesos y productos (cI_{it}) será la suma entre las inversiones *innovadoras* (cI_{iTt}) y *disruptivas* (cI_{iDt}), existiendo diferentes alternativas, entre las que destacamos:

Alternativa 1	Alternativa 2
$cI_{zTt} > cI_{yTt} > cI_{xTt} > 0$ $cI_{zDt} > 0;\ cI_{yDt} = cI_{xDt} = 0$	$cI_{yTt} > cI_{zTt} > cI_{xTt} > 0$ $cI_{zDt} > 0;\ cI_{yDt} = cI_{DTt} = 0$
$cI_{zt} > cI_{yt} > cI_{xt}$	$cI_{zt} > cI_{yt} > cI_{xt}$

Alternativa 3	Alternativa 4
$cI_{yTt} > cI_{zTt} > cI_{xTt} > 0$ $cI_{zDt} > 0;\ cI_{yTt} = cI_{xTt} = 0$	$cI_{yTt} > cI_{xTt} > cI_{zTt} > 0$ $cI_{zDt} > 0;\ cI_{yTt} = cI_{xTt} = 0$
$cI_{yt} > cI_{zt} > cI_{xt}$	$cI_{yt} > cI_{zt} > cI_{xt}$

En los dos primeros escenarios, la empresa "z" es la empresa que más recursos invierte en total en mejoras, aunque en el segundo caso las empresas tipo "y" invierten más en innovación (recordemos que la inversión de "y" en disrupción es igual a cero). En el tercer y cuarto caso la empresa "y" sería claramente líder en inversión en innovación. En estas dos alternativas la empresa "z" se vuelca en la disrupción, incluso de forma absoluta en el cuarto escenario[398]. Esta última situación se daría, por ejemplo, en las empresas que emplean años para el desarrollo de nuevos productos antes de lanzarlos al mercado.

De forma racional, las empresas elegirán la alternativa de inversión que más beneficios esperados reporte, algo que no es sencillo pues depende de múltiples factores: las posibilidades de financiación, el conocimiento del mercado, la velocidad de los avances tecnológicos, las expectativas de aceptación de la demanda de los nuevos productos, y por supuesto la aversión al riesgo, dado que existe la posibilidad de que la inversión en innovación genere más

---

398. No se han incorporado escenarions en los que $cI_{yt} > cI_{xt} > cI_{zt}$ ya que sus efectos son fácilmente deducibles a partir del cuarto escenario.

coste que el beneficio aportado[399].

Esto puede verse en la **figura 12.4**, en la que se refleja la alternativa 1 planteada anteriormente ($cI_{zt} > cI_{yt} > cI_{xt}$), con una demanda que acepta paulatinamente los cambios tecnológicos. En el eje de ordenadas de la primera gráfica se representa el valor de la producción de un bien o servicio de acuerdo con la inversión en nuevos desarrollos que realizan los tres tipos de empresas. Mayor innovación provoca mayor valor de mercado, entendiendo que dicha innovación se traduce en mejoras del producto.

En la segunda gráfica el eje de ordenadas refleja el consumo de la demanda agregada dado un nivel de tecnología aplicado al producto. Racionalmente los compradores se decantarán por productos más avanzados siempre que cumplan sus restricciones presupuestarias. El eje de abscisas presenta la evolución temporal.

Figura 12.4. Estrategia de producción y decisiones de la demanda

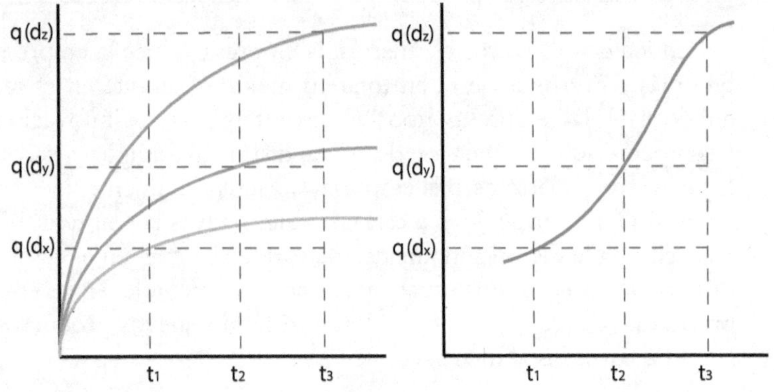

Estratégicamente, y con una demanda descrita como la de la figura 12.4, en el periodo $t_0 - t_1$ a las compañías no les será rentable invertir demasiado en innovar: la mayoría de los consumidores siguen demandando productos tradicionales, y solo los *early adopters* desearán gastar sus ahorros en prototipos mejorables. En el periodo $t_1 - t_2$ la tecnología ya ha calado en la sociedad, con un amplio interés por productos innovadores. Las empresas deberán

---

399. Se recomienda la lectura del artículo Hall, B. H. (2011): Innovation and productivity (No. w17178). National bureau of economic research.

estar preparadas en el periodo t_2 para satisfacer la pujante demanda de productos mejorados, o acelerar su innovación. En el periodo $t_2 - t_3$ las empresas deben convertirse en disruptivas para aprovechar al máximo las ventajas que ofrecen las nuevas tecnologías y dar así respuesta a la petición de la demanda.

Empresas conservadoras, innovadoras y disruptivas: una explicación del problema europeo

La transición que se propone en el apartado anterior es óptima desde una perspectiva teórica, pero ineficaz en la realidad: las grandes tecnológicas lo son por haber detectado e invertido antes que nadie en descubrimientos que, normalmente, requieren de años de desarrollo hasta que comienzan a arrojar rendimientos positivos. Sería un error para una empresa que quiera ser líder en innovación esperar a que exista una demanda consolidada para realizar las inversiones pertinentes.

Sin embargo, hemos de entender que, igual que la demanda cuenta con restricciones presupuestarias para comprar un producto u otro, las empresas deciden el tipo de inversión que realizan en innovación o disrupción ($cl_{iTt} \geq 0$; $cl_{iDt} \geq 0$) a partir de la disponibilidad de fondos. Tales fondos pueden derivar tanto de los beneficios netos generados por la actividad principal de una empresa (g_{it}) y el ahorro y activos acumulados hasta la fecha ($s_{i\,t-1}$), como de la financiación externa (m_t). De esta forma podríamos definir la situación económica (r_{it}) de una empresa como:

$$r_{it} = g_{it} + s_{it} - (cl_{it} - m_{it}),$$

siendo conscientes de que si $r_{it} < 0$ estaríamos hablando de una bancarrota. Y esta bancarrota podría darse por una pérdida de clientes (la demanda prefiere una versión del producto más avanzada), o porque la inversión realizada no ha canalizado en mayor demanda (los clientes eligen una versión del producto menos avanzada).

Con esta fórmula podemos explicar uno de los problemas europeos más trascendentales de los analizados en este libro: la falta de empresas disruptivas en comparación con China y EE.UU. Porque incluso aunque un director de una compañía sea consciente de las grandes expectativas de riqueza que podría ocasionar la inversión en tecnologías disruptivas (como la inteligencia artificial, Blockchain, o la computación cuántica), el margen de maniobra del que disponga será el que determine su posibilidad de ser una empresa conservadora, innovadora o disruptiva.

Pensemos en las grandes tecnológicas y cómo necesitaron de inyecciones de capital millonarias para ponerse en marcha, y cómo después los mercados bursátiles han continuado financiando su crecimiento. La disrupción requiere esfuerzo y años de desarrollo: los algoritmos que asombran al mundo ganando partidas al *Go*[400] o que detectan el cáncer de piel[401] son producto de un esfuerzo continuado a fondo perdido.

Las empresas sin facilidad para el endeudamiento o el acceso a capital riesgo caerán en el bando de las empresas conservadoras, o en el mejor de los casos en el de las innovadoras, incluso a pesar de su conocimiento de los beneficios futuros de las nuevas tecnologías. Y el verdadero problema reside en que conforme avanza el paradigma tecnológico resulta cada vez más complejo alcanzar los grados superiores de disrupción, ya que se requiere, además de inversión, cambios drásticos en los modelos de negocio, en la formación del capital humano y hasta en el entorno legislativo o político-económico.

Es evidente que no todos los proyectos alcanzan sus objetivos en materia de innovación, que muchos se quedan sin financiación a mitad del proceso, y las bancarrotas de proyectos jóvenes son constantes. Sin embargo, refugiarse en los sectores y empresas maduras no es nunca la solución. Si Europa sigue anclándose en su herencia industrial y su regulación antidigital condenará a sus economías a una pérdida constante de competitividad tecnológica.

Algo que, como ya expusimos ampliamente, se traducirá en el cierre de empresas y la pérdida de empleos y de bienestar de toda su población.

---

400. Se recomienda ver el documental "AlphaGo" en Netflix.
401. Jaleel, J. A., Salim, S., & Aswin, R. B. (2013, March). Computer aided detection of skin cancer. In 2013 International Conference on Circuits, Power and Computing Technologies (ICCPCT) (pp. 1137-1142).

5. LA FORMACIÓN DE LOS PRECIOS EN EL MUNDO DIGITAL

En la teoría económica la "información perfecta" se considera una cuestión necesaria para alcanzar un equilibrio que maximice el bienestar social. Sin embargo este supuesto siempre ha sido observado como algo irreal. Ni las empresas pueden entrar en el cerebro de los consumidores, ni los compradores pueden formar parte del consejo de administrador de las compañías.

La economía digital y el comercio electrónico han aproximado más que nunca tanto a la demanda como a la oferta a un estado cercano de información perfecta. Los primeros pueden comparar en segundos las características de todos los productos en el mercado y elegir entre distintos canales de venta. Los segundos cuentan con más información de sus potenciales clientes (historial de ventas, visitas a la web, test A-B, etcétera) y de sus competidores. Además se han eliminado barreras de entrada físicas y de inversión, y los compradores y vendedores se multiplican.

Siendo así, deberíamos pensar que el equilibrio entre oferta y demanda de cualquier bien o servicio debe estar muy próximo al definido por la teoría económica como "competencia perfecta". Un punto estático en el largo plazo que relaciona cantidad consumida y precio pagado, y que supone que los beneficios de las empresas caigan a cero[402]. Pero, evidentemente, esto no ocurre. Primero porque los agentes precio-decisores con elevado poder de mercado (también intermediarios) siguen existiendo. Y segundo porque, incluso aun asumiendo una casi imposible competencia perfecta, la economía digital nos está descubriendo nuevos comportamientos de los agentes económicos.

Vamos a centrarnos en este segundo aspecto.

---

402. No son negativos ya que se cubren todos los costes, incluyendo los de oportunidad de hacer otra actividad.

5.1. La IA en la configuración de precios. Psicología y economía

La microeconomía, a lo largo del siglo pasado, ha ofrecido multitud de modelos de funcionamiento de nuestra realidad económica, con predicciones muy diferentes al ideal modelo competitivo. Sin embargo, y dado que en este capítulo simplemente queremos hacer un pequeño esbozo sobre las diferencias de la economía tradicional y la digital, nos tomaremos la licencia de ir al concepto más básico para explicar el funcionamiento de los mercados: la "mano invisible" de Adam Smith[403].

Los precios son el elemento fundamental de esta teoría, siendo el mecanismo que todos aceptamos para tomar decisiones de consumo sobre la base de supuestos de racionalidad y restricciones presupuestarias. Pero el ser humano es muy complejo, y reducir la decisión de consumo al presupuesto y a la calidad resulta incompleto. Las emociones, los valores de una marca, la intuición, la pasión y otros muchos elementos que se escapan a la lógica racional del *homos economicus* son también esenciales para comprender la elección de los agentes económicos (compradores, vendedores, inversores, empleadores, incluso la Administración), tal y como reflejaron Robert J. Shiller y George Arkeloff[404] en su obra *Animal Spirits[405]*. Y esto pone en aprietos el clásico principio de equilibrio de un mercado, sobre todo en la era de la información.

Las aerolíneas de bajo coste hace décadas que se hicieron una pregunta: ¿Por qué aceptar un único precio para todos los consumidores, si cada uno de ellos valora de forma distinta la "experiencia de volar"? Un usuario podía pagar el doble que la persona que estaba sentada a su lado solo por el hecho de haber reservado 48 horas después, pedir embarque prioritario, o auto asignarse el asiento 14F.

Frente a los modelos clásicos de fijación de precios, con tarifas que apenas se modifican con descuentos puntuales, aerolíneas

---

403. Smith, A. (1759) (ed. 2010): *The theory of moral sentiments*. Penguin.

404. Premios Nobel de 2013 y 2001 respectivamente

405. Akerlof, George A., and Robert J. Shiller. Animal spirits: *How human psychology drives the economy, and why it matters for global capitalism*. Princeton University press, 2010.

como Ryanair o EasyJet trabajaban con información en tiempo real y complejos algoritmos para modificar sus tarifas de forma automática. Esto no quiere decir que cada uno de nosotros verá un precio distinto (algo que está prohibido en la Unión Europea), pero se incluyen tantos extras y posibilidades de compra que la discriminación de los precios tiene una altísima segmentación.

Un buen modo de resumir esta estrategia sería:

$$\text{Empresa digital} \Rightarrow \left\{ \begin{array}{c} \text{Big Data (tiempo real)} \\ + \\ \text{Algoritmos IA} \end{array} \right\} \Rightarrow \left\{ \begin{array}{c} \text{Política de} \\ \text{discriminación} \\ \text{de precios} \end{array} \right\} \Rightarrow \text{Max Beneficio}$$

Entendiendo por "empresa digital" toda aquella que introduce sistemas de digitalización en su estructura de negocios. De hecho, cada vez vemos más ejemplos de fijación de precios dinámicos, incluso en supermercados, que aprovechan la información acerca del consumo de sus clientes para saber en qué momento exacto jugar con los precios de los productos frescos.

Esta estrategia eleva además el poder de mercado de la oferta sobre la demanda. Es cierto que los consumidores digitales, es decir, aquellos que utilizan herramientas digitales en el proceso de selección y consumo, tienen más acceso a información y especialmente a las experiencias de otros usuarios para maximizar su utilidad:

$$\text{Consumidor digital} \Rightarrow \left\{ \begin{array}{c} \text{Big Data} \\ \text{(información} \\ \text{de terceros)} \end{array} \right\} \Rightarrow \left\{ \begin{array}{c} \text{Reputación} \\ \text{online} \end{array} \right\} \Rightarrow \text{Max utilidad}$$

Pero no podemos negar que la fijación dinámica de los precios provoca presión psicológica en los consumidores, que pierden capacidad de decisión. Ante esta situación están surgiendo plataformas que, como Kayak o algunas herramientas de Google, tratan de predecir los movimientos del mercado en el corto y medio plazo, generando una nueva relación entre agentes económicos digitales:

$$\text{Consumidor digital} \Rightarrow \left\{ \begin{array}{c} \text{Big Data} \\ + \\ \text{Algoritmos} \\ \text{predictivos} \end{array} \right\} \Rightarrow \left\{ \begin{array}{c} \text{Reputación} \\ \text{online} \\ + \\ \text{Predicciones} \end{array} \right\} \Rightarrow \text{Max utilidad}$$

El poder de los datos y la discriminación

La discriminación perfecta, o casi perfecta como se plantea en este capítulo, se ha abordado teóricamente por los fundamentos microeconómicos generalmente bajo condiciones de monopolio. Esto ocurre en los mercados agrícolas o manufactureros tradicionales, incluso en el del transporte aéreo, con un número concreto de vuelos por destino. Sin embargo, la economía digital está permitiendo esta discriminación en casi cualquier sector, con empresas recurriendo a algoritmos y a grandes volúmenes de datos para optimizar rendimientos y captar nuevos usuarios.

Esto plantea interesantes cuestiones teóricas ya que, si una empresa consigue diferenciar a cada usuario, o cada usuario es capaz de hacerse notar como único expresando sus intereses diferenciales, ¿qué sentido tiene hablar de equilibrio de mercado? El equilibrio, en definitiva, no es sino un punto en común para toda la demanda y la oferta, y la economía digital está proponiendo una individualización absoluta de unos y de otros a partir de los intangibles que acompañan al producto o al vendedor. Intangibles como la usabilidad de una web, la reputación online a partir de la información de otros usuarios, el tiempo de entrega del producto, o incluso la posibilidad de pagar con Paypal, entre otra infinidad de cuestiones.

La valoración de cada usuario de estos intangibles conformará en definitiva una curva de utilidad única para cada producto, que la oferta trata de captar para explotar con la segmentación de los precios. Con ello podríamos pasar de un único equilibrio, a una suma de equilibrios agregados con multitud de implicaciones para la teoría económica, pero también para la economía real. Porque las empresas que empleen tecnología para dar un servicio casi exclusivo a cada cliente terminarán por desplazar del mercado a aquellas que empleen mecanismos tradicionales de fijación de precios.

Ya hemos expuesto el caso de Ryanair, y cómo pese a tener todo en contra, se convirtió en la aerolínea más rentable de toda Europa, [406] apoyándose en un nuevo modelo de negocio y en sus

---

406. Es lo que se conoce como "paradoja *low cost*". Ver: Moreno-Izquierdo, L. (2013): "Estrategias de fijación de precios de las aerolíneas de

precios dinámicos. Esta fórmula se repite hoy en día en las grandes plataformas, analizando el comportamiento de los usuarios para ajustar sus tarifas o precios, modificándolos en función del número de visitas, del número de clicks, del día de la semana, o de cualquier *shock* externo que altere los datos incluso aunque nadie se haya percatado. Pero para establecer estas estrategias las empresas necesitan datos. Muchos datos. Millones de datos.

Los retos normativos ante la discriminación digital

El big data y la inteligencia artificial seguirán marcando las diferencias competitivas entre grandes y pequeñas empresas de no actuar desde los gobiernos, dando lugar a que los monopolios digitales acaben con cualquier otro negocio. Los pequeños comercios se encuentran en la tesitura de vender en agregadores como eBay, Amazon o Booking, pero desconocen cuántos usuarios buscan el destino, o cuántos hacen click y no llegan a comprar. Alimentan la oferta de las plataformas, pero no reciben más información que las ventas, jugando en desventaja ante empresas que sacan sus propias líneas de productos en base a estos datos.

Las normativas digitales no deben ponderar de manera desmesurada la privacidad como ocurre en Europa, porque supone un freno a la explotación de datos, alejándonos de un salto competitivo necesario a las empresas. Pero sí deben contemplar como punto de origen una política integral de datos abiertos, por ejemplo estableciendo *KPIs* a los que deben tener acceso cualquier empresario que venda en las plataformas digitales. El caso de Google Analytics es un magnífico ejemplo que debiera ser puesto en valor y servir de modelo a seguir.

El segundo punto que debe ocuparnos es la transparencia en las estrategias empresariales. Los algoritmos pueden asignar de forma automática las tarifas que maximizan las ventas, pero con modelos de redes neuronales o random forest, por ejemplo, ni siquiera las propias compañías saben qué relaciones están ocurriendo. Las Administraciones deben trazar unos límites que

---

bajo coste: una aproximación al modelo de la rivalidad ampliada" (tesis doctoral): rua.ua.es/dspace/handle/10045/36090

garanticen la no discriminación negativa de los usuarios por razones como género, lugar geográfico o etnia, por ejemplo, y trabajar con las empresas que no consigan llegar a unos cánones mínimos. Ahora bien, esto no implica poner trabas a la explotación de datos, sino marcar límites para que la economía digital se expanda en un ámbito seguro y de igualdad.

La teoría económica debe abrirse a estos nuevos retos que se nos plantean a los economistas. No será fácil explicar, analizar, determinar y predecir las consecuencias y efectos de unos sistemas de fijación de precios que tienden a la clusterización, cuando no individualización, en todos los sectores. Nuestra misión será medir su efecto sobre los rendimientos empresariales, el bienestar social o la riqueza de los países, pero también denunciar ineficiencias y velar porque todos los ciudadanos y emprendedores gocen de las mismas oportunidades.

6. LA ECONOMÍA COLABORATIVA Y EL EXCESO DE OFERTA

Uno de los efectos más destacados de la economía digital ha sido la conformación de una rama *colaborativa*, referida al intercambio directo de bienes y servicios entre usuarios mediante plataformas digitales, dejando al margen al sector privado y a las Administraciones. Aunque el concepto en sí ha quedado difuminado y ha dado paso a una *economía de plataforma*[407], su aparición ha planteado una nueva perspectiva verdaderamente interesante en la que cada individuo es productor y consumidor al mismo tiempo.

Teóricamente, esto supondría un ecosistema con un número de productores que tienden de forma permanente al exceso de oferta, y que nos obliga a preguntarnos de nuevo sobre el equilibrio del mercado, intuyendo que su aparición deberá provocar un descenso de los precios y una mejora de la calidad de los productos. O al menos eso ocurre en la teoría clásica[408].

Pero si mantenemos la idea del apartado anterior del acceso a información casi perfecta por parte de la demanda, y por tanto de la segmentación absoluta de la producción, el exceso de oferta ya no es tal, y por tanto los precios no deberían sufrir ninguna variación.

Pongamos el ejemplo de Airbnb para explicar este fenómeno: el sistema de recomendación de precios de Airbnb facilita que exista un primer acercamiento entre la oferta y la demanda, pero los clientes ven cada producto como un elemento único a partir de la valoración de otros usuarios, la existencia de fotografías, el

---

407. En plataformas como Airbnb o Uber es cada vez más común encontrar empresas ofreciendo sus servicios y que no adquieren productos de terceras personas. Al fusionarse ambas actividades se dificulta distinguir la interacción entre usuarios de la venta *online* tradicional, quedando el término economía colaborativa en cuestión.

408. El lector puede recurrir al famoso manual "Principios de Economía" de N. Gregory Mankiew si desconoce este tipo de planteamientos teóricos.

tiempo de respuesta de propietarios, la ubicación, o incluso variables que no se controlan, pero sí pueden tener un efecto en la decisión final, como el color de las paredes o la imagen que proyecta el propietario o propietaria.

Esta discriminación absoluta de la oferta provocará que, si entra una nueva empresa o vivienda al mercado, la información disponible hará que los usuarios la vean o no como competitiva o sustituta de alguna de las ya existentes. Y de hecho en muchas ciudades más del 60% de las viviendas ofertadas en Airbnb nunca han sido alquiladas ni siquiera durante un día, pero su presencia no tira por los suelos el precio del resto de apartamentos o de la oferta hotelera.

¿Esto quiere decir que el precio en la economía colaborativa no depende de la cantidad producida ni de la competencia? No exactamente: la aparición de Airbnb ha provocado ajustes significativos en el sector hotelero y en el alquiler vacaciona, igual que las aerolíneas de bajo coste alteraron la estrategia de las compañías tradicionales. Sin embargo si es necesario entender que el acceso a la información casi perfecta por parte de los compradores hace que los bienes o servicios en la economía digital sean difícilmente sustituibles de forma perfecta, y por tanto debamos tratar el mercado no como un agregado de ofertas, sino como un entramado de grupos de productos diferenciados.

7. AUTOMATIZACIÓN, EMPLEO Y PRODUCTIVIDAD

7.1. Un enfoque clásico de la automatización y el empleo

Otra de las áreas que los economistas deberemos revisar concienzudamente es el impacto de la transformación digital sobre el empleo, y más concretamente los retos que la automatización presenta. La idea de un sistema económico extraordinariamente automatizado puede sonar a escenario de ciencia ficción, pero no lo es tanto que muchos profesionales perderán su puesto de trabajo si no existe una actualización de habilidades laborales y gestión empresarial.

Como ya se ha explicado en este libro, la tecnología es un factor que ha afectado tradicionalmente tanto a la oferta de trabajo $S(w)$ como a la demanda $D(w)$, generando cambios tanto en el volumen de trabajadores ocupados (q) como en los salarios percibidos (w). Los cambios de paradigma tecnológicos, como también ocurre ante la aparición de shocks externos o las crisis económicas, provocan alteraciones del punto de equilibrio del mercado de trabajo, dado por q^* y w^* cuando $D(w) = S(w)$ [409].

Sin embargo, la aparición de las nuevas tecnologías disruptivas está provocando una alteración del mercado laboral nunca observada: si bien hasta ahora la innovación sustituía mayoritariamente tareas peligrosas, repetitivas o rudimentarias, ahora apunta también a los trabajos cognitivos, que van desde la identificación de tumores cancerígenos, trazar patrones de inversión en Bolsa o conducir un vehículo de forma autónoma, hasta hacer descubrimientos científicos [410]. Esto podría suponer una posible automatización de millones de puestos de trabajo, que podría generar un desplome de los salarios tal y como ya han advertido

---

409. De nuevo, ver "Principios de Economía" de N. Gregory Mankiew.
410. Ver el capítulo 5 de este libro.

algunos tecnólogos o empresarios como Elon Musk o Mark Zuckerberg, que abogan abiertamente por una renta universal.

Mucho antes, en 1984, Nils J. Nilsson, uno de los investigadores más relevantes en el campo de la IA[411], ya predijo que las personas seremos prescindibles de cualquier producción futura de bienes y servicios. Esta afirmación debería haber despertado a los economistas hace décadas para el estudio prospectivo del empleo en el nuevo paradigma tecnológico.

Salarios de subsistencia y el coste de automatización

Para entender el efecto de la automatización masiva sobre el mercado de trabajo partiremos de los elementos descritos anteriormente $(S(w), D(w), q^*, w^*)$, y añadiremos dos más: el coste de sustituir las actividades para las que se oferta el empleo por procesos de automatización (Ca)[412], y el salario mínimo por debajo del cual ningún trabajador ocupará la vacante (w_s). Este salario w_s indica un nivel de subsistencia, y no tiene por qué coincidir con el salario mínimo interprofesional[413].

A partir de la relación de estas variables podemos entender el funcionamiento del mercado de trabajo.

---

411. Ver: Nilsson, N. J. (1984). Artificial intelligence, employment, and income. *AI magazine*, 5(2), 5-14.

Nilsson es profesor emérito en Ciencias de la Computación en la Universidad de Stanford, y antiguo director del mismo departamento. Miembro fundador y expresidente de la Asociación Americana para la Inteligencia Artificial, y gran divulgador como escritor y editor en varias revistas científicas.

412. Para calcular los costes de automatización (Ca) las empresas deben tener en cuenta tanto la inversión para dotar a la empresa de los bienes de equipo que pueden sustituir la tarea de una unidad de trabajo (coste fijo), y los costes de mantenimiento de ese puesto de trabajo automatizado (coste marginal).

413. El salario de subsistencia es un drama real para miles de personas, con nóminas que no les permiten emanciparse ni apenas llegar a fin de mes. Esta cuestión da lugar a tantas reflexiones que nos requeriría un nuevo libro, aunque las recomendaciones elaboradas en los capítulos anteriores deben servir también para dar respuesta a este tipo de problemas.

Situación 1: $Ca > w^* > w_s$

En esta situación no existe posibilidad real de automatizar el empleo, ya que el coste marginal de hacerlo es más caro que el salario percibido por los trabajadores.

Esta situación pude darse por dos motivos: bien porque los trabajadores están muy especializados y la tecnología aun no cubre esa área, lo que se relaciona con salarios elevados y una buena capacidad de negociación de los empleados, o bien porque hay un exceso de demanda de empleo y los salarios están muy bajos, dándose que $Ca > w^* \geq w_s$.

Situación 2: $Ca < w^*$; $Ca \geq w_s$

En esta segunda situación existe una posibilidad realista de automatizar el empleo, salvo que los trabajadores decidan disminuir su salario hasta un punto w' tal que $w' < Ca < w^*$, y $w' \geq w_s$.

El total de trabajadores que se mantendrán en la empresa con esta reducción de salarios depende de la elasticidad de la propia oferta: si hay otras opciones laborales buscarán otra empresa en la que desempeñar su actividad; en un entorno de alto desempleo, es muy probable que acepten las peores condiciones para garantizar un salario por encima del nivel de subsistencia.

Este escenario teórico es sumamente delicado a nivel social, ya que la presión de los sindicatos o la intervención pública para incrementar el valor de w_s a w_s' podría provocar una aceleración en la destrucción de empleo si $w_s' > Ca > w_s$.

Situación 3.1: $Ca < w_s$, sin intervención estatal.

Cuando el coste marginal de automatización, Ca, es inferior al salario mínimo que está dispuesto a percibir un profesional (w_s), las empresas no tienen incentivos competitivos para mantener a los empleados. Es muy probable que las empresas terminen por despedir a los trabajadores para no perder competitividad en el mercado.

Solo normativas preventivas o unos costes de despido demasiado elevados podrían frenar esta acción, aunque este tipo de acciones ponen en riesgo a la propia empresa sobre todo si opera en el mercado global.

Situación 3.2: $Ca < w_s$, con intervención estatal.

Otra forma de frenar el despido masivo de empleados cuando $Ca < w_s$ es mediante la intervención de las Administraciones, que usarán dinero público para compensar la diferencia entre el coste marginal de automatización y al menos el salario de subsistencia.

Estas acciones garantizan el empleo de miles de personas, pero suponen un coste de oportunidad de no reinvertir esa cantidad en otras áreas como sanidad o educación, además del incremento de deuda pública o el aumento de impuestos que recae sobre el resto de los ciudadanos. También suponen trabas para el propio progreso tecnológico, pues las empresas pierden incentivos en mejorar la innovación de sus procesos productivos. Todos estos efectos se conocen como *pérdida social*.

Estos tres escenarios, cuatro contando la duplicidad del escenario 3, y aunque son meras simplificaciones de los efectos que pudiera tener la automatización en el mercado de trabajo, nos reflejan bien la situación de reducción salarial y destrucción de empleo a la que se enfrentan nuestros sectores económicos, así como al endeudamiento público para paliar los problemas sociales derivados. Solo una mejora constante de las habilidades de los trabajadores y el incremento de la competitividad empresarial podrán mantener la situación en la que $Ca > w^*$.

Por ello, la mejor política laboral que se puede plantear es la transformación productiva hacia los sectores de futuro con un doble objetivo: en primer lugar, impulsar nuevos empleos en las industrias tecnológicas de vanguardia como la IA o la computación cuántica. En segundo lugar, crear puestos de trabajo inexistentes, que hibriden y renueven las industrias maduras en las que se encuentren especializadas las regiones.

7.2. El empleo emocional y la nueva deseconomía

La IV Revolución Industrial, la de la inteligencia artificial, podría impulsar a nivel global un conjunto de actuaciones suficientes como para generar de forma autónoma todos los bienes y servicios que necesitamos los humanos sin tener que desempeñar actividades productivas. Pero ni siquiera en este escenario, con una renta universal incluida, las personas dejaríamos de trabajar.

Históricamente cada salto tecnológico pasado ha elevado la productividad, destruyendo y creando actividades. Los excedentes generados de la mejora productiva se distribuyen en la sociedad con profesiones que cubren nuevas necesidades, y que pueden llegar a ser tan inverosímiles como inspectores de patatas fritas, ondeadores de banderas, catadores de golosinas, paseadores de patos, o tiradores de dados[414]. Quizás el siglo XXI sea testigo de la generación de un nuevo tipo de empleo, el "empleo emocional".

El filósofo y científico I. Kant argumentaba que todo conocimiento requiere la concurrencia de dos facultades radicalmente heterogéneas de la mente: la sensibilidad y el entendimiento[415]. Asumimos que las nuevas generaciones de robots y algoritmos irán ganando capacidad de recibir representaciones (receptividad), o ser afectado e interactuar de forma autónoma con su entorno. Pero a los seres humanos nos quedará nuestro monopolio para administrar emociones, sentimientos y pasiones, construidas en un entorno de libertad. Esto se traduce en infinidad de tareas ligadas a la educación creativa, la atención sanitaria, al ocio o a las relaciones personales que seguirán siendo responsabilidad de los seres humanos. Campos tan inagotables como la atención emocional a enfermos y personas con discapacidad, la lucha contra la pobreza y la cohesión social, la preservación del medio ambiente, poner fin a la violencia de género, el desarrollo de la creatividad literaria, o directamente hacer felices a otros seres humanos o animales.

Las nuevas tecnologías disruptivas obligarán a la especie humana a identificar qué sabemos hacer con mayor destreza y disfrute. Los trabajos lúdicos y emocionales serán la nueva forma de compartimentar la economía.

---

414. lavanguardia.com/cribeo/estilo-de-vida/20150509/47354966308/12-trabajos-raros-y-poco-comunes-pero-que-alguien-tiene-que-hacer.html

415. Kant, I. (2009). *Crítica de la razón pura*. Ediciones Colihue SRL.

Automatización, excedente, precios y producción sostenible

Ante los retos que se avecinan el análisis económico necesita
de nuevos protagonistas interesados por la prospectiva. La economía digital puede hacer menos necesaria la mano invisible del
mercado, y paradójicamente más legible la obra de Piero Sraffa[416].
Incluso podría llegarse a plantear el final de la economía capitalista
tal y como predijo Schumpeter en su obra "Capitalismo, socialismo y democracia" de 1942. Sin embargo y a diferencia de la
visión negativa de Karl Marx, para el padre de la *innovación* se tra-
taría de un final en positivo, con los saltos tecnológicos apartando
a los seres humanos de la necesidad de producir y de emprender[417].

Responder a cómo funcionaría una futura economía completamente automatizada, o cómo podríamos dotar de una renta básica
universal a todos los habitantes del planeta no es fácil, aunque in-
tentaremos imaginar una primera aproximación a partir de la
disrupción que está viviendo la economía tradicional. Este futuro
escenario con los empleos rutinarios automatizados solo puede ser
entendido con una IA centralizada capaz de anticipar las necesidades del "mercado" y traducirlas en órdenes directas a las cadenas
de producción. La oferta y la demanda de todo tipo de bienes y
servicios quedarían cubiertas, eliminando la incertidumbre empresarial a partir de algoritmos, y garantizando la distribución eficiente
y centralizada de los productos.

No estamos vislumbrando un mundo *Orwelliano*, como en
1984, ni un sistema de racionamiento, sino de grandes excedentes
y libertades acordes a la renta de cada persona, con una producción
definida por las predicciones de los algoritmos. La automatización
vinculada a la IA podría permitir a un país como China compati-
bilizar una economía mixta "gamificada", con una economía

---

416. Sraffa, P. (1960). Produzione di merci a mezzo di merci: premesse a
una critica della teoria economica. G. Einaudi.

417. Para Schumpeter, la automatización y la cobertura de todas las necesidades podrían dar lugar al desinterés por el emprendimiento y la mejora
continua, las bases sobre las que se asienta el capitalismo. En consecuencia,
las economías de mercado desaparecerían para dar paso al socialismo.

Schumpeter y Marx llegan al mismo punto desde dos posiciones contra-
rias: por alcanzar una situación óptima sobre la base del incremento de la
productividad, y por la ineficiencia del sistema, respectivamente.

medioambiental, social, creativa e innovadora, donde el emprendimiento social siguiera siendo fundamental. Una fusión entre los fundamentos de la economía centralizada y la de mercado en la que una plataforma inteligente tipo *Alibaba* a modo de autoridad central ejecutara un sistema idílicamente *sraffiano*.

Estas nuevas sociedades requerirán rentas básicas garantizadas bajo criterios políticos y sociales consensuados. Una vez estén todas las necesidades cubiertas, necesitarán reglas e incentivos basados en *tokens* para cubrir empleos sociales o creativos, o premiar los avances científicos o la responsabilidad medioambiental. Puede que todos esto suene a un escenario muy lejano. Ni el empleo ni la economía de mercado desaparecerán de momento, y desconocemos si la IA alcanzará los niveles cognitivos de *Bender*[418] o *Hal 9000*[419]. Pero cuando hablamos de la posibilidad de una nueva economía, aunque sea remota, es necesario recurrir cuanto antes a John Kenneth Galbraith[420].

El influyente economista popularizó en la década de los cincuenta el término "sociedad opulenta": la existencia de pobreza como el fracaso de las economías desarrolladas, generadoras de excedentes de riqueza y empleo, pero movida más por la acumulación que por la "distribución de las recompensas". Ante esta realidad social, creemos que existe una vía para que la opulencia capitalista de paso a un sistema con capacidad de producir y redistribuir lo que la gente necesita. Una posibilidad que convierte el valor social en un elemento vertebrador, y que deberíamos explorar.

Quizá la sociedad ha sido esclava de la servidumbre de las limitaciones del mercado durante excesivo tiempo. Tal vez la IA pueda responder a muchas de las avanzadas hipótesis de Galbraith y Schumpeter.

---

418. Futurama. Por Matt Groening y David X. Cohen.

419. 2001: A Space Odyssey (novela y película). Por Arthur C. Clarke y Stanley Kubrick.

420. Galbraith, J.K. (1958) (ed. 1998): *The affluent society*. Houghton Mifflin Harcourt.

8. OTRAS CUESTIONES TEÓRICAS

8.1. Productividad y burocracia

Una de las cuestiones referida en este libro es la importancia de contar con una Administración ágil para la escalabilidad empresarial y la creación de un marco acorde al desarrollo de la economía digital. Y para explicar por qué, vamos a recurrir a una fórmula básica y tradicional de medir la productividad: riqueza o producción generada (x) dividida entre las horas de trabajo (t):

$$Pr = \frac{x}{t}$$

Pero como todos sabemos, no todas las horas de trabajo tienen la misma importancia para la productividad. Así que podemos diferenciar entre el tiempo dedicado a acciones que generan riqueza (t_r) como idear nuevos productos, analizar el mercado o buscar clientes, y el tiempo dedicado a trámites ya mencionados (t_b) -pagar impuestos, presentar facturas o solicitar subvenciones.

A los emprendedores y empresarios, pero también a cualquier Administración que quiera ser efectiva, debe preocuparles que se ocupe la mayor parte de tiempo posible en la generación de riqueza (t_r). Cuanto mayor sea su tiempo burocrático (t_b), menor tiempo total (t) dedicaran a hacer crecer su proyecto:

$$Pr = \frac{x}{t_r}; \; t_r = (t - t_b)$$

Por desgracia no existe hoy en día ninguna estadística oficial que nos permita llevar a cabo este cálculo, más allá del indicador *Doing Business* del Banco Mundial que expusimos con anterioridad. Pero con indicadores o sin ellos, las Administraciones deberían darse cuenta de que el tiempo que los trabajadores dedican a solventar tediosas trabas y cumplimentar requisitos burocráticos no es sino riqueza que pierde el conjunto de un país, y por ende empleos, recaudación impositiva y bienestar general de la población.

Este modelo también puede emplearse en empresas o puestos de trabajo que hacen de la "ineficiencia" su día a día: horas que se pierden por el traslado a la oficina, reuniones que se alargan sin una meta concreta, pausas excesivas, etcétera.

Después de una reflexión de este estilo, seguramente muchos lectores terminen por cuestionar lo improductivo de jornadas laborales establecidas por horas y no por objetivos, o la eficacia del teletrabajo. Pero ese no es el objetivo de este libro[421]. Solo queremos remarcar que países como Irlanda, Noruega, Dinamarca y sobre todo Estonia están consiguiendo que sus Gobiernos sean grandes aliados de sus empresas, buscando una mayor flexibilidad y agilidad de los procesos en beneficio del sector privado, lo que se traduce en la ubicación de grandes tecnológicas, la creación de *startups*, riqueza para sus ciudadanos y empleo.

Tal vez puedan inspirar al resto de regiones europeas.

8.2. Las nuevas finanzas: la desintermediación y las criptomonedas

La teoría financiera también deberá ser revisada en un futuro no muy lejano con la consolidación de las criptomonedas y el consenso mundial en torno a nuevas formas de pago sin intermediación de bancos o gobiernos.

La mayoría de los economistas han analizado hasta la fecha la aparición de *bitcoin* desde una perspectiva jurídica y fiscal. Sin embargo, es necesario plantear si las criptomonedas de uso global no son la mejor adaptación posible para el funcionamiento eficiente de la economía de nuestro tiempo: sin decisiones de políticas de cambio que afectan a consumidores y empresas, suprimiendo los efectos de las variaciones en la cotización, y facilitando la detección de fraudes gracias al registro de actividades.

Blockchain, el pilar tecnológico que soporta *bitcoin* tiene otras muchísimas derivadas más allá de las propias monedas. Tanto que

---

421. Para ello tiene el lector otras obras como "La semana laboral de 4 horas", de Tim Ferriss (RBA Libros), y muy especialmente "El sistema Clockwork" de Mike Michalowicz (Conecta).

podrían redefinir la economía desde una base más avanzada y eficiente, coherente con la sociedad digital y el movimiento masivo a nivel internacional de personas, bienes y dinero[422]. Incluso para dar respuesta a cuestiones básicas de la teoría del sector público como el problema del polizón[423].

Las posibilidades de Blockchain (transacciones 100% seguras y certificadas con información imposible de alterar, dotar de información precisa de cada movimiento o detectar intermediarios que no aportan valor entre otras) han llevado a reputados economistas a proponer a su anónimo autor[424] como Premio Nobel.

8.3. La escalabilidad de las empresas digitales

Muchos negocios digitales nos muestran la ruptura con la economía tradicional. Las teorías de internacionalización clásicas como las de Uppsala[425] o Vernon[426], o las teorías de localización industrial de las escuelas de comportamiento y estructuralistas no terminan de ajustarse a las nuevas *startups* disruptivas destinadas a "cambiar el mundo".

Muchos colegas han destacado en los últimos años las características estructurales de las denominadas *"born-global"*, compañías que nacen gracias a internet con una dimensión global, o las *big*

---

422. Véase el Prólogo 'Blockchain: ¿un nuevo modelo económico?' escrito por A. Pedreño en: Pastor Sempere, M.C. y Vilarroig Moya, R. (2018): Blockchain: Aspectos tecnológicos, empresariales y legales. Thomson Reuters.

423. es.wikipedia.org/wiki/Problema_del_poliz%C3%B3n

424. Satoshi Nakamoto es la identidad asignada a su autor. La verdadera identidad de Nakamoto sigue siendo desconocida y ha sido objeto de mucha especulación. No se sabe si el nombre «Satoshi Nakamoto» es real o un seudónimo, o si el nombre representa a una persona o grupo de personas. Esperemos que si recibe o reciben el Nobel, al menos salgamos de dudas.

425. Johanson, J., & Vahlne, J. E. (1977). The internationalization process of the firm—a model of knowledge development and increasing foreign market commitments. *Journal of international business studies*, 8(1), 23-32.

426. Vernon, R. (1992). International investment and international trade in the product cycle. En: *International economic policies and their theoretical foundations*, 415-435. Academic Press.

447

bang disruptors, empresas que pese a un limitado tamaño tienen capacidad para generar cambios profundos en todo un sector.

Los procesos de expansión y crecimiento ya no ocurren de manera secuencial, y la localización pierde fuerza para explicar la actividad desarrollada por las empresas.

La economía digital ha democratizado e internacionalizado el acceso al talento, con una formación global abierta y gratuita de las mejores universidades y profesionales (Coursera, Udacity, Udemy), y la posibilidad de contratar a trabajadores en remoto de todo el planeta (Upwork, Linkedin). También ha abierto el acceso a la financiación (Kickstarter, Indiegogo), pero aun así encontramos grandes diferencias entre países que debería preocupar y ocupar a nuestra ciencia.

La teoría económica deberá trabajar por descubrir los factores que impulsan la creación y escalabilidad las *startups* digitales de éxito, ya que suponen la mejor base para el crecimiento futuro de un país.

9. LA VARIABLE "*T*" Y LA PROSPECTIVA EN LA ECONOMÍA

Como esperamos que se hayan dado cuenta, en casi todas las hipótesis planteadas en este capítulo el "tiempo" ha tomado una relevancia fundamental. En el nuevo paradigma tecnológico los cambios ocurren de forma más rápida y profunda que nunca, y los modelos también deben adaptarse a esta nueva realidad. Nuestra idea de la disrupción como motor del desarrollo económico se inspira en los supuestos de Schumpeter, Romer[427] o Brynjolfsson[428] entre otros, pero la exponencialidad y aceleración de las transformaciones nos obliga a revisar seriamente la implicación de la variable tiempo (t) a corto y a largo plazo.

En primer lugar, cuando los procesos se suceden de forma tan acelerada, las decisiones no pueden entenderse como acontecimientos aislados en t ó en $t+1$, sino que entre ambos períodos surgen multitud de interacciones y decisiones de vital importancia. Quizá nada de lo que podamos dar como válido hoy tendrá razón de ser en un año, un mes o incluso un día.

La palabra "pivotar", muy extendida en el mundo emprendedor, da buena cuenta de la necesidad de entender la economía desde una perspectiva flexible y viva. Los planes de negocio a tres o cinco años acaban en un cajón o en la papelera, y se sustituyen por un *lean canvas* o herramientas similares en los que se visualiza y corrige cada día la fuente de ingresos, los costes, la competencia, los problemas, las soluciones, las oportunidades… Guiarnos por planes a largo plazo seguramente nos hagan incurrir en errores y en confusiones ante la diferencia de lo proyectado y el mundo real.

La información y los datos deben guiar las decisiones en plazos muy cortos, incluso en segundos, ocurriendo que si en la economía

---

427. Romer, P. M. (1986). Increasing returns and long-run growth. *Journal of political economy, 94*(5), 1002-1037.

428. Brynjolfsson, E., & Kahin, B. (Eds.). (2002). *Understanding the digital economy: data, tools, and research.* MIT press.

analógica podíamos dividir el tiempo en *t*, *t+1*, *t+2*… en la digital debamos subdividir esos periodos de forma casi infinita, porque un día en la economía analógica supone años en la economía digital.

Además, la variable *t* también está tomando otro cariz en el largo plazo de la economía digital, con la prospectiva ganando terreno en el estudio económico. Sin duda a muchos colegas les parecerá un salto en el vacío. Nuestra ciencia se ha basado generalmente en los hechos del pasado para interpretar el presente y hacer predicciones. Pero los Gobiernos, las empresas y la ciudadanía están sumamente preocupados por la incertidumbre y la complejidad de cambios que son completamente nuevos y para los que no existen datos previos.

¿Estamos sabiendo responder a este reto desde la academia?

Mientras que desde las universidades apenas trabajos aislados como el citado artículo de Osborne y Frey sobre automatización del mercado de trabajo ganan cierta fama, las consultoras como Gartner, Accenture, PwC, Everis o Deloitte son las que acaparan la atención mediática gracias a sus análisis en horizontes a muy largo plazo.

La mayoría de las publicaciones académicas en revistas científicas de economía sin embargo quedan olvidadas en muy poco tiempo y apenas tienen notoriedad. La matemática se ha hecho fuerte en la economía, y las revistas de más prestigio apenas publican artículos que no estén soportados por rigurosos modelos que dan poco lugar a la imaginación. Otro motivo, haciendo una dura autocrítica a nuestras instituciones, es la desconexión existente entre las universidades y el mundo empresarial. En Europa no se potencia, incluso se penaliza, que los profesores tengan experiencias profesionales que puedan trasladar a la academia.

Una economía de la prospectiva

Trabajar con datos a corto plazo sobre la prospectiva es la llave de la eficiencia. Una empresa que tome decisiones a partir de informes realizados hace un mes puede estar perdiendo competitividad respecto a las que lo hacen con información en tiempo real. Una universidad que cree nuevos programas formativos tomando como base la demanda de empleo del último año puede estar enviando al paro a toda una generación de estudiantes que en 4 años quizá se encuentren con sus conocimientos desfasados. Un inversor que destine su dinero sobre la base de series históricas tal vez esté tirando sus ahorros a la basura.

Un buen ejemplo de esta política es Google. En la actualidad mantiene en el negocio de la publicidad *online* una de sus mayores fuentes de ingresos, con continuas actualizaciones y un equipo dedicado enteramente a ello. Pero desde hace años supo ver la revolución de los *smartphones*, la nube, el *Deep Learning* o la computación cuántica. Arriesgando su patrimonio presente se embarcó en una apuesta disruptiva que le permitirá con toda seguridad seguir siendo la líder tecnológica global en la era de la IA. Pero no lo hizo de forma estática o siguiendo un plan a largos años, sino corrigiendo cada día sus proyecciones y perspectivas, equivocándose infinidad de veces por el camino, pero con la flexibilidad y bolsillo suficiente como para corregir el rumbo y seguir navegando.

Todas estas pistas deberían hacernos ver a los economistas que tenemos que construir una economía de la prospectiva, que nos otorgue herramientas y criterios para minimizar la incertidumbre y los problemas que potencialmente conllevan los cambios, pero lo suficientemente ágil como para hacer correcciones sobre la base de la información del mundo real. Reflexionar sobre cómo una economía que sabe leer y amoldarse ágilmente a los acontecimientos futuros acerca a su entorno a una mejora competitiva y de bienestar. Entender que anticiparse es mucho más efectivo que ser un seguidor.

Por último, queremos terminar este capítulo del libro con una afirmación de Andrew Ng que supone un verdadero reto para los economistas: "la IA será como una nueva electricidad"[429], que, recuerden, dejará irreconocibles a cualquier sector que el lector tenga en mente. De la agricultura a la medicina, del turismo a la educación. Los agentes económicos son conscientes de que enfrentan a

---

429. gsb.stanford.edu/insights/andrew-ng-why-ai-new-electricity

cambios que ya no son lineales sino exponenciales. Ya no es innovación sino disrupción. Quizá haya llegado el momento de adaptar también nuestros manuales de Economía.

El trabajo que tenemos por delante es tan apasionante como complicado: entender cómo cada industria debe reinventarse para aprovechar al máximo las nuevas posibilidades de la IV Revolución Industrial. Incluso plantear un futuro en el que las relaciones económicas no se parecerán en nada a como son hoy en día.

Pero para ello primero debemos reinventarnos nosotros mismos: hibridar con otras ramas del conocimiento, aprender nuevas técnicas de investigación, dar protagonismo a los algoritmos y, muy especialmente, dotar de la agilidad que requiere nuestra ciencia en esta nueva era de la inteligencia artificial.

SINERGIAS Y CULTURA EMPRENDEDORA.

Despedida y cierre

SOBRE LOS AUTORES, POR ANA B. RAMÓN

Los autores, Andrés Pedreño y Luis Moreno, plasman en esta obra sus inquietudes y temores sobre una Europa que se fragmenta, pierde comba tecnológica y se debilita ante el avance del siglo XXI. Una visión que, aunque a priori parezca muy crítica con unas Administraciones y legisladores que no han entendido la magnitud de la transformación digital en ciernes, es a la vez y sobre todo optimista ante el surgimiento de notables proyectos tecnológicos que se consolidan, en lugares como Alicante, con casi todo en contra.

Desde que fui estudiante de Andrés Pedreño en la Universidad de Alicante y empecé a entender e ilusionarme por la Economía supe que quería crecer profesionalmente a su lado, pues nadie como él era capaz de motivarme y despertar mi inquietud. Quince años después, cuál fue mi sorpresa al ver que uno de mis estudiantes de económicas, Luis Moreno, mostraba la misma admiración y entusiasmo cuando hablaba de su profesor Andrés Pedreño, al que recién acababa de conocer.

Comenzamos a trabajar los tres juntos y tuve el honor de codirigir con Andrés la tesis doctoral de Luis (2010-2013). Una tesis completamente transgresora, en la que ya entonces empezamos a hablar de sistemas de fijación de precios inteligentes y la innovación digital y el conocimiento como diferenciales de competitividad. Desde entonces Luis y Andrés no han dejado de colaborar en artículos y participar en congresos en los que han mostrado su preocupación por la falta de perspectiva de España y Europa en la economía digital.

Andrés es la brújula, el timón, el patrón, nunca yerra el tiro, es un líder nato. Que es un visionario adelantado a su tiempo quizá sea lo que más veces he oído decir de él. Su mayor mérito consiste en ser capaz de extraer lo mejor de todos y cada uno de los miembros a bordo de su equipo, porque remar en su barco siempre es un proyecto colectivo, casi familiar. Luis ha entendido como nadie la obsesión e inquietud de Andrés por la innovación y la disrupción digital, bajando al suelo cada proyecto, y dotándolos de una personalidad única. Compartiendo la mirada al futuro, pero sin perder la rigurosidad del análisis ni su visión *millenial*.

La complementariedad generacional reafirma sin duda a Andrés y Luis en su apuesta por mejorar el bienestar económico y social de nuestro entorno en clave de innovación. Este libro constituye el penúltimo fruto de esa fructífera retroalimentación.

Aunque pueda parecer lo contrario por la diferencia de edad de más de treinta años, Andrés es el alma disruptiva del equipo, capaz de reinventarse en cada etapa de su vida, también pasados los 60. Emprendedor de espíritu desde su época universitaria, siendo impulsor en los 90 de proyectos innovadores como la biblioteca virtual Miguel de Cervantes o Universia. Y también fuera de la universidad, impulsando *startups* de éxito con un espíritu envidiable, o presidiendo la asociación para el impulso de la sociedad del conocimiento, AlicanTEC. Andrés enseñó a lo largo de su carrera docente que la misión de los economistas no puede quedar en la explicación de los hechos acontecidos, sino ayudar a mejorar el bienestar de nuestra sociedad, sea creando empleo desde una empresa o con investigaciones y previsiones que permitan tomar decisiones.

Desde que conozco a Luis siempre lo he tenido como un soñador con gran proyección, que ha aprendido del mejor de los maestros que pensar a lo grande requiere honestidad y humildad. Hoy en día es ya un brillante profesor lleno de futuro, que ha demostrado su sobrada valía en decenas de artículos internacionales publicados, en estancias en universidades de prestigio, y en la participación en congresos en medio mundo. Luis provoca en sus estudiantes el mismo sentimiento de superación y motivación que Andrés infundó en él. Defensor a ultranza de una formación que hibride lo mejor de la presencialidad y lo *online*, e impulsor de proyectos innovadores y pioneros desde la universidad pública como UniMOOC, con cientos de miles de estudiantes de todo el planeta.

En definitiva, dos personas generosas, comprometidas, perfeccionistas y exigentes, que ante todo disfrutan con su trabajo, aceptan cualquier reto siempre que crean en él, y que acaban convirtiéndolo en realidad a base de compartir propuestas y dinamizar ideas por muy alocadas que en un principio parezca. En este libro han conseguido encontrar de nuevo ese equilibrio entre rigurosidad y utilidad que les caracteriza, primero mediante un análisis brillante del porqué de la brecha digital, y después con la propuesta de soluciones.

Podrán estar o no de acuerdo con ellos, pero nadie negará la seriedad de las argumentaciones y la valentía en las proposiciones.

En el plano personal, si hay algo me queda claro es que ningún asunto es lo suficientemente serio como para no disfrutar de un buen momento juntos, en un tono siempre relajado y distendido. Sin perder nunca el sentido del humor, el optimismo ni la perspectiva proactiva. Incluso cuando las cosas se tuercen, cuando los proyectos chocan con la dura realidad, la filosofía positiva aflora para dar la mejor respuesta posible.

Un día, Andrés nos reveló su secreto a Luis y a mí. No consiste en tener o más o menos visión, sino en apasionarse y obsesionarse absolutamente con cualquier proyecto. Hacerlo propio hasta que no puedas dejar de pensar en otra cosa. Y ese espíritu se refleja en cada página de este libro. Una obra fruto de años de estudio y una especial cercanía con el mundo *startup* muy difícil de encontrar.

Pueden estar seguros de que todos los capítulos de este libro han sido discutidos y trabajados en conjunto. No es una obra consecuencia de una división de apartados, sino la suma de esfuerzos entre dos colegas y amigos que desde hace años pretenden generar debate y crear conciencia de lo que se juega la sociedad europea, nuestra sociedad, en la era de mayor disrupción que haya visto jamás el ser humano. La de la inteligencia artificial.

Ana B. Ramón Rodríguez
Catedrática de Economía Aplicada
Universidad de Alicante

NUESTRO ENTORNO: DE LA ALDEA GALA A PINK FLOYD

«Toda la Galia está ocupada. ¿Toda? ¡No! Una aldea poblada
por irreductibles galos resiste todavía y siempre al invasor.»
R. GOSCINNY y A. UDERZO. *Astérix.*

« Hey! Teachers! Leave them kids alone!

All in all it's just another brick in the wall.

All in all you're just another brick in the wall. »

PINK FLOYD. Another brick in the wall.

En este libro hemos tratado de mostrar cómo en Europa se ha
generado durante los últimos años un clima social alejado de su
realidad económica. Donde parece recomendable evitar "verdades
incómodas" y salir de lo "políticamente correcto" aunque nos ju-
guemos nuestro futuro. Apenas se escuchan voces críticas en los
medios contra las políticas europeas, ni se pone en cuestión las
ideas y normativas trasnochadas que limitan nuestro desarrollo. La
privacidad es un dogma que ni se debate ni se discute. Tampoco
cuentan con espacio en las noticias los emprendedores, salvo con-
tadas excepciones, ni se protegen sus intereses en debates como sí
se hace con otros colectivos.

La disidencia intelectual y productiva no cuenta con visibilidad,
y con ello se ha empobrecido el debate y casi cortado las alas a la
economía digital.

Conscientes de esta situación, los autores llevamos largos años
tratando de potenciar un cambio de mentalidad de cada nueva generación de estudiantes que han cursado nuestras asignaturas.
Incluso antes de nacer la web 2.0 ya tratábamos de explicar las claves de éxito de las primeras empresas de internet y que hoy son
gigantes tecnológicos.

En aquellos años no podíamos ni imaginar cómo iba a desenvolverse la economía digital[430]. Google ni siquiera tenía un modelo de negocio definido, pero ya en los 80 y principios de los 90 había comenzado en EE.UU. un cambio de mentalidad que servía de inspiración: los consultores reclamaban de las empresas y Administraciones aquello del *"thinking outside of the box"*, y más tarde aparecería la llamada reingeniería de procesos.

La revolución digital era imparable, y reclamaba "escalar el muro y redefinir el problema", como clamaba el CEO de Apple Tim Cook. Pero ya desde sus inicios se advertía una Europa que no entendía los cambios a los que se enfrentaba. La complejidad, aceleración e intensidad de la nueva era tecnológica requería explorar, investigar e invertir, y no una posición defensiva. Europa por el contrario utilizó sus estandartes de "seguridad" y "ética" para enarbolar principios que esconden impotencia y proteccionismo, ante los que nos rebelamos en este libro. Porque el patrimonio intelectual y el legado humanista e incluso filosófico europeo debe ser absolutamente preservado. Pero esto no debe ser una restricción o excusa para esconder la ineficiencia.

Los autores hemos tratado de dar buen ejemplo de esta idea que transmitimos en clase, y hemos podido embarcarnos en proyectos muy disruptivos con los que impregnarnos del espíritu emprendedor. Hemos abandonado la zona de confort continuamente, sin miedo a lo políticamente incorrecto ante la ineficiencia del sistema. Por supuesto algunas veces hemos fracasado, con todas sus consecuencias, pero es un precio insignificante en comparación con la satisfacción que aporta estar "fuera de la caja".

A pesar de un ecosistema completamente dominado por la economía analógica del turismo y el sector inmobiliario, y una Administración orientada a los megaproyectos y el pelotazo, uno de los autores participó de primera mano en la construcción del campus de la Universidad de Alicante[431], en la creación del primer

---

430. Nuestros alumnos hace quince años eran escépticos sobre nuestras predicciones en torno al alcance de la economía digital. Hoy nos paran cuando nos ven y nos agradecen haberles introducido en estos temas.

431. Pedreño, A (1998): Universidad de Alicante, utopías y realidades: cervantesvirtual.com/descargaPdf/universidad-utopias-y-realidades-universidad-de-alicante-19941997--0/

Vicerrectorado de Nuevas Tecnologías en una universidad europea[432], o en un Parque Científico Medpark completamente
avanzado a su tiempo, pero que fue arrinconado por una política.

Este mismo ecosistema tan poco propicio para la economía digital se mantenía cuando años más tarde los autores participamos
en el desarrollo del proyecto UniMOOC. Motivados por experiencias anteriores, nos llenamos del espíritu inconformista y de
resistencia con el que Goscinny y Uderzo dibujaron el poblado de
Astérix, y bautizamos a nuestro lugar de reuniones la *Aldea gala*.

UniMOOC fue un proyecto único. Se convirtió en la primera
plataforma de educación abierta y gratuita en el mundo orientada
al emprendimiento y la innovación[433], sirvió de *think tank* para unas
quince instituciones y grandes empresas interesadas por la educación del futuro, abrió a más de medio millón de estudiantes de
todo el mundo el conocimiento de más de doscientos profesores,
y nos permitió conectar con brillantes iniciativas como *The Hackers
Club*, que todavía hoy impulsan Eduardo Manchón y Andrés
Torrubia.

Los problemas de escalabilidad descritos en este libro hicieron
que el proyecto no alcanzara las cotas previstas, pero sirvió de inspiración a otras plataformas como "Google Actívate", que hoy día
forman a millones de personas en todo el mundo.

UniMOOC también nos permitió conocer e incluso participar
en nuevas "Aldeas Galas", como Torre Juana o AlicanTEC, de las
que a su vez se contagian en Murcia[434], La Rioja, Valencia, Canta-
bria, Baleares.... Todas son parte de ese "minifundismo digital
europeo" expuesto en el capítulo 9, que reivindica escalabilidad y
futuro. Que no se resigna al declive de Europa.

---

432. Este vicerrectorado impulsó decenas de proyectos innovadores, entre ellos, la Biblioteca Virtual Miguel de Cervantes (Premio Universidad de
Stanford a la mejor biblioteca digital).

433. eleconomista.es/ecoaula-emprendedores/noticias/4359958/10/12
/La-UIMP-acoge-la-presentacion-del-primer-curso-abierto-masivo-online-
de-habla-hispana-dedicado-al-emprendimiento-digital.html

434. Especial mención a TIMUR, impulsado por Juan Celdrán y Fulgen-
cio Jiménez.

La aventura comienza aquí

La historia está pletórica de enseñanzas, pero de nada nos servirán si somos los presos del mito de la caverna de Platón[435]. La única manera de entender todo el contexto es romper las cadenas de lo establecido y reinventarse para acomodarse a una nueva era que recién empieza. Por eso, además de para plantear un debate necesario, este libro busca invitar a los jóvenes a no aceptar el desempleo, los bajos salarios o los recortes que amenazan vuestro futuro. A ser creativos, a salir de la zona de confort y a perder el miedo a la incorrección.

Pese a lo poético de la metáfora, las "aldeas" de resistencia digital deben ser derrumbadas desde dentro y contaminar de disrupción al resto de la economía. Nuestros jóvenes deben ser arietes de rebeldía para derribar cada uno de los ladrillos de "no educación" del muro que inmortalizó Pink Floyd[436]. Nos enfrentamos a retos que exigen asumir riesgos, nuevos conocimientos, fulminar nuestra zona de confort, escalar el muro, o romperlo directamente, para analizar y resolver los problemas desde perspectivas distintas y mucho más amplias. Si los jóvenes no protagonizan este cambio con urgencia, estaremos abocados a que nos afecte la vertiente más negativa de la IA y de la automatización. O que tengamos problemas para afrontar crisis como las del coronavirus, en un mundo muy diferente al de los siglos XIX y XX.

En nuestro tiempo no tenemos alternativa. Cada caída debe servir de impulso para levantarnos y asumir nuevos retos, cada vez más complejos como la preservación del medio ambiente, la lucha contra el cáncer o la redistribución global de la riqueza.

Y para ello debemos afrontar el futuro con la mente tan abierta como nos sea posible.

Luis Moreno y Andrés Pedreño.

---

435. es.wikipedia.org/wiki/Alegor%C3%ADa_de_la_caverna
436. youtu.be/YR5ApYxkU-U

AGRADECIMIENTOS

Vaya nuestro agradecimiento más sincero a todos los que de una forma u otra han aportado y ayudado a que este libro sea una realidad:

- José Carlos Díez, por su amistad y su generosidad para prologar este libro.

- Laura Cárdenas, amiga y editora; por sus comentarios, las largas horas dedicadas a corregirnos y todos sus consejos de redacción. Por su generosidad y predisposición a ayudarnos cuando la necesitamos.

- Pedro Pernías Peco y Ana Ramón, por ser parte del primer equipo de "irreductibles galos" de la Aldea, y estar siempre dispuestos a sumarse a cualquier nueva aventura. Parte fundamental en muchos de los proyectos, y por habernos enseñado muchas cosas de las aquí escritas.

- Al ecosistema de emprendimiento alicantino. En especial a Andrés Torrubia por leer esta obra y plantearnos un podcast donde profundizar y debatir muchos aspectos del libro. A él se suman Eduardo Manchón y Javier García, sinónimos de disrupción e impulso emprendedor. A toda la Junta de AlicanTec, y a Manuel Bonilla, siempre dispuesto a apoyar buenas ideas y causas.

- Manuel Desantes Real, por tantas y tantas cosas, pero especialmente por ser un aliado, por su infinita sabiduría y poner cordura a disparatadas ideas en más de una ocasión.

- Manuel Marco, Juan C. Trujillo, y todo el equipo de Lucentia EBT, por su apoyo y predisposición.

- Ismael Parrilla y Pedro Moreno, por ser fuentes inagotables de recursos bibliográficos, recomendaciones y citas.

- Heriberto Araujo, por sus consejos editoriales y compartir su experiencia como escritor. Recomendamos sus obras:

"La silenciosa conquista china" (2011) y "El imperio invisible" (2013) para conocer mejor el modelo de expansión económico de China.

-   Lasse Rouhiainen, experto en inteligencia artificial y amigo, que ha compartido conocimiento y consejos como escritor. Recomendamos su libro "Inteligencia artificial: 101 cosas que debes saber hoy sobre nuestro futuro" (2018).

-   A todo el Departamento de Análisis Económico Aplicado de la Universidad de Alicante y a la Facultad de Económicas, y en especial a su directora, Carmen Martínez, y a su decano, Raúl Ruiz y vicedecanos respectivamente, por darnos siempre la libertad de abordar la Economía de la innovación y de la globalización desde una perspectiva crítica y prospectiva, con valoraciones siempre positivas y constructivas.

-   Al entorno nacido de las Jornadas de Alicante de Economía Española, y en especial a Juan Velarde, José Luis García Delgado, Gloria Pardo, Álvaro Anchuelo y a la dirección del Instituto de Economía Internacional. Durante más de tres décadas las Jornadas han servido de foro de debate único, en el que aprender y compartir conocimiento y que nos ha enriquecido intelectualmente año tras año.

-   A nuestros compañeros Carmen Beviá, José Manuel Casado, Antonio Escudero, Aurelio López-Tarruella Martínez, Ricard Martínez, Carmen Ródenas, Hipólito Simón Pérez y Ángel Sánchez entre otros muchos, por sus recomendaciones, revisiones y darnos seguridad cuando dudábamos de si este libro era una buena idea. Todavía seguimos dudando, no crean, pero ya no hay marcha atrás.

-   A los think-tank y colectivos que en TJ OST nos han ayudado a través muchos debates, actividades y eventos como el Friday Tech Fever, en el que han participado numerosos expertos. Y en especial al colectivo que nos apoya y ha dado cobertura para muchas actividades: Marilú Hernández, Trini Mora, Julia Castillo, Assumpta Ricard, junto al equipos de personas ligadas a 1MillionBot[437] e IT&IS[438]. Los observatorios impulsados sobre tecnologías digitales y emprendimiento de estos equipos son una lectura recomendada para todos los lectores.

- A todo el equipo que ha trabajado en UniMOOC durante casi una década: Adrián, Alberto, Alicia, Anna, Arancha, Asun, Carlos, David, Elena, Eva, Felipe, Fran, Héctor, Judit, Joan, Marta, Martín, Miriam, Miguel, Nerea, Paco, Rebeca, Rubén, Sandra, Vicente, Ximo... y muy especialmente al "Club de la lucha": Adam, Álex, Andreu, Jesús, María y Naomi.

- A nuestras familias, amigos y compañeros que nos han soportado y apoyado durante casi un año de intenso trabajo de redacción. En especial a Rebecca Rippin, María Salud García y María Luisa Izquierdo. También un gran reconocimiento a los hijos de Andrés: Loli, Andrés, Joaquín y David, compañeros muchos domingos de discusiones sobre el contenido de la mayoría de los capítulos de este libro. Se os quiere.

- A Spotify y en especial a Los Planetas, Xoel López, Love of Lesbian, The National, Death Cab for Cutie, Jack Bisonte y Viva Suecia entre otros muchos, por llenar de música horas y horas de trabajo. Aquí nuestras favoritas: https://sptfy.com/hBaR.

- Sin olvidarnos de nuestras raíces, Villarrobledo y Balsapintada. La Mancha, y el Campo de Cartagena, en Murcia. Por darnos un carácter tan humilde como inconformista. Por habernos enseñado, con el ejemplo de tantos, que el futuro solo se construye con esfuerzo y determinación.

---

437. Celia Sánchez, Raquel Pomares, Ramón Pedreño, Carolina López, Andrés Pedreño Lloret, Constanza Casquet, Jorge López, Joaquín Pedreño, Gonzalo Faus, Amanda Cabezas, Takwa Rejeb, Javier Ruiz, Berta Marco, Antonio Gimeno y Víctor Vidal.

438. Assumpta Ricart Gimenez, Julia Castillo Garcia, Ana Marilu Hernández Olivares, Andrés Pedreño Lloret, Marian Anyeline Gomez Murillo, Irenice Ferreira Dos Santos, Said El Ouardi, Fouzia El Ouardi y Laura Server Valera.

Agradecimientos de la segunda y tercera edición:

Gracias también a las personas que nos han transmitido propuestas de mejora y debate, así como algunas correcciones que mejoraron la segunda y tercera edición de esta obra.

En especial: Manuel Atienza, Carlos Barciela, David Cano, Isabel Echeverria Mir, Salvador Enguix, Casimiro García Abadillo, Juan José Landazuri, Tíscar Lara, Aida Lillo, Lucas Martínez Clar, Pedro Mier, Beatriz Moreno Serrano, Juan Ruíz Manero, Alexandre Peretó, José Juan Ruiz, Jordi Sevilla, Manuel Tarín y Mario Villar.

Y, por supuesto, a Vinton Cerf, uno de los padres de internet, por su prólogo.

OCTUBRE – 2020